Deutsch als Fremdsprache

Stephan Lübke

Deutsche Grammatik in kleinen Schritten

Band 2

Sprachniveau B1 – B2

Verlag Liebaug-Dartmann

Die Handzeichnungen hat Stella Thielmann für das Buch angefertigt.

Meckenheim 2020
ISBN 978-3-96425-005-6

Über das Buch

Das vorliegende Buch richtet sich an Lernerinnen und Lerner der Stufe B1/B2 des europäischen Referenzrahmens. Die Lektionen sollten in der vorgesehenen Reihenfolge durchgearbeitet werden, da auf sprachliche Progression geachtet wurde. In Übungen werden immer wieder bereits behandelte Themen aufgegriffen, um neben dem Einüben des neuen Stoffs eine Festigung des bereits Erlernten zu gewährleisten.

Über den Autor

Der Diplom-Übersetzer Stephan Lübke studierte am Fachbereich „Angewandte Sprachwissenschaften" der Universität Mainz in Germersheim. Seit über 30 Jahren unterrichtet er bereits „Deutsch als Fremdsprache" und gründete 1992 die Logos-Sprachschule in Wiesbaden. Nach Ablegen der Zusatzqualifikation des BAMF unterrichtet er seit 2007 vom BAMF geförderte Integrationskurse für Migranten und Flüchtlinge.

Benutzte Abkürzungen

Adj.	Adjektiv	*Part.*	Partizip
A. / Akk.	Akkusativ	*Perf.*	Perfekt
D. / Dat.	Dativ	*Pl. / Plur.*	Plural
bzw.	beziehungsweise, oder	*Plusq.*	Plusquamperfekt
etc.	et cetera = und so weiter	*Präp.*	Präposition
f. / fem.	feminin	*Präs.*	Präsens
G. / Gen.	Genitiv	*Prät.*	Präteritum
Inf.	Infinitiv	*Sg. / Sing.*	Singular
Konj.	Konjunktiv	*Subj.*	Subjunktion
m. / mask.	maskulin	*usw.*	und so weiter
n. / neutr.	neutral	*z.B.*	zum Beispiel
N. / Nom.	Nominativ		

Grammatische Fachwörter

Adjektiv	Eigenschaft von Nomen: ***schnelles*** *Auto, ist* ***schön***, ***rot***, …
Adverb	(bleibt unverändert): ***heute***, ***dort***, *fährt* ***schnell*** …
Adverbialer Ausdruck	*stolz sein, eifersüchtig sein*
Adversativer Nebensatz	gegensätzlich (*während*)
Akkusativ	Frage: ***wen oder was?***: *den Mann, die Tochter, das Kind* …
Artikel (bestimmt)	*der, die, das, dem, des* …
(unbestimmt)	*ein, eine, einem, einer* …
Dativ	Frage: ***wem?***: *dem Mann, der Tochter, dem Kind* …
feminin (*f.*)	weiblich (***die*/*eine*** *Frau*, ***die*** *Lampe*, ***die*** *Hose* …)
Finalsatz	Nebensatz für Absicht, Plan, Zweck: *damit, um … zu* (+ Inf.)
Futur I	*ich werde … kaufen*

Futur II	*ich werde … gekauft haben*
Genitiv	Frage: ***wessen?***: *des Mannes, der Tochter, des Kindes …*
Hilfsverb	*haben, sein (ich **habe** gelacht, du **bist** gelaufen)*
Imperativ	Befehlsform: *gib! nimm! legen Sie!*
Infinitiv	Grundform: *wohn**en**, geh**en**, trink**en** …*
Infinitivkonstruktion	*Er freut sich, bald anzukommen*
Kausalsatz	Nebensatz zur Angabe von Gründen. Subjunktionen: *weil, da*
Komparativ	erste Steigerungsform: *schneller als, der größere*
Konditionalsatz	Bedingungssatz (Nebensatz): *wenn, falls*
konjugierte Form	*ich wohne, du wohnst, er wohnt …*
Konjunktion	Wort, das Satzteile und Satzglieder verbindet
Konjunktiv I	indirekte Rede: *Er sagt, dass er reich **sei**.*
Konjunktiv II	
der Gegenwart	*würde … kaufen, bliebe, gäbe*
der Vergangenheit	*hätte gekauft, wäre geblieben, hätte gegeben*
Konsekutiver Nebensatz	*sodass*
Konzessiver Nebensatz	*obwohl*
Lokaladverb	*drinnen, raus, draußen*
maskulin (*m.*)	männlich (***der/ein** Mann, **der** Tisch, **der** Stuhl …*)
Mehrgliedrige Konjunktion	*weder – noch, sowohl – als auch*
Modaler Nebensatz	*indem*
Modalverb	*dürfen, können, müssen, sollen, wollen*
neutral (*n.*)	sächlich (***das/ein** Kind, **das** Buch, **das** Haus …*)
Nomen	*Tisch (m.), Lampe (f.) Kind (n.) …*
Nominalisierung	*gehen – der Gang*
Nominativ	Frage: ***wer oder was?***: *der Mann, die Tochter, das Kind …*
Partizip II	oft: ***ge-*** + Verbstamm + ***-t***: *gewohnt, gelacht, genommen*
Partizipialattribut	*der gedeckte Tisch*
Passiv	*wird … gekocht*
Perfekt	Vergangenheit (beim Sprechen): *hat gewohnt, ist gefahren*
Personalpronomen	*er, sie, es, ihn, ihr …*
Plural	Mehrzahl (***die** Männer, Kinder, Töchter …* **= 2, 3, 4 …**)
Plusquamperfekt	*hatte gewohnt, war gegangen, hatte genommen*
Possessivartikel	*mein* (+ Nomen), *meine* (+ Nomen), *dein* (+ Nomen) …
Possessivpronomen	*mein**er**, mein**e**, mein**s**, dein**s** …* (ohne Nomen dahinter)
Präfix	***ver**gessen, **vor**lesen, **an**kommen …*
Präposition	*in, an, auf, unter, über …*
Präsens	Gegenwart (heute, jetzt, immer): *er wohnt, sie lachen …*
Präteritum	Vergangenheit (beim Schreiben); *wohnte, ging, nahm …*
Pronomen	*ihn, sie, ihr*
Pronominaladverb	*davor, damit*
Reflexivpronomen	Rückbezug auf Subjekt: *mich, dich, **sich** …*
Relativsatz	erklärender Nebensatz
Singular	Einzahl (*das Kind, ein Kind …* **= 1**)
Subjunktion	Verbindung zu untergeordnetem Nebensatz: ***weil, dass** …*
Temporaler Nebensatz	*nachdem, bevor, während, als*
Suffix	*weib**lich**, meinet**wegen**, wo**hin***
Superlativ	oberste Steigerungsform: (***am***) *schnell**sten**, die schnell**ste***
Verb	*wohnen, gehen, trinken …*
Verbalisierung	*die Ankunft – ankommen*
Zukunft	*ich werde … kaufen*
Zustandspassiv	*Der Tisch ist schon gedeckt.*

Inhaltsverzeichnis

Testen Sie sich! (Band 1)

1. Setzen Sie die fehlenden Endungen bzw. Pronomen ein.

1. Trinkst du ein____ schwarz____ oder ein____ weiß____ Kaffee?
2. D____ alt____ Wagen gehört d____ neu____ Nachbarn (*Sg.*).
3. D____ jung____ Hunde gehorchen ihr____ Besitzern noch nicht so gut.
4. Kennen Sie d____ neuest____ Film von dies____ gut____ Regisseur schon?
5. D____ bunt____ Farben dies____ schön____ Flagge sehen wirklich toll aus.
6. Warme Coca-Cola schmeckt ________ (wir) nicht.
7. Der Luftballon gehört d____ klein____ Kind.
8. Der Mann folgt ________ (ich) nach Hause.
9. Die Freundin verzeiht ihr____ neu____ Freund schnell.
10. Ich danke ________ (Sie) ganz herzlich.

2. Fragen Sie nach dem unterstrichenen Wort.

1. Ich bin 1,82 m. ____ *Wie groß bist du?*
2. Pedro kommt aus Spanien. ____________
3. Carmen fliegt nach Spanien. ____________
4. Der Koffer ist dort. ____________
5. Nein, das ist kein Fenster, sondern die Tür. ____________
6. Er wiegt 80 Kilogramm. ____________
7. Die Tasche ist schwer. ____________
8. Ina und Christa sind jetzt in London. ____________
9. Nein, das ist nicht der Mond. ____________
10. Ja, Herr Müller, ich möchte mich bei Ihnen bewerben.
    ____
11. Ich habe Schuhgröße 40. ____________

3. Was für ... / Welch...

Was für ein Haus? (alt) → *Ein altes Haus.* Welches Haus? → *Das alte Haus.*

1. Was für ein___ Mann ist das? (gutaussehend) *Das ist* ____________
2. Was für ein___ Mann sehen Sie dort? (reich) *Ich sehe* ____________
3. Welch___ Frau liebst du? (hübsch) *Ich liebe* ____________
4. Was für ein___ Wagen hast du? (schnell) *Ich* ____________
5. Was für ein___ Wein ist das? (gut) *Das ist* ____________
6. Welch___ Tisch kauft ihr morgen? (hoch) ____________
7. Was für Stühle sind das? (bequem) *Das* ____________
8. Welch___ Bild kaufst du? (schön) *Ich* ____________

Testen Sie sich! (Band 1)

4. Unterstreichen Sie die richtige Präposition. Setzen Sie die Endung ein.

1. Ich komme (aus / von / nach) d___ Schweiz.
2. Hast du das Geschenk (aus / von / bei) mein___ Mutter?
3. Er geht mit seinen Freunden (zu / nach / in) d___ Fußballspiel.
4. Heute ist Mittwoch. (In / Nach / Vor) 3 Tagen ist Wochenende.
5. (In / Für / Zu) meinem Geburtstag habe ich ein Buch bekommen.
6. Nicht weit (in / von / neben) d___ Bank ist ein modern___ Parkhaus.
7. Ich komme um ein Uhr (zu / in / nach) Hause.
8. Kommt ihr am Samstag (zu / nach / bei) uns?
9. (Mit / In / Bei) euch ist es sehr gemütlich.
10. Mein Mann muss nicht zur Arbeit fahren. Er arbeitet (zu / in / auf) Hause.

5. Setzen Sie die fehlenden Reflexivpronomen ein.

1. Ich lasse ________ beim Frisör die Haare schneiden.
2. Hast du ________ schon die Zähne geputzt?
3. Setzt ________! Wir müssen etwas besprechen.
4. Du musst ________ setzen und ________ dann die lustige Brille aufsetzen.
5. Ich will ______ Büroräume anmieten und _______ dann selbstständig machen.
6. Du must ________ konzentrieren und darfst ________ keinen Fehler leisten.

6. Schreiben Sie die Antworten.

1. Warst du schon mal in China? *Nein, ich war* ____________________
2. Möchten Sie noch einen Salat? *Nein, danke, ich* ____________________
3. Lebt dein Großvater noch? *Nein, leider* ____________________
4. Hast du schon etwas gegessen? *Nein, ich habe* ____________________
5. Willst du kein Glas Bier mehr? *Doch, ich* ____________________
6. Brauchen Sie noch mehr Geld? *Nein, eigentlich* ____________________
7. Bist du schon müde? *Nein, ich* ____________________

7. Benutzen Sie die Modalverben. Achten Sie auf die Zeiten!

1. Dort rauchen sie nicht. (dürfen) ____________________
2. Man hat ihm nicht geholfen. (können) ____________________
3. Wir tun das nicht. (sollen) ____________________
4. Der Mann ist mit dem neuen Wagen gefahren. (wollen) ____________________

   ____

5. Das Kind geht nicht in die Schule (wollen), weil es die Hausaufgaben nicht gemacht hat (können).

   ____

8. Bilden Sie Sätze mit der Konjunktion *weil* oder *dass*.
Ich trinke eine Cola. Ich habe Durst. *Ich trinke eine Cola, weil ich Durst habe.*
Ich habe gehört. Der Wagen ist kaputt. *Ich habe gehört, dass der Wagen kaputt ist.*

1. Es stimmt. Man muss zu einem Bewerbungsgespräch pünktlich kommen.
   ____
2. Er bleibt im Bett. Er hat heute frei.
   ____
3. Wir wissen. Wir müssen heute zur Arbeit gehen.
   ____
4. Sie freut sich darauf. Ihr Freund besucht sie morgen.
   ____
5. Wollen Sie das alte Rad verkaufen? Jemand hat 50 € dafür geboten.
   ____
6. Er beschwert sich darüber. Man hat ihn nicht ernst genommen.
   ____

9. Bilden Sie den Imperativ! *Beispiel:* sich setzen (du) → *Setz dich!*

1. sich waschen (ihr) ____________________
2. Platz nehmen (Sie) ____________________
3. lauter sprechen (ihr) ____________________
4. das Buch hergeben (du) ____________________
5. sich die Haare schneiden lassen (du) ____________________

10. Vergleichen Sie: *Unser Haus ist schöner als euer Haus.*

1. Unser Garten – euer Garten (groß) ____________________
2. Ich trinke Kaffee – Tee (gern) ____________________
3. Wilhelms Bart – Karls Bart (lang) ____________________
4. Der Wein – das Bier (gut) ____________________
5. Anita – Angelika (jung) ____________________
6. Ein Auto fährt – ein Fahrrad (schnell) ____________________

11. Schreiben Sie die Sätze ohne Sinnveränderung weiter:
Wir nehmen das Zimmer zum Hof. Es ist dort etwas ruhiger.

1. Wir nehmen das Zimmer zum Hof, *weil* ____________________
2. Wir nehmen das Zimmer zum Hof, ____________________ (nämlich)
3. Es ist im Zimmer zum Hof ruhiger. ____________________ (deshalb)
4. Da das Zimmer zum Hof ruhiger ist, ____________________
5. Wir nehmen das Zimmer zum Hof, *denn* ____________________

Testen Sie sich! (Band 1)

12. Bilden Sie Sätze im Perfekt. Ergänzen Sie fehlende Endungen.

1. Letzten Monat / Maria / abfahren / nach Spanien.
2. Im vergangenen Winter / geben / es / kein___ Schnee.
3. Der Zug / ankommen / vor zehn Minuten.
4. Der Nachbar / sein___ Wagen / wollen / waschen, / aber / haben / keine Zeit.
5. Das Lokal / letztes Wochenende / um 22:30 Uhr / schließen.
6. Vorletztes Jahr / ich / in d___ Schweiz / sein / zwei Wochen.
7. Das / ich / gerade eben / wollen / sagen.
8. Dürfen / ihr / im Kino / rauchen?

13. *damit – um … zu*

Ich gebe dir das Buch, damit du es liest. Ich kaufe das Buch, um es zu lesen.

1. Wir gehen ins Kino. Wir wollen den Film sehen.
2. Ich schreibe dir einen Brief. Du sollst wissen, wie es mir geht.
3. Die Mutter gibt dem Kind eine Jacke. Es soll nicht frieren.
4. Er ruft sie an. Er will, dass sie mit ihm ins Kino geht.
5. Du willst den Brief verschicken. Du musst ihn frankieren.
6. Der Lehrer spricht laut. Er will, dass alle Schüler ihn verstehen.
7. Der Mann nimmt ein Taxi. Er möchte pünktlich am Bahnhof sein.
8. Ich möchte das Bild aufhängen. Ich brauche dafür einen Hammer.

14. Setzen Sie die richtige Präposition ein. *Beispiel:* helfen *bei*

gratulieren ______[1] / denken ______[2] / sich wenden ______[3] / träumen ______[4] / glauben _____[5] / sich freuen _____[6] (Geschenk) / sich freuen ______[7] (morgen) / sich unterhalten ____[8] (Person) _____[9] (Thema) / danken ____[10] / lachen ____[11] sich beschweren ______[12] (Person) ______[13] (Problem) / sich erinnern ______[14]

Lektion 1

Maskulin, feminin oder neutral? (1)

Für viele Nomen ist es nicht möglich, Regeln für die Bestimmung des Genus (maskulin / feminin / neutral) zu geben. Deshalb muss man bei den meisten Nomen den Artikel zusammen mit dem Nomen lernen.
Für manche Gruppen von Nomen kann man allerdings Regeln geben, die wenige bzw. keine Ausnahmen haben.

I Maskulin sind:

1. **Jahreszeiten, Monate und Wochentage**
   (der Frühling, der Mai, der Mittwoch …)
2. **Himmelsrichtungen** (der Westen, der Norden …)
3. **Automarken** (der BMW, der Porsche …)
4. **Bergnamen** (der Mount Everest …)
5. **Spirituosen** (der Gin, der Bacardi, der Rum …)
6. **Meeresnamen** (Ozean, Atlantik, Pazifik)
   aber: das Mittel**meer**, die Nord**see** (das Meer, die See)
7. **Niederschläge** (der Regen, der Hagel …)

Maskulin sind auch:

8. **vom Verb abgeleitete Nomen ohne Suffix**
   der Sprung (von *springen*), der Gang (von *gehen*), der Klang (von *klingen*)
9. **Nomen auf**
   -ich der Teppich, der Anstrich
   -ig der Pfennig, der Käfig
   -ismus der Tourismus, der Feminismus
   -ling der Säugling, der Lehrling, der Drilling, der Frühling
   -or der Motor, der Ventilator
10. **Nomen mit *-s* nach Konsonant**
    der Fuchs, der Luchs, der Schnaps
11. **Personenbezeichnungen** (Fremdwörter) **auf**
    -ant der Demonstrant
    -at der Soldat
    -är der Millionär
    -ent der Student
    -eur der Friseur
    -iker der Politiker
    -ist der Terrorist
    -loge der Biologe

1. Leiten Sie das Nomen vom Verb ab.

Verb	Nomen	Verb	Nomen
werfen	der Wurf	zwingen	
sitzen		beginnen	
stechen		beißen	

Übungen

2. Der Artikel ist *der*. Aber warum?

	Grund		Grund
1. der Elefant	Suffix „-ant"	13. der Gang	
2. der Student		14. der Rum	
3. der Kilimandscharo		15. der Renault	
4. der Bürokrat		16. der Rhein	
5. der Volkswagen		17. der Herbst	
6. der Masseur		18. der Polizist	
7. der Mount Everest		19. der Pazifik	
8. der Doktorand		20. der Dirigent	
9. der Schmetterling		21. der Neckar	
10. der Funktionär		22. der Wüterich	
11. der Lehrling		23. der Masseur	
12. der Transformator		24. der Schnee	

3. Nennen Sie die vier Jahreszeiten mit Artikel.

der Frühling, ______________________________

4. Ergänzen Sie Wörter und Endungen (falls erforderlich).

Ich habe _____ Januar Geburtstag.

D___ Januar ist ein___ kalt____ Monat. ____ hat einunddreißig Tage.

Dieses Jahr fällt mein Geburtstag auf ein____ Samstag.

D___ Samstag ist ein___ gut____ Tag zum Feiern, weil man _____ Sonntag ausschlafen kann.

5. Ergänzen Sie Wörter und Endungen (falls erforderlich).

Vater holt _____ Dienstag sein___ neu___ Wagen ab. Es ist ein___ weiß___ Mercedes.

D___ Mercedes hat viel gekostet. Vater hatte vorher ein___ alt____ Volkswagen.

D___ Motor d___ Volkswagens hatte zuletzt immer wieder Probleme beim Starten und d___ dritt___ Gang ging nicht richtig rein.

Vater ist jetzt sehr stolz auf sein____ neu____ Benz.

6. Schreiben Sie das Nomen mit Artikel auf.

Verb	Nomen	Verb	Nomen
gehen	der Gang	anziehen	
klingen		springen	
ziehen		fliegen	

Lektion 2

Maskulin, feminin oder neutral? (2)

II Feminin sind:

1. **Namen der Bäume, vieler Blumen und Früchte**
   (die Eiche, die Nelke, die Birne …)
2. **Schiffs- und Flugzeugnamen, Namen der Fluggesellschaften**
   (die Titanic, die Boing 747 …)
3. **die Zahlen** (die Sieben, die Fünf …)
4. **die meisten deutschen Flüsse** (die Mosel, die Weser, die Elbe …)
   der Rest maskulin: der Rhein, der Main, der Neckar
5. **Zigarettenmarken** (die Camel, die Marlboro …)

Feminin sind auch:

6. (oft zweisilbige) **Nomen mit *-e* am Ende**
   die Tasche, die Lampe, die Blume, die Wolke
7. **Verbableitungen mit *-t* am Ende**
   die Fahrt, die Sicht, die Ankunft, die Schrift
8. **Nomen mit folgenden Endungen:**

-ei	die Bäckerei, die Bücherei, die Partei
-heit	die Kindheit, die Wahrheit, die Freiheit
-in	(= Frau) die Lehrerin, die Polizistin, die Spanierin
-keit	die Einsamkeit, die Herrlichkeit, die Kleinigkeit
-schaft	die Freundschaft, die Wirtschaft, die Gesellschaft
-ung	die Zeitung, die Heizung, die Versicherung

9. **Fremdwörter auf**

-ät	die Qualität, die Immunität
-enz	die Differenz, die Insuffizienz
-ie	die Biologie, die Kopie
-ik	die Politik, die Musik
-ion	die Direktion, die Organisation
-kunft	die Auskunft, die Zukunft
-ur	die Natur, die Dressur, die Diktatur

---

1. Leiten Sie das Nomen vom Verb ab.

1. backen: *die* ______________*in* / *die* ______________*ei*
2. bewegen: *die* ______________*ung*
3. empfehlen: *die* ______________*ung*
4. messen: *die* ______________*ung*
5. fahren: *die Ein*__________*t* / *die Aus*__________*t* / *die Ab*__________*t*
6. fliehen: *die* ______________*t*
7. gebären: *die* ______________*t*
8. liegen: *die* ______________*e* / *die* ______________*e*
9. lügen: *die* ______________*e*
10. waschen: *die* ______________*e*

Übungen

2. Wie heißt der Artikel (*der* oder *die*) und warum?

	Grund		Grund
1. die Biologie	Suffix „-ie"	18. ____ Qualität	
2. ____ Zufriedenheit		19. ____ Hose	
3. ____ Boing 747		20. ____ Palme	
4. ____ Monarchie		21. ____ Titanik	
5. ____ Kandidatin		22. ____ Natur	
6. ____ Schifffahrt		23. ____ Camel	
7. ____ Tourismus		24. ____ Diktatur	
8. ____ Frequenz		25. ____ Rarität	
9. ____ Fünfzehn		26.____ Tanne	
10. ____ Thematik		27. ____ Feigling	
11. ____ Ventilator		28. ____ Schlange	
12. ____ Metzgerei		29. ____ Frisur	
13. ____ Milliardär		30. ____ Sprung	
14. ____ Erbschaft		31. ____ Geburt	
15. ____ Abteilung		32. ____ Ankunft	
16. ____ Freundlichkeit		33. ____ Panik	
17. ____ Abfahrt		34. ____ Aussicht	

3. Setzen Sie die fehlenden Endungen ein.

1. In mein____ Kindheit haben wir in Berlin, in d____ Helmstedter Straße Nummer 15 gewohnt.
2. D____ Nummer hat in schwarz____ Farbe groß über unser____ Eingangstür gestanden.
3. Unser____ schön____ und auch groß____ Wohnung war gleich neben ein____ Bäckerei.
4. D____ Verkäuferin d____ Bäckerei war immer sehr freundlich zu d____ Kundschaft. Mich mochte sie wohl aber besonders, weil ich jeden Morgen dort ein____ Zeitung, Brötchen oder ein____ ander____ Kleinigkeit geholt habe.
5. Ein Brötchen nennt man in Berlin übrigens „Schrippe". Ein____ Schrippe hat damals sehr wenig gekostet.
6. Wenn ich manchmal verschlafen habe und erst später in d____ Bäckerei kam, musste ich oft in d____ Schlange warten, bis ich an d____ Reihe kam und d____ Bäckerin oder ein____ ander____ Bedienung mich bedienen konnte.

Maskulin, feminin oder neutral? (3)

III Neutral sind:

1. **die Namen von Hotels, Cafés und Kinos**
   (das Hilton, das Holiday Inn, das Thalia …)
2. **Buchstaben und Musiknoten** (das A, das hohe C)
3. **Farben** (das Blau, das Grün)
4. **Sprachen** (das Deutsch, das Englisch …)
5. **junge Tiere** (das Kalb, das Lamm …)
6. **Namen der Kontinente, Länder, Inseln und Orte mit Adjektiv**
   (das moderne Berlin, das heutige Afrika …)
   Manche Länder haben schon einen Artikel (siehe Liste unten).
7. **chemische Elemente** (das Aluminium, das Chlor …)
8. **alle substantivierten Infinitive**
   (das Lachen, das Springen, das Laufen, das Schreiben …)

Neutral sind auch:

9. **kollektive Ausdrücke mit *Ge-* am Anfang:**
   (das Gebirge, das Geschirr; das Geschrei, das Gebrüll)
10. **Diminutive auf *-chen, -lein***
    (das Mädchen, Häuschen, Stühlchen, das Fräulein, Büchlein, Tischlein)
11. **Fremdwörter auf**
    -ett das Ballett, das Duett, das Kabinett, das Parkett
    -il das Profil, das Ventil
    -ma das Thema
    -ment das Parlament, das Dokument, das Firmament
    -o das Büro, das Auto, das Kino, das Konto
    -um das Zentrum, das Museum, das Studium

Länder mit Artikel

maskulin	feminin	neutral	Plural
der Iran	die Schweiz	das Kosovo	die Niederlande
der Irak	die Türkei		die USA
der Jemen	die Slowakei		die Bahamas
der Libanon	die Ukraine		die Malediven
der Senegal			die Philippinen
der Sudan			die Seychellen
der Tschad			

Wenn der letzte Bestandteil ein deutsches Nomen ist, steht der entsprechende Artikel:
*die Bundes**republik** Deutschland, die Volks**republik** China, die Elfenbein**küste**,*
*das Vereinigte König**reich**, die Vereinigten **Staaten** von Amerika,*
*die Vereinigten Arabischen **Emirate***

Präpositionen: ich fliege **in** + *Akk.* (nicht „nach"), bei Inseln **auf** + *Akk.*
ich komme **aus** + *Dat.*, bei Inseln **auf** + *Akk.*
ich wohne **in** + *Dat.*, bei Inseln **auf** + *Akk.*

Übungen

1. Setzen Sie die Endungen ein.

A: Peter, hast du ein____ Stündchen Zeit für mich und holst mir bitte ein____ wichtig____ Dokument aus mein____ Büro? Ich brauche es unbedingt. Du kannst auch mein____ neu____ Auto nehmen.

B: Aber Vater, ich weiß gar nicht, wo dein____ Büro genau ist.

A: Es ist direkt i___[1] Zentrum in der Luisenstraße 25. Du weißt doch, wo d___[2] Hollywood-Kino ist. Daneben ist d___[3] groß____[4] Museum. D___[5] Museum ist d___[6] groß___[7] grau___[8] Gebäude. Hinter dies___[9] Gebäude ist d___[10] Stadtparlament. D___[11] Parlament sieht man sofort, da d___[12] Rot dieses Haus___[13] sehr auffällig ist. Und dann kommt schon die Luisenstraße. D___[14] Parken i___[15] Zentrum ist aber sehr schwierig. Wenn du Glück hast, kannst du d___[16] Auto aber schon vor d___[17] Hilton abstellen. D___[18] Hilton ist nur fünf Minuten von mein___[19] Büro entfernt. Vom hinteren Hilton-Parkplatz führt dann ein___[20] klein___[21] Gässchen direkt zur Luisenstraße. Mein___[22] Büro ist i___[23] dritt___[24] Stockwerk. D___[25] Dokument liegt auf dem Schreibtisch. Auf dem blauen Umschlag ist ein groß___[26] schwarz___[27] „K" für Kontoauszüge.

2. Wie heißt der Artikel (*der*, *die* oder *das*) und warum?

	Grund		Grund
1. ____ Elefant	*Suffix „-ant"*	19. ____ Donau	
2. ____ Schreiben		20. ____ Gebirge	
3. ____ Beschaffenheit		21. ____ Nelke	
4. ____ Bücherei		22. ____ Quartett	
5. ____ Praktikum		23. ____ Flug	
6. ____ Holländisch		24. ____ Blau	
7. ____ Würstchen		25. ____ Visum	
8. ____ Aluminium		26. ____ Sprung	
9. ____ Abstinenz		27. ____ Geburt	
10. ____ Nordsee		28. ____ Chlor	
11. ____ Botschaft		29. ____ Pfanne	
12. ____ Experiment		30. ____ Anzug	
13. ____ Südwesten		31. ____ König	
14. ____ BMW (Motorrad)		32. ____ Studio	
15. ____ BMW (Auto)		33. ____ Drama	
16. ____ Abschrift		34. ____ Fabrik	
17. ____ moderne Asien		35. ____ Ypsilon	
18. ____ neue München		36. ____ Büro	

Lektion 4

hin und *her*

◆ Kevin, komm mal her! Hier ist eine Einladung von Peter.
Er macht am Wochenende eine Party. Gehst du hin?
○ Ja, wenn ich eingeladen bin, gehe ich hin.
Wo hast du denn die Einladung her?
◆ Sie ist mit der Post gekommen.
Kommst du erst mit deinem Auto her zu mir und dann fahren wir zusammen hin?
○ Ja, aber wo nehme ich nur das Auto her? Mein Wagen ist momentan in der Werkstatt.
◆ Dann kann uns ja mein Vater hinbringen.

Beachten Sie den Unterschied zwischen *hin-* und *her-*.
hin und ***her*** können **Präfixe** und **Suffixe** sein und zeigen Bewegung an.

Präfix: **hin**gehen, **hin**fahren **Suffix:** wo**hin**? (bzw. wo … hin?) dort**hin**, da**hin**
Präfix: **her**kommen, **her**geben. **Suffix:** wo**her**? (bzw. wo … her?) hier**her**
hin steht mit der Idee „**gehen,** fahren, laufen *etc.* **in eine Richtung**"
her steht mit der Idee „**kommen**, sein *etc.* **aus einer Richtung**"

hin und ***her*** können mit verschiedenen Verben der Bewegung stehen:
z.B.: hingehen, sich hinsetzen, hinfahren, hinrennen, hinreisen
herkommen, hergeben, herholen, herzeigen

hin und ***her*** können auch von Präpositionen gefolgt werden:
z.B.: hinüber, hinauf, hinunter *etc.* (Idee ist **in** eine Richtung **gehen**)
herüber, herauf, herunter *etc.* (Idee ist **aus** einer Richtung **kommen**)

◆ Kletterst du auf den Zaun? ○ Nein, ich klettere lieber nicht **hinauf.**	Spring nicht vom Baum (he)**runter**! Komm **runter**! Wir warten hier unten auf der Straße.

Wenn ***hin-*** und ***her-*** **vor Präpositionen** stehen, verwendet man häufig ***her-*** anstelle von ***hin-***. Das Präfix ***her-*** wird dann sehr oft durch ***r-*** abgekürzt.
Statt *Geh* ***hinauf***
sagt man *Geh* ***r**auf* oder *Geh* ***her**auf*.

z.B.: ***Kommst*** *du zu mir (he)****rauf****?* und ***Gehst*** *du zu ihm* ***rauf****?*
Kommst *du zu uns (he)****rüber****?* und ***Gehst*** *du zu ihm* ***rüber****?*
Kommen *Sie* ***rein****!* und *Ich* ***gehe*** *jetzt* ***rein****.*
Spring *doch zu mir* ***runter****!* und *Ich* ***gehe*** *schnell* ***runter*** *zum Supermarkt.*

Übungen

1. Setzen Sie ein: *-hin-* oder *-her-*

1. Wo*her*___ kommen Sie? – Ich komme aus Spanien.
2. Wo______ gehen Sie heute Abend? – Ich gehe ins Kino.
3. A: Kannst du zu mir ______aufkommen? Ich muss hier oben bleiben.
   B: Gut, ich komme zu dir ______auf.
4. – Gehst du auf die Party? – Ja, ich gehe dort______.
5. – Wo______ stammt diese Mode? – Sie stammt aus London.
6. – Kommst du mit auf den Berg? – Nein, dort gehe ich nicht ______auf.
7. Ich kann mir denken, dass sie nicht gerne ______kommt.
8. – Wo hast du das ______? *oder:* Wo______ hast du das?
   – Ich habe es aus Indien.
9. Gib es sofort ______! Ich brauche es jetzt unbedingt.
10. Er sitzt auf dem Baum und traut sich nicht zu uns ______unter.
11. Unter uns spielen sie seit zwei Stunden Klavier. Ich gehe jetzt ______unter und beschwere mich.
12. Es hat geklopft. Der Chef ruft: „ ______ein!“
13. Der Schüler hat etwas sehr Schlechtes gesagt und der Lehrer schickt ihn ______aus vor die Tür.
14. Du kannst noch nicht so gut schwimmen. Schwimm also nicht zu weit ___aus.
15. Nimm das Obst aus dem Korb ______aus und leg es in eine Schale!
16. Im Leben geht es immer __________ und __________ (= auf und ab).
17. Geh schnell __________ in den Keller und bring uns noch eine Flasche Wein __________!
18. Ich weiß wirklich nicht, wo______ du diese verrückten Ideen hast.
19. Das Kind will da nicht ______aufklettern, es hat Angst ______unterzufallen.
20. Kannst du das Geschirr jetzt bitte in die Küche ______austragen?

2. Ergänzen Sie! Denken Sie auch an die Bewegung!

1. Ich fahr jetzt in d*ie*___ Garage *hinein*______.
2. Fährst du den Wagen aus d____ Garage __________?
3. Steck die Kreditkarte da in d____ Schlitz __________!
4. Geh nicht in d____ Keller __________! Dort unten ist es dunkel und dreckig.
5. Wir fahren mit dem Lift __________ in d____ 6. Stock. Dort oben wohnt James.
6. Geh nicht __________ auf d____ andere Straßenseite!
7. In dem kleinen Geschäft war viel Betrieb. Die Leute gingen __________ und __________.
8. Die Aktienkurse steigen und fallen. Sie gehen immer _________ und _________.
9. Mein Sohn springt so gerne in__ Wasser ______________.
10. Kannst du uns bitte die Schlüssel in d____ Hof __________werfen?

brauchen

◆ Muss man diese Schraube wirklich aus dem Brett entfernen?
○ Nein, man braucht sie eigentlich nicht zu entfernen, aber sie stört mich und man kann sich daran wehtun.
Hol doch mal eine Zange!
◆ Wozu brauchst du denn eine Zange?
Man braucht die Schraube doch nur mit dem Schraubenzieher rauszudrehen.
○ Das habe ich schon versucht, aber es geht nicht. Ich brauche eine Zange, um sie herauszuziehen oder abzukneifen.

- Es gibt das Verb ***brauchen*** **mit Akkusativ**:
  Bedeutung: Ich muss etwas haben, um damit etwas machen zu können.

  *Ich **brauche einen Hammer**, um ein Bild an die Wand zu hängen.*
  *Wir **brauchen viel Geld**, um mit der ganzen Familie nach Kenia fliegen zu können.*

- Außerdem benutzt man auch
  brauchen **+ Negation** mit ***zu*** **+ Infinitiv** am Satzende.
  Bedeutung: Gegenteil von „müssen"

  ◆ *Muss dein Mann am Sonntag arbeiten?*
  ○ *Nein, am Sonntag **braucht** er **nicht zu** arbeit**en**.*
  (Nein, er muss am Sonntag nicht arbeiten, aber er kann, wenn er will.)

  ◆ *Muss man eine Eintrittskarte kaufen, um die Vorstellung zu sehen?*
  ○ *Nein, man **braucht keine** Eintrittskarte zu kauf**en**.*
  (Man kann die Vorstellung auch ohne Eintrittskarte sehen. Eine Eintrittskarte ist nicht unbedingt nötig.)

  ◆ *Muss dein Chef immer pünktlich kommen?*
  ○ *Nein, er **braucht** eigentlich **nie** pünktlich zu kommen. Die Sekretärin macht alles.*

- Auch gibt es die Konstruktion
  brauchen + nur/bloß (ohne Negation) mit ***zu*** **+ Infinitiv** am Satzende.
  Diese Konstruktion benutzt man oft, um zu sagen, dass etwas *einfach* ist, dass man es *ohne große Probleme* machen kann.

  ◆ *Wie öffnet man diese alte Tür?*
  ○ *Das ist ganz einfach. Man **braucht** den Griff **nur** kräftig nach unten **zu** drück**en**.*

  ◆ *Wie installiert man dieses Programm?*
  ○ *Problemlos! Du **brauchst bloß** den Anweisungen auf dem Bildschirm **zu** folg**en**.*

Übungen

1. Was braucht man wozu?

1. Was brauchen Sie, um ein Foto zu machen? (Kamera)
   Ich brauche eine Kamera, um ein Foto zu machen.
2. Was brauchen wir, um eine Suppe zu essen? (Löffel)
   ____
3. Was braucht man, um Fleisch zu schneiden? (Messer)
   ____
4. Was braucht man, um eine warme Mahlzeit zu sich zu nehmen? (Besteck)
   ____
5. Was brauchst du, um eine Weinflasche zu öffnen? (Korkenzieher)
   ____
6. Was brauchen wir, um eine Konservenbüchse zu öffnen? (Dosenöffner)
   ____
7. Was brauchst du, um eine Bierflasche aufzumachen? (Flaschenöffner)
   ____
8. Was brauchen Sie, um ein Bild zu malen? (Pinsel)
   ____

2. Antworten Sie.

1. ◆ Muss hier jeder bezahlen?
   ○ Nein, manche Leute brauchen nicht ______________ .
2. ◆ Wie kann man die Aufgabe lösen?
   ○ Ganz einfach, ______________________________ .
   (man / bloß / brauchen / „X“ / bringen / auf die andere Seite)
3. ◆ Müssen wir wirklich alles von der Tafel abschreiben?
   ○ Nein, ihr braucht nicht alles ______________ .
   Ihr braucht nur das Wichtigste ______________ .
4. Wenn das Kind nicht mehr essen kann, ______________________________
   ______________ . (es / nicht / aufessen / alles / brauchen)
5. ______________________________ (Du / brauchen / nur / ein bisschen laut / sein), und schon beschwert sich der Nachbar.
6. ______________________________ (Man / nur / auf diesen Knopf / drücken / brauchen), und schon fährt der Computer runter.
7. Um die Maschine einzuschalten, ______________________________.
   (den Hebel / du / bloß / brauchen / umlegen)
8. An der Grenze ______________________________ .
   (nicht alle Leute / brauchen / ihren Pass / vorzeigen)
9. Muss ich die Haustür wirklich jedes Mal abschließen?
   Nein, du ______________ nicht jedes Mal ______________ .

Infinitiv mit *zu*

- ◆ Hallo Fatima! Es ist schön, dich hier zu treffen. Ich habe eigentlich nicht gedacht, dich heute noch hier begrüßen zu können.
- ○ Ja, zum Glück habe ich nicht vergessen, mir die Adresse aufzuschreiben und zum Klassentreffen zu kommen. Aber ich schaffe es nie, pünktlich zu kommen. Aber auch wenn es schon spät ist, freue mich riesig, dich mal wiederzusehen.
- ◆ Fatima, ich habe so oft versucht, dich anzurufen. Aber ich vermute, die falsche Rufnummer von dir zu haben. Kannst du mir den Gefallen tun, mir deine neue Nummer aufzuschreiben? Ich habe mir schon so lange gewünscht, mich mal wieder mit dir zu unterhalten und mit dir über alte Zeiten zu quatschen.
- ○ Ja klar, ich brauche nur einen Stift, um die Nummer aufzuschreiben. Hast du Lust, dich ein wenig zu mir zu setzen? Wir haben ja jetzt Zeit, ein bisschen zu schwatzen.
- ◆ Aber klar doch. Nichts ist schöner, als über alte Zeiten zu lachen.

Nach den **Modalverben** steht der **Infinitiv ohne** ***zu***.
Es gibt aber auch Ausdrücke, nach denen der **Infinitiv mit** ***zu*** kommt:
Beim Finalsatz mit ***um*** … ***zu*** … (Band 1, Lektion118),
bei ***nur / bloß / nicht brauchen*** … ***zu*** (Lektion 5) und beim **Infinitivsatz**.

Ein **Infinitivsatz** hat **kein Subjekt**. Er ist eine Ergänzung des Hauptsatzes und steht **nach Ausdrücken**

- **des Gefühls, der Emotion, des Wunsches und Hoffens**
  Ich bin froh, dich hier zu sehen. – Wir hoffen, bald mit dir sprechen zu können.
- **des Planens und der Absicht**
  Wir planen, hier ein Haus zu bauen. – Er beabsichtigt nicht, dort zu bleiben.
- **des Versuchens und Schaffens**
  Er versucht, keinen Fehler zu machen.
- **der Un-/Möglichkeit und der Un-/Wahrscheinlichkeit**
  Es ist (un-)möglich, den Präsidenten zu sehen
  Es ist leider sehr unwahrscheinlich, im Lotto zu gewinnen.

- **des Glaubens und Vermutens**
  Ich glaube, ihn zu kennen. – Er vermutet, ihn dort anzutreffen.
- **des Bittens, Verlangens und Aufforderns**
  Wir bitten Sie, pünktlich zu erscheinen. – Wir verlangen, eine Antwort zu erhalten.
- **des Vergessens**
  Habt ihr vergessen, die Fenster zu schließen?
  Ich kann mich nicht daran erinnern, das Gerät angestellt zu haben.

Bei **trennbaren Verben steht** ***zu*** **zwischen dem Präfix und dem Stamm** des Verbs (*ab**zu**waschen, an**zu**kommen*).
*Er hat einfach keine Lust, die Teller ab**zu**waschen.*
*Die Sekretärin hat vergessen, die Tür zum Büro ab**zu**schließen.*

Übungen

1. Der Infinitiv mit oder ohne *zu*: Ergänzen Sie!

1. Kannst du nicht schon heute Ruth ________________ ? (besuchen)
   – Leider habe ich heute keine Zeit, Ruth ________________ .
2. Hast du versucht, pünktlich dort ________________ ? (ankommen)
   – Ja schon, leider war es mir nicht möglich, ganz pünktlich ____________ .
3. Kannst du nicht schon heute mit der Arbeit ______________ ? (anfangen)
   – Leider passt es mir nicht, damit ________________.
4. Du hast doch versprochen, Daniela ________________ . (anrufen)
   – Leider habe ich vergessen, sie ________________ .
5. Hat Sandra vergessen, die Kinokarten ________________? (bestellen)
   – Nein, aber sie hatte keine Zeit, die Kinokarten ________________.
6. Kannst du denn nicht schon heute zu uns ________________? (kommen)
   – Nein, heute habe ich eigentlich vor, zu Hause ______________. (bleiben)

2. Schreiben Sie weiter und benutzen dabei den entsprechenden Infinitiv.
Benutzen Sie *mitkommen*.

1. Ich habe versprochen, ________________ .
2. Du musst unbedingt ________________ .
3. Es ist wichtig ________________ .
4. Er kann wohl heute nicht ________________ .
5. Schaffst du es, ________________ ?

Benutzen Sie *tanzen*.

6. Ich sehe sie gerne ________________ .
7. Wir haben vor, auf der Party ________________ .
8. Geht ihr ________________ ?

Benutzen Sie *eine Rede halten*.

9. Sie lassen ____________________________ .
10. Heinrich hat den Plan, ____________________________ .
11. Er hört ihn gerne ____________________________ .
12. Möchtet ihr ____________________________ ?
13. Habt ihr Lust, heute ____________________________ ?

Benutzen Sie *das Haus abschließen*.

14. Hast du daran gedacht, ______________________________ ?
15. Ihr sollt immer ______________________________ .
16. Muss ich dich immer daran erinnern, ____________________________ ?
17. Vergiss nicht, ______________________________ !
18. Wir haben nette Nachbarn. Du brauchst ___________ nicht ___________ .

Wiederholung zu den Lektionen 1 bis 6

1. *Hin* oder *her*?

1. Wirf den Ball zu mir ____über!
2. Wo____ stammt dieser Brauch?
3. Dort ist der Boden schmutzig. Da will ich mich nicht ____knien.
4. Mein Kind ist ____gefallen.
5. Kannst du aus der Garage ____ausfahren, oder soll ich es machen?
6. In diese Höhle möchte ich nicht ____eingehen. Sie ist so dunkel.
7. Fährst du morgen nach Hamburg? Wie lange dauert denn die ____fahrt?
8. Wenn du pünktlich sein willst, musst du mit dem Taxi dort____ fahren.
9. Willst du wirklich auf diesen Berg ____aufklettern?
10. Die Polizei hat das Haus umstellt und „Kommen Sie ____aus!" gerufen.
11. Bring mir doch mal den Brief ____, damit ich ihn in Ruhe lesen kann.
12. Geh doch auf die andere Straßenseite ____über!

2. Setzen Sie *(nicht) brauchen + zu +* Inf., *müssen*, *können*, *wollen* ein.

Er hofft:

1. Wenn ich volljährig bin, ____________ ich nicht mehr früh von der Party nach Hause ____________ (kommen), aber jetzt ____________ ich immer um 22 Uhr nach Hause ____________.
2. Wenn ich groß bin, ____________________ ich im Kino keinen Ausweis mehr ______________ (vorlegen), aber jetzt ____________ ich fast immer einen Ausweis an der Kasse ____________.
3. Wenn ich älter bin, ____________ ich nicht mehr das ____________ (essen), was auf den Tisch kommt, aber jetzt sagt mein Vater immer, dass ich das essen ____________, was auf den Tisch kommt.
4. Wenn ich 18 bin, ____________ ich keine Hausaufgaben mehr ____________ (machen), sondern ______ mir selbst Entschuldigungen _________ (schreiben).
5. Ich ____________ auch keine Angst ____________ (haben), wenn ich mal verschlafen habe, denn dann ____________ ich nicht immer pünktlich ____________ (kommen), sondern ____________ ______________ (ausschlafen).
6. Jetzt ____________ ich nach dem Essen immer den Tisch ____________ (abräumen), aber später ____________ ich den Tisch nicht mehr ____________, sondern ____________ einfach vom Tisch ____________ (aufstehen) und in mein Zimmer ____________ (gehen).
7. Nach meinem 18. Geburtstag ____________ ich ____________ (machen), was ich ____________ und ____________ nicht mehr ständig auf meine Eltern ____________ (hören).

3. Mit oder ohne *zu*: Ergänzen Sie.

1. Hast du versucht, pünktlich ______________ (ankommen)?
2. Kannst du bitte pünktlich ______________ (kommen)?
3. Man hat uns empfohlen, das Geld nicht online ______________ (überweisen).
4. Er hat sich entschieden, in Deutschland ______________ (bleiben).
5. Er möchte in Deutschland ______________ (bleiben).
6. Kannst du in drei Minuten einen Liter Wasser ______________ (trinken)?
7. Gelingt es dir, in drei Minuten einen Liter Wasser ______________ (trinken)?
8. Wann wollt ihr ________ (anfangen), die Hausaufgaben ________ (machen)?
9. Hast du dich getraut, vom Fünfer ins Wasser ______________ (springen)?
   – Ja, erst hatte ich Angst, ins Wasser ______________ (springen), aber dann wollte ich immer wieder vom Fünfer ______________ (springen).
10. Das Kind wollte nicht ______________ (aufessen), aber die Mutter hat es überredet ______________ (aufessen).
11. Wir haben beabsichtigt, früher ______________ (losfahren), es ist uns aber einfach nicht gelungen, früher ______________ (abfahren). Jetzt können wir aber endlich die Reise ______________ (antreten).
12. Wir sind froh, Sie hier ______________ (antreffen).
13. Schafft er es wirklich, sich alle diese Zahlen ______________ (merken)?
14. Sie müssen die Tabletten mit viel Wasser ______________ (schlucken).
15. Es ist ratsam, die Medizin nach dem Essen ______________ (einnehmen)
16. Hast du Sven gebeten, die Bücher ________________? (zurückbringen)
    – Ja, aber für ihn ist es zeitlich nicht möglich, die Bücher ______________.
17. Kannst du denn nicht schon heute die Fahrkarten ______________? (buchen)
    – Nein, gerade heute passt es mir nicht, sie ________________.

4. Was gehört zusammen?

1. Man braucht doch keine Angst	a) ohne Fehler zu sprechen.
2. Er versucht bei der Prüfung	b) jetzt noch etwas essen?
3. Er kann	c) nichts mehr essen.
4. Schaffen Sie es,	d) vor diesem Tier zu haben.
5. Wir haben den Plan,	e) auf den Knopf zu drücken.
6. Das ist einfach. Du brauchst nur	f) für immer hier zu bleiben.
7. Will er wirklich	g) in zwei Minuten hier zu sein?
8. Hat sich der Dozent geweigert,	h) die Vorlesung zu halten?
9. Es ist unmöglich,	i) endlich seine Kinder wiederzusehen.
10. Der Familienvater freute sich,	j) in so kurzer Zeit so viele Tore zu schießen.

Lektion 7

Der Relativsatz

- ◆ Ich glaube, ich kaufe den Ring dort.
- ○ Welchen Ring meinst du?
- ◆ Ich meine den Ring, der da links im Schaufenster liegt.
- ○ Meinst du den Ring, der da neben der goldenen Kette liegt?
- ◆ Ja, genau, den Ring, der neben der Kette liegt und einen roten Stein hat.
- ○ Oh ja, der Ring ist schön. Hast du denn eine Kette, die zu dem Ring passt?
- ◆ Nein, eigentlich nicht.
- ○ Warum kaufst du dann nicht auch die Kette, die daneben liegt? Sie ist doch auch wunderschön.
- ◆ Ja, aber hast du das Preisschild gesehen, das neben der Kette liegt?

- Der **Relativsatz** gibt eine neue Information zu einem Nomen aus dem Hauptsatz. Er steht hinter dem Nomen, auf das er sich bezieht. Er ist wie eine zusätzliche Information, die in Klammern (…) hinter dem Nomen steht.
- Der **Relativsatz** ist ein **Nebensatz**. Das konjugierte Verb steht also am Ende.
- Er erklärt ein Nomen aus dem Hauptsatz und **beginnt mit dem Relativpronomen**. Das **Relativpronomen** ist oft wie der **bestimmte Artikel**.
Ausnahmen: Genitiv Singular / Plural und Dativ Plural.
- Das Genus und der Numerus des Relativpronomens entsprechen dem Genus und dem Numerus des Wortes, das der Relativsatz erklärt (Bezugswort).

Relativpronomen im Nominativ:

Der Mann kommt aus England. **Der** Mann spielt dort Gitarre.
Der Mann, **der** dort Gitarre spielt, kommt aus England.

Die Frau ist jung. **Die** Frau kauft einen Ring.
Die Frau, **die** einen Ring kauft, ist jung.

Das Haus gehört mir. **Das** Haus steht dort.
Das Haus, **das** dort steht, gehört mir.

Die Leute gehen am Wochenende tanzen. **Die** Leute sind jung.
Die Leute, **die** jung sind, gehen am Wochenende tanzen.

1. Setzen Sie das Relativpronomen im Nominativ ein.

1. Der Wagen, ____ in der Garage steht, ist neu.
2. Ich habe die Hose, ____ dort drüben auf dem Stuhl liegt, gebügelt.
3. Das Hemd, ____ im Schrank liegt, gehört meinem Bruder.
4. Die Bilder, ____ in der Wohnung meines Großvaters hängen, sind altmodisch.
5. Mit dem Werkzeug, ____ dort liegt, kann man das Motorrad nicht reparieren.
6. In dem Haus, ____ im Wald steht, soll eine Hexe wohnen.
7. Mit deinem Handy, ____ schon so alt ist, kann man keine Apps runterladen.
8. Die Bäume, ____ in diesem Park stehen, haben mächtige Kronen.

9. Mit dem Auto, ____ dort parkt, ist lange niemand gefahren.
10. Der Präsident, ____ die Rede gehalten hat, verlässt den Saal.
11. Für den Drucker, ____ nicht mehr funktioniert, habe ich 100 Euro bezahlt.
12. Die Tastatur, ____ vor deinem Computer steht, ist sehr flach.
13. Auf deinem Bewerbungsschreiben, ____ dort liegt, ist ein Kaffeefleck.
14. Bei dem Bewerbungsgespräch, ____ am 4. April stattfand, war ich nervös.
15. Auf die Unterlagen, ____ heute gekommen sind, habe ich lange gewartet.
16. Der Studiengang, ____ 2 Jahre gedauert hat, war sehr uninteressant.
17. Das Fußballspiel, ____ in die Verlängerung gegangen ist, endet um 23:00 Uhr.

2. Bilden Sie aus dem zweiten Satz einen Relativsatz.

1. Der alte Tisch ist aus Eichenholz. Er hat immer dort in der Ecke gestanden.
   ____
2. Mit der rostigen Zange kann man nicht arbeiten. Sie liegt im Keller.
   ____
3. Der Dienst als Pfleger ist sehr anstrengend. Er kostet viel Geduld.
   ____
4. Im Arztberuf sieht man auch schreckliche Dinge. Er ist natürlich gut bezahlt.
   ____
5. Die Notenblätter sind vergilbt. Sie stehen auf dem Notenständer.
   ____
6. In dem Getränk ist viel Alkohol. In Russland ist es sehr beliebt.
   ____
7. In dem Restaurant gibt es nur Pizza. Am ersten März hat es eröffnet.
   ____

3. Setzen Sie Artikel und Relativpronomen ein.

1. ____ Abfalleimer, ____ in der Küche steht, ist aus Plastik.
2. ____ Fliesen, ____ so teuer waren, sehen schön aus.
3. Mit ____ LKW, ____ vor der Fabrik steht, transportiert man Sand.
4. ____ Inhaber des Hotels, ____ sehr wohlhabend ist, soll gestorben sein.
5. Mit ____ Software, ____ so viel gekostet hat, kann ich nichts anfangen.
6. In ____ Suppe, ____ so scharf ist, ist sicher Tabasco.
7. Für ____ Schmuck, ____ dort im Schaufenster liegt, muss man sicher ein Vermögen bezahlen.
8. In ____ Warenhaus, ____ im Zentrum eröffnet hat, gibt es viele Delikatessen.
9. Mit ____ Managerin der Firma, ____ beim Vorstellungsgespräch so freundlich war, muss man sich gut stellen.

Lektion 8

Relativpronomen im Akkusativ

◆ Wir gehen heute Abend ins Theater.
Trägst du dann den Anzug, den ich dir schon auf das Bett gelegt habe?
○ Meinst du den alten Anzug, den ich immer trage?
◆ Ja, ich meine den Anzug, den ich extra gebügelt und dir aufs Bett gelegt habe.
○ Gut, wenn du willst, ziehe ich den alten Anzug wieder an.
◆ Das ist doch eigentlich ein Anzug, den man zu allen Anlässen tragen kann, und die Krawatte, die ich daneben gelegt habe, solltest du auch tragen.
○ Und welche Schuhe empfiehlst du mir?
◆ Na, die Schuhe, die ich schon geputzt und unter das Bett gestellt habe.
○ Ach so, die Schuhe, die ich schon zu unserer Hochzeit getragen habe?
◆ Ja, genau die.
○ Und was trägst du?
◆ Na das neue Abendkleid, das wir gestern in der Stadt gekauft haben.

Das Relativpronomen steht im **Akkusativ**, wenn das **Verb im Relativsatz** dies verlangt.

Der Mann *kommt aus England. Wir haben* ***ihn*** *auf der Party kennengelernt.*
(*kennenlernen* + Akkusativ)
Der zweite Satz enthält eine Zusatzinformation zu „Mann". Diese Zusatzinformation kann man – wie in einer Klammer – als Relativsatz hinter „Mann" stellen:
Der *Mann,* ***den*** *wir auf der Party kennengelernt haben, kommt aus England.*

Die Frau *ist sehr jung. Der Mann verehrt* ***sie****.*
(*verehren* + Akkusativ)
Der zweite Satz enthält eine Zusatzinformation zu „Frau". Diese Zusatzinformation kann man – wie in einer Klammer – als Relativsatz hinter „Frau" stellen:
Die *Frau,* ***die*** *der Mann verehrt, ist noch sehr jung.*

Das Haus *muss man bald renovieren. Die Familie hat* ***es*** *gekauft.*
(*kaufen* + Akkusativ)
Der zweite Satz enthält eine Zusatzinformation zu „Haus". Diese Zusatzinformation kann man – wie in einer Klammer – als Relativsatz hinter „Haus" stellen
Das *Haus,* ***das*** *die Familie gekauft hat, muss man bald renovieren.*

Unsere Freunde *gehen am Wochenende tanzen. Wir haben* ***sie*** *gestern angerufen.*
(*anrufen* + Akkusativ)
Der zweite Satz enthält eine Zusatzinformation zu „Freunde". Diese Zusatzinformation kann man – wie in einer Klammer – als Relativsatz hinter „Freunde" stellen:
Die *Freunde,* ***die*** *wir gestern angerufen haben, gehen am Wochenende tanzen.*

Wenn es vor dem Relativpronomen keine Präposition gibt, richten sich
- Mask./Fem./Neutr. des Relativpronomens nach dem Nomen im Hauptsatz (Bezugswort)
- und Nom./Dat./Akk. des Relativpronomens nach dem Verb im Relativsatz.

Übungen

1. Bilden Sie aus dem zweiten Satz einen Relativsatz.

1. Der Ingenieur ist talentiert. Wir haben ihn gestern neu eingestellt.

   ____
2. Die Kellnerin kommt aus Italien. Ich habe sie schon oft hier gesehen.

   ____
3. Mit dem Wagen kommst du nicht weit. Er ist so verrostet und alt.

   ____
4. Mit dem Wagen kommst du nicht weit. Du hast ihn letzte Woche repariert.

   ____
5. Die Schuhe sind teuer. Ich habe sie im Kaufhaus anprobiert.

   ____
6. Mit dem Professor kann man sich gut unterhalten. Wir haben ihn in der Vorlesung gehört.

   ____
7. In dem Hotelzimmer gibt es Ameisen. Wir haben es gebucht.

   ____
8. In der Garage liegen Winterreifen. Ich habe sie geöffnet.

   ____
9. Auf der Bank saß ein alter Mann. Sie war sehr alt. Ich kannte ihn nicht.

   ____

2. Setzen Sie die fehlenden Artikel und Relativpronomen ein.

1. _____ Mann, _____ wir gestern kennengelernt haben, kommt aus Österreich.
2. _____ Fahrzeug, _____ vor dem Haus steht, gehört meinem Vater.
3. _____ Frau, _____ dort sitzt und _____ ich oft treffe, ist meine Kollegin.
4. _____ Hausaufgaben, _____ die Kinder machen müssen, sind nicht schwierig.
5. Mit _____ Kindern, _____ Peter besucht hat, haben wir schon oft gespielt.
6. In _____ Museum, _____ wir am Sonntag besucht haben, gab es Knochen von Dinosauriern.
7. Mit _____ Anzug, _____ du gekauft hast, kannst du aber nicht auf die Party gehen.
8. In _____ Bergen, _____ man dort sehen kann, wohnen auch Bären.
9. Für _____ Halskette, _____ der Mann seiner Frau geschenkt hat, musste man viel bezahlen.
10. Eine Reparatur _____ Autos, _____ vor deinem Haus steht, kostet sicher viel.
11. _____ Wodka, _____ die Russen gern trinken, muss kalt sein.
12. _____ Roman, _____ ich gelesen habe und _____ mich sehr beschäftigt hat, war ein Bestseller.
13. _____Apfel, _____ ich gepflückt habe und _____ jetzt auf dem Küchentisch liegt, sieht schön aus.

Lektion 9

Relativpronomen im Nom., Akk., Dat.

◆ Kennst du eigentlich den Mann, der bei uns eingezogen ist?
○ Meinst du den Mann, dem ich gestern die Tür aufgehalten habe?
◆ Ja, genau den Mann, den du begrüßt hast und dem du so höflich die Tür geöffnet hast.
○ Ja, das ist der neue Mieter, der jetzt neben uns wohnt. Ich glaube, sie sind zu zweit bei uns eingezogen. Er hat noch eine Frau, der ich auch schon mal geholfen habe.
◆ Du bist ja wirklich sehr freundlich zu all unseren Nachbarn, denen ich eigentlich selten begegne.
○ Ja, man sollte zu jeder Person, der man in unserem Haus begegnet, freundlich und höflich sein.
◆ Natürlich, das bin ich auch, aber es scheint, dass die Personen, die ich treffe und denen ich „Guten Morgen“ sage, nicht so gut gelaunt sind. Zumindest antworten sie mir nie.
○ Du triffst die Leute, die hier wohnen, auch nur am Morgen, und dann haben sie vielleicht noch schlechte Laune.

Der Mann ist alt. Ich gebe **dem Mann** (oder **ihm** = *Dat. mask.*) ein Buch.
Der Mann, **dem** (*Dat. mask.*) ich ein Buch gebe, ist alt.

Die Frau sitzt auf der Parkbank. Der kleine Junge schenkt **ihr** (*Dat. fem.*) eine Rose.
Die Frau, **der** (*Dat. fem.*) der kleine Junge eine Rose schenkt, sitzt auf der Parkbank.

Das Kind spielt mit dem Ball. Ich sehe **das Kind**. (oder **es** = *Akk. neutr.*)
Das Kind, **das** (*Akk. neutr.*) ich sehe, spielt mit dem Ball.

Die Leute (Plural) sind Touristen. Ich zeige **den Leuten** (*oder* **ihnen** = *Dat. Plural*) die Stadt.
Die Leute, **denen** (*Dat. Plural*) ich die Stadt zeige, sind Touristen.

Das **Relativpronomen Dat. Plural** bildet eine **Ausnahme**, weil es nicht genau dem best. Artikel entspricht, sondern ein ***-en*** angehängt bekommt.

Die Relativpronomen *Nom. / Akk. / Dat.* sind also:

	maskulin	feminin	neutral	Plural
Nominativ	der	die	das	die
Akkusativ	den	die	das	die
Dativ	dem	der	dem	**denen**

Übungen

1. Setzen Sie die fehlenden Relativpronomen ein.

1. Die Frau,	______	du dort siehst,	ist meine Schwester.
	______	ich das Buch gegeben habe,	ist meine Schwester.
	______	dort kommt,	ist meine Schwester.
2. Die Freunde,	______	ich den Garten zeige,	kommen aus Belgien.
	______	uns besuchen,	kommen aus Belgien.
	______	das Haus gehört,	kommen aus Belgien.

2. Bilden Sie aus dem zweiten Satz einen Relativsatz.

1. Neben mir sitzt eine Dame. Ich kenne sie nicht.

   ____

2. Auf dem Tisch liegt ein Buch. Ich habe es schon gelesen.

   ____

3. In diesem schönen Haus wohnt ein Dichter. Er ist in Deutschland sehr bekannt.

   ____

4 Der Lehrer sitzt auf dem Tisch. Der Tisch ist sehr wackelig.

   ____

5. Der Händler legt den Teppich auf den Boden. Ich kaufe ihn.

   ____

6. Er stellt den Wagen in die Garage. Er hat ihn letzten Monat gekauft.

   ____

7. Der Student geht in das Zimmer. Er hat es gemietet.

   ____

8. Der Brief war sehr kurz. Du hast ihn aus deinen Ferien geschrieben.

   ____

9. Die Übungen sind nicht schwer. Wir machen sie.

   ____

10. Der Vater ist sehr traurig. Das Kind gibt ihm keine Antwort.

    ____

11. Morgen kommt unser Freund. Wir zeigen ihm die Stadt.

    ____

12. Morgen kommen unsere Freunde. Wir zeigen ihnen die Stadt.

    ____

13. Dort kommen die Schüler. Der Direktor hat ihnen heute die Zeugnisse gegeben.

    ____

14. Die Leute steigen aus dem Bus. Ihnen gehören die Koffer.

    ____

15. Kennt ihr die Schüler? Wir sind ihnen begegnet.

    ____

Lektion 10

Relativpronomen im Genitiv

◆ Mein Freund, dessen Wagen vor der Tür steht, ist eigentlich ein Angeber.
○ Über Freunde, deren Freundschaft einem etwas wert ist, sollte man nicht so sprechen.
◆ Ja, aber ein Auto, dessen Scheinwerfer so groß sind und das auch noch weiß ist, ist doch nur zum Angeben da.
○ O.k., aber vielleicht hat dein Freund das Auto ja in einer Lotterie gewonnen.
◆ Eine Lotterie, deren Hauptgewinn so ein Auto ist, gibt es doch gar nicht.
○ Doch, doch, ich kann mich an einen Quizkandidaten in einer Fernsehshow erinnern, dessen Hauptgewinn eine Kreuzfahrt in der Karibik im Wert von 80.000 Euro war. Warum soll es also keine Lotterie oder Show geben, deren Preis ein weißer Wagen mit großen Scheinwerfern ist?
◆ Gut, aber dann würde ich trotzdem nicht so einen Wagen fahren.

Der Mann ist fünfzig Jahre alt. Die Hose **des Mannes** ist grau.
(*oder:* **seine** Hose ist grau)
Der Mann, **dessen** Hose grau ist, ist fünfzig Jahre alt.

Die Agentin hat einen eiskalten Blick. Die Augen **der Agentin** sind tiefblau.
(*oder:* **ihre** Augen)
Die Agentin, **deren** Augen tiefblau sind, hat einen eiskalten Blick.

Das Kind weint bitterlich. Der Luftballon **des Kindes** ist geplatzt.
(*oder:* **sein** Luftballon)
Das Kind, **dessen** Luftballon geplatzt ist, weint bitterlich.

Die Bücher gehören zur Fachliteratur. Die Titel **der Bücher** sind schwer zu verstehen.
(*oder:* **ihre** Titel)
Die Bücher, **deren** Titel schwer zu verstehen sind, gehören zur Fachliteratur.

Nach dem **Relativpronomen im Genitiv** folgt ein zweites Nomen (evtl. + Adj.).
- Das Relativpronomen im Genitiv zeigt, dass das folgende Nomen zum Nomen im Hauptsatz „gehört".
- Das Verb im Relativsatz spielt für den Kasus des Relativpronomens keine Rolle, **nur die Zugehörigkeit zum „Besitzer" ist wichtig**.
- Wenn der „Besitzer" im Hauptsatz **maskulin oder neutral** ist, lautet das Relativpronomen ***dessen***, wenn der „Besitzer" **feminin** ist oder **im Plural** steht, lautet das Relativpronomen ***deren***.

	maskulin	feminin	neutral	Plural
Nominativ	der	die	das	die
Akkusativ	den	die	das	die
Dativ	dem	der	dem	**denen**
Genitiv	**dessen**	**deren**	**dessen**	**deren**

Übungen

1. Setzen Sie das fehlende Relativpronomen im Genitiv ein.

1. In meiner Straße wohnt ein Junge, ________ Vater Millionär ist.
2. Der Park, ________ Grünanlagen sehr gepflegt sind, ist wunderschön.
3. Dort kommen meine Freunde, ________ Prüfung sehr schwer war.
4. Der Universitätsprofessor steht an dem Pult, ________ Mikrofon nicht eingeschaltet ist.
5. Der alte Großvater, ________ Hut alt ist, sitzt auf der Parkbank, ________ Farbe noch frisch ist.
6. Mit einer Fernbedienung, ________ Batterien alt sind, kann man den Fernseher nicht ausschalten.
7. In dem Studiengang, ________ Dozenten sehr modern eingestellt sind, hat man viel lernen können.

2. Bilden Sie Relativsätze nach dem folgenden Beispiel:

Dort läuft ein Mann. Sein Hut (= der Hut des Mannes) *ist komisch.*

Dort läuft ein Mann, dessen Hut komisch ist.

1. In der Straße steht ein Baum. Seine Früchte sind rot.

   ____

2. In dem Haus wohnt ein alter Mann. Seine Fenster sind groß.

   ____

3. Die Autos fahren schnell. Ihre Motoren sind stark.

   ____

4. Die Schüler kommen pünktlich. Ihr Lehrer ist sehr streng.

   ____

5. Der Schüler traut sich nicht nach Hause. Sein Zeugnis ist sehr schlecht.

   ____

6. Die Frau ist müde. Ihr Baby schreit die ganze Nacht.

   ____

7. Auf der Bank sitzt meine alte Lehrerin. Ihre Farbe ist noch frisch.

   ____

8. Neben den Spielern steht unser Trainer. Ihre Trikots sind rot.

   ____

9. Mein Freund macht Ferien. Ich betreue seinen Hund.

   ____

10. Das Haus steht an der Küste. Seine Türen sind aus Holz.

    ____

11. Ich gehe in die neue Schule. Alle Leute kennen ihren Namen.

    ____

12. Wir kaufen die Gemälde. Ihre Rahmen sind vergoldet.

    ____

13. Die Kirche steht im Zentrum der Stadt. Ihre Glocken läuten oft.

    ____

Lektion 11

Relativpronomen mit Präposition

- ◆ Wo liegt mein Stift, mit dem ich gerade geschrieben habe?
- ○ Liegt er nicht mehr auf dem Schreibtisch, an dem du gerade gesessen hast?
- ◆ Nein dort liegt er nicht.
- ○ Oder steckt er in dem Buch, in dem du gelesen hast?
- ◆ Nein, aber vielleicht habe ich ihn in das neue Etui gesteckt, für das ich so viel bezahlt habe.
- ○ Oder sieh in der Schublade nach, in die du alles wirfst, was auf deinem Schreibtisch rumliegt.
- ◆ Ah, hier ist er. Er steckte hinter meinem Ohr.

Vor den Relativpronomen können auch Präpositionen stehen:

In der Klasse steht ein Tisch. Ein Buch liegt ***auf dem*** *Tisch (dar**auf**).*
In der Klasse steht ein Tisch, ***auf dem*** *ein Buch liegt.*

*Im Garten steht ein Baum. Rote Äpfel wachsen dar**an*** *(**an dem** Baum).*
Im Garten steht ein Baum, ***an dem*** *rote Äpfel wachsen.*

Auf der Parkbank sitzt ein alter Mann. Ich habe eine Überraschung ***für ihn****.*
Auf der Parkbank sitzt ein alter Mann, ***für den*** *ich eine Überraschung habe.*

- Wie schon bekannt, brauchen einige Präpositionen immer den Dativ, andere immer den Akkusativ.
- Nach den Wechselpräpositionen (*in, an, auf, unter, über, vor, hinter, neben, zwischen*) mit Dativ oder Akkusativ entscheidet das Verb im Relativsatz darüber, welchen Kasus man für das Relativpronomen benutzen muss.

Der Stuhl, _____ d___ ich mich setze, ist antik.

- ► Das Subjekt (= Nominativ) ist „ich“.
- ► Was macht das Subjekt (= wie heißt das Verb)?
  sich setzen
- ► Man fragt: „Wohin setzt du dich?“
  (Bei der Frage „wohin?“ braucht man den **Akkusativ**.)
- ► Die Antwort ist also:
  „Ich setze mich **auf den** Stuhl.“
  Der Relativsatz lautet also:

Der Stuhl, ***auf den*** *ich* (= Subjekt) *mich setze, ist antik.*

Der Stuhl, _____ d___ ich sitze, ist antik.

- ► Das Subjekt (= Nominativ) ist „ich“.
- ► Was macht das Subjekt (= wie heißt das Verb)? ***sitzen***
- ► Man fragt: „Wo sitzt du?“
  (Bei der Frage „wo?“ braucht man den **Dativ**).
- ► Die Antwort ist also: „Ich sitze **auf dem** Stuhl.“
  Der Relativsatz lautet also:

Der Stuhl, ***auf dem*** *ich* (= Subjekt) *sitze, ist antik.*

Übungen

1. Ergänzen Sie die fehlenden Relativpronomen.

1. Die Freunde, _______ er besuchen will, wohnen in einem Dorf am Rhein.
2. Den Wagen, mit _______ er fahren will, hat er von seinem Bruder geliehen.
3. Die Geschenke, _______ er für deine Freunde mitbringen soll, sollen nicht viel kosten.
4. Die Kamera, mit _______ ich diese Fotos gemacht habe, ist nicht sehr gut gewesen.
5. Du brauchst schon ein Album, in _______ du deine Fotos aufbewahren kannst.
6. Wohin hast du die Tasche gestellt, in _______ meine Socken waren?
7. Die Hobbys, mit ____ er seine Freizeit verbringt, machen ihm bestimmt Spaß.
8. Man muss das Rathaus, _______ Umbau vor ein paar Jahren Millionen gekostet hat, schon wieder renovieren.
9. Eine Fabrik, _______ Arbeiter mit ihren eigenen Wagen zur Arbeit kommen, braucht einen riesigen Parkplatz.
10. In der Zeitung steht nichts über den Skandal, von ______ du mir erzählt hast.
11. Den Fehler, _______ bei deinen Arbeiten am meisten stört, kannst du sicher verbessern.
12. Die Papiere, _______ da drüben auf dem Fußboden liegen, sind wohl nicht so wichtig.
13. Die Bücher, von _______ du mir erzählt hast, kann man in keiner Bücherei finden.
14. Die Autos, _______ Preise von Jahr zu Jahr steigen, sind für viele reine Luxuswaren.
15. Ein Geschäft, _______ Chef so nachlässig ist, kann nicht lange existieren.

2. Schreiben Sie Relativsätze wie im folgenden Beispiel:
Der Tisch ist hoch. Eine Zeitung liegt ***darauf****.*
Der Tisch, auf dem eine Zeitung liegt, ist hoch.

1. Am Waldesrand steht ein altes Haus. Dunkle Gestalten gehen hinein.

   ____
2. Der Vater hat ein Problem. Er hat mit dem Sohn darüber diskutieren wollen.

   ____
3. In Amerika wohnen seine Freunde. Er hat ihnen schon lange schreiben wollen.

   ____
4. Er kauft seiner Frau Schmuck. Er hat viel dafür zu bezahlen.

   ____
5. Das Waschbecken bezahle ich nicht. Der Handwerker hat es installiert.

   ____
6. Er verkauft den Wagen. Man hat ihn nicht reparieren können.

   ____
7. Niemand darf über die Brücke fahren. Der Architekt hat sie geplant.

   ____

Präposition + Genitiv-Relativpronomen

◆ Gestern bin ich zu einem Vorstellungsgespräch in eine Firma gegangen, in deren eleganter Rezeption mich eine nette Sekretärin empfing. Aber der Chef, in dessen Büro ich vorstellig werden sollte, war im Urlaub.

○ Und die Sekretärin? Hatte sie denn keinen Urlaub?

◆ Nein, die Sekretärin, für deren präzise Auskünfte ich wirklich sehr dankbar war, musste an diesem Tag arbeiten.

○ Und wann hast du jetzt das Vorstellungsgespräch, für dessen intensive Vorbereitung du sicher einige Zeit investiert hast?

◆ Das ist mir jetzt egal, da mir die anderen Büroangestellten, von deren guten Ratschlägen ich sicher auch später profitieren kann, von dem Job abgeraten haben. Es scheint nämlich, dass die Firma, bei deren Chef ich diesen Vorstellungstermin hatte, nicht mehr lange zahlungsfähig ist.

Für das Relativpronomen im Genitiv ist nur das Bezugswort im Hauptsatz wichtig:
- Wenn das Bezugswort **mask./neutr.** ist, lautet das Relativpronomen ***dessen***.
- Wenn das Bezugswort **fem./Plur.** ist, lautet das Relativpronomen ***deren***.
- Das Nomen nach dem Relativpronomen im Genitiv hat keinen Artikel.
- Wenn nach dem Genitiv-Relativpronomen ein Adjektiv folgt, so endet das Adjektiv wie ein Adjektiv ohne vorangehenden Artikel.

Merke! Das Genitiv-Relativpronomen zeigt nur, dass jemandem etwas gehört bzw. dass zwei Sachen zusammengehören.
Das Nomen nach dem Relativpronomen steht dennoch im Akkusativ bzw. Dativ (auch wenn man es nicht immer sehen kann):

*Der Vater hat wenig Zeit. Die Großmutter spielt **mit seinen** Kindern.*
„seinen“ = **mit** den Kindern **des** Vaters

► Relativpronomen (Genitiv maskulin): ***dessen***

► Präposition: ***mit*** (+ Dativ): *Kinder**n***
Trotz des Genitiv-Relativpronomens steht das Nomen im Dativ.

*Der Vater, **mit dessen** Kinder**n** die Großmutter spielt, hat wenig Zeit.*

Wenn nach ***dessen/deren*** ein Adjektiv kommt, so endet es wie das Adjektiv ohne vorangehenden Artikel:

*Die Großmutter spielt oft **mit** (X) klein**en** Kinder**n**.*
*Der Vater, **mit dessen** klein**en** Kinder**n** die Großmutter spielt, hat wenig Zeit.*

*Das Land heißt Frankreich. Rot**er** Wein ist teuer.*
*Das Land, dessen rot**er** Wein teuer ist, heißt Frankreich.*

Übungen

1. Schauen Sie, welches Wort doppelt ist, und bilden Sie einen Relativsatz.

1. Kennst du den Mann? Ich habe mit seinem Chef gesprochen.
   ____
2. Hast du die Zeitung gesehen? Der Artikel war darin.
   ____
3. Kennst du meine englischen Freunde? Klaus wohnt bei ihren netten Eltern.
   ____
4. Ich habe in dem Hotel übernachtet. In seinem Foyer stand ein großer Weihnachtsbaum.
   ____
5. Das war ein altes, billiges Hotel. Seine kleinen Zimmer waren altmodisch eingerichtet.
   ____
6. Hast du das Bild gesehen? Wir spielen Tennis darauf.
   ____
7. Da drüben ist die Bücherei. Meine Schwester arbeitet darin.
   ____
8. War das der Arzt? Du hast mit seiner netten Assistentin am Telefon gesprochen.
   ____
9. Da drüben ist der Park. Auf seinen alten Bäumen nisten bunte Vögel.
   ____
10. Im Garten steht ein hoher Baum. Das Kind darf nicht hinaufsteigen.
    ____

2. Definieren Sie mit Relativsätzen.

1. Ein Fußballspieler ist ein Mann, ______________ (Fußball spielen).
2. Ein Hammer ist ein Werkzeug, mit ______________ (Autos reparieren).
3. Eine Friseurin ist eine Frau, ______________ (Haare schneiden).
4. Ein Motorboot ist ______________ (mit Motor fahren).
5. Ein Kartoffelsack ist ein Sack, in ______________ (Kartoffeln aufbewahren).
6. Ein Geldautomat ist ein Automat, an ______________ (Geld abheben).
7. Ein Hörgerät ist ein Gerät, mit ______________ (besser hören).
8. Eine Weihnachtsbaumkugel ist ______________
   ______________ (an den Weihnachtsbaum hängen).
9. Ein Taschentuch ist ______________ (sich die Nase putzen).
10. Eine Baustelle ist ______________ (ein Haus bauen).
11. Ein Kinderarzt ist ein Arzt, ______________ (Kinder behandeln).
12. Ein Küchentisch ist ein Tisch, ______________ (in der Küche stehen).

Lektion 13

Das richtige Relativpronomen finden

Oft gibt es in Prüfungen Übungen, bei denen die Präposition und das Relativpronomen zu ergänzen sind:

Beispiel:

Der starke Mann, (1) __________ sich in die junge Frau verliebt hat, ist ein Boxer.
(2) __________ die junge Frau verzeiht, ist ein Boxer.
(3) __________ die junge Frau bewundert, ist ein Boxer.
(4) __________ die junge Frau geträumt hat, ist ein Boxer.
(5) __________ die junge Frau oft denkt, ist ein Boxer.

Wir wissen, dass das Relativpronomen maskulin sein muss, weil es sich auf „Mann" bezieht.

Um zu wissen, wie das Relativpronomen heißt, muss man wie folgt vorgehen:
Man beachtet nur den Relativsatz, also den Nebensatz.

Frage 1: Wie heißt das Subjekt (= Nominativ)?
Wenn man kein Subjekt findet, muss das Relativpronomen der Nominativ sein.

zu Beispiel (1) Wer (= Frage nach dem Subjekt) hat sich verliebt?
Antwort: ***der*** *starke Mann*
Der starke Mann, ***der*** *sich in die Frau verliebt hat, ist ein Boxer.*

Wenn man das Subjekt gefunden hat, kommen die folgenden Fragen:
Frage 2: Wie heißt das Verb? (= was macht das Subjekt?)

Frage 3: Ist es ein **Verb mit Dativ** (*gehören, folgen, verzeihen* etc.) oder ein **Verb mit Akkusativ** (*haben, lieben, sehen, bewundern* etc.)?

zu Beispiel (2) Das Subjekt heißt „die junge Frau", das Verb heißt „verzeihen".
„verzeihen" ist ein Verb mit Dativ, Mann ist maskulin,
also brauchen wir Dativ maskulin: ***dem***
Der starke Mann, ***dem*** *die junge Frau verzeiht, ist ein Boxer.*

zu Beispiel (3) Das Subjekt kann „die junge Frau" sein, das Verb heißt „bewundern".
„bewundern" ist ein Verb mit Akkusativ, Mann ist maskulin,
also brauchen wir Dativ maskulin: ***den***
Der starke Mann, ***den*** *die junge Frau bewundert, ist ein Boxer.*

Frage 4: Ist es ein **Verb mit Präposition**? (träumen von + *Dat.*/denken an + *Akk.*)

zu Beispiel (4) Das Subjekt heißt „die junge Frau", das Verb heißt „träumen"
und braucht die Präposition ***von*** **+ Dativ**:
Der starke Mann, ***von dem*** *die junge Frau geträumt hat, ist ein Boxer.*

zu Beispiel (5) Das Subjekt heißt „die junge Frau", das Verb heißt „denken"
und braucht die Präposition ***an*** **+ Akkusativ**:
Der starke Mann, ***an den*** *die junge Frau oft denkt, ist ein Boxer.*

Übungen

Ergänzen Sie Relativpronomen und Präpositionen.

1. Der Zeitpunkt, ___________ sie lange gewartet hat, steht vor der Tür.
2. Ein Bäcker ist ein Mann, ___________ man Brot kaufen kann.
3. Ein Optimist ist ein Mensch, ___________ nur die positiven Seiten des Lebens sieht.
4. Deine Freunde, ___________ du die Fotos zeigst, sind beeindruckt.
5. a) Ist das der Mann, ___________ deine Schwester gefällt?
5. b) Ist das der Mann, ___________ deiner Schwester gefällt?
6. Kennst du die Personen, ___________ wir gestern begegnet sind?
7. Der Mann, ___________ wir gefragt haben, gibt uns keine Antwort.
8. a) Wir fahren gern in Länder, ___________ die Sonne scheint.
   b) ___________ im Süden liegen.
9. In diesem Kino läuft ein Film, ___________ sich alle begeistern.
10. Der Becher, ___________ du getrunken hast, ist jetzt leer.
11. Der Tisch, ___________ wir gesessen haben, war rund.
12. Wir sind mit dem Bus gefahren, ___________ auch der Filmstar eingestiegen ist.
13. Die Kinder, ___________ Ball der Hund spielt, sind fröhlich.
14. Das Haus, a) ___________ mein Großvater wohnt, ist schon sehr alt.
    b) ___________ mein Großvater geht, ist schon sehr alt.
    c) ___________ mein Großvater kommt, gehört mir.
    d) ___________ der Architekt gebaut hat, ist sehr modern.
15. Die Kollegin, ___________ ich das Buch geliehen habe, fehlt heute.
16. Der Zug, ___________ die Leute schon lange gewartet haben, fährt bald ab.
17. Die Tasche, ___________ dieser Frau gehört, ist aus Leder.
18. Die Frau, ___________ Tasche aus Leder ist, ist sehr elegant.
19. Das Land, ___________ Hauptstadt Rom ist, heißt Italien.
20. Das Mädchen, ___________ die Pizza schmeckt, hat zu weinen aufgehört.
21. Ich fahre zu meiner Großmutter, ___________ ich zum Geburtstag gratulieren möchte.
22. Das Dorf, ___________ der Fluss fließt, ist sehr schön.
23. Der Fluss, ___________ Ufern rote Blumen wachsen, ist sehr breit.
24. a) Deine Schwester, ___________ du mich vorgestellt hast, ist sehr hübsch.
    b) Deine Schwester, ___________ du mir vorgestellt hast, ist sehr hübsch.
25. Der Großvater, ___________ wir uns große Sorgen gemacht haben, soll bald wieder gesund sein.

Wiederholung zu den Lektionen 7 bis 13

1. Bilden Sie Relativsätze.

1. Ich höre meinem Großvater gerne zu. Am Abend schwelgt er oft in der Vergangenheit.
2. Die Kinder verschlingen den Pudding. Er ist gerade aus dem Backofen gekommen.
3. Die Mathematik bietet häufig mehrere Lösungswege. Den Schülern ist sie oft zu schwierig.
4. Dieses Hotel ist in die Jahre gekommen. Die Leute besuchen es immer noch häufig.
5. An der Universität gibt es einen Aufenthaltsraum. Die Studenten besuchen ihn gern.
6. Die Tiere nennt man Amphibien. Sie können am Land und im Wasser leben.
7. Meine Eltern freuen sich. Ich zeige ihnen die Fotos.
8. Die Freunde wohnen in Amerika. Ich habe ihnen einen Brief geschrieben.
9. Der Mann gibt dem Hund einen Knochen. Seine Hundehütte steht im Garten.
10. Der Großvater sitzt im Lehnstuhl. Seine Pfeife ist neu.
11. Das ist mein Onkel. Ich mag seine neue Wohnung sehr.
12. Der Hund ist dick und verwöhnt. Sein Halsband ist mit Diamanten verziert.
13. Die Mutter sitzt auf der Bank und liest. Ihre Kinder ärgern den Nachbarn.
14. Dieser Elefant ist gefährlich. Der Zirkusdirektor schrubbt seinen Rücken.
15. Die Frau sitzt im Kino vor mir. Ihr Hut ist sehr groß.
16. Der Film soll bald beginnen. Ich kenne seinen Inhalt nicht.
17. Die Kinder wohnen im dritten Stock. Ihre Eltern verreisen oft.
18. Das Programm funktioniert gut. Seine Installation hat ewig gedauert.

19. Die Mädchen sind alle aus unserer Schule. Wir besuchen mit ihnen einen Tanzkurs.

    ____

20. Radioapparate müssen eigentlich billiger sein. Ihre kleinen Lautsprecher sind so schwach.

    ____

21. Der Bäcker kennt alle Leute im Dorf. Seine frischen Brötchen schmecken lecker.

    ____

22. Die Polizisten stehen am Straßenrand. Sie kontrollieren bestimmt den Verkehr.

2. Setzen Sie die fehlenden Artikel und Relativpronomen ein.

1. Wir kommen mit ein___ Torte, _____ die Mutter am Vorabend gebacken hat.
2. _____ WhatsApp-Nachricht, _____ ich euch geschrieben habe, ist wohl nicht angekommen.
3. _____ Klavier, __________ der Komponist gespielt hat, war ein Steinway Klavier.
4. ___ Hebel, ______ man die Tür öffnen kann, befindet sich links neben der Tür.
5. _____ Gebrauchsanweisung, __________ alles steht, liegt neben dem Gerät.
6. _____ Busspur, __________ nur Busse und Taxis fahren dürfen, führt durch die ganze Stadt.
7. _____ Parlamentsgebäude, __________ die Politiker tagen, steht im Zentrum der Stadt.
8. Mein Lebenslauf, __________ ich lange gearbeitet habe, muss heute noch in die Post.
9. _____ Vortrag, _____ ich auf dem Kongress gehalten habe, war ein großer Erfolg.
10. Nach seiner Hochzeitsrede, __________ sich alle amüsiert haben, trinkt er ein großes Bier.

3. Was passt zusammen?

1. Er spricht mit dem Direktor,	a in dem auch seine Sekretärin sitzt.
2. Wir haben ein Klavier,	b der für Sportveranstaltungen konzipiert ist.
3. Der Täter war ein Mann,	c in die 800 Personenkraftwagen passen.
4. Wir haben die Ärztin angerufen,	d dessen Tischdecke Kaffeeflecken hat.
5. In der Ecke steht ein Tisch,	e in dessen Firma 300 Angestellte arbeiten.
6. Wir brauchen einen Wagenheber,	f dessen Tasten aus Elfenbein sind.
7. Frau Müller geht oft in das Restaurant,	g der 2,5 Tonnen tragen kann.
8. Mein Chef arbeitet in einem Zimmer,	h gegen den die Polizei schon lange ermittelt.
9. In der Innenstadt ist eine Tiefgarage,	i nach deren Rezept wir lange gesucht haben.
10. Das Olympiastadion ist ein Bau,	j mit dessen Koch sie verwandt ist.
11. Dort liegt das Ladekabel,	k der 12 Kilometer lang ist.
12. Zu dieser Stadt führt ein Tunnel,	l für das man einen Adapter benötigt.

Lektion 14

Das Präteritum

Mein Großvater arbeitete immer sehr viel. Wenn er Feierabend hatte, setzte er sich in seinen Sessel und rauchte gemütlich eine Zigarre. Die Großmutter bereitete in der Zwischenzeit in der Küche das Abendessen vor.
Oft machte sie ihm ein Omelett. Das war das Lieblingsessen meines Großvaters. Manchmal kochte sie ihm aber auch eine Kartoffelsuppe. Die schmeckte meinem Großvater vor allem in der kalten Jahreszeit.
Die Großmutter setzte sich zum Essen zu ihm. Sie redeten dann oft über den Arbeitstag oder über alte Zeiten. Mein Großvater erinnerte sich gerne an die guten alten Zeiten. Meine Großmutter hörte ihm dann immer geduldig zu und lächelte von Zeit zu Zeit gutmütig.

Neben dem (bereits gelernten) Perfekt gibt es im Deutschen noch eine weitere Vergangenheitszeit: das **Präteritum**.

- Das **Präteritum** benutzt man hauptsächlich in der Schriftsprache, d.h. in der Literatur, in Geschichten, Erzählungen, Märchen, Presseberichten, offiziellen Briefen, aber auch in mündlichen Erzählungen aus dem Gedächtnis (Erinnerungen).
- Das **Perfekt** benutzt man dagegen vorwiegend in der gesprochenen Sprache, es erscheint eher informal.

Merke! Präteritumformen, die man auch in der gesprochenen Sprache (Umgangssprache) benutzt, sind die Präteritumformen der Hilfsverben „haben, sein, werden“: **hatte**, **war**, **wurde**
und der Modalverben: **durfte**, **konnte**, **musste**, **sollte**, **wollte**
Aber auch andere häufig benutzte Verben stehen oft im Präteritum:
es gab, *ich dachte*, *wusstest du*? ...

Das **Präteritum der regelmäßigen Verben** bildet man, indem man an den Stamm (z.B. bei dem Verb „wohn-en“ ist der Stamm = „wohn-“) folgende Endungen anhängt:

ich	wohn**te**	wir	wohn**ten**
du	wohn**test**	ihr	wohn**tet**
er/sie/es	wohn**te**	sie	wohn**ten**

Die 1. und 3. Person sind im Singular und Plural gleich.

Wenn der Stamm auf **-t**, **-d**, **-gn**, **-tm** (z.B. arbei**t-**, re**d-**, re**gn-**, a**tm-**) endet, kommt noch ein **e** vor die regelmäßige Präteritumendung.

ich	arbei**tete**	ich	re**dete**	ich	**atmete**		
du	arbei**tetest**	du	re**detest**	du	**atmetest**		
er/sie/es	arbei**tete**	er/sie/es	re**dete**	er/sie/es	**atmete**	es	re**gnete**
wir	arbei**teten**	wir	re**deten**	wir	**atmeten**		
ihr	arbei**tetet**	ihr	re**detet**	ihr	**atmetet**		
sie/Sie	arbei**teten**	sie/Sie	re**deten**	sie/Sie	**atmeten**		

Übungen

1. Bilden Sie das Präteritum.

z.B.: (er) wohnen *er wohnte*
(ich): lachen, kaufen, sagen, duschen, spielen, parken, sein
(ihr): machen, wohnen, baden, heiraten, schicken, haben, studieren
(du): leben, fragen, packen, küssen, senden, probieren
(wir): können, müssen, dürfen, wollen, sollen, werden

2. Formulieren Sie die Sätze im Präteritum.

1. Ich habe dem Richter die Wahrheit gesagt.
   ____
2. Das Baby lacht so niedlich.
   ____
3. Die Kinder haben nicht ins Haus kommen wollen.
   ____
4. Der Pilot ist sicher auf dem Flugplatz gelandet.
   ____
5. Maria strickt gerne.
   ____
6. Im Urlaub hat es leider oft geregnet und manchmal auch gehagelt.
   ____
7. Ich mache das Licht aus und träume vom Urlaub.
   ____
8. Der Hund hat sich unter den Baum gestellt und die Katze angebellt.
   ____
9. Mein Großvater wohnt mit Freunden in einem großen Haus.
   ____
10. Er hat schon in seiner Kindheit sehr gut Fußball spielen können.
    ____
11. Man darf dort nicht lachen, sondern muss sich beherrschen.
    ____
12. Immer wenn er laut lacht, müssen wir auch lachen.
    ____
13. Er weiß, dass er das nicht tun darf.
    ____
14. Ich habe gesagt, dass wir nach Hause kommen sollen.
    ____
15. Der Mann liegt auf dem Sofa und atmet sehr unregelmäßig.
    ____
16. Das Kind ist im Zirkus gewesen und hat über die Zauberkunststücke gestaunt.
    ____

Lektion 15

Präteritum der unregelmäßigen Verben

In der Zeitung steht:
Als der Präsident gestern gegen 18:00 Uhr aus seinem Flugzeug stieg, setzte großer Beifall ein. Die Leute, die auf dem Flughafen standen und ihr Staatsoberhaupt erwarteten, waren von ihrem Präsidenten begeistert und riefen immer wieder: „Hoch soll er leben! Hoch soll er leben!" Der Präsident ging die Gangway runter und winkte der Menschenmenge zu. Dann hielt er eine kurze Rede, die immer wieder von Beifall unterbrochen wurde.

Das Präteritum der **starken** Verben:
(siehe Verzeichnis der unregelmäßigen Verben, Band 1, Seiten 267 bis 270):

	geben	*gehen*	*kommen*	*halten*	*nehmen*
ich	gab	ich ging	kam	hielt	nahm
du	gab**st**	ging**st**	kam**st**	hiel**t(e)st**	nahm**st**
er/sie/es	gab	ging	kam	hielt	nahm
wir	gab**en**	ging**en**	kam**en**	hiel**ten**	nahm**en**
ihr	gab**t**	ging**t**	kam**t**	hiel**tet**	nahm**t**
sie	gab**en**	ging**en**	kam**en**	hiel**ten**	nahm**en**

Die 1. und 3. Person Singular enden gleich;
die 1. und 3. Person Plural enden auch gleich.

Es gibt auch die Gruppe der **gemischten** Verben; sie enden wie schwache Verben, ändern aber ihren Stammvokal.

	denken	*rennen*	*wissen*
ich	dach**te**	rann**te**	wuss**te**
du	dach**test**	rann**test**	wuss**test**
er/sie/es	dach**te**	rann**te**	wuss**te**
wir	dach**ten**	rann**ten**	wuss**ten**
ihr	dach**tet**	rann**tet**	wuss**tet**
sie	dach**ten**	rann**ten**	wuss**ten**

Trennbare Verben werden – wie im Präsens – **getrennt**:

Präsens: Der Lehrer **bringt** den Schülern das Multiplizieren **bei**.
Präteritum: Der Lehrer **brachte** den Schülern das Multiplizieren **bei**.

Trennbare Verben stehen – wie im Präsens – **im Nebensatz wieder zusammen**:

Präsens: Es stimmt, dass der Lehrer den Schülern das Multiplizieren **beibringt**.
Prät.: Es stimmt, dass der Lehrer den Schülern das Multiplizieren **beibrachte**.

1. Setzen Sie die Verbformen des Präteritums und Endungen ein.

Ich ______[1] (sitzen) im Zug und _______[2] (lesen) mein Buch. Neben mir ________[3] (lösen) ein Mann Kreuzworträtsel. Manchmal _______[4] (schließen) er seine Augen. Er ________[5] (aussehen) sehr müde ____[6]. Mir gegenüber ____________________[7] (sich befinden) eine alte Dame. Sie __________[8] (stricken) einen Pullover. Ich

__________[9] (schauen) auf mein__[10] Uhr und ________[11] (sehen), dass es schon zwölf Uhr ________[12] (sein). Ich ____________[13] (wollen) auch etwas schlafen, aber ich ____________[14] (können) nicht einschlafen. Man ____________[15] (hören) nur das eintönige Rattern des Zuges. Die Landschaft, an d____[16] wir __________________[17] (vorbeifahren), __________[18] (aussehen) schon sehr nach Süden ______[19].
Man ____________[20] (können) draußen Palmen sehen, die ihre Kronen im leichten Wind ____________[21] (biegen). Auch__________[22] (vorbeifahren) wir an Feldern ________[23], auf d______[24] Bauern ____________[25] (arbeiten). Ich ____________[26] (genießen) es, wieder einmal den Süden und sein Leben sehen zu können. Nach ein____[27] halben Stunde __________[28] (ankommen) ich in d____[29] Dorf ______[30], in d____[31] ich ein Hotelzimmer gemietet hatte. Ich ______________[32] (aussteigen).
Es _________[33] (sein) keine Leute auf d____[34] Bahnhof. Alles ________[35] (sein) menschenleer. Das __________[36] (wundern) mich nicht, denn ich __________[37] (wissen), dass das Dorf sehr klein _______[38] (sein). Außerdem __________[39] (haben) wir gerade Mittagszeit, und zu dieser Tageszeit ist bei der Hitze sowieso niemand auf d____[40] Straße. Ich ________[41] (gehen) mit mein____[42] alt____[43] Koffer in d____[44] Hand über d___[45] alten, verstaubten Bahnsteig zur Bahnhofshalle. Ein Schild, das für ein Erfrischungsgetränk _________[46] (werben), _________________[47] (sich bewegen) im lauen Wind hin und her. Es ____________[48] (quietschen) dabei etwas.
Es ______[49] (sein) das einzige Geräusch auf dem Bahnhof. Ich _________[50] (gehen) in d___[51] Bahnhofshalle, um mir dort ein Getränk zu kaufen. Es _________[52] (sein) aber alles geschlossen.
Meine Schritte ___________[53] (hallen) in der alten Halle. Eine Tür ______________[54] (sich öffnen) und ________[55] (zufallen) dann wieder ____[56].
Ich ____________[57] (bekommen) ein____[58] groß____[59] Schreck, aber anscheinend ________[60] (sein) nur der Wind dafür verantwortlich gewesen.

2. Ergänzen Sie ein passendes Verb im Präteritum:

1. Kevin und Timo _______________ mit dem Bus in die Stadt, denn sie _______________ Einkäufe machen.
2. Als der Bus an der Haltestelle _____________, ____________die Jungen ein.
3. Sie __________ sich in die hinterste Reihe, _________ ihr Handy aus der Tasche und _________ ihre WhatsApp-Nachrichten.
4. Der Bus _______ vor einem Warenhaus ____, und die Jungen _________ aus.
5. Sie __________ schnell über die Straße und ____________ in das Warenhaus.
6. Sie _______________ ein Laptop und _______________ dafür 300 Euro.

Lektion 16

Gegenüberstellung Perfekt – Präteritum

Peter erzählt seinem Freund:
„Ich habe gestern im Garten Fußball gespielt. Plötzlich bin ich hingefallen und habe laut geschrien. Mein rechter Fuß hat mir sehr weh getan. Mein Vater ist gleich rausgekommen und hat meinen Fuß untersucht. Dann haben wir ein Taxi gerufen, weil mein Vater dachte, dass mein Fuß gebrochen war. Ich durfte nicht auftreten und konnte nur ganz langsam laufen. Als das Taxi gekommen ist, sind wir gleich ins Krankenhaus gefahren.“

Der Vater von Peter schreibt seiner Versicherung:
Mein Sohn Peter spielte gestern im Garten Fußball. Plötzlich fiel er hin und schrie laut. Der rechte Fuß tat ihm sehr weh. Ich lief gleich in den Garten und untersuchte den Fuß. Dann riefen wir ein Taxi, weil ich dachte, dass der Fuß gebrochen war. Mein Sohn durfte nicht auftreten und konnte nur sehr langsam laufen. Als das Taxi endlich kam, fuhren wir ins Krankenhaus.

Perfekt	Präteritum
haben*/*sein + Partizip II (***ge-t***) hat gekauft ist aufgewacht	Präteritumform ***-te*** kaufte wachte … auf
Siehe auch Liste der unregelmäßigen Verben, Band 1, Seite 267 bis 270	
eigentliche Idee: Bezug zur Gegenwart	eigentliche Idee: klar abgeschlossene Handlung
Das Perfekt wird hauptsächlich in der **gesprochenen Sprache** benutzt.	Das Präteritum benutzt man vorwiegend in der **Schriftsprache**
Ausnahmen bilden die Verben: *haben*, *sein* und *werden*: ***hatte***, ***war***, ***wurde*** (bes. im Passiv) und die Modalverben: ***musste***, ***konnte***, ***wollte***, ***sollte***, ***durfte*** – sowie manche häufig benutzten Verben wie: *es gab*, *ich dachte*, *wir wussten* etc. Diese stehen **selten im Perfekt**! Hier benutzt man auch in der gesprochenen Sprache vorwiegend das Präteritum.	Das Präteritum findet man besonders in der Literatur, in Märchen, in Presseberichten, für historische Ereignisse, bei Erzählungen aus dem Gedächtnis und in formalen Briefen.

Übungen

Schreiben Sie die Geschichte in der richtigen Syntax, benutzen Sie die angegebenen Zeiten und ergänzen Sie die fehlenden Endungen.

Beispiel: Es / passieren (*Prät.*) / an / ein___ Samstag / Sommer / im
Es passierte an einem Samstag im Sommer.

1. Ich / am Samstag / nach Hause / kommen (*Perf.*) / um zwölf Uhr nachts.

   ____

2. Weil / es / sein (*Prät.*) / sehr dunkel / können (*Perf.*) / ich / das Schlüsselloch / meine Haustür (*Gen.*) / finden / nicht gleich.

   ____

3. Ich / einschalten (*Perf.*) das Licht / und / finden (*Perf.*) / mein___ Schlüssel (*Sing.*) / in / mein___ / Hosentasche.

   ____

4. Dann / ich / probieren (*Perf.*) / eine Weile, / aber / nicht / passen (*Prät.*) / der Schlüssel.

   ____

5. Weil / ich / nicht / wissen (*Prät.*), / ob / d___ richtig___ Haus / es / sein (*Prät.*), / ich / ein paar Schritte / zurückgehen (*Perf.*), / um ... zu /die Hausnummer / über d___ Tür / erkennen / besser / können.

   ____

   ____

6. Plötzlich / ich / stehen (*Prät.*) / auf / etwas Hartem.

   ____

7. Ich / sich umdrehen (*Perf.*) / und / bemerken (*Perf.*), / dass / ich / auf d___ Fuß / ein___ Polizisten (*Gen.*) / stehen (*Prät.*).

   ____

8. Er / fragen (*Prät.*) / mich, / was / ich / an dem Haus / suchen (*Perf.*).

   ____

9. Ich / antworten (*Perf.*) / er (*Dat.*) / dass / das Schlüsselloch nicht finden können (*Prät.*) / ich

   ____

10. Da / mich / fragen (*Perf.*) / der Polizist, / ob / ich / vielleicht / ein paar Bier / trinken (*Perf.*).

    ____

11. Es / sein (*Prät.*) / ich (*Dat.*) / peinlich, / dass der Polizist / etwas / merken (*Perf.*)

    ____

12. Ich / mit d___ Kopf nicken (*Perf.*) / und / fortgehen (*Perf.*).

    ____

13. Der Polizist / d___ Kopf schütteln (*Perf.*) / und / in die andere Richtung / gehen (*Perf.*)

    ____

14. Kurz danach / ich / finden (*Perf.*) / mein Haus / und / gleich / ins Bett gehen (*Perf.*).

    ____

Lektion 17 Der Gebrauch des Präteritums

Das Präteritum ist das Erzähltempus der **Schriftsprache** (oft austauschbar mit dem Perfekt).

- Der Gebrauch des Präteritums (besonders aufgrund seiner klar vergangenen und abgeschlossenen Idee) bewirkt häufig, dass eine Geschichte dem Leser interessanter, spannender erscheint. Kriminalromane sind daher beinahe ausschließlich im Präteritum geschrieben.
- Das **Perfekt** wird **in der geschriebenen Sprache** hingegen oft als stilistisches Mittel eingesetzt, um einen Sachverhalt in die gesprochene Sprache zu versetzen.
- Einen formalen Brief, z.B. an eine Versicherung oder Bank, schreibt man normalerweise im Präteritum.
- Wenn der Brief oder die E-Mail an einen Freund geht, schreibt man aber eher wie man spricht – also im Perfekt. In einem Brief an einen Freund erscheint das Präteritum zu förmlich.

Beachten Sie den Unterschied:

1. *Es regnete und war mitten in der Nacht, als sich ein dunkles Fahrzeug auf mich zu bewegte. Das helle Licht der Scheinwerfer blendete mich und ich konnte nicht erkennen, um was für einen Wagen es sich handelte. Ich fing an, schneller und schneller zu laufen. Schließlich rannte ich so schnell ich nur konnte. An einer Ecke bog ich in eine kleine Gasse ein. Die Reifen des Fahrzeugs quietschten, als es versuchte mir weiter zu folgen.*
2. *Es hat geregnet und war mitten in der Nacht, als ein Auto auf mich zugefahren ist. Das helle Licht der Scheinwerfer hat mich so geblendet, dass ich nicht erkennen konnte, um was für ein Fahrzeug es sich da gehandelt hat. Ich habe angefangen, schneller und schneller zu laufen. Schließlich bin ich so schnell ich nur konnte gerannt. An einer Ecke bin ich in eine kleine Gasse eingebogen. Die Reifen des Fahrzeugs haben gequietscht, als es versucht hat, mir weiter zu folgen.*

Der Text 2 klingt für den deutschen Leser nicht so spannend wie Text 1. Er klingt eher wie eine beiläufige Erzählung eines Freundes.
Bei Text 1 möchte man weiterlesen und wissen, was weiterhin passiert.

Aufgabe:
Unterstreichen Sie in beiden Texten die Präteritum- bzw. Perfektformen des Verbs und geben Sie den Infinitiv an.

regnen	regnete	hat geregnet
sein	war	
	blendete	hat geblendet
		hat gehandelt
	fing an	habe angefangen
	rannte	
		ist eingebogen
	quietschten	
		hat versucht

Übungen

Erzählen Sie, was Markus an einem Samstag gemacht hat bzw. machte. (Erst im Perfekt und dann im Präteritum)
Benutzen Sie am Satzanfang die Wörter, die in Klammern stehen.

Markus' Eltern, auf Reisen, sein	Markus' Eltern sind auf Reisen gewesen.	Markus' Eltern waren auf Reisen.
lange schlafen (am Morgen)	Am Morgen hat er lange geschlafen.	
Zeitung im Bett lesen (dann)		
aufstehen (erst um zwölf)		
Kaffee kochen (kurz danach)		
eine Tasse Kaffee trinken und ein Brötchen essen (zum Frühstück)		
sich langsam anziehen (dann)		
einkaufen gehen (gegen 10 Uhr)		
seinen Freund Kevin besuchen (danach)		
zum Essen ins Restaurant gehen (beide)		
mit dem Bus zurück nach Hause fahren (zusammen)		
seine Freundin Daniela anrufen (am Abend)		
ihr einen Kinobesuch vorschlagen		
den Wagen seines Vaters nehmen		
Daniela abholen (damit)		
ins Kino gehen (zusammen)		
einen Musikfilm sehen (dort)		
Daniela nach Hause bringen (danach)		
im Auto sitzen und sich unterhalten (bis zwei Uhr)		

Lektion 18

Plusquamperfekt

◆ Wie ist es gestern im Zug eigentlich zu dem Streit gekommen?

○ Nachdem ich acht Stunden gearbeitet hatte, nahm ich wie immer den Zug nach Hause. Bevor ich in den Zug einstieg, hatte ich mir eine Zeitung am Kiosk gekauft und mich auf eine gemütliche Heimfahrt gefreut. Nachdem ich höflich eine Dame gefragt hatte, ob der Platz neben ihr noch frei war, lächelte sie mich an, rückte ein Stück zur Seite und nickte dann. Bevor ich mich aber setzen konnte, war ein junger Mann von der Seite gekommen und hatte auf meinem Sitz Platz genommen.

◆ Aber die Dame hatte doch den Platz für Sie freigemacht.

○ Ja, aber ich hatte zu langsam reagiert. Und die größte Frechheit war: Der Mann zeigte mir noch einen Vogel, nachdem ich ihn auf seine Unverschämtheit angesprochen hatte.

◆ Heutzutage hat halt niemand mehr Respekt.

Mit dem **Plusquamperfekt** kann man ausdrücken, dass **zwei Handlungen in der Vergangenheit** zu unterschiedlichen Zeitpunkten passierten.
Das **Plusquamperfekt** beschreibt die erste Handlung (= **Aktion I**),
das **Präteritum** (oder Perfekt) die zweite Handlung (= **Aktion II**).

- Perfekt: ***hat gekauft*** Plusquamperfekt: ***hatte gekauft***
- Perfekt: ***ist geflogen*** Plusquamperfekt: ***war geflogen***

Eine Subjunktion, nach der das Plusquamperfekt häufig vorkommt, ist ***nachdem***.
„nachdem" steht zusammen mit der zeitlich früheren Handlung (Aktion I).
Wenn der Hauptsatz (Aktion II) im Perfekt/Präteritum steht, benutzt man im Nebensatz mit „nachdem" das Plusquamperfekt (Aktion I).
Wenn der Hauptsatz im Präsens steht, dann steht der Nebensatz im Perfekt.

Nachdem ich die Eintrittskarte ***gekauft hatte*** (I), ***ging*** *ich ins Kino* (II).
Nachdem ich in Paris ***angekommen war*** (I), ***suchte*** *ich mir ein Hotel* (II).

Nachdem wir den Tisch ***abgedeckt haben*** (I), ***spielen*** *wir eine Runde Karten* (II).

Im letzten Beispiel wird eher die **Gewohnheit** oder eine **zukünftige Handlung** beschrieben.

Eine weitere Subjunktion, mit der zwei Handlungen zu unterschiedlichen Zeitpunkten beschrieben werden, ist ***bevor***.
Im Nebensatz mit „bevor" steht die Aktion II, im Hauptsatz steht dann die Aktion I.
In den Sätzen mit „bevor" wird die Zeitenfolge aber nicht so strikt eingehalten wie in den Sätzen mit „nachdem". Hier benutzt man eher Gleichzeitigkeit.

Bevor ich ins Kino ***ging*** (II), ***hatte*** *ich eine Eintrittskarte* ***gekauft*** (I).
Sehr oft aber: *Bevor ich ins Kino* ***ging*** (II), ***kaufte*** *ich eine Eintrittskarte* (I).

Bevor wir Karten ***spielen*** (II), ***decken*** *wir den Tisch ab* (I).

Im letzten Beispiel wird wieder eine **Gewohnheit** oder **zukünftige Handlung** beschrieben.

Übungen

1. Setzen Sie die Sätze in die Vergangenheit.
Benutzen Sie *nachdem*. Beachten Sie die Zeitenfolge!

1. Wir decken den Tisch. Danach essen wir.
   Nachdem wir ______________________________
2. Er liest die Zeitung. Dann geht er mit dem Hund spazieren.
   ____
3. Sie wäscht sich. Dann trocknet sie sich ab.
   ____
4. Bevor der Arzt den Patienten operiert, untersucht er ihn gründlich.
   ____
5. Sie ändert ihre Meinung und bestellt dann etwas anderes.
   ____
6. Der Lehrer betritt die Klasse und grüßt seine Schüler.
   ____
7. Die Sonne geht auf. Dann beginnen die Vögel mit ihrem Gesang.
   ____

2. Bilden Sie Sätze mit *nachdem* und dann mit *bevor*. (Die Uhrzeit muss nicht angegeben werden, sie zeigt nur den Ablauf der Handlungen.)

8:00 Uhr	aufstehen	9:10 Uhr	im Büro ankommen
8:05 Uhr	ins Bad gehen	9:15 Uhr	einen Kaffee trinken
8:10 Uhr	sich duschen	9:30 Uhr	einen Brief schreiben
8:15 Uhr	sich abtrocknen	10:00 Uhr	eine zwanzigminütige Pause haben
8:20 Uhr	sich anziehen	10:20 Uhr	fast zwei Stunden ohne Unterbrechung arbeiten
8:25 Uhr	Kaffee machen		
8:30 Uhr	frühstücken	12:20 Uhr	in die Kantine gehen
8:50 Uhr	Haus verlassen	12:25 Uhr	mit Kollegen zu Mittag essen
9:00 Uhr	zum Büro laufen	13:30 Uhr	sich wieder an die Arbeit machen

Nachdem ich aufgestanden war, ging ich ins Bad. Nachdem ich ______________________________

____

____

____

____

Bevor ich ins Bad ging, war ich aufgestanden (stand ich auf). Bevor ______________________________

____

____

____

____

Lektion 19 Plusquamperfekt (Gebrauch)

Im August nahm Laura ihr Studium an der Johannes-Gutenberg-Universität in Mainz auf.
Sie hatte ihr Abitur in Berlin gemacht und war kurz danach für ein halbes Jahr nach Amerika gegangen, um ihre Englischkenntnisse zu verbessern. Dort hatte sie bei einer amerikanischen Familie als Au-Pair gearbeitet und sich um die kleine Jessica, das einzige Kind der Familie, gekümmert. Mit der Familie hatte sie sich sehr gut verstanden und war oft mit ihr ausgegangen. Bei einem Fest hatte sie dann John kennengelernt, einen jungen Mann aus Amerika, der dort Germanistik studierte. Nachdem sie sich dann mehrmals getroffen hatten, entschied er sich, mit ihr zurück nach Deutschland zu gehen. Bevor sich John in Deutschland bewerben konnte, musste er aber noch einen Deutschkurs belegen, um seine Deutschkenntnisse zu verbessern. Nachdem er den Kurs erfolgreich abgeschlossen hatte, fand er schnell eine gute Arbeit bei einer deutsch-amerikanischen Firma.

Das Plusquamperfekt kann in einem fortlaufenden Text stehen, und der Leser versteht sofort, dass die Handlung im Plusquamperfekt (= Aktion I) zeitlich vor den im Präteritum/Perfekt stehenden Handlungen (= Aktion II) steht.

Beachten Sie den Zeitengebrauch im folgenden Zeitungstext:

Zeitungstext
Gestern begann die internationale Konferenz über die überregionale Zusammenarbeit der Polizei in Europa. Schon zwei Stunden vor Beginn der Konferenz waren viele Studenten zusammengekommen und hatten gegen diese Konferenz demonstriert, da sie bei einer überregionalen Zusammenarbeit ein weiterführendes Ausspionieren der Bürger befürchten.

Der Gebrauch des Plusquamperfekts ist notwendig, da die Handlung **„demonstrieren“** **vor dem Beginn** der internationalen Konferenz lag.

Die Wortstellung ist beim Plusquamperfekt immer genauso wie beim Perfekt.

Zum Beispiel bei Modalverben in Hauptsatz und Nebensatz:

	Perfekt	Plusquamperfekt
Hauptsatz	Er **hat** nicht **kommen können**.	Er **hatte** nicht **kommen können**.
Nebensatz	Weil der Student die Prüfung nicht **hat bestehen können**, musste er ein Semester wiederholen.	Nachdem der Student die Prüfung nicht **hatte bestehen können**, musste er ein Semester wiederholen.

Übungen

Setzen Sie die Texte in die Vergangenheit.
Achten Sie auf den Gebrauch des Plusquamperfekts!

1. Gestern / die Fußballweltmeiserschaft / in Italien / beginnen.

   ___

   Die Mannschaften vieler Nationen / lange warten / auf diesen Moment / und / viel trainieren.

   ___

   Um 15 Uhr / der Schiedsrichter / das Eröffnungsspiel / anpfeifen.

   ___

   Vor dem Spiel / es / geben / eine große Eröffnungsfeier.

   ___

   Viele Zuschauer / anreisen / aus der ganzen Welt / zu diesem großen Spektakel.

   ___

   Das Eröffnungsspiel / enden / 2 zu 2 unentschieden

   ___

2. Gestern / der Präsident / fliegen / nach Paris.

   ___

   Vor dem Abflug / es / geben / eine große Demonstration, / was / den Abflug / aber / nicht verzögern

   ___

   Die Studenten / gegen die Außenpolitik / die Regierung / mit lauten Sprechchören / protestieren.

   ___

3. Gestern / verlassen / ich / das Haus / um 8:00 Uhr.

   ___

   Vorher / ich / schließen / alle Fenster / das Licht ausmachen / und.

   ___

   Dann / ich / gehen / zur Bushaltestelle / warten / auf den Bus / und.

   ___

   Der Autobus / ankommen / mit 10 Minuten Verspätung, / weil / es / geben / einen Stau.

   ___

   Ich / einsteigen / und / bezahlen wollen / das Fahrgeld.

   ___

   Da / ich / bemerken, / dass / mein Geld / ich / vergessen / zu Hause.

   ___

   Ich / müssen / aussteigen / wieder / das Geld holen / und / mir.

   ___

Wiederholung zu den Lektionen 7 bis 19

1. Setzen Sie die Verben im Plusquamperfekt und Relativpronomen ein.

1. Herr Peters konnte sich ein neues Auto leisten, weil er im Lotto ________________ __________ (gewinnen).
2. Er zeigte stolz seine Fotos, d____ er auf seiner letzten Reise ______________ __________ (schießen).
3. Die Großeltern riefen die Enkel an, d____ zu Hause ____________ ______________ ___________ (bleiben wollen).
4. Er fuhr gern in die Gegend zurück, in d____ er seine Jugend ________________ __________ (verbringen).
5. Er traf sich mit Freunden, d____ er im Urlaub _______________________ __________ (kennenlernen).
6. Man riss die Schule ab, auf d____ sie lange ________________ __________ (gehen).
7. Die Studenten waren so glücklich, weil sie das Abschlussexamen _____________ _______________ ___________ (bestehen können).
8. Das Kind weinte, weil sein Vogel _____________ ___________________ ___________ (entfliegen können).
9. Ihr Mädchenname, d____ sie nach der Hochzeit nicht _____________ ______________ ___________ (ändern wollen), gefiel ihr plötzlich nicht mehr.
10. Weil sie den Schlüssel nicht _____________ _______________ ___________ (finden können), ließ sie die Tür auf.
11. Nachdem er seine Zeugnisse _____________ _______________________ ___________ (anerkennen lassen), nahm ihn die Universität sofort auf.
12. Den Computer, d____ er _____________ _______________ ___________ (kaufen wollen), gab es nicht mehr.
13. Die Schülerin _____________ sich nicht konzentrieren (können), weil sie die Nacht zuvor nicht _____________ _______________ ___________ (schlafen können).
14. Der Firmenchef blätterte das Bewerbungsschreiben durch, d____ ihm die Sekretärin auf den Schreibtisch ______________ _________ (legen).
15. Der ungeduldige Fahrer stellte seinen Wagen auf dem Bürgersteig ab, weil er jetzt schon eine halbe Stunde nach einem Parkplatz _____________ ___________ (suchen).

Wiederholung zu den Lektionen 7 bis 19

2. Setzen Sie Endungen, Präteritum und Plusquamperfekt ein.

1. Nachdem er sich über sein___ Kollegen ______________ __________ (äußern), ____________ (verlassen) er den Raum.
2. Das kleine Kind __________ ______ (sich fühlen) krank, weil es am Vortage zu viel ______________ __________ (essen).
3. Der junge Mann __________ (ausprobieren) seinen neuen Wagen ______, d___ er zuvor ______________ __________ (kaufen).
4. Der Politiker __________ (erhöhen) die Steuern, obwohl er vor der Wahl etwas anderes ______________ __________ (versprechen).
5. Der Student __________ (kommen) nach Hause und __________ (lesen) das Buch, d___ er sich ______________ __________ (kaufen).
6. Die Schülerin __________ (können) sich nicht konzentrieren, weil sie die Nacht zuvor nicht ______________ __________ (schlafen).
7. Obwohl die Studentin oft in die Vorlesungen ______________ __________ (gehen), __________ (können) sie das Abschlussexamen nicht bestehen.
8. Nachdem wir ____ lange ______________ __________ (sich unterhalten), ____________ (verstehen) wir einander besser.
9. Bevor er um ihre Hand __________ (anhalten), __________ er ein___ groß___ Strauß Blumen ______________ (kaufen).
10. Nachdem die Sekretärin d___ Direktor ______________ __________ (heiraten), __________ (bekommen) sie ein___ besser___ Gehalt.
11. Man __________ (müssen) das Fußballspiel verschieben, weil es sehr lange ______________ __________ (regnen).
12. Sie __________ schon lange zusammen ______________ (arbeiten), dennoch __________ (sprechen) sie nicht oft miteinander.
13. Das Buch, d___ er am Abend ______________ __________ (lesen), ______________ (beeinflussen) seine Entscheidung.
14. Obwohl ich die Frau noch nie zuvor ______________ __________ (sehen), __________ (wissen) ich, dass sie sehr nett __________ (sein).
15. Nachdem er ______________ __________ (abfliegen), __________ (gehen) das Mädchen mit Tränen in d___ Augen nach Hause.
16. Er __________ (haben) große Angst vorm Fliegen, weil er noch nie in seinem Leben ______________ __________ (fliegen).
17. Er __________ (schulden) d___ Bank viel Geld, da er sich gerade ein Haus ______________ __________ (bauen).

Lektion 20 werden

Bis ich 12 Jahre alt wurde, wollte ich immer Fußballspieler werden.
Aber als ich auch bis 14 im Fußball nicht besser wurde, wollte ich Fußballreporter werden.
Als ich dann immer reifer wurde, habe ich mich mehr für andere Dinge interessiert und bin zu guter letzt Lehrer geworden.

***werden* kann ein Vollverb und ein Hilfsverb sein.**

ich	**werde**	wir	**werden**
du	**wirst**	ihr	**werdet**
er/sie/es/man	**wird**	sie/Sie	**werden**

werden als Vollverb beschreibt häufig die Veränderung einer Situation, eines Zustandes:

Präsens	andere Zeiten
Es wird kalt.	Es ist kalt geworden (*Perf.*).
Mein Bruder wird Arzt.	Mein Bruder wurde Arzt. (*Prät.*)
Das Mädchen wird rot.	Das Mädchen ist rot geworden.
Das Kind wird immer größer.	Das Kind ist groß geworden.
Er isst nichts und wird immer dünner.	Er war sehr dünn geworden. (*Plusq.*)
Ich hoffe, dass du bald gesund wirst.	Er wurde bald wieder gesund.
Seine Haare werden langsam grau.	Seine Haare sind grau geworden.

Es wird kalt.	Das Wetter ändert sich.
Mein Bruder wird Arzt.	Er studiert Medizin. (Er verändert sich beruflich.)
rot werden	Die Gesichtsfarbe ändert sich.
immer größer werden	wachsen
dünner werden	abnehmen
gesund werden	Er war krank, sein Gesundheitszustand ändert sich.
Haare werden grau	Die Haarfarbe ändert sich.

***werden* benutzt man oft mit dem Wort *immer* und Komparativ!**
Sie wird immer schöner, die Tage werden immer länger, ich werde immer dicker

Eine häufige Frage ist:
*Was **ist** eigentlich **aus** Obama* etc. ***geworden**?*
= Ich habe lange nichts von ihm gehört und möchte wissen, was er jetzt macht.

Auch zum Geburtstag heißt es:
Wie alt wirst du heute eigentlich?
Ich werde heute 18 Jahre alt.
Ich glaube, du wirst nie erwachsen.

Übungen

Setzen Sie die richtige Form von *werden* ein.

1. Wann ______________ du 18 Jahre alt?
2. Ich hoffe, das ______________ eine große Überraschung.
3. Wir ______________ hoffentlich rechtzeitig fertig.
4. Wann ______________ die Tage endlich wieder länger?
5. Im Herbst ______________ die Blätter gelb.
6. Dieses Bild ist nichts ______________. Es gefällt mir nicht.
7. Die Leute auf der Straße ______________ immer aggressiver, bis die Polizei eingriff.
8. Meine Tochter möchte Ärztin ______________.
9. Ich kann deine Zeichnung nicht erkennen.
   Was soll das denn ______________, wenn es fertig ist?
10. Sein Großvater war krank und ______________ immer schwächer.
11. Der Gentleman: „Sie ______________ von Tag zu Tag schöner!"
12. Nachdem das Kind zwei Stunden im kalten Wasser war, sind seine Lippen ganz blau ______________.
13. Mein Nachbar hat die Musik so laut. Ich ______________ noch verrückt dabei.
14. Das Bier steht schon zwei Stunden dort.
    Das ______________ bestimmt schon ganz schal ______________.
15. Als es Tag ______________, krähte der Hahn.
16. A: Was ist eigentlich aus John ______________?
    B: Er ist inzwischen verheiratet und hat drei Kinder.
17. Mein Vater hat immer gesagt: „Wer nichts ______________ , ______________ Wirt." Jetzt bin ich Wirt und es geht mir richtig gut.
18. Warum ___________ ihr plötzlich so blass ________________?
19. Die Champignons ______________ nicht braun, wenn man etwas Zitrone drauf gießt.
20. Deutschland ______________ 2014 zum vierten Mal Fußball-Weltmeister ______________!
21. Hast du gehört, wie das Wetter ______________ soll?
22. Es ______________ plötzlich sehr windig und Wolken zogen auf.
23. Mein Nachbar hat im Lotto gewonnen und __________ über Nacht reich ______________.
24. Vor einem Vorstellungsgepräch ______________ ich immer sehr nervös.
25. Wenn sie von einem hohen Turm nach unten schaut, _____________ ihr immer ganz schwindelig.

Lektion 21

werden + Inf.: Zukunft oder Vermutung

In der Rede des Politikers heißt es:
Wenn Sie uns wählen, werden wir als erstes die Steuern senken. Es kann nicht sein, dass man in unserem Land so hohe Steuern zahlen muss. Wir werden ebenfalls die Infrastruktur unseres Landes modernisieren und somit bessere Kommunikationsmöglichkeiten schaffen. Wir werden mit ungeahnten Fortschritten unser Land wieder voranbringen. Wir werden unseren Kritikern zeigen, dass wir nicht nur leere Versprechungen machen.
Sie werden schon bald merken, dass sich mit uns an der Regierung Ihre Lebensqualität klar verbessern wird.
Wir werden Sie nicht im Regen stehen lassen, sondern alles tun, damit Sie sich in Zukunft wieder in Ruhe zurücklehnen können. Wir werden besser abschneiden, als alle unsere Zweifler es voraussagen.

- ***werden*** mit **Infinitiv am Ende des Satzes** drückt die Zukunft aus, also etwas, das „morgen", „nächste Woche", „nächstes Jahr" etc. passiert.
- Meistens benutzt man im Deutschen aber das **Präsens (Indikativ)**, wenn man Handlungen in der Zukunft ausdrücken will. Eine Zeitangabe wie *morgen*, *bald* etc. beschreibt, dass die Handlung in der Zukunft liegt.

„Ich gehe morgen ins Kino" ist üblicher als „Ich **werde** morgen ins Kino **gehen**".
„Wir fahren nächste Woche in Urlaub" ist üblicher als „Wir **werden** nächste Woche in Urlaub **fahren**".

Politiker benutzen oft das Futur, um Absicht und Prognosen auszudrücken.
Es klingt sicherer, überzeugender:
*Wir **werden** die Steuern **senken**.*
*Mit uns **werden** Sie nicht im Regen **stehen**.*

Das Futur kann man auch zur betonten Wiedergabe einer Absicht finden:
*Ich **werde** ganz bestimmt nicht dorthin **gehen**.*

Im Nebensatz steht – wie immer – das konjugierte Verb (hier = werden) am Ende:
*Ich glaube, dass er nicht kommen **wird**.*

Sehr oft benutzt man das **Futur zum Ausdruck einer Vermutung** oder Annahme. Man kann die Vermutung mit Wörtern wie ***wohl***, ***vielleicht***, ***wahrscheinlich*** verstärken.

Frage: *Wie alt ist dein Nachbar? Was glaubst du?*
Antwort: *Ich weiß es nicht.*
*Er (= der Nachbar) **wird wohl** fünfzig Jahre alt **sein**.*
(= ich glaube/vermute, dass er fünfzig Jahre alt ist.)

Frage: *Was für einen Wagen fährt dein Chef?*
Antwort: *Ich weiß es nicht.*
*Er (= der Chef) **wird sicher** einen Mercedes **fahren**.*
(= ich nehme an/ich denke, dass er einen Mercedes fährt.)

Übungen

1. Setzen Sie folgende Sätze ins Futur.

1. Die Großmutter kommt morgen zu Besuch.
2. Der Präsident hält eine Rede.
3. Die Schüler haben keine Pause.
4. Der Student geht in die Bibliothek und liest seine Bücher.
5. Die Behörde genehmigt das nicht.
6. Der Maler verkauft seine besten Werke.
7. Die Tochter steht auf und zieht sich das neue Kleid an.
8. Der Politiker reist bald in den Nahen Osten.
9. Am Geburtstag mache ich eine große Party mit meinen Freunden.
10. Ich gehe ins Kino und sehe mir einen interessanten Film an.
11. Das Rennen findet morgen nicht statt.

2. Äußern Sie eine Vermutung.

1. Ich glaube, dass er schon 80 Jahre alt ist.
2. Wir vermuten, dass er kein Geld hat.
3. Ich nehme an, dass meine Freunde um acht Uhr ankommen.
4. Wir denken, dass der Minister einen Mercedes fährt.
5. Ich glaube, dass dieser Schlüssel nicht ins Schloss passt.
6. Ich glaube, dass noch etwas Brot in der Küche ist.
7. Ich vermute, dass wir heute Montag haben.
8. Wir nehmen an, dass es morgen wieder regnet.
9. Der Schlüssel des Hotelzimmers liegt im Auto, glaube ich.

Lektion 22

Futur von Modalverben

◆ Wann wird dein Vater eigentlich in den Ruhestand treten können?

○ Mein Vater wird nicht mehr lange arbeiten müssen. Er freut sich schon auf seinen wohlverdienten Ruhestand. Er wird dann nicht mehr um 6 Uhr aufstehen und zur Bushaltestelle rennen müssen, sondern wird sich Zeit fürs Frühstück lassen können.
Er wird dann hoffentlich im Garten sitzen und die Zeitung lesen können.

◆ Meinst du, dass er die Umstellung vom hektischen Arbeitsleben zum geruhsamen Rentnerleben gut wird verkraften können?

○ Ja, und ich glaube, er zählt schon die Tage bis zum Rentnerdasein.

Wenn ein Modalverb im Futur steht, stehen zwei Infinitive am Ende des Satzes.
Das Modalverb steht dabei an letzter Stelle.

Beispiele:

Ich **werde** morgen leider nicht **kommen können**.

Der erfahrene Mechaniker **wird** meinen Wagen wohl noch **reparieren können**.

Unser Nachbar **wird** nicht mehr zu uns **kommen wollen**.

Er **wird** die Tabletten auch am Morgen **nehmen sollen**.

Am Geburtstag **wird** das Kind früh **aufstehen wollen**.

Wenn das **Futur mit Modalverb im Nebensatz** steht,
ist die Satzkonstruktion wie beim **Perfekt mit Modalverb** im Nebensatz.
Das konjugierte Hilfsverb (im Futur ***werden*** / im Perfekt ***haben***) steht direkt vor den zwei Infinitiven.

Beispiele:

Ich glaube, dass ich morgen nicht **werde kommen können**.
Du weißt, dass ich gestern nicht **habe kommen können**.

Ich glaube, dass der Mechaniker meinen Wagen **wird reparieren können**.
Der Mechaniker sagt, dass er den Wagen **hat reparieren können.**

Es ist wahrscheinlich, dass unser Nachbar nicht mehr zu uns **wird kommen wollen**.
Wir wissen, dass unser Nachbar nicht zu uns **hat kommen wollen**.

Es ist verständlich, dass das Kind am Geburtstag früh **wird aufstehen wollen**.
Das Kind war so aufgeregt, dass es gestern schon um 6 Uhr **hat aufstehen wollen**.

Übungen

1. Benutzen Sie das Futur im Nebensatz.

1. Der Arzt ärgert sich, dass er nicht zu dem Kongress fahren kann.

 ____

2 Die schöne Frau freut sich, weil ihr neuer Freund zu ihr kommen kann.

 ____

3. Die Großmutter ist traurig, dass ihre Enkel sie nicht besuchen können.

 ____

4. Der Bürgermeister verspricht, dass man schon bald den neuen Flughafen besichtigen kann.

 ____

5. Der Präsident gibt zu verstehen, dass sein Land diese Situation nicht länger hinnehmen will.

 ____

6. Der Geschäftsmann beschwert sich, dass die Sekretärin ihm nicht länger zur Seite stehen kann.

 ____

7. Der Schüler freut sich, dass er bald nach Hause gehen kann.

 ____

8. Der Elektriker sagt, dass er die Maschine nicht reparieren kann.

 ____

9. Die Sängerin ist traurig, weil sie ihre Arie nicht singen darf.

 ____

10. Da wir dort nicht tanzen dürfen,werden wir nicht hingehen.

 ____

11. Obwohl die Versicherung nicht alle Fälle abdecken kann, ist sie sehr nützlich.

 ____

12. Sie bucht das Zimmer nicht, da man dort nicht rauchen darf.

 ____

2. Äußern Sie eine Vermutung.

Ich glaube, dass er das nicht schaffen kann. → Er wird das nicht schaffen können.

1. Wir denken, dass wir dort nicht rauchen dürfen.

 ____

2. Ich bin der Ansicht, dass sich das Problem von selbst lösen kann.

 ____

3. Wir glauben, dass wir die Antwort seinem letzten Brief entnehmen können.

 ____

4. Ich glaube, wir sollen bei dem Treffen das Handy aus der Hand legen.

 ____

5. Ich glaube nicht, dass du von Frankfurt aus fliegen kannst.

 ____

Lektion 23

Passiv

- ◆ Wie bereitet man Bratkartoffeln zu?
- ○ Die Kartoffeln werden zuerst abgespült.
- ◆ Was? Man muss die Kartoffeln abspülen?
- ○ Ja, dann werden die Kartoffeln geschält und in kleine Stücke geschnitten.
- ◆ Und was muss man dann machen?
- ○ Dann werden sie im Wasser gekocht.
- ◆ Wie lange werden die Kartoffeln denn gekocht?
- ○ Man muss sie kochen, bis sie weich sind.
- ◆ Und wenn sie gar sind, werden sie in der Pfanne gebraten, oder?
- ○ Ja, aber erst wird die Butter in der Pfanne zerlassen und dann werden sie dazugetan.
- ◆ Und ein bisschen Salz wird auch darauf gestreut, oder?

Im **Aktiv** tut eine Person etwas, sie ist „aktiv".
Im **Passiv** geschieht etwas mit der Person oder Sache – sie ist „passiv".
Im Passiv ist der Handelnde nicht so wichtig („*von* + Dativ" kann man deshalb oft weglassen).

Aktiv: Die Großmutter strickt den Pullover.
Passiv: Der Pullover **wird** (von der Großmutter) **gestrickt**.
Aktiv: Der Schüler legt das Buch auf den Tisch.
Passiv: Das Buch **wird** (von dem Schüler) auf den Tisch **gelegt**.

Das Passiv bildet man mit ***werden*** **+ Partizip II**.

	Aktiv	Passiv
Präsens	kauft	wird … gekauft
Präteritum	kaufte	wurde … gekauft
Perfekt	hat … gekauft	ist … gekauft worden
Plusquamperfekt	hatte … gekauft	war … gekauft worden
Futur	wird … kaufen	wird … gekauft werden

Aktivsätze ins Passiv setzen

Der **Nominativ** des Aktivsatzes wird zu ***von*** **+ Dativ** im Passivsatz.
Der **Akkusativ** des Aktivsatzes wird zum **Nominativ** des Passivsatzes.
Genitiv, **Dativ**, **Orts- und Zeitangaben** bleiben gleich.

Aktiv	Passiv
Der Bruder meines Freundes schenkt meiner Schwester zu Weihnachten **einen Ring**.	**Vom Bruder** meines Freundes wird meiner Schwester zu Weihnachten **ein Ring** geschenkt.

Übungen

Bilden Sie Passivsätze.

Hinweis: *Natürlich spricht man nicht immer so. Diese Übungen sind eher als ein „Grammatiktraining" zu verstehen, da man an viele Dinge gleichzeitig denken muss – auch an „von + Dativ"!*

Beispiel: Der Mann verkauft das Auto. Das Auto wird von dem Mann verkauft.

1. Die Kinder bauen ein Baumhaus. Ein Baumhaus wird ______
2. Die Familie isst den Kuchen. Der Kuchen ______
3. Der Schüler zeichnete diese Brücke. ______
4. Wir bilden einen Satz. ______
5. Die Fußballfans bejubeln das Tor. ______
6. Wer hat diese Tasche gestohlen? ______
7. Der Vater fährt den Sohn in die Schule.
   ______
8. Die Krankenschwester brachte dem Kranken das Essen ans Bett.
   ______
9. Der Politiker hält im Parlament eine lange Rede.
   ______
10. Ihr sprecht diese Sprache schon ausgezeichnet.
    ______
11. Der Verbrecher hat die Polizisten nicht gesehen.
    ______
12. Die Polizei ertappte den Dieb zur rechten Zeit.
    ______
13. Der Regisseur hat diesen guten Film gedreht.
    ______
14. Der weltbekannte Sänger sang dieses wunderschöne Lied.
    ______
15. Der Mann erzählte den Witz zum dritten Mal.
    ______
16. Das gute Kind liest der Großmutter die Zeitung vor.
    ______
17. Ihr habt einen schönen Brief geschrieben und ihn gleich abgeschickt.
    ______
18. Sie sagte immer die Wahrheit und log nie.
    ______
19. Das Kind hat die Marmelade genascht.
    ______
20. Der Briefträger hat uns die Briefe gebracht.
    ______
21. Bald schreiben wir die Aufnahmeprüfung.
    ______
22. Er nahm einen Kugelschreiber und steckte ihn in seine Tasche.
    ______

Lektion 24

Passiv mit Modalverben

◆ Muss diese Wand auch noch gestrichen werden?
○ Ja, aber zuerst muss der Pinsel ausgewaschen werden und erst dann kann die Wand gestrichen werden.
◆ Darf mit diesem Pinsel hier nicht gestrichen werden?
○ Nein, mit diesem Pinsel darf auf keinen Fall gestrichen werden, weil wir ihn schon für eine andere Farbe benutzt haben. Er muss unbedingt ausgewaschen werden oder man muss einen anderen Pinsel benutzen. Die zwei Farben dürfen auf keinen Fall vermischt werden. Das sieht ja sonst fürchterlich aus. Und wenn der Pinsel richtig ausgewaschen worden ist, müssen die Borsten noch ein bisschen getrocknet werden, damit die Farbe von den Borsten richtig aufgesogen werden kann.

Modalverben haben kein Passiv.
Statt mit Infinitiv Aktiv (1 Wort) stehen sie jetzt mit Infinitiv Passiv (2 Wörter).

Der **Infinitiv Passiv** ist **Partizip II + *werden***. Er steht immer zusammen:
Aktiv: Ich **muss** das Buch **lesen**.
Passiv: Das Buch **muss** von mir **gelesen werden**.

- Beim Umwandeln eines Aktiv- in einen Passivsatz ändert sich manchmal der Numerus, abhängig vom neuen Subjekt.
- Zeit und Position des Modalverbs bleiben im Aktiv- und Passivsatz gleich.
- Der Infinitiv Aktiv wird zum Infinitiv Passiv.
- Alle übrigen Satzglieder und Attribute ändern sich nicht.

Aktiv: Der Schüler **muss** die Hausaufgaben **machen**.
Passiv: Die Hausaufgaben **müssen** von dem Schüler **gemacht werden**.

Präsens:
Aktiv: Der Programmierer **muss** die Einstellungen **speichern**, bevor er den Computer **ausschalten** darf.
Passiv: Die Einstellungen **müssen** vom Programmierer **gespeichert werden**, bevor der Computer **ausgeschaltet werden darf**.

Präteritum:
Aktiv: Der Programmierer **musste** die Einstellungen **speichern**, bevor er den Computer **ausschalten durfte**.
Passiv: Die Einstellungen **mussten** vom Programmierer **gespeichert werden**, bevor der Computer **ausgeschaltet werden durfte**.

Perfekt:
Aktiv: Er **hat** die Software nicht **installieren können**.
Passiv: Die Software **hat** von ihm nicht **installiert werden können**.

Übungen

1. Setzen Sie ins Passiv.

1. Ich muss die Hausaufgaben machen.
   Die Hausaufgaben müssen ______
2. Du musst die Bewerbung bis morgen abschicken.
   Die ______
3. Die Köchin soll die Zwiebeln kleiner schneiden.
   Die ______
4. Die Passagiere müssen die Sitze in die senkrechte Position bringen.
   Die Sitze ______
5. Die Schüler sollen unbedingt die unregelmäßigen Verben lernen.
   Die unregelmäßigen Verben ______
6. Die Büroangestellten mussten die Mails beantworten.
   ______
7. Du darfst das Foto nicht knicken.
   ______
8. Die Teilnehmer sollten die Anwesenheitsliste unterschreiben.
   ______

2. Ergänzen Sie nach folgendem Beispiel:

Der Wagen ist schmutzig. (waschen) Er muss gewaschen werden.

1. Die Fenster sind schmutzig. (putzen) Sie ______
2. Wir haben kein Benzin mehr. (tanken) Der Wagen ______
3. Meine Haare sind zu lang. (schneiden) Sie ______
4. Zeig der Polizei deinen Pass! (vorlegen) Er ______
5. Der Mülleimer ist voll. (leeren) Er ______
6. Mein Hemd ist so zerknittert. (bügeln) Es ______
7. Die Hausaufgaben sind falsch. (korrigieren)
   Sie ______
8. Ich habe 100 Euro Schulden. (zurückzahlen)
   Sie ______
9. Die Spielkarten sind nicht gemischt. (mischen)
   Sie ______
10. Der Salat schmeckt zu nüchtern. (würzen)
    Er ______
11. Der Brief ist immer noch unbeantwortet. (beantworten)
    Er ______
12. Die Eier sind nicht hart. (länger kochen)
    Sie ______
13. Man darf hier nicht rauchen. (ausmachen)
    Die Zigaretten ______
14. Die Lichter sind noch nicht an. (anschalten)
    Sie ______

Lektion 25

Passiv im Nebensatz

◆ Stimmt es, dass dieser Brief von mir nicht geöffnet werden darf?
○ Ja, es ist verboten, dass ein Brief an eine andere Person von dir geöffnet wird.
◆ Ich habe aber gesehen, wie ein Brief von unserem Nachbarn aufgemacht wurde.
○ Das ist eigentlich nicht erlaubt. Es kann aber auch sein, dass der Nachbar von dem alten Herrn Meier darum gebeten worden ist, weil der Brief von ihm ohne Brille nicht gelesen werden konnte.
◆ Ja, das kann sein.
○ Denn wenn das Briefgeheimnis nicht beachtet wird, kann hier jedem eine Strafe verpasst werden.
◆ Stimmt es, dass mir dann eine Geldstrafe gegeben wird?
○ Ja, und es kann sogar vorkommen, dass man mit einer Freiheitsstrafe bestraft wird.

Im Nebensatz steht das konjugierte (Hilfs-)verb am Ende.

Im Passiv (Präsens, Präteritum, Futur) sind es Formen des Verbs ***werden***:

Ich glaube, dass der Mann gesehen **wird**. (*Präsens*)
Ich glaube, dass der Mann gesehen **wurde**. (*Präteritum*)
Ich glaube, dass der Mann gesehen werden **wird**. (*Futur*)

Im Perfekt Passiv sind es die Präsensformen von ***sein***:

Ich glaube, dass der Mann gesehen worden **ist**. (*Perfekt*)
Ich bin mir sicher, dass ich von der Polizei beobachtet worden **bin**.

Bei Modalverben wird der **Infinitiv Passiv** (**Partizip II + *werden***) wie **ein Wort** behandelt. Er steht immer zusammen, und zwar dort, wo im Aktivsatz der Infinitiv Aktiv steht.
Wenn das Passiv mit Modalverb im Nebensatz steht, steht das konjugierte Modalverb am Ende. (Syntaktische Ausnahme bei Modalverben im Perfekt/Futur im Nebensatz: das konjugierte Verb *haben/werden* steht dann vor den zwei Infinitiven und nicht am Ende!)

Präsens

Aktiv:	Ich glaube, dass ich den Wagen	**kaufen**	kann.
Passiv:	Ich glaube, dass der Wagen von mir	**gekauft werden**	kann.

Präteritum

Aktiv:	Ich glaube, dass ich den Wagen	**kaufen**	konnte.
Passiv:	Ich glaube, dass der Wagen von mir	**gekauft werden**	konnte.

Perfekt

Aktiv:	Ich glaube, dass ich den Wagen habe	**kaufen**	können.
Passiv:	Ich glaube, dass der Wagen von mir hat	**gekauft werden**	können.

Futur

Aktiv:	Ich glaube, dass ich den Wagen werde	**kaufen**	können.
Passiv:	Ich glaube, dass der Wagen von mir wird	**gekauft werden**	können.

Übungen

Setzen Sie die Nebensätze ins Passiv.
Ohne Modalverb:
Ich weiß, dass du die Prüfung bestehst.
Ich weiß, dass die Prüfung von dir bestanden wird.

Mit Modalverb:
Ich weiß, dass du die Prüfung bestehen kannst.
Ich weiß, dass die Prüfung von dir bestanden werden kann.

1. Wir sagten euch bereits, dass wir diesen Mann nicht kennen.

   ____
2. Wir wissen, dass wir die Luft zum Leben brauchen.

   ____
3. Er kann den Artikel nicht lesen, weil er seine Brille im Bus vergessen hat.

   ____
4. Meine Freundin hat mir versprochen, dass sie mich anruft.

   ____
5. Man hat oft behauptet, dass ein Tier so etwas nicht tun kann.

   ____
6. Als man das Theater einweihte, überreichte man dem Direktor einen Preis.

   ____
7. Man sagt, dass der Täter einen Mann angeschossen hat.

   ____
8. Es stand auch in der Zeitung, dass man den Mann sofort in ein Krankenhaus gebracht und dort operiert hat.

   ____

   ____
9. Die Schüler bedauern, dass ihnen der Lehrer nicht mehr Passivübungen gibt.

   ____
10. Es freut mich, dass er die Frage richtig hat beantworten können.

    ____
11. Sie ist besorgt, weil ihr Mann diese Situation nicht mehr ertragen kann.

    ____
12. Er wusste nicht, dass er die Dateien runterladen sollte.

    ____
13. Der Chef war sich sicher, dass er den Termin nicht verschieben konnte.

    ____
14. Er war darüber verärgert, dass er dem Bewerber eine Absage erteilen musste.

    ____
15. Er hat gelacht, obwohl er den Witz nicht verstehen konnte.

    ____

Lektion 26 Subjektlose Passivsätze; *man*

In diesem Hotel wird darauf geachtet, dass sich jeder wohl fühlt. Die Wünsche unserer Hotelgäste sollen immer beachtet und dementsprechend gehandelt werden. Von unserem Personal wird ebenfalls stets daran gedacht, dem Gast so viel wie möglich zu erleichtern. Er soll keine langen Wege haben, seine Anregungen und Vorschläge werden als Auftrag zur Verbesserung unseres Service erachtet.
Von unserem Personal wird weiterhin erwartet, sich enthusiastisch um Anliegen unserer Besucher zu kümmern.
Es soll alles getan werden, damit der Gast hier unvergessliche Tage verbringt.

Aktivsatz ohne Akkusativ (Subjektloser Passivsatz)

- Wenn der Aktivsatz kein Akkusativobjekt hat, hat der Passivsatz kein Subjekt.
- Das Hilfsverb „werden" steht dann immer in der 3. Person Singular.
- Der Passivsatz kann auch mit dem Erststellen-*es* beginnen.

Aktiv: Die Kinder lachen im Kino viel.
Passiv: Im Kino wird von den Kindern viel gelacht. (*Betonung auf „im Kino"*)
Von den Kindern wird im Kino viel gelacht. (*Betonung auf „Kindern"*)
Viel wird von den Kindern gelacht. (*Betonung auf „viel"*)
Es wird im Kino von den Kindern viel gelacht. (*ohne besondere Betonung*)

Aktiv: Die alten Männer schnarchen oft.
Passiv: Von den alten Männern wird oft geschnarcht. (*Betonung auf „Männer"*)
Oft wird von den alten Männern geschnarcht. (*Betonung auf „oft"*)
Es wird von den alten Männern oft geschnarcht. (*ohne besondere Betonung*)

Aktivsatz mit *man* als Subjekt

Wenn das Subjekt des Aktivsatzes ***man*** ist, gibt es im Passivsatz keine Angabe zum Handelnden. Das Subjekt des Passivsatzes ist das Akkusativobjekt des Aktivsatzes.
Der Passivsatz kann mit ***es*** eingeleitet werden, wenn kein Satzglied besonders betont werden soll. „Es" ist dann jedoch nicht das Subjekt des Satzes, sondern nur ein Erststellen-*es*.

Aktiv: Man trinkt in Spanien guten Wein.
Passiv: Es wird in Spanien guter Wein getrunken. (*ohne besondere Betonung*)
In Spanien wird guter Wein getrunken. (*Betonung auf „in Spanien"*)
Guter Wein wird in Spanien getrunken. (*Betonung auf „Wein"*)

Aktiv: Man darf hier nicht parken.
Passiv: Es darf hier nicht geparkt werden. Hier darf nicht geparkt werden.

Aktiv: Man erzählt dort viele Witze.
Passiv: Es **werden** dort viele Witze erzählt. (*„Viele Witze" ist Subjekt, nicht „es"!*)
Viele Witze werden dort erzählt. Dort werden viele Witze erzählt.

Übungen

Setzen Sie folgende Sätze ins Passiv

1. Hier raucht man nicht.

   ____

2. Man glaubt dir nicht.

   Es ____

3. Man schenkte ihm zu Weihnachten immer Krawatten.

   ____

4. Der Bäcker lachte und lachte.

   ____

5. Ich hoffe, dass man mir einen Brief gebracht hat.

   Es ____

6. Die Gäste warten darauf, dass der Kellner ihnen die Getränke bringt.

   Von den Gästen ________________________________

7. In den Ferien denkt man nicht an die Schule.

   ____

8. Man bemerkt sofort, dass man in dieser Stadt viel gebaut hat.

   ____

9. Ich helfe dir, sobald ich die Blumen gegossen habe.

   ____

10. In Deutschland trinkt man viel Bier, wenn man ein Fest feiert.

    ____

11. Der Chef dankte dem Programmierer für seine Hilfe.

    Es ____

12. Die Touristen fragten und fotografierten viel.

    ____

13. Dort sprach man kein Französisch.

    ____

14. Die Leute haben früher härter als heutzutage gearbeitet.

    ____

15. Man lachte, tanzte und trank bis zum Sonnenaufgang.

    ____

16. Dort isst man auch rohes Fleisch.

    ____

17. Auf dem Friedhof darf man nicht rennen.

    ____

18. Im Restaurant achtet man auf gute Manieren.

    ____

19. Alle Seiten gratulierten ihm zu seinem großen Erfolg.

    ____

20. Man darf noch bis zu 5 Minuten vorher absagen.

    ____

Lektion 27

Weiterer Gebrauch des Passivs

Die strenge Mama

◆ Mama, wir wollen Computer spielen.
○ Zuerst werden die Hausaufgaben gemacht!
◆ Ja, aber wir haben keine Hausaufgaben auf.
○ Dann wird jetzt Vater im Garten geholfen! Er ist nicht mehr der jüngste und sein Rücken tut ihm weh. Und wenn ihr aus dem Garten zurückkommt, werden die Schuhe ausgezogen!
◆ Aber wir wollen doch auch unsere Freizeit haben.
○ Es wird jetzt getan, was ich gesagt habe! Danach könnt ihr gerne Computer spielen.
◆ Aber nachher ist es zu spät und wir müssen ins Bett gehen.
○ Hier wird nicht widersprochen!

Oft benutzt man das Passiv als Aufforderung, wie einen Imperativ. Diese Anordnungen oder Befehle klingen sehr streng, sprechen aber niemanden „direkt“ an.

Hier wird nicht geraucht! (= Man darf hier nicht rauchen.)
Es wird aufgegessen, was auf den Tisch kommt! (Man muss alles aufessen.)

- Allgemeine Vorschriften, die besagen, dass man etwas machen muss oder soll, etwas machen darf oder kann, stehen häufig im Passiv:
  Es darf / kann / muss / soll gemacht werden.
- Statt Infinitiv Aktiv steht Infinitiv Passiv am Satzende.
- Der Infinitiv Passiv steht immer zusammen (er wird wie ein Wort behandelt).

Es darf hier nicht geraucht werden.
Dort soll nicht laut gesprochen werden.
Es soll nichts auf den Boden geworfen werden.
Hier muss anständig nachgebessert werden.
Es dürfen keine Fehler gemacht werden.

Umformen eines Aktivsatzes mit Modalverb ins Passiv
- Das Modalverb bleibt an derselben Position und in demselben Tempus.
- Der Numerus kann sich – je nach Subjekt – ändern.
- Aus Infinitiv Aktiv wird Infinitiv Passiv an derselben Position.

Aktiv	Passiv
Man **darf** jetzt nicht **lachen**, da wir über eine ernste Angelegenheit **sprechen müssen**.	Es **darf** jetzt nicht **gelacht werden**, da über eine ernste Angelegenheit **gesprochen werden muss**.

Folgende Verben haben kein Passiv:
- Modalverben, Reflexivverben und reflexiv gebrauchte Verben,
- *es gibt*, *bekommen*, *enthalten* und *kosten* (mit Mengen-, Größenangabe), *haben*, *besitzen*, *kennen* und *wissen*.

Übungen

1. Ersetzen Sie das Passiv durch den Imperativ.

Beispiel: Es wird hier nicht geraucht! (Sie) → Rauchen Sie hier nicht!

1. Es wird hier nicht rumgerannt! (ihr) Rennt ______
2. Es wird nicht abgeschrieben! (du) ______
3. Es wird hier nicht gefaulenzt! (ihr) ______
4. Hier wird nicht gelogen! (Sie) ______
5. Hier wird aufgepasst und nicht geschwatzt! (ihr) ______

2. Benutzen Sie das Passiv statt des Imperativs.

Beispiel: Packt jetzt die Koffer! → Jetzt werden die Koffer gepackt!

1. Saug jetzt endlich das Wohnzimmer! Das Wohnzimmer ______
2. Lacht jetzt nicht! Es ______
3. Hier schmatzt man nicht! Es ______
4. Macht, was ich sage! Es ______
5. Spül deinen Teller ab! Dein ______

3. Üben Sie den Infinitiv Passiv nach Modalverben.

Beispiel: Die Musik ist zu laut. (leise stellen) → Sie muss leise gestellt werden.

1. Das Auto ist schmutzig. (waschen) Es muss ______
2. Der Bleistift ist stumpf. (anspitzen) Er ______
3. Der Wagen ist kaputt. (reparieren) Er ______
4. Der Akku ist leer. (laden) Er ______
5. Der Hof ist voller Blätter. (kehren) Er ______
6. Das Garagentor quietscht. (ölen) Es ______
7. Die Uhr geht nicht mehr. (Batterie auswechseln) ______
8. Deine Haare sind zu lang. ______
9. Das Messer ist stumpf. (schleifen) ______
10. Für das Mittagessen ...
    (Tisch decken) muss der Tisch gedeckt werden.
    (Kartoffeln schälen) müssen ______
    (Zwiebeln klein schneiden) ______
    (Fleisch anbraten) ______
11. Die Pläne gefallen dem Chef nicht. (ändern) ______
12. Die Badewanne läuft gleich über. (Wasser abstellen) ______
13. Das Fleisch ist ja noch fast roh. (länger braten) ______
14. Der Rasen ist zu lang. (mähen) ______
15. Die Luft ist hier so schlecht. (lüften) Das Zimmer ______
16. Das Wetter ist so gut. (aufhängen) Die Wäsche kann draußen ______

Wiederholung zu den Lektionen 24 bis 27

1. Setzen Sie die Sätze mit Modalverben ins Passiv.

1. Ich kann nicht glauben, dass man ihm nicht mehr helfen kann.
2. Man darf hier nicht parken, aber man kann kurz halten und den Wagen entladen.
3. Du musst den Brief, den ich gestern habe schreiben müssen, noch unterschreiben.
4. Man soll nicht mit vollem Mund sprechen.
5. Er muss die Arbeit erledigen, oder er darf nicht mehr mit uns ins Kino gehen.
6. Er hat die Aufgaben bis gestern lösen sollen.
7. In den meisten Städten kann man nach zwanzig Uhr nichts mehr kaufen.
8. Ich habe angenommen, dass man hier nicht rauchen darf.
9. Auf der Autobahn kann man schnell fahren, aus Sicherheitsgründen sollte man aber nicht zu schnell fahren.
10. Man konnte den Schlüssel, den man für diese Tür benutzen musste, nicht finden.
11. Man hat in dem Kino, das man gerade renoviert hatte, nicht rauchen dürfen.
12. Abends soll man die Haustür schließen.
13. Ich habe den Mann, den die Polizei verhaftet hat, nicht sehen können.
14. Man durfte in dieser Straße nicht parken.

2. Ersetzen Sie den Imperativ durch die Passivformen.

Beispiel: Rauchen Sie hier nicht! → Hier wird nicht geraucht!

1. Iss auf! Es
2. Beschmiert die Wände nicht! Die Wände
3. Surfen Sie nicht, sondern arbeiten Sie! Es
4. Häng das Handtuch an den Haken! Das Handtuch
5. Lüg nicht! Es hier

3. Was muss hier geschehen? Benutzen Sie *müssen* mit Infinitiv Passiv.
Beispiel: Die Schraube ist lose. (festschrauben) →
Sie muss festgeschraubt werden.

1. Das Fenster ist noch auf. (schließen)
2. Die Glühbirne ist kaputt. (austauschen)
3. Der Brief ist fehlerhaft. (korrigieren)
4. Der Computer ist abgestürzt. (wieder hochfahren)
5. Hier fehlt noch Ihr Geburtsdatum. (noch eintragen)

4. Setzen Sie die richtigen Passivformen ein.

1. Achten Sie bei Ihrem Bewerbungsschreiben auf die Sprache!
   Bei … muss
2. Gehen Sie genau auf die Anforderungen der Firma ein!
   Es muss
3. Senden Sie die Unterlagen zu Händen Ihrer Ansprechpartnerin!
   Die Unterlagen müssen
4. Sprechen Sie bei Ihrer Bewerbung möglichst nicht über Ihre Schwächen!
   Bei Ihrer … sollte
5. Tragen Sie beim Bewerbungsgespräch ordentliche Kleidung.
   Es sollte

5. Setzen Sie ins Aktiv.

1. Der Professor hat von uns erst eingeladen werden müssen.
2. Dieser Stein hat vom Juwelier nicht eingesetzt werden können, da er nicht rechtzeitig geliefert worden war.
3. Die Korrespondenz musste von der Sekretärin erledigt werden, damit sie von der Aushilfskraft zum Briefkasten gebracht werden konnte.
4. Sollen die Hausaufgaben bis morgen gemacht und abgegeben werden?
5. Von dem hinterlistigen Täter wurde dem Opfer eine Falle gestellt.

Lektion 28

Das Zustandspassiv

◆ Du willst dich doch bei der neuen Firma bewerben.
Hast du deinen tabellarischen Lebenslauf schon geschrieben?
○ Ja, der ist schon geschrieben. Er liegt fertig getippt auf meinem Schreibtisch. Er ist auch im Computer gespeichert, falls ich noch einen Fehler finde.
◆ Und hast du auch schon das Bewerbungsanschreiben erstellt?
○ Ja, das ist auch schon ausgedruckt. Ich finde aber, dass es nicht gut formatiert ist. Deshalb werde ich mich heute nochmals dransetzen und es neu formatieren.
◆ Denk dran, dass der tabellarische Lebenslauf auch unterschrieben sein muss. Und am besten legst du dem Bewerbungsbrief noch einen Briefumschlag zur Beantwortung deines Briefes bei. Dieser Umschlag sollte schon frankiert sein.

- Das **Zustandspassiv** drückt das **Ergebnis** einer Handlung aus, den Zustand nach einer abgeschlossenen Handlung.
- Hauptsächlich transitive Verben bilden ein Zustandspassiv.
- Der Handelnde spielt keine Rolle.
- Das Zustandspassiv bildet man mit ***sein*** und dem **Partizip II**.

Aktiv: Ich habe das Gerät eingeschaltet.
Passiv: Das Gerät ist eingeschaltet worden.
Ergebnis: Zustand des Geräts: eingeschaltet
Zustandspassiv: Das Gerät ist eingeschaltet.
Mit Modalverb: Das Gerät muss immer eingeschaltet sein.

Gebräuchliche Zeiten des Zustandspassivs:
Präsens: Das Gerät ist (jetzt) eingeschaltet.
Präteritum: Das Gerät war (damals) eingeschaltet.

◆ *Hast du das Fenster schon geöffnet?*
○ *Ja, das ist schon längst geöffnet.*

◆ *War die Tür eigentlich geöffnet, als Sie das Haus betraten?*
○ *Ja, die Tür war geöffnet und der Tisch war gedeckt, aber niemand war zu Hause.*

Man kann das Zustandspassiv aber **auch im Futur** benutzen.
Es drückt dann eine **Vermutung** aus:

◆ *Ist mein Wagen schon gewaschen?*
○ *Ich weiß es nicht genau, aber er wird sicher schon gewaschen sein.*

In dieses Haus sollte man besser nicht einbrechen.
Die Alarmanlage wird sicher eingeschaltet sein.

Das Zustandspassiv benutzt man häufig auch als Adjektiv:

	Adjektiv: **groß**	*Zustandspassiv*: Das Fenster ist **geöffnet**.
Nom.	Das groß**e** Fenster ist schön.	Das geöffnet**e** Fenster ist schön.
Akk.	Sie schaut durch das groß**e** Fenster.	Sie schaut durch das geöffnet**e** Fenster.
Dat.	Sie saß oft am groß**en** Fenster.	Sie saß oft am geöffnet**en** Fenster.

Übungen

1. Antworten Sie mit dem Zustandspassiv (*sein*-Passiv).

1. Hast du das Bett schon gemacht?
   Ja, das ______ schon ______
2. Hast du die Teller schon abgewaschen?
   Ja, die ______
3. Hast du die Eier schon gekocht?
   Ja, die ______
4. Hast du die Eingangstür schon abgeriegelt?
   Ja, ______
5. Habt ihr den Handwerker schon bestellt?
   Nein, ______
6. Hast du das Fleisch schon aufgetaut?
   Ja, ______
7. Hast du meinen Anzug schon gereinigt?
   Nein, ______
8. Hast du das Obst schon abgespült?
   Ja, ______
9. Hast du den Fernsehapparat schon eingeschaltet?
   Ja, ______
10. Hast du meine Rechnungen schon bezahlt?
    Ja, ______
11. Haben Sie die Software schon installiert?
    Nein, ______
12. Haben Sie das Zimmer schon gestrichen?
    Nein, ______

2. Antworten Sie im Aktiv.

Beispiel: *Ist das Haus schon abgeschlossen?*
Nein, ich habe das Haus noch nicht abgeschlossen.

1. Ist der Fernseher schon ausgeschaltet?
   Nein, niemand ______
2. Ist der Sekt schon kalt gestellt?
   Ja, ich habe ihn ______.
3. Sind die Schuhe schon geputzt?
   Nein, die habe ich ______
4. Ist das Geld schon überwiesen?
   Ja, ich habe ______ heute ______
5. Sind die Kartoffeln immer noch nicht geschält?
   ______, ich ______ sie gerade eben ______
6. Ist das Bewerbungsschreiben schon entworfen und ausgedruckt?
   ______, das habe ich gestern Abend ______ und ______

Zusammengesetzte Nomen

Dialog:

◆ Papa, was ist eigentlich das längste Wort in der deutschen Sprache, das du kennst?

○ Wir haben als Kinder zum Spaß das Wort „Donaudampfschifffahrtsgesellschaftskapitänsmütze“ gesagt.

◆ Wie viele Buchstaben hat denn das Wort?

○ Ich glaube, fast 50 Buchstaben.

◆ Und was bedeutet das Wort?

○ Bei einem langen Wort zeigt das letzte Wort die Bedeutung. Die Kapitänsmütze ist also die Mütze des Kapitäns.

◆ Und was bedeutet der Rest dann?

○ Naja, das ist also die Mütze des Kapitäns, der für eine Gesellschaft arbeitet, die für die Schifffahrt von Dampfschiffen auf der Donau zuständig ist.

Bei den zusammengesetzten Nomen bestimmt stets der letzte Bestandteil des Wortes den Artikel (*m./f./n.*).

(die Gesellschaft)	die	Gesellschaft
(die Schifffahrt)	die	Schifffahrts**gesellschaft**
(der Dampf)	die	Dampfschifffahrts**gesellschaft**
(die Donau)	die	Donaudampfschifffahrts**gesellschaft**
(der Kapitän)	der	Donaudampfschifffahrtsgesellschafts**kapitän**
(die Mütze)	die	Donaudampfschifffahrtsgesellschaftskapitäns**mütze**
(der Bart)	der	Bart
(der Schlüssel)	der	Schlüssel**bart**
(die Tür)	der	Türschlüssel**bart**
(das Haus)	der	Haustürschlüssel**bart**

Zwischen den einzelnen Bestandteilen des Wortes steht oft ein **Fugen-s**. Es verbindet zwei Nomen und ist von der Bedeutung her wie der Genitiv des vorangehenden Wortes. Es steht aber auch bei femininen Wörtern.

- die Schifffahrt, aber die Schifffahrtsgesellschaft
- Es steht immer, wenn das vorausgehende Wort auf ***-tum***, ***-ling***, ***-ion***, ***-tät***, ***-heit***, ***-keit***, ***-schaft***, ***-sicht*** oder ***-ung*** endet.

Weitere Fugenelemente sind:

-e	der Hund, die Hütte	die Hund**e**hütte
-es	das Land, die Grenze	die Land**es**grenze
-er	das Bild, der Rahmen	der Bild**er**rahmen
-(e)n	die Tasche, der Rechner	der Tasche**n**rechner

Beachten Sie!

Wenn Sie ein zusammengesetztes Nomen definieren wollen, so können verschiedene Präpositionen zur Definition benutzt werden, oft auch der Genitiv:

der Benzinpreis	ist der Preis	**für** das / **vom** Benzin / **des** Benzins.
die Ansichtskarte	ist eine Karte	**zur** Ansicht.
das Ballkleid	ist das Kleid	**für** den Ball.

Übungen

1. **Beschreiben Sie den Unterschied zwischen**
einem Taschenmesser und einer Messertasche,
einem Gemüsegarten und Gartengemüse.

2. **Was ist das?**
   1. Eine Karte, auf der man das Land sehen kann? Das ist eine Landkarte.
   2. Eine Karte zur Ansicht? Das ist _____ _______________ .
   3. Die Suche nach einer neuen Arbeit? Das ist _____ _______________ .
   4. Das Recht auf Streik? Das ist _____ _______________ .
   5. Die Vorhersage für das Wetter? Das ist _____ _______________ .
   6. Die Steuer, die man auf den Lohn zahlen muss?
   Das ist _____ _______________ .
   7. Eine Stunde, in der man arbeitet? Das ist _____ _______________ .
   8. Ein Rechner, den man in der Tasche tragen kann?
   Das ist _____ _______________ .
   9. Eine Kopie einer Rechnung? Das ist _____ _______________ .
   10. Ein Räuber, der eine Bank überfällt? Das ist _____ _______________ .
   11. Der Lappen, um eine Tafel sauber zu machen? Das ist _____ _______________ .
   12. Schmerzen, die man im Rücken verspürt? Das sind _______________ .
   13. Eine Hütte, in der der Hund schläft? Das ist _____ _______________ .
   14. Eine Hütte, die auf dem Berg steht? Das ist _____ _______________ .
   15. Ein Baum, der Äpfel trägt? Das ist _____ _______________ .

3. **Definieren Sie mit Relativsätzen.**
Ein Haustürschlüssel ist ein Schlüssel, mit dem man die Haustür öffnen kann.
   1. Ein Motorboot ist ein Boot, _______________ (mit Motor/fahren)
   2. Ein Schulfest, ist ein Fest, _______________ (in der Schule/feiern)
   3. Ein Abschlusszeugnis ist _______________
   (zum Abschluss/bekommen)
   4. Die Abiturnoten sind die _______________
   (im Abitur/bekommen)
   5. Ein Lippenstift _______________ (Lippen/färben)
   6. Ein Nachthemd _______________ (im Bett/tragen)
   7. Ein Ameisenhaufen _______________ (Ameisen/wohnen)
   8. Ein Sonnenschirm _______________ (vor der Sonne/schützen)
   9. Orangensaft ist ein Saft, _______________ (aus Orangen/bestehen)
   10. Der Fahrradweg ist der Weg, _______________
   (Fahrräder/fahren/dürfen)

Lektion 30

Wortzusammensetzungen

In den Ferien, die wir im Sommer hatten, besuchte ich oft meinen Großvater in einer Stadt, die recht groß war. Pünktlich zu der Zeit, als mein Schnellzug ankommen sollte, traf mein Großvater auf dem Bahnhof ein, der in einer Vorstadt lag, um mich abzuholen. Wenn über die Lautsprecher, die im Bahnhof hingen, eine Verspätung meines Zuges angekündigt wurde, ging er in den Wartesaal. Er setzte sich auf eine Bank, die aus Holz war, holte seine Brille, die er zum Lesen brauchte, hervor und blätterte in der Zeitung, die täglich erscheint. Nach einer weiteren Ansage über die Lautsprecher zur Einfahrt meines Zuges stand er dann auf und ging auf den Bahnsteig, um mich zu begrüßen.

Es gibt verschiedene Wortzusammensetzungen:

Nomen + Nomen

das Haus; der Eingang	*der Hauseingang*
der Eingang; die Tür	*die Eingang**s**tür*
die Zeitung; der Junge	*der Zeitung**s**junge*
das Haus, die Tür; der Schlüssel	*der Haustürschlüssel*
die Lebensmittel; das Geschäft	*das Lebensmittelgeschäft*

Verb + Nomen

Hier wird normalerweise die Infinitivendung ***-(e)n*** des Verbs gestrichen:

*renn**en**; die Bahn*	*die Rennbahn*
*les**en**; die Brille*	*die Les**e**brille*
*näh**en**; die Maschine*	*die Nähmaschine*
*hör**en**; der Apparat*	*der Hörapparat*

Adjektiv + Nomen

Hier steht das Adjektiv an erster Stelle.

groß; die Stadt	*die Großstadt*	*weiß; das Brot*	*das Weißbrot*
alt; die Stadt	*die Altstadt*	*schnell; der Zug*	*der Schnellzug*
rot; der Wein	*der Rotwein*	*hoch; die Bahn*	*die Hochbahn*

Präposition + Nomen

auf; die Fahrt	*die Auffahrt*	*unter; der Gang*	*der Untergang*
über; die Stunde	*die Überstunde*	*hinter; das Rad*	*das Hinterrad*
für; das Wort	*das Fürwort*	*um; die Welt*	*die Umwelt*

Zahl + Nomen

vier; das Eck	*das Viereck*

Mit Wortzusammensetzungen wird der Text oben kürzer:

In den Sommerferien besuchte ich oft meinen Großvater in der Großstadt. Pünktlich zur Ankunftszeit meines Schnellzuges traf er auf dem Vorstadtbahnhof ein, um mich abzuholen. Wenn über die Bahnhofslautsprecher eine Verspätung meines Zuges angekündigt wurde, ging er zunächst in den Wartesaal, setzte sich auf eine Holzbank, holte seine Lesebrille hervor und blätterte in der Tageszeitung. Nach der Lautsprecheransage zur Einfahrt meines Zuges stand er dann auf, ging auf den Bahnsteig, um mich zu begrüßen.

Übungen

1. Setzen Sie die Nomen zusammen (manchmal gibt es 2 Möglichkeiten).

1. die Tasche; die Reise ______________
2. der Baum; der Stamm ______________ ______________
3. das Werkzeug; der Kasten ______________
4. die Energie; die Versorgung ______________
5. die Last; der Wagen ______________ ______________
6. der Unfall; die Versicherung ______________
7. der Abschluss; das Zeugnis ______________
8. der Garten; das Gemüse ______________ ______________
9. der Umschlag; das Buch ______________
10. das Personal; die Abteilung ______________ ______________

2. Setzen Sie Verb und Nomen zusammen.

1. das Rad; fahren ______________
2. das Boot; segeln ______________
3. kochen; das Buch ______________
4. lesen; das Buch ______________
5. parken; der Platz ______________
6. lesen; die Brille ______________
7. grüßen; die Karte ______________
8. nähen; die Maschine ______________
9. die Nadel; stricken ______________
10. der Sack; schlafen ______________
11. das Zimmer, warten ______________
12. die Maschine, waschen ______________

3. Setzen Sie Adjektiv und Nomen zusammen.

1. rot; der Stift ______________
2. das Tier; jung ______________
3. die Stadt; alt ______________
4. der Bau; neu ______________
5. rot; der Wein ______________
6. alt; der Bau ______________
7. groß; der Vater ______________
8. schwarz; das Brot ______________
9. klein; das Kind ______________
10. der Handel; groß ______________
11. hoch; das Haus ______________
12. das Stück; früh ______________

4. Setzen Sie Präposition und Nomen zusammen.

1. bei; Fahrer ____ ______________
2. auf; Bau ____ ______________
3. zu; Fahrt ____ ______________
4. um; Welt ____ ______________
5. für; Sprecher ____ ______________
6. mit; Arbeiter ____ ______________
7. nach; Erzählung ____ ______________
8. neben; Wirkung ____ ______________

5. Bilden Sie Wörter.

1. Ein Tor, das in den Garten führt, ist ein ______________.
2. Ein Termin, den man für eine Besprechung ansetzt, ist ein ______________.
3. Die Dauer, die man für einen Vortrag benötigt, ist die ______________.

Lektion 31

Verben mit Präpositionen

Der Großvater ist ein sehr zufriedener Mensch. Nach dem Aufstehen geht er zuerst in die Küche und trinkt einen heißen Kaffee. Dabei liest er ein bisschen in der Zeitung und wartet darauf, dass die Sonne aufgeht. Dann schlendert er durch den Garten und freut sich an seinen schönen Frühlingsblumen. Kurze Zeit später geht er wieder ins Haus zurück.
Heute aber setzt er sich gleich an den Wohnzimmertisch, denn bald ist sein Geburtstag, zu dem er seine alten Freunde einladen will. Er setzt sich die Brille auf und schreibt die Einladungen an seine Freunde. Beim Schreiben erinnert er sich an die alten Zeiten mit seinen Freunden und denkt an die gemeinsame Schulzeit mit ihnen. Er hofft, dass die Freunde sich über seine Einladung freuen. Er zählt jedenfalls schon die Tage bis zu seinem Geburtstag und freut sich sehr auf ein Wiedersehen mit seinen Freunden.

Viele Verben werden **mit einer festen Präposition** gebraucht. Der Präposition folgt ein Nomen im Dativ oder Akkusativ.

Beispiele: sich erinnern an + *Akk.* (Er erinnert sich an die alten Zeiten.)
einladen zu + *Dat.* (Ich lade dich zum Geburtstag ein.)

Da es keine festen Regeln gibt, welches Verb mit welcher Präposition gebraucht wird, sollte man diese Verben zusammen mit ihrer Präposition lernen. Bei den Wechselpräpositionen sollte man noch den Fall (Akkusativ oder Dativ) dazu lernen, der dieser Präpositon folgt (siehe Liste „Verben mit Präpositonen“, Anhang 1, S. 293).

Manchmal gibt es mehrere Präpositionen, mit denen ein Verb gebraucht werden kann. Die Bedeutung des Verbs ist dann normalerweise verschieden.

Beispiele: sich freuen auf + *Akk.* (Wir freuen uns auf nächsten Sonntag.) *Zukunft*
sich freuen über + *Akk.* (Sie hat sich sehr über die Blumen gefreut.)
die Blumen hat sie schon erhalten
sich freuen an + *Dat.* (Der Großvater freut sich an seinen Blumen.)
sich immer wieder über etwas freuen

bestehen + *Akk.*, *ohne Präposition* (Er besteht die Prüfung.)
bestehen auf + *Dat.* (Er besteht auf seinem Recht.) Er insistiert
bestehen aus + *Dat.* (Der Tisch besteht aus Holz.) Das Material ist …
bestehen in + *Dat.* (Ihre Aufgabe besteht **darin**, den Kollegen zu helfen.)

Wenn man sich auf eine Sache (**keine Person!**) bezieht oder ein Nebensatz folgt, benutzt man ***da-*** bzw. ***dar-*** vor der Präposition (Bd. 1, S. 214, Pronominaladverbien):

- Präposition beginnt mit Konsonant: **da**-mit, **da**-für, **da**-zu …
- Präposition beginnt mit Vokal: **da**-**r**-an, **da**-**r**-auf, **da**-**r**-über …

Für Personen benutzt man nach der Präposition das Pronomen im entsprechenden Kasus: (*Dat.*: ihm, ihr, ihnen / *Akk.*: ihn, sie, es)

Beispiele: *Er beschwert sich über die Nachbarn. Er beschwert sich* ***über sie****.*
Er beschwert sich über die laute Musik. Er beschwert ***sich darüber****.*
Er beschwert sich ***darüber****, dass die Musik zu laut ist.*

Übungen

Setzen Sie ein. (Wörter – Präpositionen, Artikel, Personalpronomen, Pronominaladverbien – und Endungen)

1. Der Vater ärgerte sich nicht __________ (sich ärgern über *Akk.*), dass sein Sohn das Auto benutzte.
2. Was verstehen Sie eigentlich _______ Demokratie? (verstehen unter *Dat.*)
3. Er beschwerte sich ständig _____ sein___ Nachbarin _____ d___ laut___ Musik. (sich beschweren bei *Dat.* – Person / über *Akk.*)
4. Die Presse schweigt plötzlich _____ _____ Skandal, obwohl sie anfangs viel __________ geschrieben hatte. (schweigen zu / schreiben über *Akk.* / von)
5. Das Volk hatte lang___ Zeit _______ _____ Diktator gelitten. (leiden unter *Dat.*)
6. Sie schrieb ein___ Brief _____ _____ Eltern und beschwerte sich _____ _____ _____ _____ schlecht___ Wetter _____ dies___ Land. (schreiben an *Akk.*)
7. „Guten Tag, wie komme ich bitte _____ Bahnhof?“
   „Das kann ich Ihnen leider auch nicht sagen. Am besten wenden Sie sich _____ _______ Polizisten und erkundigen sich _____ _____ _____ _____ Weg _________.
   (sich wenden an *Akk.* / sich erkundigen bei – Person / nach)
8. Wenn ______ Religion diskutiert wird, bezieht man sich oft _____ _____ Bibel. (diskutieren über *Akk.* / sich beziehen auf *Akk.*)
9. Oft dachte er im Ausland _____ sein___ Familie. (denken an *Akk.*)
10. Der Tisch besteht _____ Holz. (bestehen aus)
11. Er besteht immer __________, recht zu haben. (bestehen auf *Dat.*)
12. Sie hat eine Reise _____ _____ Schweiz gemacht und dort _____ ein___ Sprachkurs teilgenommen. (teilnehmen an *Dat.*)
13. Während die Eltern im Theater waren, kümmerte sich d___ Kindermädchen _____ d___ klein___ Kind. (sich kümmern um)
14. Wir saßen in einem Café und unterhielten uns _____ d___ aktuelle politische Lage. (sich unterhalten über *Akk.*)
15. Ich kann mich einfach nicht ________ gewöhnen, dass d___ Leute hier nicht freundlich ____einander sind. (sich gewöhnen an *Akk.* / freundlich sein zu)
16. Wir denken gern _____ unser___ letzt___ Ferien und hoffen schon _____ die nächsten. (hoffen auf *Akk.*)
17. Wo_____ muss man im Straßenverkehr besonders achten? (achten auf *Akk.*)
18. Der Junge ist _____ sein___ Mut belohnt worden. (belohnen für)
19. Er ist _____ sein___ Erfolg beneidet worden. (beneiden um)
20. Die Schüler werden ______ ihr___ Benehmen beurteilt. (beurteilen nach)
21. Diese Handtasche passt einfach nicht _____ mein___ Schuhen. (passen zu)

Lektion 32

Fragen bei Verben mit Präposition

◆ Ach, ich bin so froh.
○ Worüber freust du dich so?
◆ Ich freue mich, weil ich mich gestern endlich für Betriebswirtschaftslehre eingeschrieben habe.
○ Wofür?
◆ Für Betriebswirtschaftslehre bei Professor Weiß?
○ Was? Bei wem willst du das lernen?
◆ Bei Herrn Weiß.

Bei **Fragen, die sich nicht auf Personen beziehen**, verhält es sich wie bei den Pronominaladverbien:
wo- vor Präposition mit Konsonant: *wobei? wofür? wozu? …*
wo-r- vor Präposition mit Vokal: *wo-**r**-an? wo-**r**-auf? wo-**r**-über? …*

Bei **Fragen, die sich klar auf Personen beziehen**, steht die Präposition vor dem Fragewort „wer?“ in seinen verschiedenen Fällen:
Gen.: **wessen?** ***Auf wessen*** *Besuch freust du dich?*
Dat.: **wem?** ***Bei wem*** *hast du dich beschwert?*
Akk.: **wen?** ***Auf wen*** *wartest du?*

Bei Fragen weiß man aber oft nicht, ob es sich um eine Person oder Sache handelt.
Man weiß, dass es eine **Sache** ist: ***Woran*** *denkst du?*
Man weiß nicht, ob es eine **Person** oder **Sache** ist: ***Woran*** *denkst du?*
Man weiß, dass es eine **Person** ist: ***An wen*** *denkst du?*

Sache: *Freust du dich auf die Party?*
Ja, natürlich freue ich mich ***darauf****.*
Frage Sache: ***Worauf*** *freust du dich?*
Person (!): *Freust du dich auf deine Schwester, die dich morgen besucht?*
Ja, ich freue mich ***auf sie****.*
Frage Person (!): ***Auf wen*** *freust du dich?*

Wenn dem Verb mit Präposition ein Nebensatz mit „dass“ oder ein Infinitivsatz folgt, steht das Pronominaladverb für den Inhalt des Nebensatzes:
Nebensatz: *Ich freue mich* ***darauf****, dass der Sommer bald beginnt.*
Ich freue mich ***darauf****, bald in den Urlaub zu fahren.*
Frage: ***Worauf*** *freust du dich?*
Nebensatz: *Wir freuen uns* ***darüber****, dass ihr gekommen seid.*
Frage: ***Worüber*** *freut ihr euch?*

Manche Verben kann man mit und ohne Präposition benutzen, wobei sich aber leicht unterschiedliche Bedeutungen ergeben können.
Ich bitte dich, mir zu helfen. *Ich bitte dich* ***darum****, mir zu helfen.*

Verwechseln Sie Präpositionen nicht mit trennbaren Präfixen:
hören auf + *Akk.* (*auf* ist eine Präposition)
aufhören mit (*auf* ist ein trennbares Präfix, *mit* ist die Präposition)

Übungen

1. Wählen Sie aus!

an wen / woran / worüber (2x) / dazu / über wen / auf (3x) / dafür / wogegen / mit / mit wem / damit / zum / bei wem / gegen / davon / an (2x) / beim / von /daran / über

1. ____________ denkst du gerade? – An meinen Urlaub.
2. Hast du ____________ seinen Brief geantwortet?
3. Kennt er sich ____________ Computern aus?
4. ____________ hat er sich beschwert?
5. ____________ hat der Angeklagte verstoßen?
6. Bitte halten Sie sich ____________ dem Griff fest!
7. Seine Theorie basiert ____________ internationalen Forschungsergebnissen.
8. Der Präsident ist ____________ allen Ämtern zurückgetreten.
9. ____________ soll ich Sie verbinden?
10. Dieses Unternehmen kann ____________ eine sehr erfolgreiche Geschichte zurückblicken.
11. Das ist eine Tatsache. ____________ kann man nichts mehr ändern.
12. ____________ hat sich der Kunde beschwert? – __________ Chef.
13. Der Verkäufer hat uns ____________ abgeraten, den Wagen zu kaufen.
14. Das ist eine gute Idee. Ich kann mich sofort ____________ identifizieren.
15. Ich schäme mich ____________, diesen Brief geschrieben zu haben.
16. ____________ muss ich mich wenden?
17. ____________ regst du dich eigentlich auf? Es ist doch nichts passiert.
18. Diese Umweltbewegung kämpft ____________ die Klimakatastrophe.
19. Der Manager muss ____________ vielen Besprechungen teilnehmen.
20. Ich wollte es nicht tun! Man hat mich ____________ gezwungen.
21. Wir gratulieren dir ganz herzlich ____________ Geburtstag.
22. ____________ hast du so lachen müssen? ____________ meinen Onkel.

2. Unterstreichen Sie das richtige Pronominaladverb:

1. Habt ihr (darüber/darauf/darin) geachtet, das Verb zu unterstreichen?
2. Wir haben uns (darüber/darauf/dabei) beschwert, dass die Musik zu laut ist.
3. Luxus? Nein, (darüber/darauf/damit) möchte niemand verzichten.
4. Peter hat sich (daran/darauf/darüber) aufgeregt, dass er arbeuten muss.
5. Ich beneide dich (damit/darüber/darum), dass du so viel Freizeit hast.
6. Ich helfe dir gerne (damit/dabei/dazu), nächste Woche umzuziehen.
7. Es hängt (davon/dafür/davor) ab, ob die Sonne scheint oder nicht.
8. Wir haben nicht (damit/daran/dazu) gerechnet, dass so viele Gäste kommen.
9. Der Forscher befasst sich (dazu/dafür/damit), Insekten zu beobachten.
10. Ich muss mich (dagegen/damit/dafür) abfinden, dass ich zu wenig verdiene.
11. Ich habe (dafür/damit/darum) gesorgt, dass wir morgen genug zu essen haben.
12. Der Politiker wollte immer (davon/dafür/dagegen) ablenken, dass er etwas Falsches behauptet hatte.

Lektion 33 einander

◆ Ich habe heute gelesen: „Die Nachbarn halfen einander beim Umzug." Was bedeutet hier das Wort „einander"?

○ Das heißt, dass ein Nachbar dem anderen geholfen hat. „Einander" hat hier die Bedeutung von „sich".

◆ Später habe ich aber gelesen: „Nach dem Umzug ruhten sie sich aus."
Kann man da also auch sagen, dass sie einander ausgeruht haben?

○ Nein, „einander" bezieht sich nie auf sich selbst, sondern immer auf eine andere Person. Man kann sich selbst ausruhen, nicht aber eine andere Person.

◆ Ach so, deshalb heißt es später im Buch: „Nach dem Umzug stritten sie sich wegen einer kaputten Vase und wollten einander nicht mehr die Hand geben."

Bei ***einander*** handelt es sich immer um zwei Personen, zwei Gruppen oder Parteien. Das Pronomen „einander" drückt Gegenseitigkeit bzw. Wechselseitigkeit aus. „einander" wird fast nur in der Schriftsprache verwendet.

einander kann für Dativ- und Akkusativformen stehen:

Dat.:	Er schreibt	**ihr**	viele Briefe.	*Akk.*:	Er sieht	**sie**	oft.
+	Sie schreibt	**ihm**	viele Briefe.	+	Sie sieht	**ihn**	oft.
	Sie schreiben	**einander**	viele Briefe.		Sie sehen	**einander**	oft.
	(Sie schreiben	**sich**	viele Briefe.)		(Sie sehen	**sich**	oft.)

Wenn man an die Präpositionen den Wortbestandteil „-einander" anhängt, handelt es sich um eine gegenseitige/wechselseitige Beziehung.

z.B.: *verliebt sein* ***in***
Maria ist **in** Hans verliebt.
\+ Hans ist **in** Maria verliebt.
Hans und Maria sind **ineinander** verliebt.

z.B.: *spielen* ***gegen***
Peter spielt **gegen** John Tennis.
\+ John spielt **gegen** Peter Tennis.
Peter und John spielen **gegeneinander** Tennis.

Beachten Sie auch folgende Bedeutungen von *-einander*!

Alle reden ***durcheinander****. Ich kann gar nichts verstehen.*
Es herrschte dort Panik und ein wildes ***Durcheinander****.*
Diese zwei Namen bringe ich immer ***durcheinander****. Ich kann sie mir nicht merken.*
Nach dem Zwischenfall war sie ganz ***durcheinander*** *und wusste nicht, wo sie war.*
„Einen Motor ***auseinandernehmen****" heißt „in seine Einzelteile zerlegen".*
Sich mit etwas gründlich ***auseinandersetzen*** *= viel darüber nachdenken*
Die ***Auseinandersetzung*** *(= der Streit, die Diskussion) nahm sie sehr mit.*
Bei der Party kamen sie ***einander*** *(= sich) näher.*
Ich bin heute mit dem Chef ***aneinandergeraten****. (Wir hatten einen Streit.)*
Die Beine ***übereinanderschlagen****.*
Die Zahnräder greifen ***ineinander****.*
Die zwei Personen sind ***füreinander*** *da. (Sie hilft ihm und er hilft ihr.)*

Übungen

Üben Sie *-einander*. Denken Sie an die Verben mit Präpositionen!

1. Wir haben uns ________________ verabredet.
2. Obwohl sich die zwei erst vor kurzem das erste Mal ________________ getroffen haben, haben sie sich schon ________________ verliebt.
3. Sie rufen ________________ oft an.
4. Sie telefonieren oft ________________ .
5. In der Schlange auf der Post warten die Leute ________________ und werden ________________ bedient.
6. Der Vater und die Tochter haben große Sehnsucht ________________.
7. Hans und Fritz sitzen in d___ Schule ________________ und schreiben oft ________________ ab.
8. Wir spielen oft ________________ Tennis, und Peter gewinnt immer.
9. Die Nachbarn hatten sich gestritten und sind noch wütend ________________ .
10. Diese zwei Geschäftsfreunde haben großes Vertrauen ________________ . In ein___ schlecht___ Situation helfen sie ________________ sofort.
11. Sie sahen ________________ an und wussten sofort,
    a) dass sie ________________ liebten.
    b) dass sie ________________ verliebt waren.
    c) dass sie ________________ nicht mochten.
    d) dass sie ________________ geschaffen waren.
12. Die Zwillinge sehen ________________ so ähnlich. Sie unterscheiden sich kaum ________________ .
13. Maus und Elefant fürchten sich ________________ .
14. Haben wir uns schon ________________verabschiedet?
15. Sie streiten sehr oft und halten nicht viel ________________ .
16. Ich glaube, die zwei jungen Leute dort interessieren sich ________________ .
17. Erst wollte die Katze nicht mit dem Hund in einem Haus leben. Aber jetzt scheinen sie sich ________________ gewöhnt zu haben.
18. Diese zwei Personen kümmern sich rührend ________________ .
19. Die vier Rennwagen warteten ________________ auf den Start des Rennens.
20. Wollen wir heute ________________ ins Kino gehen?
21. Die zwei Planeten scheinen bald zusammenzustoßen. Sie bewegen sich mit einer großen Geschwindigkeit ________________ zu.
22. Man muss diese zwei Kabel ________________ verbinden.
23. Im Regal stehen die Bücher ________________ .
24. Wir können ________________ viel lernen. Du hast große Erfahrung auf deinem Sektor, und ich kann dir viel aus meinem Bereich zeigen.
25. Ihr dürft euch nicht anschreien. Ihr müsst ________________ Respekt haben.

Lektion 34

Adverbiale Ausdrücke mit Präposition

◆ Bist du eigentlich damit einverstanden, dass sich die Jugendlichen so oft mit ihrem Handy beschäftigen?

○ Ja, ich bin auch an vielen technischen Neuerungen interessiert. Warum sollen die Jugendlichen also nicht so oft mit ihren technischen Geräten beschäftigt sein wie wir?

◆ Ok., ich bin ja auch von den heutigen Möglichkeiten in der Technik begeistert, aber ich bin enttäuscht von Mitmenschen, die nicht dazu bereit sind, ihr Handy aus der Hand zu legen, wenn man mit ihnen spricht.

○ Aber lass die Jugendlichen doch offen für diese Entwicklung und stolz auf ihr neues Handy sein. Wer heutzutage in Sachen Technik unerfahren bleibt, hat später im Beruf keine Chancen.

◆ Ich bin der Ansicht, dass wir, die Eltern, schuld daran sind, wenn unsere Kinder unfähig dazu werden, soziale Kontakte zu pflegen. Denn wir haben doch heutzutage keine Zeit mehr, richtig mit unseren Kindern zu spielen. Stattdessen schenken wir ihnen die neueste Technik, damit sie bei ihren Freunden beliebt sind. Kinder sind doch bei ihren Klassenkameraden nicht mehr angesehen, wenn sie nicht das beste Handy besitzen. Ich bin davon überzeugt, dass der Gruppenzwang dafür verantwortlich ist, dass die Kinder von ihren Handys abhängig werden.

○ Komm, geh mit der Zeit und sei nicht über Dinge verärgert, die modern sind. Für uns war früher auch vieles wichtig, womit unsere Eltern unzufrieden waren.

Wie die Verben mit Präpositionen werden auch Adverbien mit bestimmten Präpositionen benutzt (siehe Anhang 2, S. 300). Diese adverbialen Ausdrücke werden meistens mit ***sein***, ***werden*** aber auch mit ***bleiben*** verwendet.

*Er **ist beliebt bei** seinen Fans.*
*Er **blieb** solange **beliebt bei** seinen Fans, bis er den Verein wechselte.*
*Er **wurde** immer **beliebter bei** seinen Fans.*

Oft stammen diese Adverbien von einem Verb und sind das Partizip dieses Verbs. Die Präposition des Adverbs entspricht dann oft der Präposition, die man auch mit dem Verb benutzt:

sich verlieben in + *Akk.*	sich beschäftigen mit	sich spezialisieren auf *Akk.*
verliebt sein in + *Akk.*	beschäftigt sein mit	spezialisiert sein auf *Akk.*

Dies ist aber nicht immer der Fall:

z.B.:	sich interessieren ***für***	aber:	interessiert sein ***an*** + *Dat.*
	sich begeistern ***für***	aber:	begeistert sein ***von***

Deshalb muss man das Adverb zusammen mit der Präposition und dem Kasus, der einer Wechselpräposition folgt, lernen (siehe Liste, Anhang 2, S. 300).
Es gibt Adverbien mit zwei oder drei Präpositionen:

schlecht sein **in** *Dat.*	*Er ist sehr schlecht in Mathematik.*
schlecht sein **für**	*Dieses Medikament ist sehr schlecht für die Leber.*
schlecht sein **zu**	*Er ist sehr schlecht zu seinen Mitmenschen.*

Übungen

1. Setzen Sie die Präposition ein und schreiben Sie den Satze mit Adverb + Präposition neu.

Er hat sich in seine Nachbarin verliebt. → Er ist in seine Nachbarin verliebt.

1. Der Lehrer ärgert sich ________ die Verspätung der Schüler.
   Der Lehrer ist ____
2. Er hat sich ________ der Schlägerei beteiligt.
   Er war ____
3. Wir begeistern uns ________ Fußball.
   Wir sind ____ (!)
4. Der Vater freut sich sehr ________ das gute Benehmen seiner Kinder.
   Der Vater ist ____
5. Diese Person eignet sich nicht ________ diesen verantwortungsvollen Job.
   Diese Person ist ____
6. Sie errötete ________ Scham.
   Sie war ganz ____
7. Wir interessieren uns ________ dieses Auto. Was kostet es?
   Wir sind ____ (!)
8. Der Chef beneidet die Angestellten ________ ihren frühen Feierabend.
   Der Chef ist ____ (!)
9. Die Eltern tragen die Verantwortung ________ ihre Kinder.
   Die Eltern sind ____
10. Wir staunen ________ seine guten Leistungen.
    Wir sind ____

2. Setzen Sie Präpositionen, Pronominaladverbien und Endungen ein.

1. Wollen wir morgen Tennis spielen? – Das ist abhängig _____ Wetter..
2. Wärmeres Wasser im Schwimmbad ist angenehm _____ klein___ Kinder.
3. Die junge Ehefrau ist sehr eifersüchtig _____ d___ Sekretärin ihres Mannes.
4. Ich bin dir sehr dankbar _____ dein___ Hilfe.
5. Die Eltern waren in diesem Moment sehr stolz _____ ihr___ Sohn.
6. Der Aufsatz war reich _____ Fantasie.
7. Der Kandidat war _____ ein___ schnell___ Antwort nicht fähig.
8. Die Lehrerin war _____ dies___ dreist___ Antwort entsetzt.
9. Ich bin doch nicht schuld __________, dass du so wenig Zeit hast.
10. Dieses Angebot ist sehr interessant _____ unsere Firma.
11. Der Polizist war sehr freundlich _____ d___ englisch___ Touristen.
12. Das kleine Kind war müde _____ d___ lang___ Reise im Auto.
13. Der neue Angestellte war _____ dies___ neu___ Materie sehr unerfahren.
14. Ich brauche eine Pause, weil ich _____ dies___ Stress nicht gewöhnt bin.
15. Wir sind sehr gespannt _____ d___ Ende d___ Films.
16. Ich bin _____ dies___ Tat entschlossen. Nichts kann mich da______ abhalten.

Lektion 35

Leicht verwechselbare Lokaladverbien

◆ Lara macht morgen eine Party. Hat sie dich auch eingeladen?
○ Ja. Gehst du hin?
◆ Ja, ganz bestimmt. Wollen wir zusammen hingehen?
○ Ja, können wir machen. Erst kommst du her zu mir, dann trinken wir hier zusammen ein Bier und gehen dann rüber zu ihr.
◆ Gute Idee! Wo wohnt Lara denn?
○ Na, da drüben, wo der große Garten ist. Man kann ihn von hier sehen.
◆ Ach, ich wusste gar nicht, dass das ihr Garten ist.
Feiern wir dann drinnen oder draußen?
○ Erst feiern wir draußen im Garten, und abends, wenn es kühler wird, gehen wir rauf zu ihr.
◆ Darf man dort rauchen?
○ Im Garten ja. Wer aber abends noch rauchen will, muss raus auf den Balkon oder wieder runter in den Garten gehen.

In der deutschen Sprache ist es oft sehr wichtig, ob das Verb eine **Bewegung** oder eine **Position** beschreibt. So darf man nicht ***her*** mit ***hier*** und ***dort*** mit ***dorthin*** verwechseln! (Zum Unterschied zwischen *hin* und *her* siehe Lektion 4.)

Die umgangssprachlichen Kurzformen „rein, raus, runter, rüber *etc.*“, welche eigentlich Kurzformen der Worte „herein, heraus, herunter und herüber“ sind, drücken aber nicht mehr den bereits erklärten Unterschied zwischen „hin-“ (Idee = gehen) und „her-“ (Idee = kommen) aus, sondern stehen für beide Bewegungsrichtungen. So muss man folgende Lokaladverbien unterscheiden:

Aktion (*wohin?*)	**Position** (*wo?*)
rein (*z.B.* ins Haus) *Ich gehe schon mal rein.*	**drinnen** (*z.B.* im Haus) *Drinnen ist es warm.*
raus (*z.B.* aus dem Haus) *Kommst du zu uns raus?*	**draußen** (*z.B.* vor dem Haus) *Draußen ist es kalt.*
rauf (= **nach oben**, in die 1. Etage) *Er geht dann gleich rauf.*	**oben** (*z.B.* in der ersten Etage) *Er ist schon oben.*
ran (= ans Telefon) *Es hat geklingelt. Ich gehe ran.*	**dran** (= am Telefon) *Wer ist dran?*
runter (= **nach unten**, ins Erdgeschoss) *Die Kinder laufen runter.*	**unten** (*z.B.* im Erdgeschoss) *Die Kinder spielen unten im Hof.*
rüber (*z.B.* auf die andere Seite) *Ich komme zu euch rüber.*	**drüben** (*z.B.* auf der anderen Seite) *Drüben warten meine Freunde.*
her (*z.B.* zu mir) *Kommen Sie bitte her.*	**hier** (*z.B.* bei mir) *Hier gibt es etwas zu sehen.*
dahin (*z.B.* auf die Party) *Ich gehe nicht oft dahin.*	**da** (*z.B.* auf der Party) *Ich bin oft da.*
dorthin (*z.B.* in die Kneipe) *Ich gehe ganz bestimmt nicht dorthin.*	**dort** (*z.B.* in der Kneipe) *Sie sprechen dort nur über Fußball.*

Übungen

Setzen Sie ein.

1. D___________ wohnt ein alter Mann.
2. – Kommst du auch auf die Party?
   – Nein, ich gehe bestimmt nicht d___________.
3. Hallo, ihr da unten. Kommt ihr zu uns ___________?
4. Die Familie Müller wohnt im vierten Stock. Ich bin immer total müde, wenn ich ___________ ankomme.
5. Ich habe schon zweimal geklopft, aber niemand hat geantwortet.
   Ich bin mir sicher, dass der Chef ___________ sitzt und arbeitet.
   Meinst du, ich kann jetzt ___________gehen?
6. Mein Wagen steht ___________ vor der Tür.
7. Unsere Fenster beschlagen, wenn es _________ warm und _________ kalt ist.
8. Kommen Sie h___________! Ich bin h___________ d___________.
   H___________ gibt es etwas zu lachen.
9. Geh nicht ___________! D___________ regnet es in Strömen.
10. Mal hat man viel Glück, ist glücklich und zufrieden; mal hat man Pech, ist traurig und unzufrieden.
    Im Leben geht es eben immer rauf und ___________.
11. Dieser Film soll sehr grausam sein. Ich glaube, da gehe ich nicht ___________ (= ins Kino).
12. Mein Nachbar kommt oft zu uns ___________, seine Frau bleibt aber immer ___________.
13. – Wohin hast du die Schlüssel gelegt? – D___________.
14. Kannst du mir bitte das Salz ___________reichen?
15. Ich gehe heute in das neue Restaurant. D___________ soll es ein sehr gutes Essen geben.
16. D___________ o___________ steht ein Mann auf dem Dach. Ich frage mich, wie er ___________gekommen ist.
17. Die Frau sagt zu ihrem Dackel: „Waldi, komm ___________!“
18. Auf dieser Seite vom Fluss sind die Weinberge und da ___________ (= auf der anderen Seite) liegt Bingen.
19. Wir fahren im Urlaub nach Spanien. Wir fahren oft d___________ und gehen d___________ zum Stierkampf.
20. Ich gehe schnell ___________ in den Keller und hole Bier ___________.
21. Der Ball liegt hinter der Mauer im Nachbargarten. Klettern wir ___________ und holen ihn!
22. Das Telefon hat schon fünf Mal geklingelt. Geht denn niemand ___________?
23. Mach das Fenster nicht auf! ___________ fliegen so viele Mücken herum. Die kommen sicher ___________, wenn du das Fenster öffnest.

Lektion 36

Partizipien und Adjektive als Nomen

Gestern kam es zu einem Unfall auf der Autobahn A3. Ein Betrunkener war nachts auf der Autobahn Richtung Würzburg unterwegs. Im Dunkeln fuhr er viel zu schnell in eine Kurve, kam von der Straße ab und überschlug sich. Im Fahrzeug saß noch die Verlobte des Betrunkenen. Beide Insassen des Fahrzeugs wurden verletzt. Die Polizei traf schnell am Unfallort ein und brachte die Verletzten in ein nahegelegenes Krankenhaus. Der Verlobten konnte man schnell helfen, der Betrunkene, also der andere Verletzte, muss aber noch ein bis zwei Tage im Krankenhaus bleiben. Ein Angestellter der Polizei sagte, dass es sich bei diesem Unfall eigentlich um Glück im Unglück gehandelt habe, da die Betroffenen keine größeren Verletzungen erlitten haben.

Partizipien und Adjektive können auch als Nomen gebraucht werden. Sie beschreiben dann oft Personen, sind also maskulin oder feminin:

Partizipien als Nomen

Die Leute haben ihn vermisst:	der Vermisste / ein Vermisster
Die Polizei hat ihn verhaftet:	der Verhaftete / ein Verhafteter
Er wurde bestohlen:	der Bestohlene / ein Bestohlener
Sie wurde bestohlen:	die Bestohlene / eine Bestohlene
Der Chef hat sie angestellt:	die Angestellte / eine Angestellte / die Angestellten

Adjektive als Nomen

alt der Alte, die Alte, die Alten

Mit „der Alte“ kann manchmal respektlos „der Chef“, aber auch „der Vater“ gemeint sein, ebenso kann „die Alte“ auch „die Mutter“ bedeuten. Mit „meine Alten“ sind in der Jugendsprache „meine Eltern“ gemeint (ohne Respekt).
Auch die Nationalitätenbezeichnung für Menschen aus Deutschland wird so gebildet: „die Deutschen“, „Deutsche“ …

Sie ist **schön**:	die Schöne
Er ist **klein:**	der Kleine, mein Kleiner

Alle diese Nomen werden dann wie Adjektive dekliniert.
(Im Maskulinum und Neutrum Singular gibt es also **kein** Genitiv-**s**.)

Das Adjektiv (seltener das Part. II) als Nomen kann aber auch neutral sein.
Damit werden dann häufig Eigenschaften, abstrakte Dinge oder Generelles bezeichnet: *das Unbekannte, das Neue, das Reizvolle, das Schöne, das Gute, das Gesagte …*

	mask.	*fem.*	*neutr.*	*Plur.*
Nom.	der Alt**e**	die Schön**e**	das Neu**e**	die Deutsch**en**
Gen.	des Alt**en**	der Schön**en**	des Neu**en**	der Deutsch**en**
Dat.	dem Alt**en**	der Schön**en**	dem Neu**en**	den Deutsch**en**
Akk.	den Alt**en**	die Schön**e**	das Neu**e**	die Deutsch**en**
Nom.	ein Alt**er**	eine Schön**e**	ein Neu**es**	Deutsch**e**
Gen.	eines Alt**en**	einer Schön**en**	eines Neu**en**	Deutsch**er**
Dat.	einem Alt**en**	einer Schön**en**	einem Neu**en**	Deutsch**en**
Akk.	einen Alt**en**	eine Schön**e**	ein Neu**es**	Deutsch**e**

Übungen

1. Setzen Sie die fehlenden Endungen ein.

1. D____ Angestellt____ (*m.*) d____ neu____ Firma hatte man 5.000 Euro gestohlen. D____ Bestohlen____ ging sofort zu____ Polizei. Ein____ Polizist versprach d____ Bestohlen____, d____ Dieb zu verfolgen.
   Nachdem d____ Polizist d____ Dieb lange verfolgt hatte, fiel d____ Verfolgt____ etwas Genial____ ein. Er gab d____ Geld ein____ Alt____ (*f.*), mit d____ er sich für später an ein____ Treffpunkt verabredete. Dort sollte ihm d____ Alt____ d____ Gestohlen____ zurückgeben.
   Doch d____ Alt____ hatte ein____ besser____ Idee.
2. Bei d____ Unfall gab es zwei Verletzt____.
   D____ ein____ Verletzt____ (*m.*) konnte man sofort helfen, d____ ander____ Verletzt____ (*m.*) musste man ins Krankenhaus bringen.
3. In der Firma gibt es zwei neu____ Angestellt____. Die Neu____ haben schon viele Jahre Berufserfahrung. Hoffentlich gibt es zwischen d____ zwei neu____ Angestellt____ weniger Streit als zwischen d____ beid____ letzt____. Da hatte nämlich d____ ein____ Angestellt____ (*f.*) d____ ander____ Angestellt____ (*f.*) d____ Arbeitsplatz streitig gemacht. D____ Allerletzte war aber, dass sie sich ständig am Arbeitsplatz angeschrien haben.
4. Nach d___ Lawinenunglück wurde d___ Suche nach d____ Vermisst___ nicht aufgegeben. Ein___ Vermisst___ (*m.*) wurde sehr schnell von ein___ Hund aufgespürt. D___ Aufregend___ daran war, dass d___ Hund auch noch d___ Vermisst___ (*m.*) gehörte und somit sein___ Besitzer d___ Leben gerettet hatte.
5. In zwei Jahren wird er ein____ Beamt____ sein. Als Beamt____ wird er weniger Stress und mehr Ruhe haben. Und d____ Schön____ an dieser Situation ist auch, dass d____ Beamt____ in Deutschland unkündbar sind.
6. Deutsch____ lieben Straßenfeste und Bier. Auf dem Oktoberfest sind d____ Deutsch____ Weltmeister im Biertrinken. Man sagt, dass ein____ Deutsch____ durchschnittlich 95 Liter Bier im Jahr trinkt.

2. Setzen Sie Endungen, Artikel und Pronomen ein.

1. ____ Bekannt____ von ____ (ich) wartet auf sein____ Verlobt____.
2. ____ Postbeamte hinter d____ Schalter schläft schon wieder.
3. Der Name ____ Alten (*f.*) ist allen unbekannt.
4. Der Chef unterhält sich mit ____ Angestellten (*Pl.*).
5. Neben mein____ Bekannt____ (*Pl.*) sitzt noch ____ Verwandt____ von mir. Er ist mein Onkel.
6. D____ Festgenommen____ (*m.*) gibt d____ Beamt____ (*m.*) kein____ Auskunft.
7. D____ Gefährlich____ an diesem Kunststück ist der Salto rückwärts.
8. Beamt____ müssen viel Bürokratie erledigen.
9. D____ Gesagt____ gilt nicht für all____ Anwesend____.
10. D____ Schön____ an dieser alten Stadt ist ihre faszinierende Architektur.

Lektion 37

Die *n*-Deklination

Gestern kam es auf einer Demonstration gegen die Umweltpolitik der Regierung zu einem Zwischenfall. Ein Demonstrant provozierte einen Polizisten so, dass der Polizist die Selbstbeherrschung verlor und den Demonstranten schlug. Als ein Journalist ein Foto davon machen wollte, riss der Polizist dem Journalisten die Kamera weg. Ein Student half dem Fotografen und zerrte den Polizisten zur Seite. Weitere Demonstranten kamen hinzu und halfen dem Studenten, aber der Polizist wehrte sich mit Händen und Füßen bis andere Polizisten kamen und den Streit schlichten konnten. Später vernahm die Polizei mehrere Zeugen. Ein Zeuge hatte nach der Rangelei die Waffe des Polizisten auf dem Boden gefunden und eingesteckt.

- Bestimmte **maskuline** Nomen haben – außer im Nominativ – **immer die Endung -(e)*n***. (*Demonstrant, Polizist, Journalist, Fotograf, Student, Zeuge …*)
- Im **Genitiv Singular** gibt es **kein -*s*** (Ausnahmen: *Buchstabe, Gedanke, Name*) und im Plural gibt es keinen Umlaut.
- Man spricht von der ***n*-Deklination** oder *schwachen Deklination*.

Nom.	der	Mensch	ein	Mensch	die	Mensch**en**
Gen.	des	Mensch**en**	eines	Mensch**en**	der	Mensch**en**
Dat.	dem	Mensch**en**	einem	Mensch**en**	den	Mensch**en**
Akk.	den	Mensch**en**	einen	Mensch**en**	die	Mensch**en**

Zur *n*-Deklination gehören

- alle maskulinen Nomen, die auf **-and**, **-ant**, **-ent** enden:
  der Elefant, der Student, der Präsident, der Demonstrant, der Musikant, der Produzent, der Lieferant, der Doktorand etc.
- alle maskulinen Nomen, die auf **-ist** enden:
  der Christ, der Polizist, der Journalist, der Terrorist, der Idealist etc.
- einige maskuline Nomen griechischen Ursprungs:
  der Biologe, der Demokrat, der Bürokrat, der Automat, der Fotograf, der Architekt, der Philosoph, der Katholik, der Astronaut etc.
- Nationalitätsbezeichnungen für den Mann, die auf **-e** enden:
  der Däne, der Brite, der Grieche, der Ire, der Schotte etc.
- Viele Bezeichnungen für Tiere und Personen mit **-e** am Ende:
  der Affe, der Bär, der Bulle, der Ochse, der Drache, der Rabe, der Schimpanse, der Löwe, der Hase
  der Junge, der Junggeselle, der Kollege, der Kunde, der Laie, der Zeuge, der Experte, der Biologe, der Erbe, der Neffe, der Riese
  aber auch: *der Bauer* (*des Bauern*), *der Held*, *der Herr* (*des Herrn*; Pl. *die Herren*), *der Mensch, der Nachbar, der Satellit* etc.

Übungen

1. Setzen Sie die Endungen ein.

1. Von dem jung___ Fotograf___ wurde d___ Dirigent___ oft fotografiert, was d___ Dirigent___ natürlich sehr gefiel.
2. D___ Pilot___ gelang die Notlandung auf der Autobahn.
3. Ich spreche gerne mit d___ Kund___, die sich nicht dauernd beschweren.
4. Mit Lai___ kann man nicht über Fußball diskutieren.
5. Wir kämpfen morgen gegen d___ Favorit___. Sie haben bisher stets gewonnen.
6. D___ Brite sagte zu dem Dän___, dass er mit Junggesell___ gerne Bier trinkt.
7. Haben Sie schon etwas von d___ Agent___ James Bond gehört?
8. D___ Drach___ kämpft gegen d___ Ries___, d___ Ries___ gegen d___ Drach___.
9. Die Erfindung des Rades war eine der größten Erfolge d___ Mensch___ (*Sg.*).
10. Die lang___ Ohr___ des Has___ sind weiß.
11. D___ Testament muss von ein___ Zeug___ unterschrieben werden.
12. Hannibal ritt auf Elefant___ über d___ Alpen.
13. Die Mähne d___ Löw___ ist gewaltig.
14. D___ dünn___ Buch d___ Doktorand___ hatte viel___ Erfolg.
15. Viel___ Student___ gingen auf d___ Straße und demonstrierten.
16. D___ Archäolog___ (*Sg.*) war ein groß___ Fund geglückt.
17. Die Gruppe der Musikant___ besteht aus viel___ Pol___ und Franzos___.

2. Setzen folgende Sätze ins Passiv.

Der Zeuge erkennt den Täter. → Der Täter wird vom Zeugen erkannt.

1. Der Architekt entwarf eine Brücke.
   Eine Brücke wurde ______________________________.
2. Der Präsident vereidigte den Minister.
   Der Minister ______________________________.
3. Der Student verlieh das Buch nur ungerne.
   Von ______________________________.
4. Der Elefant hat das Gebüsch zertreten.
   Das ______________________________.
5. Der Held spielt die Rolle wirklich gut.
   ______________________________.
6. Der Polizist gab dem Verhafteten eine Tasse Kaffee.
   Dem Verhafteten ______________________________.
7. Der Verstorbene hat ein Testament hinterlassen.
   Von dem Verstorbenen ______________________________.
8. Der Zeuge beschrieb den Terroristen.
   Der ______________________________.
9. Der Katholik und der Protestant sprachen das Gebet gleichzeitig.
   Das ______________________________.
10. Der Lieferant brachte den Automaten ins Geschäft.
    Der ______________________________.

Lektion 38

Die Adjektivdeklination nach Artikeln

Deklination des Adjektivs **nach dem bestimmten Artikel**

Dazu gehören neben *der*, *die*, *das* etc. auch folgende Wörter
- im Singular: ***dieser***, ***jener***, ***jeder***, ***mancher***, ***welcher***, ***solcher***, ***derjenige***, ***derselbe*** und ihre entsprechenden femininen und neutralen Formen.
- im Plural: ***alle***, ***beide***

Das Wort ***beide*** kann im Plural statt des bestimmten Artikels stehen:
Beide guten Freunde wollen kommen.
beide kann auch als selbstständiges Adjektiv mit dem bestimmten Artikel benutzt werden: *Die beiden guten Freunde kamen zur rechten Zeit.*

	maskulin	feminin	neutral	Plural
N	der -e Mann	die -e Frau	das -e Kind	die **-en** Kinder
G	des **-en** Mannes	der **-en** Frau	des **-en** Kindes	der **-en** Kinder
D	dem **-en** Mann	der **-en** Frau	dem **-en** Kind	den **-en** Kindern
A	den **-en** Mann	die -e Frau	das -e Kind	die **-en** Kinder

Deklination des Adjektivs **nach unbestimmtem Artikel**

Dazu gehören neben *ein*, *eine* etc. auch die Possessivartikel **mein**, **dein**, **sein**, etc., **irgendein** sowie die Negation **kein**.

	maskulin	feminin	neutral	Plural
N	ein -er Mann	eine -e Frau	ein -es Kind	meine **-en** Kinder
G	eines **-en** Mannes	einer **-en** Frau	eines **-en** Kindes	meiner **-en** Kinder
D	einem **-en** Mann	einer **-en** Frau	einem **-en** Kind	meinen **-en** Kindern
A	einen **-en** Mann	eine -e Frau	ein -es Kind	meine **-en** Kinder

1. Setzen Sie ein.

1. Der Arzt hat schon manch___ krank___ Menschen (*Sg.*) geholfen.
2. Die Ärzte haben haben schon manch___ Menschen (*Sg.*) das Leben gerettet.
3. Manch___ einsam___ Mensch wird von Depressionen geplagt.
4. Ich habe jed___ gut___ Kind Schokolade geschenkt.
5. Die Kinder freuten sich über all___ groß___ Geschenke.
6. Er hat es bereits all___ fleißig___ Schülern erklärt.
7. Die Schüler sollen beid___ spannend___ Geschichten bis morgen lesen.
8. Wenig___ Ärzte haben d___selbe fachlich___ Ansicht darüber.
9. Wir müssen jed___ einzeln___ Fall genau besprechen.
10. Solch___ arroganten Leuten sollte man den Eintritt nicht erlauben.
11. Wir können die nett___ Ratschläge gut gebrauchen.
12. All___ abwesend___ Schüler erhalten ein___ Kopie später.

13. Manch___ alt___ Rentner bekommt zu wenig Geld.
14. Welch___ japanisch___ Auto gefällt _____ (du) am besten?
15. D___jenig___ ausländisch___ Arbeiter, d___ gerade angekommen sind, erhalten all___ benötigt___ Unterlagen am Schalter 7.
16. Die beid___ alt___ Leute dort sind gut___ Freunde von _____ (ich).
17. Beid___ alt___ Leute grüßen ______ (ich) immer sehr nett.
18. Dort im Garten stehen jen___ alt___ Bäume, d___ mein Großvater gepflanzt hat.
19. Gestern trafen wir uns mit d___selben nett___ Freunden, mit denen wir uns in jed___ zweit___ Jahr treffen.
20. D___ Ergebnis jen___ lang___ Besprechungen wird bald veröffentlicht.
21. Welch___ klein___ Kind kann man widersprechen, wenn es so lieb fragt?
22. Ich habe bei jen___ alt___ Wirt bezahlt.
23. All___ klein___ Kinder dürfen nach vorne kommen.
24. Bei welch___ groß___ Versammlung warst du dabei?
25. Was passierte an jen___ kalt___ Winterabend wirklich?
26. Der Politiker sprach mit jed___ interessiert___ Zuschauer und gab Antworten auf manch___ sehr direkt___ Fragen.
27. Seid ihr mit all___ neu___ Geräten zurecht gekommen?
28. Mit welch___ gut___ Freund isst man nicht gerne zu Abend?

2. Setzen Sie ein.

Eine liebenswerte Person aus dem Süden

Er war ein___ klein___ Junge, d___ in ein___ warm___ Land im Süden aufwuchs. Er hatte ein___ liebevoll___ Gesicht, und sein___ schlank___ Körper war von d___ Sonne gebräunt. D___ meist___ Zeit verbrachte er am weiß___ Strand sein___ wunderschön___ Landes. Er war öfter in d___ warm___ blau___ Wasser als ____ Land. Sein___ Vater war ein___ Fischer, d___ jed___ Morgen auf d___ Meer fuhr und erst ____ Abend wiederkam. Manchmal fuhr auch unser___ jung___ Freund mit sein___ weißhaarig___ Vater in d___ klein___ Boot zum Fischen, aber eigentlich zog er es vor, mit sein___ Freunden d___ ganz___ Tag über in d___ angenehm___. Wasser zu spielen. Oft musste er auch auf sein___ klein___ Geschwister aufpassen. Am Abend warteten sie dann gemeinsam _____ ihr___ Vater, d___ dann vom Fischen zurückkehrte. Wenn d___ Boot a___ Horizont zu sehen war, liefen d___ Kinder auf d___ Bootssteg und winkten d___ gut___ Vater zu. Nachdem der Vater d___ Boot am Steg festgemacht hatte, halfen sie ____ (er), d___ Fische, d___ er in sein___ Netz hatte, ans Land zu ziehen. Danach gingen d___ Geschwister mit ihr___ bärtig___ Vater nach Hause; unser___ jung___ Freund aber genoss es, noch ein___ Weile an d___ ruhig___ Strand zu sitzen und zuzuschauen, wie d___ Sonne, d___ wie ein___ rot___ Ball aussah, am fern___ Horizont i___ Meer versank.

Lektion 39

Die Adjektivdeklination ohne Artikel

Bei gutem Wetter sitzen die Deutschen gerne in gemütlichen Biergärten im Schatten hoher Bäume und trinken aus großen Krügen kühles Bier. In diesen Biergärten serviert man aber oft auch gekühlten Weißwein oder italienischen Rotwein aus traditionellen Weingläsern. Gutes Essen gibt es auch: zum Beispiel frisch gebackenes Brot, geröstete Bratwurst, salzige Bretzel, eingelegten Hering.
Die Leute sitzen dann mit guter Laune auf hölzernen Bänken, prosten einander zu und singen bei warmem Abendwind mit lauter Stimme traditionelle Lieder.

Bei generellen Angaben, Materialangaben sowie Flüssigkeiten, Eigenschaften und Gefühlen (nicht zählbar) steht häufig **kein Artikel**.

Gut**er** Wein ist lecker, doch liegt der Preis gut**en** Weines oft hoch. (*mask.*)
Er kam mit kalt**em** Bier zur Party, denn er mag kalt**es** Bier. (*neutr.*)
Kalt**e** Milch schmeckt gut, bitter**e** Schokolade auch. (*fem.*)
Er ging mit froh**em** Mut (*mask.*) und gut**er** Laune (*fem.*) an die Arbeit.

- Wenn kein Artikel steht, bekommt das Adjektiv die **Endungen des bestimmten Artikels**.
- Es gibt im Singular 2 Ausnahmen, Genitiv maskulin und neutral. Endung **-en**

Singular

Nom.	gut**er** Wein	gut**e** Limonade	gut**es** Bier
Gen.	gut**en** Weines	gut**er** Limonade	gut**en** Bieres
Dat.	gut**em** Wein	gut**er** Limonade	gut**em** Bier
Akk.	gut**en** Wein	gut**e** Limonade	gut**es** Bier

Diese Adjektivendungen im Singular stehen auch nach ***viel*** und ***wenig*** (Lektion 40).

Plural

ohne die vorangehende Negation „kein…“ und ohne Possessivartikel

Nom.	gut**e**	Männer/Frauen/Kinder
Gen.	gut**er**	Männer/Frauen/Kinder
Dat.	gut**en**	Männern/Frauen/Kindern
Akk.	gut**e**	Männer/Frauen/Kinder

Diese Adjektivendungen im Plural stehen ebenso nach Zahlwörtern sowie nach den unbestimmten Zahlwörtern mit Endungen (wie Adjektive: **parallele Deklination**)
andere, ***einige***, ***ein paar***, ***etliche***, ***folgende***, ***manche***, ***mehrere***, ***sämtliche***, ***verschiedene***, ***viele***, ***wenige***, ***zahlreiche***

*mit einig**en** gut**en** Freunden*
*die Farbe ander**er** groß**er** Hüte*
*viel**e** schön**e** Häuser*
*verschieden**e** gut**e** Speisen*
*mit wenig**en** gut**en** Vorschlägen*
*mehrer**e** hoh**e** Bäume*
*Etlich**e** verärgert**e** Zuschauer verließen den Raum.*

Mehrere Adjektive hintereinander werden **parallel dekliniert**:
die groß**en**, alt**en** Möbel

Übungen

Setzen Sie Endungen ein.

1. Bei warm____ Wetter und klar____ Luft badet er gern in kalt____ Wasser.
2. Der Preis gut____ Wein____ ist hoch.
3. D____ teur____ Ring ist aus pur____ Gold.
4. Er liebt d___ Geschmack gut___ Bier___, süß___ Limonade und edl___ Wein___.
5. Herr Ober, ich hätte gern ein Glas kühl____ Bier und für meine Frau ein____ Tasse heiß____ Kakao.
6. Unehrlich____ Steuerzahlern wird eine Strafe verpasst.
7. Nach einig____ lang____ Besprechungen kamen die Politiker aus ihr____ schalldicht____ Verhandlungsräumen.
8. Viel___ reich___ Männer lieben teur___ Autos mit einig___ luxuriös____ Extras.
9. Zu gut____ Gerät braucht man gut____ Zubehör.
10. Man trank heiß____ Glühwein aus bemalt____ Tassen und traf bei all____ Leuten vorweihnachtlich____ Stimmung an.
11. Mit zufrieden____ Gesicht öffnete d____ Chef d____ dick____ Briefumschlag.
12. Die Angestellten erfolgreich____ Firmen verdienen oft gut____ Geld.
13. In vorweihnachtlich____ Stimmung goss sich der Großvater heiß____ Glühwein in sein____ steinern____ Krug.
14. Mit alt____ Männern lässt es sich gut diskutieren, weil sie in all____ Ruhe und aus langjährig____ Erfahrung sprechen.
15. Der Geschmack geschmolzen____ Käse___ erinnert mich an gemütlich____ Abende in d____ Schweiz.
16. Er ist ein Freund gut____ Wein____.
17. Er öffnet d____ Fenster und denkt bei frisch____ Luft über sein____ lang____ Leben nach.
18. Alt____ Käse und gut____ Wein lässt dein Herz zufrieden sein.
19. Er saß mit mehreren gut____ Freunden auf d____ Terrasse und sprach mit ihnen über vergangen____ Zeiten.
20. Die Kinder reich____ Eltern haben einige wertvoll____ Vorteile im Leben.
21. Hier gibt es gut____ Essen, kalt____ Bier oder herb____ Wein.
22. Bitte bei stark____ Steigung zweit____ Gang einlegen.
23. Weiterführend___ Fragen werden von kompetent___ Mitarbeitern beantwortet.
24. Für luxuriös____ Urlaub in warm____ Ländern zahlt er gerne hoh____ Beträge.
25. Wir stiegen in eisig___ Kälte auf hoh___ Berge und liefen über groß___ Gletscher.
26. Amerikanisch____ Getränke haben oft sehr süß____ Geschmack.
27. In der Bäckerei liebte er d____ Geruch frisch____ Brot___ (*Sg.*).
28. Der Soldat wurde für groß____ Mut und bewundernswert____ Ausdauer ausgezeichnet.
29. Für d____ Transport groß____ Möbelstücke verlangt die Firma zusätzlich____ Gebühren.
30. Bei schlecht_____ Wetter tragen wir wasserdicht_____ Schuhe.

Lektion 40

Adjektive nach Mengen und Genitiv

◆ Bitte bringen Sie mir etwas trockenes Brot (*Akk. neutr. Sg.*) und noch etwas mehr kaltes Bier (*Akk. neutr. Sg.*).

○ Oder möchten Sie vielleicht etwas guten Wein (*Akk. mask. Sg.*)? Ich habe noch viel guten Wein im Keller (*Akk. mask. Sg.*).

◆ Nein, danke, ich habe gestern genug trockenen Wein (*Akk. mask. Sg.*) getrunken und allerlei fettige Sachen (*Akk. Pl.*) dazu gegessen. Ich möchte jetzt etwas trockenes Brot (*Akk. neutr. Sg.*).

○ Ja, ja, bei viel gutem Wein (*Dat. mask. Sg.*) und allerlei deftigen Speisen (*Dat. Pl.*) lassen sich schon ein paar gute Worte (*Akk. Pl.*) wechseln.

◆ Mit ein paar guten Leuten (*Dat. Pl.*) kann man immer über allerlei interessante Themen (*Akk. Pl.*) sprechen, egal ob bei Bier oder Wein.

Nach den endungslosen unbestimmten Zahlwörtern und Mengenbegriffen
allerlei, ***etwas***, ***ein paar***, ***genug***, ***mancherlei***, ***mehr***, ***viel***, ***wenig***
hat das Adjektiv im Singular und Plural die Endung wie ein Adjektiv ohne Artikel.

Die Adjektivdeklination ohne Artikel im Singular und Plural steht auch:

- nach **vorangestelltem Genitiv**

Er spricht mit Marias altem Lehrer. / Er spricht mit Marias alten Lehrern.
Deutschlands alte und neue Hauptstadt heißt Berlin.
Er wohnt in Amerikas größter Metropole.
Er kam mit des Lehrers alten Büchern.

- nach dem **Interrogativpronomen *wessen***

Mit wessen altem Anzug kam er zur Party?
Wessen schönen Pullover hast du gestrickt?
Für wessen alte Bücher bezahlte man diesen hohen Preis?

- nach dem **Genitiv-Relativpronomen**

Der Vater, mit dessen kleinem Kind sie spielte, war noch jung.
Die Frau, auf deren sonniger Terrasse wir saßen, war Lotte.
Die Kinder, in deren kleinen Schuhen Süßigkeiten steckten, freuten sich sehr.

- nach ***manch***, ***solch***, ***welch*** (ohne Endung)

Er sprach mit manch gutem Freund.
Über solch große Anteilnahme kann man sich nur freuen.
Auf welch wunderbare Weise er es doch ausdrückte!

Übungen

Setzen Sie Endungen ein.

1. Mit wessen groß____ Tasche läuft das Kind da herum?
2. Bei Evas alt____ Lehrerin hat man viel lernen können.
3. Möchten Sie noch mehr salzig____ Kartoffeln zu dem Fisch?
4. Hans' neu____ Computer funktioniert schon nicht mehr.
5. Die Frau, in deren gemütlich____ Wohnung wir saßen, servierte uns ein vorzüglich____ Mahl.
6. Mein Freund, dessen reich____ Onkel in Amerika wohnt, verbringt sein____ lang____ Sommerferien gerne in dies____ Land unbegrenzt____ Möglichkeiten.
7. Für wessen alt____ Auto möchtest du dies____ groß____ Scheinwerfer kaufen?
8. Er liebt Tante Hertas scharf____ Suppe mit gekocht____ Kartoffeln und gebraten____ Fleisch. Dazu isst er gerne etwas trocken____ Brot.
9. Er hatte mit nichts Bös____ oder Unangenehm____ gerechnet
10. Ich habe genug dumm____ Gequatsche gehört.
    Was wir brauchen, sind mehr intelligent____ Vorschläge!
11. Ich habe dies____ wertvoll____ Stift von Marias alt____ Vater.
12. Der Mann, dessen unglaublich____ Erzählungen all____ unvergessen bleiben werden, kam aus ein____ afrikanisch____ Land.
13. Peters alt____ Auto kostet sein____ großzügigen Eltern viel hart verdient____ Geld.
14. Das Buch, dessen aufregend____ Inhalt Massen begeistert, steht seit geraum____ Zeit auf d____ Bestsellerliste.
15. Manch groß____ Dichter beneidet dies____ Mann um sein____ elegant____ Wortwahl.
16. Welch herrlich____ Wetter habt ihr denn für mich bestellt!
17. In Deutschlands alt____ Hauptstadt pulsiert das Nachtleben.
18. Der Weihnachtsmann kam mit ein____ Sack schön____ Geschenke.
19. Die Großmutter, auf deren alt____ Brille der Großvater saß, wollte die Suche nicht aufgeben.
20. Er hat in sein____ lang____ Leben wenig Gut____ getan, aber mancherlei unbedacht____ Dummheiten.
21. Manch klein____ Kind war enttäuscht von der Klassenfahrt.
22. John spielt auf Kevins neu____ Gitarre.
23. Meine Nachbarin, mit deren klein____ Hund ich manchmal spazieren gehe, ist mir sehr dankbar.
24. In wessen neu____ Auto saß Michaela eigentlich gestern?
25. Wir hatten nicht mit solch groß____ und begeistert____ Beteiligung gerechnet.
26. Mit groß____ Gelassenheit antwortete der Politiker auf allerlei kritisch____ Fragen unzufrieden____ Wähler.
27. Mein Großvater, mit dessen alt____ Auto ich gerne fuhr, ließ seine Frau selten ans Steuer.

Lektion 41

Partizip II als Adjektiv

◆ Hast du gelesen? Sie haben die gestohlenen Millionen wiedergefunden.
○ Welche gestohlenen Millionen?
◆ Na die fünf Millionen, die man bei dem Raubüberfall auf die Bank gestohlen hat.
Es war jemandem während der Geschäftszeiten gelungen, die Alarmanlage außer Betrieb zu setzen. So konnte die ausgeschaltete Alarmanlage nicht reagieren, als die Täter eine Seitentür aufbrachen und durch die aufgebrochene Tür schnell in den Tresorraum der Bank gelangten.
○ Ach ja, ich weiß, du meinst die letzten Montag am Stadtrand überfallene Bank.
◆ Ja, genau die.
○ Und wie haben sie das verschwundene Geld dann gefunden?
◆ Zufällig hatte sich ein Firmenchef, der am Vortag eine große Menge auf sein Konto eingezahlt hatte, die Nummern von einigen Geldscheinen aufgeschrieben. Er konnte dann der Polizei die Nummern des eingezahlten Geldes mitteilen. Als man dann einen Teil der nummerierten Scheine fand, war der Rest der Beute auch nicht mehr weit.
○ Und hat man die Täter auch gefasst?
◆ Ja, die festgenommenen Männer werden schon morgen dem Haftrichter vorgeführt.

Im Deutschen kann man das Partizip II auch als Adjektiv benutzen.
Es erhält dann die entsprechende Endung des Adjektivs und steht wie ein normales Adjektiv vor dem Nomen.

Ich habe das Fenster **geöffnet**. Das Fenster ist jetzt **geöffnet** (Zustandspassiv).
(Das Fenster **ist groß**. Das **große** Fenster)
Das **geöffnete** Fenster.

Vor dem Partizip II als Adjektiv können Erweiterungen stehen. Das Partizip mit seinen Erweiterungen nennt man **(erweitertes) Partizipialattribut**.

Das Fenster wurde **gestern gestrichen**.
Das **gestern gestrichene** Fenster ist weit geöffnet.

Oder beispielsweise im Dativ:
Sie schaut aus dem Fenster.
Das Fenster wurde **gestern frisch gestrichen**.
(Sie schaut aus dem **großen** Fenster.)
Sie schaut aus dem **gestern frisch gestrichenen** Fenster.

Die **Idee** des Partizipialattributs ist in der Regel:
vorzeitig und **passivisch**.
(*d.h.* das Fenster ist **schon fertig** gestrichen und **wurde (von jemandem) gestrichen**.)

Übungen

1. Benutzen Sie das Partizip II als Adjektiv (Partizipialattribute).
Eine Pflanze, die gegossen worden ist, ist eine gegossene Pflanze.

1. Geld, das investiert wurde, ist ________________
2. Die Polizei, die gerufen wurde, ist ________________
3. Ein Junge, der gekämmt wurde, ist ________________
4. Ein Zahn, den man gezogen hat, ist ________________
5. Ein Tiger, der dressiert worden ist, ist ________________
6. Der Vorhang, der gewaschen worden ist, ist ________________
7. Der Pass, der gestern verlängert wurde, ist ________________
8. Eine Briefmarke, die gestempelt worden ist, ist ________________
9. Ein Buch, das veröffentlicht worden ist, ist ________________
10. Ein Vortrag, den man gehalten hat, ist ________________
11. Ein Bier, das gut gekühlt wurde, ist ________________
12. Das Fleisch, das aufgetaut worden ist, ist ________________
13. Kopien, die verteilt wurden, sind ________________
14. Die Steuern, die man erhöht hat, sind ________________
15. Die Bewerbung, die man eingereicht hat, ist ________________

2. Bilden Sie aus den Partizipialattributen Relativsätze.
Ein erzieltes Ergebnis, ist ein Ergebnis, das man erzielt hat. / erzielt wurde.

1. Eine festgestellte Krankheit ist eine Krankheit, die man ________________
2. Ein geschriebener Brief ist ein Brief, der ________________
   den man ________________
3 Ein früher gedrehter Film ist ein Film, der ________________
4. Ein bestelltes Bier ist ein Bier, ________________ wurde.
5. Eine bezahlte Rechnung ist ________________ hat.
6. Ein zerstörtes Haus ist ________________ worden ist.
7. Ein gedeckter Tisch ist ________________ hat.
8. Eine gehaltene Präsentation ist ________________ hat.
9. Ein reparierter Lautsprecher ist ________________ wurde.
10. Die gestern installierte Software ist ________________ wurde.
11. Der abgestürzte Computer ist ________________ ist.
12. Der gefallene Dollarkurs ist ________________ ist.
13. Ein unterschriebener Vertrag ist ________________ hat.
14. Ein gemähter Rasen ist ________________ worden ist.
15. Die versalzene Suppe ist die ________________ hat.

Lektion 42

Das erweiterte Partizip als Adjektiv

Der vom Chemielehrer aufgebaute Versuch führte zum erwarteten Ergebnis.
Die Schüler verglichen am Ende des Versuchs die über mehrere Tage gemessenen und detailliert aufgeschriebenen Ergebnisse mit den vorher notierten Annahmen. Es wurde schnell festgestellt, dass die anfangs gemachten Vermutungen und Annahmen haargenau mit den aufgeschriebenen Messergebnissen übereinstimmten.
Die von den Schülern beim Versuch erzielten Ergebnisse untermauerten also die vor dem Versuch aufgestellte Theorie.

- Mit dem Partizipialattribut kann der gesamte Inhalt eines ganzen Relativsatzes wie „ein langes Adjektiv“ dem Nomen vorangestellt werden.
  Das Relativpronomen und das konjugierte Hilfsverb des Relativsatzes fallen weg, die restlichen Informationen des Relativsatzes bleiben erhalten.
- Wenn man ein Partizip II als Adjektiv statt eines Relativsatzes benutzen will, der Relativsatz aber im Aktiv steht, so muss er zunächst ins Passiv gesetzt werden.
  Erst mit dieser „passivischen“ Idee kann er als Partizipialattribut vor dem Nomen benutzt werden.

Nur Adjektiv	Das interessante Buch ist schon heute ein Bestseller.
Mit Relativsatz im Aktiv	Das interessante Buch, das dieser Schriftsteller geschrieben hat, ist schon heute ein Bestseller.
Umsetzung des Relativsatzes ins Passiv	Das interessante Buch, das von diesem Schriftsteller geschrieben worden ist, ist schon heute ein Bestseller.
Mit Partizipialattribut	Das interessante von diesem Schriftsteller geschriebene Buch ist schon heute ein Bestseller.

Der Relativsatz kann noch länger sein:
Das interessante Buch, das im letzten Jahr von diesem bis dahin unbekannten Schriftsteller in Paris geschrieben worden ist, ist schon heute ein Bestseller.
Entsprechend weit stehen Artikel (= ***das***) und Nomen (= ***Buch***) voneinander entfernt:
Das *interessante im letzten Jahr von diesem bis dahin unbekannten Schriftsteller in Paris geschriebene* ***Buch*** *ist schon heute ein Bestseller.*

Wir arbeiten bereits an dem im letzten Februar von Ihrer Abteilung eingereichten Projekt.
Mit Relativsatz im Passiv:
Wir arbeiten bereits an dem Projekt, das im letzten Februar von Ihrer Abteilung eingereicht worden ist.
Mit Relativsatz im Aktiv:
Wir arbeiten bereits an dem Projekt, das Ihre Abteilung im letzten Februar eingereicht hat.

Übungen

1. Benutzen Sie das Partizip II als Adjektiv.

Der Kunstsammler kaufte das Bild. Der berühmte Maler hatte es gezeichnet.

Der Kunstsammler kaufte das von dem berühmten Maler gezeichnete Bild.

1. Der Kommissar verhaftete den Täter. Er hatte ihn zuvor gefasst.
   Der Kommissar verhaftete den von ihm ______________________________
2. Sie liest noch einmal den Brief. Sie hat den Brief geschrieben.
   ____
3. Wir garantieren Ihnen, dass die Waren, die Sie bestellt haben, pünktlich bei Ihnen eintreffen werden.
   Wir garantieren Ihnen, dass die von Ihnen ______________________________
   ____
4. Der Großvater trank den Tee. Die Mutter hatte ihn zubereitet.
   ____
5. Die Frau war sehr arrogant. Sie wurde von allen Männern angesprochen.
   Die von allen ______________________________
6. Der Schriftsteller öffnete das Buch und las einige Zeilen daraus vor. Von ihm war das Buch im Vorjahr geschrieben worden.
   ____
   ____

2. Wandeln Sie den Relativsatz in das Partizip II als Adjektiv um.

1. Ich kaufe die Jacke, die gestern im Schaufenster ausgestellt wurde.
   ____
2. Neben der Kanzlerin, die von dem Präsidenten begrüßt wurde, sitzt der Außenminister.
   ____
3. Vor dem Haus, das der berühmte Architekt entworfen hatte, standen viele Fotografen.
   ____
4. Am 9. November 1989 fiel die Mauer, die 1961 errichtet worden war.
   ____
5. Das Geld, das bei diesem Banküberfall erbeutet wurde, ist noch nicht wieder aufgetaucht.
   ____
6. Er verliebte sich in das Mädchen, das die Werbeagentur engagiert hatte.
   ____
7. Die Polizei sucht den Jungen, der von der Mutter vermisst wurde.
   ____
8. Du sollst die Früchte, die wir gestern gepflückt haben, noch nicht essen.
   ____
9. Der Löwe, der von diesem Mann dressiert worden war, wirkt sehr zahm.
   ____

Lektion 43

Partizip II als Adjektiv bzw. Adverb

Das Partizip II von reflexiven Verben und Verben der Fortbewegung/Zustandsänderung (Perfekt mit „sein“) kann manchmal als Attribut verwendet werden.
Das Partizipialattribut ist dann aktivisch und vorzeitig.

▶ Beispiel Reflexivverben: *sich verspäten*

Der Zug, der sich um 3 Minuten verspätet hatte, fuhr langsam in den Bahnhof ein.
Der um 3 Minuten **verspätete Zug** fuhr langsam in den Bahnhof ein.

▶ Beispiel Fortbewegung/Zustandsänderung: *verschwinden*

Die Akte, die über 3 Jahre verschwunden war, tauchte plötzlich wieder auf.
Die über 3 Jahre **verschwundene** Akte tauchte plötzlich wieder auf.

Die Partizipien II „verspätet“ und „verschwunden“ beschreiben hier jeweils einen Zustand und können als Adjektive angesehen werden.

- Wenn man das Partizip II als Adjektiv benutzen will, muss man immer an die „Idee“ dieser Konstruktion denken:
  Vorzeitigkeit (schon abgeschlossen, fertig) und **passivisch**.
- Bei Verben der Fortbewegung/Zustandsänderung und Reflexivverben kann das Partizip II auch eine **aktivische** Bedeutung haben.

Der **verhaftete** Täter (passivisch) ist also ein Täter, der schon **verhaftet worden ist**.
Der **geflohene** Täter (aktivisch) ist ein Täter, der **geflohen ist**.

Intransitive Verben sind Verben, die kein Akkusativobjekt haben (z.B. *fallen*, *helfen*, *hoffen*, *wachsen* …). Wenn diese Verben das Perfekt mit „sein“ bilden, kann man das Partizip II als Adjektiv verwenden. Wenn ihr Perfekt aber mit „haben“ gebildet wird, ist das nicht möglich:

verblühen	die Blume verblüht	die Blume ist verblüht	die verblühte Blume
blühen	die Blume blüht	die Blume hat geblüht	~~die geblühte Blume~~
(ge)frieren	das Wasser (ge)friert	das Wasser ist gefroren	das gefrorene Wasser
frieren	das Kind friert	das Kind hat gefroren	~~das gefrorene Kind~~

Der **nach New York geflohene** Terrorist wurde kurz nach seiner Ankunft festgenommen.

- „fliehen“ ist ein intransitives Verb (Partizip II = „ist geflohen“).
- Die Bedeutung des Partizipialattributs ist hier vorzeitig und aktivisch. Der Sachverhalt, der durch das Partizip ausgedrückt wird, ist bereits geschehen.

Das **Partizip II als Adverb** (ohne Endung) wird sehr selten eingesetzt, es zeigt aber auch an, dass etwas bereits geschehen ist.
*Einmal **angesprochen** brauchte dieses Thema nicht mehr erwähnt zu werden.*
(= Nachdem das Thema einmal angesprochen worden war, brauchte man es nicht wieder zu erwähnen.)
*Frisch **operiert** wurde der Patient in die Intensivstation gefahren.*

Übungen

Schreiben Sie die Sätze mit dem Partizip als Adjektiv neu.

1. Der junge Mann, der sich verliebt hatte, strickte einen Pullover für seine neue Freundin.
   Der verl______________________________
2. Der Wagen, den ich Probe gefahren habe, steht wieder auf der Ausstellungsfläche.
   Der von mir ______________________________
3. Die Touristen steigen in den Bus, der sich um 20 Minuten verspätet hat.
   Die Touristen ______________________________
4. Unter dem Baum, den der Großvater in seinen jungen Jahren gepflanzt hatte, befand sich jetzt eine alte Truhe.
   ____
5. Man bejubelte den Treffer, den der Mittelstürmer erzielt hatte.
   ____
6. Meine Füße, die eingeschlafen sind, kribbeln so komisch.
   ____
7. Der Großvater legte die Pfeife, die er gerade gestopft hatte, neben sich.
   ____
8. Die Studenten lasen die Bücher, die sie ausgeliehen hatten.
   ____
9. Die Rakete, die von der NASA gestartet worden war, stieg mit enormer Geschwindigkeit in den Himmel.
   ____
10. Der Polizist fragte den Autofahrer, den er angehalten hatte, nach seinen Trinkgewohnheiten.
    ____
11. Die Schauspielerin, die man gerade zuvor geehrt hatte, hielt eine gefühlsbetonte Dankesrede.
    ____
12. Danach gibt man den Teig, den man 10 Minuten lang gerührt hat, in die Kuchenform, die dafür vorgewärmt worden ist.
    ____
13. Der Kassierer, den der Chef vor kurzem angestellt hat, verrechnet sich ständig.
    ____
14. Das Kraftfahrzeug, das vom Mechaniker repariert worden ist, fährt besser als zuvor.
    ____
15. Wegen der Schlüssel, die ich vergessen hatte, musste ich zwei Stunden im Regen warten.
    ____
16. Der Kunde probierte das Telefon, das vom Kundendienst in seinem Büro installiert worden war.
    ____

Lektion 44

Partizip I als Adjektiv bzw. Adverb

◆ Die aufs Dach prasselnden Regentropfen nerven allmählich. Und kommende Woche soll es wieder regnen.

○ Ich hoffe, nicht so stark wie heute. Der heute so unerwartet einsetzende Regen hat vielleicht die Ernte einiger Bauern zerstört.

◆ Ja, die auf den Feldern arbeitenden Bauern konnten gar nicht so schnell reagieren und die keimende Saat abdecken.
Und auch wir konnten uns nur in das am Feldrand stehende kleine Zelt retten.

Bildung des Partizips I Infinitiv des Verbs + ***d*** (+ Adjektivendung)	*singend, lachend, sitzend* (+ Adjektivendung)
Ohne Endung kann es als Adverb gebraucht werden. Mit Adjektivendung steht es wie ein Adjektiv vor dem Nomen. Die Idee des Partizips I als Adjektiv / Adverb ist: gleichzeitig und aktivisch.	

▶ Mit dem Partizip I als Adjektiv / Adverb kann man einen Relativsatz, der **gleichzeitig** und **aktivisch** ist, wiedergeben:

Die **auf der Bank sitzenden** Kinder **singen**. (… die auf der Bank **sitzen**)
Die **auf der Bank sitzenden** Kinder **sangen**. (… die auf der Bank **saßen**)
Die Kinder **saßen singend** auf der Bank. (… **während sie sangen**)

▶ Auch kann man mit dem Partizip I als Adverb einen temporalen Nebensatz mit der Subjunktion ***während*** wiedergeben:

Während er die Zeitung las, rauchte er eine Zigarre.	**Die Zeitung lesend** rauchte er eine Zigarre. **Eine Zigarre rauchend** las er die Zeitung.

▶ Auch der Ausdruck ***und … dabei*** kann mit dem Partizip I wiedergegeben werden:

Er begrüßte seinen Chef **und lächelte dabei**.
Er begrüßte **lächelnd** seinen Chef.

▶ Reflexivverben behalten ihr Reflexivpronomen:

Die Frau, die **sich** wusch, sang ein Lied.
Die **sich** waschende Frau sang ein Lied.

Während er **sich** rasiert, schaut er in den Spiegel.
Sich rasierend schaut er in den Spiegel.

Er verneigte **sich** und nahm seinen Hut dabei ab.
Sich verneigend nahm er seinen Hut ab.
Seinen Hut abnehmend verneigte er **sich**.

Übungen

Benutzen Sie das Partizip I als Adjektiv / Adverb.

1. Der Hund, der bellt, gehört meinem Nachbarn.
2. Er sah den Wagen, der langsam um die Ecke bog.
3. Niemand kennt den Mann, der dort auf der Bank sitzt.
4. Der Dozent, der die Vorlesung hält, ist ein Experte auf diesem Gebiet.
5. Das Kind freut sich auf den Sommer, der bald kommt.
6. Der kalte Winterwind, der laut um die Dächer pfeift, ist eisig.
7. Die Kinder spielten in dem Schnee, der leise fiel.
8. Die Sonne, die im Meer untergeht, ist rot.
9. Die Kinder spielen mit dem Hund, der laut bellt.
10. Neben dem Wagen, der langsam fuhr, liefen Demonstranten, die eine Fahne schwenkten.
11. Der Papagei, der in seinem Käfig saß, sprach viel.
12. Auf der Autobahn, die an der Baustelle vorbeiführt, gibt es immer Staus.
13. Neben dem Touristen, der am Strand lag, verkaufte ein Mann Souvenirs.
14. Die Uhr, die auf dem Tisch steht, tickt laut.
15. Neben dem Mitarbeiter, der am Computer saß, stand ein Ventilator, der leise summte.
16. Die Fußballfans fuhren durch die Stadt und hupten dabei.
17. Die Kirschbäume, die in Blüte standen, waren schöne Farbtupfer in der Landschaft.
18. Indem man den Knopf 5 Sekunden drückt, fährt man den Computer runter.
19. Er sortiert die Dokumente, während er ein fröhliches Lied pfeift.

Wiederholung zu den Lektionen 41 bis 44

1. Wandeln Sie den Relativsatz in das Partizip II als Adjektiv um.

1. Der Direktor überflog die Bewerbung, die der junge Mann geschrieben hatte.
2. Die Katze, die dem kleinen Jungen zugelaufen, saß auf dem Baum, den der Vater gepflanzt hatte.
3. Das Bild, das du aufgehängt hast, hängt schief.
4. Die Mail, die du gerade abgeholt hast, kommt von unserem Chef.
5. Die Rede, die von dem Präsidenten gehalten worden war, begeisterte die Leute, die zum Kongress gekommen waren.
6. Der Jäger verkaufte die Tiere, die er gejagt und erlegt hatte.
7. Der Fußballspieler, den der englische Schiedsrichter vom Platz geschickt hatte, spuckte wütend auf den Boden.
8. Man verkaufte das Gemälde, das Picasso in Spanien angefertigt hatte, auf der Auktion für € 500.000,-
9. Das Produkt, das von dieser Fabrik hergestellt worden ist, wird gut verkauft.
10. Auf dem Sessel, den wir schon seit 6 Jahren produzieren, sitzt man äußerst bequem.
11. Die Schüler, die zu spät gekommen waren, verstanden die Wörter, die der Lehrer an die Tafel geschrieben hatte, nicht.
12. Das Spiel, das du runtergeladen hast, funktioniert nicht richtig.
13. Der Brief, der von der Sekretärin entgegengenommen wurde, war ein Einschreiben.
14. Er trug einen Anzug, der in der Reinigung eingegangen war.
15. Die Filme, die dieser Regisseur gedreht hat, werden vom Publikum begeistert aufgenommen.
16. Er brachte das Geld, das er gefunden hatte, auf das Fundbüro.
17. Der Rennfahrer freute sich über den Preis, den er gerade gewonnen hatte.

2. Schreiben Sie einen Relativsatz.
der geschriebene Brief → der Brief, der geschrieben wurde
das lachende Kind → das Kind, das lacht

1. Ein reparierter Motor ist ein Motor, ______
2. Ein durch die Wolken segelnder Vogel ist ein Vogel, ______
3. Das gestern installierte Programm ist das Programm, ______
4. Ein zugeklebter Briefumschlag ist ein Briefumschlag, ______
5. Der um die Ecke biegende Lastwagen ist der Lastwagen, ______
6. Ein gefalteter Brief ist ein Brief, ______
7. Das 1904 gebaute Hotel ist das Hotel, ______
8. Ein im Käfig singender Vogel ist ein Vogel, ______

3. Verwenden Sie Partizip I und Partizip II als Adjektiv.

1. Der Fisch, der von mir gegessen worden war, war schlecht.
   ______
2. Die Strafe, die von dem Polizisten gegeben worden war, war hoch.
   ______
3. Er saß gerne in dem Sessel, der unter der großen Lampe stand.
   ______
4. Der Dieb bezahlte mit dem Scheck, den er gestohlen hatte.
   ______
5. Wir haben den Käse, der im Kühlschrank liegt, in Frankreich gekauft.
   ______
6. Der Mann, der in diesem Park spazieren ging, grüßte seine Nachbarn, die ihm entgegenkamen.
   ______
7. Er saß in seinem Wagen, den er erst vor kurzem gekauft hatte, und rauchte eine Zigarre, die man ihm geschenkt hatte.
   ______
8. Der Großvater, der in der Küche saß und rauchte, hörte der Musik zu, die aus dem Radio kam.
   ______
9. In dem Haus, das gerade errichtet worden war, wohnten Leute, die aus dem Süden kamen.
   ______
10. In dem Hotel, das im Zentrum lag, wohnten einst auch Könige.
    ______
11. Die Wellen, die laut brachen, waren zwei Meter hoch.
    ______
12. Die Leute sahen aus dem Fenster des Flugzeugs, das über der Stadt kreiste.
    ______

Lektion 45

Relativsätze – Partizipialattribute

◆ Die am Himmel gen Süden ziehenden Wolken inspirierten den vor der Staffelei sitzenden Künstler.
○ Du meinst, dass die Wolken, die am Himmel waren, den Künstler inspirierten, der vor seiner Staffelei saß.
◆ Ja, genau das habe ich gesagt.
○ Aber warum hast du es so geschwollen ausgedrückt?
◆ Ich übe einfach für die für morgen angekündigte Konferenz mit ausgewählten studierten Gästen.
○ Gehst du echt auf die Konferenz, die sie für morgen geplant haben und für die sie nur gebildete bzw. eingebildete Leute eingeladen haben?

Wenn man ein Partizip in einen Relativsatz umwandeln will, muss man sehr genau auf die Zeiten im Relativsatz achten.

Zur Erinnerung:	**Partizip II als Adjektiv:**	immer vorzeitig, meist passivisch
	Partizip I als Adjektiv:	immer gleichzeitig und aktivisch

1. Beispiel:

Die Mutter rief die Gäste an den **gedeckten** Tisch.

Weil hier **Partizip II** als Adjektiv steht, ist die Aktion „Tisch decken" zur Aktion „rufen" (im Präteritum) vorzeitig passiert: Der Relativsatz muss im Plusquamperfekt stehen. Er kann im Aktiv oder Passiv formuliert werden.

▶ Die Mutter rief die Gäste an den Tisch, **der von ihr gedeckt worden war**. (Passiv)
▶ Die Mutter rief die Gäste an den Tisch, **den sie gedeckt hatte**. (Aktiv)

2. Beispiel:

Die am Himmel **ziehenden** Wolken waren weiß und hatten eine schöne Form.

Weil hier Partizip I als Adjektiv steht, passiert die Aktion „ziehen" gleichzeitig zur Eigenschaft „weiß sein, schöne Form haben" und steht im Aktiv:

▶ Die Wolken, **die am Himmel zogen / gezogen sind**, waren weiß und wohl geformt.

3. Beispiel:

Der beim Kochen **singende** Familienvater probierte das **gebratene** Hähnchenfleisch.

„probierte" = Präteritum	„singende" = gleichzeitig zu „probieren"
	„gebratene" = vorzeitig zu „probieren"

▶ Der Familienvater, **der beim Kochen sang** (*Prät.*), probierte (*Prät.*) das Hähnchenfleisch, **das er gebraten hatte** (*Plusquamperfekt*).

Übungen

1. **Schreiben Sie** (auf einem eigenen Blatt) **mit Relativsätzen neu.**
Der Mann kam in sein am Waldesrand stehendes und vor vielen Jahren von ihm erbautes Haus. Er öffnete die laut quietschende Tür. Dann legte er seine Schlüssel auf den in der Garderobe stehenden Tisch und ging in das von ihm am frühen Morgen geheizte Wohnzimmer. Das noch leise vor sich hin glühende Feuer spendete immer noch ein wenig Wärme.
Der Mann setzte sich auf seinen am Kamin stehenden Schaukelstuhl und trank den warmen von seiner Frau zubereiteten Tee. Mit dem Schwanz wedelnd kam sein Hund ins Zimmer und legte sich neben ihn.

2. **Bilden Sie Relativsätze.**
   1. Die am Strand spielenden Kinder sind glücklich.
   2. Der auf der anderen Seite gestikulierende Mann möchte uns etwas mitteilen.
   3. Der von dem Polizisten verhaftete Täter legte ein Geständnis ab.
   4. In dem laut prasselnden Feuer lagen die Kartoffeln.
   5. Der Experte sollte die laut tickende Bombe entschärfen.
   6. Das Kind streichelte den auf den Füßen des Großvaters schlafenden Hund.
   7. Die Großmutter fand die auf ihrer Nase sitzende Brille nicht.
   8. Die in Saal 7 stattfindende Konferenz verlängert sich um 2 Stunden.
   9. In dem am Stadtrand stehenden Haus wohnen seltsame Leute.
   10. Der von unserem Handwerker gestern reparierte Wasserhahn tropft nicht mehr.

3. **Benutzen Sie Partizipialattribute.** Schreiben Sie auf einem eigenen Blatt.
Es war ein kalter Winterabend. Die Mutter, die gerade nach Hause gekommen war, begrüßte den Großvater, der wie gewöhnlich in seinem Lehnstuhl saß und rauchte. Sie ging direkt in die Küche, welche neben dem Wohnzimmer lag, und, während sie sang, bereitete sie sich einen warmen Tee zu. Bis das Wasser kochte, setzte sie sich an das Küchenfenster, das etwas beschlagen war, und schaute auf die Straße, die mit Schnee bedeckt war. Die Nachbarn, die in der Kälte an ihrem Haus vorbeieilten, hatten es eilig und keine Zeit, die Mutter, die in der warmen Stube saß und ihnen zuwinkte, zu grüßen.
Der Wasserkessel, der jetzt pfiff, erinnerte die Mutter an den Tee, den sie aufgesetzt hatte. Sie nahm den Tee und ging damit in die Wohnstube, die gut geheizt war. Dann setzte sie sich neben den Großvater, der in aller Ruhe Zeitung las.

Lektion 46

Der Konditionalsatz

◆ Ich hoffe, ich bekomme den Job.
○ Es gibt sicher viele Bewerber und man bekommt den Job nur, wenn man wirklich gut und zuverlässig arbeitet.
◆ Ich arbeite ja zuverlässig und habe gute Referenzen. Sollte ich die Stelle aber nicht bekommen, muss ich mich bei der anderen Firma bewerben.
○ Ja, falls du eine Absage erhältst, darfst du den Kopf nicht in den Sand stecken, sondern musst dich weiter bewerben.
◆ Kriege ich aber eine Zusage, mache ich auf jeden Fall ein großes Fest.

Der Konditionalsatz beschreibt eine Bedingung, die erfüllt werden muss, bevor die Aussage des Hauptsatzes Realität werden kann.
Er beginnt oft mit der Subjunktion ***wenn*** und ist ein Nebensatz (Verb am Ende).
Wenn man mit dem Nebensatz (mit der Bedingung) beginnt, kommt zunächst das Verb und dann das Subjekt.

Wenn *wir kein Brot haben, müssen wir verhungern.*
Wir müssen verhungern, ***wenn*** *wir kein Brot haben.*

Wenn ——————— Verb, Verb Subjekt
Wenn du zu mir **kommst**, **gebe** **ich** dir dein Geschenk.

Erfüllbare Bedingung:	Wenn du zu mir kommst, …
Hauptsatz:	Ich gebe dir dein Geschenk.

D. h.:	Nur wenn du zu mir kommst,	kannst du auch dein Geschenk bekommen.
Oder:	Wenn du nicht zu mir kommst,	bekommst du dein Geschenk nicht;
		gebe ich dir dein Geschenk nicht.

► Die Konditionalsätze stehen im Präsens (der Hauptsatz im Präsens oder Futur).

► Es gibt aber auch andere konditionale Subjunktionen wie ***falls*** oder ***sofern*** und auch konditionale Wendungen wie z. B. ***für den Fall, dass …*** / ***angenommen, dass …*** etc.)
Falls *wir uns morgen nicht mehr sehen, möchte ich dir jetzt schon „Auf Wiedersehen" sagen.*
Du darfst diesen Film sehen, ***sofern*** *du volljährig bist.*
Für den Fall, dass *Sie ein anderes Format wünschen, teilen Sie uns dies bitte umgehend mit.*

► Ein Konditionalsatz kann auch mit einem Verb beginnen (wie die Frage):
Kommst *du nicht zu mir, gebe ich dir dein Geschenk nicht.*
Verspätet *sich ein öffentliches Verkehrsmittel, ärgern sich die Leute immer.*

► Oft beginnt er mit einer Form von ***sollte…***
Solltest *du damit nicht zufrieden sein, kannst du es überall umtauschen.*
Sollten *wir nicht pünktlich sein, beginnen Sie bitte schon mit dem Essen.*

Übungen

Bilden Sie Konditionalgefüge.

Du willst pünktlich sein. Du musst ein Taxi nehmen. (wenn)

Wenn du pünktlich sein willst, musst du ein Taxi nehmen.

1. Er will einen neuen Job haben. Er muss sich bewerben. (falls)
2. Er will abnehmen. Er muss Sport treiben. (wenn)
3. Sie wollen Zeit sparen. Sie müssen fliegen.
   Wollen
4. Das Kind will keine Hausaufgaben machen. Es darf auch nicht ins Kino gehen. (wenn)
5. Du bist volljährig. Du darfst diesen Film sehen. (sofern)
6. Er bezahlt der Firma die Rechnung. Er bekommt keine weitere Mahnung. (sollte…)
7. Du lässt die Suppe lange stehen. Sie wird kalt. (wenn)
8. Die Kinder spielen im Garten. Sie machen sich schmutzig. (wenn)
9. Du nimmst dem Hund den Knochen weg. Er knurrt. (falls)
10. Sie arbeiten viel. Sie bekommen eine bessere Bezahlung.
    Arbeiten
11. Wir finden keine Lösung für dieses Problem. Wir müssen von vorne anfangen.
    Finden
12. Der Direktor grüßt mich immer. Er ist zufrieden mit meiner Arbeit. (wenn)
13. Wir ersticken. Du öffnest die Fenster nicht. (wenn)
14. Dir gefällt das Auto nicht. Du brauchst es nicht zu nehmen. (sollte…)
15. Ich hole dich ab. Du sagst mir, wann du ankommst. (wenn)
16. Ich bezahle mehr. Sie reparieren mir meinen Wagen schnell. (falls)
17. Die Mutter ist stolz auf ihren Sohn. Der Sohn bekommt gute Noten. (wenn)
18. Der Junge will den Computer auseinandernehmen. Er muss vorsichtig sein.
    Will

Wiederholung zu den Lektionen 45 bis 46

1. Bilden Sie Relativsätze.

1. Der am letzten Sonntag gestohlene Ring konnte nicht mehr gefunden werden.
   ____
2. Das vom Mittelstürmer erzielte Tor wurde vom Schiedsrichter nicht anerkannt.
   ____
3. Er wollte schon lange das im Schaufenster liegende Schmuckstück kaufen.
   ____
4. Die Studenten antworteten dem am Pult stehenden Dozenten auf seine Fragen.
   ____
5. Wir besuchten das am Vortag eingeweihte Theater.
   ____
6. Die von den Wählern abgegebenen Stimmzettel waren gefälscht.
   ____
7. Die an der großen Hochzeitstafel sitzenden Gäste mussten bei der vom Brautvater gehaltenen Rede oft lachen.
   ____

2. Benutzen Sie die Partizipialattribute.

1. Der Polizist griff nach der Pistole, die auf dem Boden lag.
   ____
2. Ich muss das Dokument, das du gestern übersetzt hast, morgen abgeben.
   ____
3. Mir schmeckte die Suppe, die der Kellner empfohlen hatte, überhaupt nicht.
   ____
4. Das Amphitheater, das die Römer einst erbaut hatten, ist zu einer großen Touristenattraktion geworden.
   ____
5. Die Bewerbungsunterlagen, die Sie eingereicht haben, müssen noch ergänzt werden.
   ____
6. Die Firma, die von ihrem Großvater 1802 gegründet wurde, ist noch heute sehr bekannt.
   ____

3. Schreiben Sie Konditionalsätze.

1. Du schließt jetzt nicht das Fenster. Wir werden erfrieren.
2. Solltest ______________________________
3. Wir______________________, wenn ______________________
4. Falls ______________________________
5. Sch______________________________
6. Angenommen ______________________________

4. Bilden Sie Sätze nach dem folgenden Beispiel.
Bild an Wand hängen / Hammer und Nagel
Wenn man ein Bild an die Wand hängen will, braucht man Hammer und Nagel.

1. Fotografie machen / Kamera
   Wenn man ______________________________
2. Fleisch schneiden / Messer
   Will man ______________________________
3. nach China fliegen / Visum
   Falls Sie ______________________________
4. Computer kaufen / viel Geld
   Willst du ______________________________
5. Deutsch lernen / viel Geduld
   Wenn man ______________________________
6. Medizin studieren / gute Noten im Abitur
   Wenn man ______________________________
7. Datum wissen / Kalender
   Will man ______________________________
8. Schraube lösen / Schraubenzieher
   Wenn du die ______________________________
9. Kuchen backen / Mehl
   Falls du einen ______________________________
10. Schuhe putzen / Schuhcreme
    Wenn ihr ______________________________
11. Marathonläufer sein / gute Lunge
    Wenn man ______________________________
12. in Deutschland leben / Regenschirm
    Wenn Sie ______________________________
13. die Unterlagen lochen / Locher
    Willst du ______________________________
14. Geld abheben / eine PIN
    Für den Fall, dass Sie ______________________________

5. Was passt zusammen?

1.	Wenn man ins Kino gehen will,	a	müssen wir Ihnen eine Mahnung schicken.
2.	Wenn du den Führerschein hast,	b	wenn man diesen Film sehen möchte.
3.	Man muss volljährig sein,	c	bleiben wir zu Hause.
4.	Falls es regnet,	d	muss man eine Eintrittskarte kaufen.
5.	Sollten Sie noch nicht bezahlt haben,	e	bekommst du keine Geschenke.
6.	Wenn du nicht brav warst,	f	können wir Ihren Platz nicht reservieren.
7.	Sollten Sie später kommen,	g	fahren wir zusammen nach Spanien.

Lektion 47

Konjunktiv II der Gegenwart (1)

◆ Was würdest du machen, wenn du Millionär wärest?
○ Wenn ich viel Geld hätte, würde ich mir ein Haus kaufen.
Und du? Was würdest du dir leisten?
◆ Ich würde nicht mehr arbeiten gehen, das Geld auf die Bank bringen und von den Zinsen leben.
○ Ich glaube, du würdest gar nicht so viele Zinsen bekommen, um davon leben zu können.
◆ Dann würde ich das Geld irgendwie gewinnbringend anlegen und auf keinen Fall mehr arbeiten.
○ Ich würde auf jeden Fall weiterarbeiten wollen, denn meine Arbeit macht mir Spaß.

- Verben im **Konjunktiv II** drücken Nichtwirkliches, irreale Bedingungen und Wünsche aus.
- Der Konjunktiv II wird hauptsächlich in Konditionalsätzen (mit der Subjunktion ***wenn***) benutzt, kommt aber auch in Hauptsätzen vor (Wunsch).
- Der Konjunktiv II der Gegenwart wird vom Präteritum (Indikativ) abgeleitet.

Infinitiv	Präteritum	Konjunktiv II
haben	hatte	h**ä**tte
sein	war	w**ä**re
werden	wurde	w**ü**rde
können	konnte	k**ö**nnte

- In der Umgangssprache bilden die meisten Verben den Konjunktiv II mit ***würde*** + Infinitiv.

Realität: Ich **bin** kein Vogel. (= Indikativ Präsens)
Ich **war** kein Vogel. (= Indikativ Präteritum)
hypothetisch / Wunsch: Ach wenn ich doch ein Vogel **wäre**.

Realität: Ich **habe** keine Flügel. (= Indikativ Präsens)
Ich **hatte** keine Flügel. (= Indikativ Präteritum)
hypothetisch / Wunsch: Ach wenn ich doch Flügel **hätte**.

Ach wenn ich doch ein Vogel **wäre** und Flügel **hätte**.
Wenn ich ein Vogel **wäre**, **hätte** ich Flügel.
Ich **hätte** Flügel, **wenn** ich ein Vogel **wäre**.

Übungen

1. Äußern Sie hypothetische Wünsche (Achten Sie auf die Negationen).
Ich habe kein Auto. → Ach, wenn ich doch ein Auto hätte.

1. Ich bin kein erfolgreicher Fußballspieler. ______
2. Wir haben keinen Garten. ______
3. Ihr seid in Wiesbaden. (Berlin) ______
4. Ich habe dieses Jahr keinen Urlaub mehr. ______
5. Meine Frau ist noch nicht fertig. ______
6. Der Arzt hat keine Zeit mehr. ______
7. Ich bin gegen Pollen allergisch. ______
8. Mein Großvater ist krank. ______

2. Benutzen Sie *aber lieber* und den Konjunktiv II der Gegenwart.
Er hat einen Volkswagen, aber lieber hätte er einen Porsche.

1. Sie hat zwei Wochen Urlaub, ______. (fünf Wochen)
2. Du bist in Dortmund, ______. (am Strand)
3. Der Mann ist Tischler von Beruf, ______. (Pilot)
4. Wir sind angestellt, ______. (selbstständig)
5. Ihr habt einen Balkon, ______. (eine Terrasse)
6. Die Angestellten sind im Büro, ______. (im Schwimmbad)
7. Der neue Mieter hat einen Stellplatz, ______. (eine eigene Garage)
8. Er hat zwar viel Geld, ______. (mehr Freizeit)

3. Benutzen Sie die Formen von *würde* mit Infinitiv am Ende.
Sie geht zur Arbeit. → Er würde nicht zur Arbeit gehen.

1. Der Vater geht zur Arbeit. (Der Sohn / zu Hause / bleiben)
   ______
2. Die Mutter kocht eine Nudelsuppe. (Die Tochter / backen / einen Kuchen)
   ______
3. Meine Schwester macht ein Auslandssemester. (Ich / machen / ein freiwilliges soziales Jahr)
   ______
4. Die Erwachsenen bestellen Wein und Bier. (Die Kinder / Cola / bestellen)
   ______

4. Benutzen Sie die Formen von *würde* mit Infinitiv.

1. Ich laufe Marathon. Würdest du auch ______? (du)
2. Ich arbeite 12 Stunden pro Tag. W______? (Sie)
3. Meine Mutter geht zum Yoga-Kurs. W______? (deine Mutter)
4. Wir fliegen nach Äthiopien. W______? (ihr)
5. Sie kauft sich einen Mercedes. W______? (ihr Freund)
6. Er lässt sich die Haare von seiner Mutter schneiden. Wir ______

Lektion 48

Konjunktiv II der Gegenwart (2)

Das verliebte Mädchen denkt:
Ich wünschte, er nähme sich endlich ein Herz und spräche mich an!
Wenn er jetzt zu mir käme und sich neben mich setzen würde, könnten wir uns sicher gut unterhalten. Ich wüsste sofort, worüber wir sprechen könnten. Wenn wir uns lange und gut miteinander unterhielten, würden die anderen bestimmt eifersüchtig. Vielleicht bekäme ich zwar einen roten Kopf und finge an zu stottern, aber das wäre mir dann egal. Vielleicht nähme er nach einer Weile sogar meine Hand und sähe mir tief in die Augen. Ich wüsste dann zwar nicht, wo ich hinschauen sollte, aber die Hauptsache ist natürlich erstmal, dass er sich endlich traut.

Starke Verben mit ***a***, ***o***, ***u*** im Präteritum erhalten im Konjunktiv II die jeweiligen Umlaute ***ä***, ***ö***, ***ü***: *z.B.* tragen → Präteritum *trug* → Konjunktiv: *trüge*

fliegen: ich flog	ich flöge	tragen: ich trug	ich trüge	nehmen: ich nahm	ich nähme
	du flögest		du trügest		du nähmest
	er flöge		er trüge		er nähme
	wir flögen		wir trügen		wir nähmen
	ihr flöget		ihr trüget		ihr nähmet
	sie flögen		sie trügen		sie nähmen

Diese Formen klingen stilistisch sehr hoch und eher altmodisch.
Ein Großteil dieser Formen kommt nur im Schriftdeutsch, in der Literatur vor.

Bei den Verben *brennen* (*brannte*), *kennen* (*kannte*), *nennen* (*nannte*), *rennen* (*rannte*) bleibt im Konjunktiv II der Gegenwart der Stammvokal ***e*** (*brennte, kennte, nennte, rennte*). Hier benutzt man aber fast ausschließlich die Umschreibung mit ***würde*** + Infinitiv.

In der **Umgangssprache** wird Nicht-Realistisches, Hypothetisches in der Gegenwart fast immer mit einer Form von ***würde*** + Infinitiv am Ende umschrieben.

ich flöge	=	ich würde ... fliegen	ich trüge	=	ich würde .... tragen
ich nähme	=	ich würde ... nehmen	ich säße	=	ich würde ... sitzen

1. Setzen Sie die Entsprechungen mit *würde* + Infinitiv ein.
Ich böge in diese Straße ein. → Ich würde in diese Straße einbiegen.

1. Er wöge weniger, wenn er mehr Sport triebe.
______
2. Sie wüsche das Geschirr ab, wenn es jemand in die Küche brächte.
______
3. Ich ließe die Tür offen, wenn ich keinen Schlüssel besäße.
______
4. Läsest du in den Ferien lieber einen Roman, oder sähest du lieber fern?
______
5. Wenn es hier Schnitzel gäbe, äße ich es gern.
______

Übungen

2. Bilden Sie den Konjunktiv II der Gegenwart.
z.B.: *wir ziehen* → wir zögen; wir würden ziehen

1. Ich fliege ____________
2. Er kommt ____________
3. Sie essen ____________
4. Wir fahren ____________
5. Ich weiß ____________
6. Könnt ihr? ____________
7. Ihr denkt ____________
8. Du nimmst ____________
9. Sie bringt ____________
10. Ich werde ____________
11. Er schiebt ____________
12. Wir finden ____________

3. Setzen Sie die Konjunktivformen ein. (nicht Umschreibung mit „würde".)

1. Ich ________ (fahren) mit dem Wagen, wenn ich einen ________ (haben).
2. Er ________ (kommen) pünktlich, wenn er eine Uhr ________ (tragen).
3. Wenn ich reich ________ (sein), ________ (fliegen) ich auf eine karibische Insel und ____________ (verbringen) mein restliches Leben dort.
4. Ich ________ (geben) dir eine Antwort, wenn ich es ________ (wissen).
5. Wenn ich du ________ (sein), ________ (nehmen) ich sie zur Frau.
6. Ich ________ (kommen) zu dir, wenn du mich ____________ (einladen).
7. ________ (sein) du glücklicher, wenn du verheiratet ________ (sein)?
8. Er ________ (gehen) wandern, wenn er die richtigen Schuhe dafür ________ (haben).
9. Wenn die Sonne ________ (scheinen), ________ (gehen) mein Freund bestimmt ins Schwimmbad.
10. Wenn sie besser ________ (singen), ________ (bekommen) sie bestimmt eine Rolle in der Oper.
11. ________ (haben) er ein Auto, ________ (fahren) er zu dir.
12. Wenn ich im Lotto ________ (gewinnen), ________ (fliegen) ich einmal um die Welt.

4. Antworten Sie mit dem Konjunktiv II der Gegenwart.
Führen Sie in Urlaub, wenn Sie frei bekämen?
Ja, wenn ich frei bekäme, führe ich in den Urlaub.

1. Wären Sie glücklicher, wenn Sie ein König wären?
   Wenn ich ____
2. Wären Sie zufriedener, wenn Sie Millionär / Millionärin wären?
   ____
3. Flögest du häufig nach Amerika, wenn das Fliegen billiger wäre?
   ____
4. Kämest du lieber zur Schule, wenn es keine Grammatik gäbe?
   ____
5. Kämen Sie pünktlicher, wenn Sie eine Uhr besäßen?
   ____

Lektion 49

Konjunktiv II der Gegenwart (3)

Im Vorstellungsgespräch

◆ Was würden Sie als Abteilungsleiter zuerst ändern?

○ Ich würde zunächst das Personal nach seinen Verbesserungsvorschlägen fragen. Diese Vorschläge würde ich auswerten und Schwerpunkte festlegen. Dann würde ich eine Abstimmung zu den von mir bestimmten Schwerpunkten im Betriebsrat ansetzen. Nach der Abstimmung würden wir uns mit der Betriebsleitung zusammensetzen und eine zeitliche Reihenfolge der vorzunehmenden Änderungsmaßnahmen bestimmen. Ich würde einen Zeitrahmen von 8 Wochen für eine möglichst schnelle, aber auch effektive Durchsetzung unserer Ziele anstreben.

Bei den regelmäßigen Verben sind die Formen des Konjunktivs II mit Indikativ Präteritum identisch. Statt des Konjunktivs II verwendet man dann normalerweise ***würde*** + Infinitiv.

Indikativ Präteritum	Konjunktiv II der Gegenwart	Umschreibung mit würde
er wohnte	er wohnte	er würde ... wohnen

Auch bei unregelmäßigen Verben, die im Präteritum kein ***a***, ***o***, ***u*** haben, wird häufig in den Formen ***wir*** und ***sie*** die Umschreibung mit ***würden*** + Infinitiv benutzt.

z.B.: *schreiben* (Präteritum: schrieben) Konjunktiv: *wir / sie* ***würden ... schreiben***

Bei den Modalverben ***dürfen***, ***können***, ***mögen***, ***müssen*** und den Hilfsverben ***sein***, ***haben*** und ***werden*** gibt es im Konjunktiv II der Gegenwart einen Umlaut, nicht aber bei ***wollen*** und ***sollen***. Trotzdem verwendet man auch bei ***wollen*** und ***sollen*** nicht die Umschreibung mit ***würde***.

Wenn ich Zeit ***hätte, könnte*** *ich zu dir kommen.*
Wenn ich sie betrügen ***wollte, könnte*** *ich es sehr leicht tun.*

In der **Umgangssprache** benutzt man sehr häufig die Umschreibung mit ***würde*** + Infinitiv.

statt: Wenn sie mich **einlüde**, **brächte** ich ihr Rosen mit.
sagt man: Wenn sie mich **einladen würde**, **würde** ich ihr Rosen **mitbringen**.

Es gibt **alte Formen des Konjunktivs II der Gegenwart**, die auch manchmal gebraucht werden. Sie wirken altmodisch, klingen aber umso „eleganter“:

brauchen	*brauchte*	***bräuchte***
helfen	*half*	***hülfe***
stehen	*stand*	***stünde*** / ***stände***
sterben	*starb*	***stürbe***

Übungen

1. Verwenden Sie den Konjunktiv II, um etwas Irreales auszudrücken. Beachten Sie die Negationen!

1. Wir haben keine Zeit. Wir können nicht zu dir kommen.
   Aber wenn wir ____________________
2. Ihr bekommt kein Visum. Ihr fliegt nicht nach Amerika.
   Aber wenn ____________________
3. Der Mann füllt das Formular nicht aus, weil er keinen Kugelschreiber hat.
   Aber wenn ____________________
4. Die Briefe kommen nicht pünktlich an, wenn die Postbeamten streiken.
   Aber wenn ____________________
5. Die Uhr geht nicht, weil keine Batterie darin ist.
   Aber wenn ____________________
6. Sie weiß die Uhrzeit nicht, da ihre Uhr nicht funktioniert.
   Aber wenn ____________________
7. Ihr friert, weil ihr die Heizung nicht anmacht.
   Aber wenn ____________________
8. Die Großmutter liest die Zeitung nicht, weil sie ihre Brille nicht finden kann.
   Aber wenn ____________________
9. Er schreibt ihr nicht mehr **(!)**, weil er sie nicht mehr liebt.
   Aber wenn ____________________
10. Sie hat schon **(!)** viel Geld. Sie muss nicht mehr arbeiten.
    Aber wenn ____________________
11. Die Hausfrau gießt die Blumen. Es regnet zu wenig.
    Aber wenn ____________________
12. Der Chef kann nicht nach Hause gehen. Er muss noch Mails beantworten.
    Aber wenn ____________________

2. Benutzen Sie die Umschreibung mit *würde*.

1. Ich bräuchte für die Umsetzung meiner Ideen mehr Zeit.
   Ich würde ____________________
2. Wir flögen um die Welt, wenn wir ein eigenes Flugzeug besäßen.
   ____
3. Wenn es ein Wundermittel gegen das Altern gäbe, nähmen viele es ein.
   ____
4. Ich bliebe gerne länger im Bett.
   ____
5. Wenn ich seine Adresse wüsste, gäbe ich sie dir.
   ____
6. Wenn er eine Stelle in München fände, zöge er sofort dorthin.
   ____
7. Wir kämen nicht zu spät, wenn mir mal jemand hülfe.
   ____

Lektion 50

Reales in Irreales umformen

◆ Hast du noch …?
○ Nein, ich habe keins mehr.
Wenn ich noch Geld hätte, würde ich es dir geben.
◆ Woher wusstest du, dass ich dich um mehr Geld bitten würde?
○ Ich habe gesehen, dass du kein Geld mehr im Portemonnaie hast und gemerkt, dass du dir noch eine Bratwurst bestellen wolltest. Wenn ich noch Geld hätte und es dir gäbe, würdest du noch mehr essen. Aber wir haben schon genug gegessen und brauchen jetzt nichts mehr zu essen.

Wenn man Reales (= *Indikativ*) in Irreales (= *Konjunktiv*) umformen möchte, muss man an die entsprechenden Gegenteile und Negationen denken:

real: *Er arbeitet **viel**. Er ist **reich**.*
irreal: Wenn man diesen Sachverhalt irreal ausdrücken möchte, klingen aber die direkten Gegenteile „wenig" von „viel" und „arm" von „reich" nicht gut: (~~Wenn er wenig arbeiten würde, wäre er arm~~).
besser: *Wenn er **weniger / nicht so viel** arbeiten würde, wäre er nicht so reich.*

real: *Sie isst **vitaminreiche** Kost. Sie ist **gesund**.*
irreal: Das Gegenteil von ***gesund*** ist zwar ***krank*** oder ***ungesund***. Diese beiden Gegenteile passen hier aber in der hypothetischen Entsprechung nicht so gut.
besser: *Wenn sie **vitaminarme** Kost äße, wäre sie **nicht so gesund**.*

Oft wird das Hypothetische mit dem Gegenteil **im Komparativ** oder mit ***nicht so*** ausgedrückt.
real: *Der Wagen ist **teuer**. Ich kaufe ihn nicht.*
irreal: *Wenn er **billiger / nicht so teuer** wäre, würde ich ihn kaufen.*

Auch ist daran zu denken, ob für das Gegenteil überhaupt ein Artikel benutzt wird.
real: *Er trinkt **kein Bier**. Er besucht das Oktoberfest nicht.*
irreal: *Aber wenn er **Bier** tränke, würde er das Oktoberfest besuchen.*

real: *Er hat **kein Geld mehr**. Er isst **keine Bratwurst mehr**.*
irreal: *Hätte er **noch Geld**, äße er **noch eine Bratwurst**.*

real: *Er ist **kein Lehrer** von Beruf. Er berichtigt **keine Aufsätze**.*
irreal: *Aber wenn er **Lehrer** von Beruf wäre, würde er **Aufsätze** berichtigen.*

Zur Wiederholung:

Positiv	Negativ	Positiv	Negativ
noch	nicht mehr	schon	noch nicht
noch ein... *Nomen*	kein... *Nomen* mehr	schon ein... *Nomen*	noch kein... *Nomen*
noch (et)was	nichts mehr	schon (et)was	noch nichts
noch (ein)mal	nie wieder / nie mehr / nicht mehr	schon (ein)mal	noch nie / noch nicht

Übungen

1. **Üben Sie den Konjunktiv II der Gegenwart.** Achten Sie auf die Negationen.
Ich gehe nach Hause, weil ich kein Geld mehr habe.
Aber wenn ich noch Geld hätte, würde ich noch etwas bleiben.
   1. Ich kaufe den Wagen nicht, weil er zu teuer ist.
   2. Er kann das nicht lesen, weil er seine Brille nicht trägt.
   3. Sie geht nicht mit ins Kino, weil sie den Film schon kennt.
   4. Der Präsident kommt nicht zu der Konferenz, weil er andere Termine hat.
   5. Ich kann nicht pünktlich kommen, weil das Flugzeug Verspätung hat.
   6. Er wird kein Pilot. Sein Vater hat etwas dagegen.
   7. Ich nehme kein Bier mehr, weil ich keinen Durst mehr habe.
   8. Sie isst nichts mehr. Sie hat keinen Appetit mehr.
   9. Ich gebe dir den Kugelschreiber nicht, weil ich keinen habe.
   10. Das Wasser ist kalt. Ich nehme kein Bad.
   11. Die Mutter braucht Mehl, weil sie einen Kuchen backen will.
   12. Ich trinke den Kaffee nicht, weil er zu stark ist.

2. **Bilden Sie Sätze mit dem Konjunktiv II der Gegenwart.**
   1. Wenn / ich / wissen, / wo er ist, / ich / es dir / sagen.
   2. Sie / sich freuen, / wenn / er / sie / heute noch / anrufen / und / sie / einladen.
   3. Wenn / ich / du / sein, / ich / es ihm / sagen / nicht.
   4. Wenn / diese Frau / haben / keinen Hund, / sich fühlen / sie / sehr einsam.
   5. Er / müssen / gehen / nicht dauernd / zum Frisör, / wenn / er / nicht immer / so elegant / wollen / aussehen.

Lektion 51

Konjunktiv II der Vergangenheit

◆ Schade, dass wir das Finale am Ende doch noch verloren haben.
○ Wir haben halt in der Nachspielzeit das verdiente 1 zu 1 gemacht und es somit in die Verlängerung geschafft.
◆ Wir waren aber die klar besseren, und wenn der Schiedsrichter nicht so lange hätte nachspielen lassen, wäre es gar nicht zu eurem Treffer gekommen.
○ Die Nachspielzeit war aber gerechtfertigt wegen der vielen Fouls. Und wenn unser Mittelstürmer in der 92. Minute auch noch das Tor statt des Pfostens getroffen hätte, hätten wir gar nicht erst in die Verlängerung gehen müssen.
◆ Wenn ihr dieses Glückstor zum 1 zu 1 nicht gemacht hättet, hätte unsere Mannschaft verdient gewonnen, weil wir neunzig Minuten überlegen waren.
○ So hatte eure Mannschaft aber in der Verlängerung nicht mehr genug Kraft. Ihr hättet eben in der regulären Spielzeit gewinnen müssen.
◆ Genau, und dann hätten wir ganz klar zu Recht gewonnen, weil wir in den ersten neunzig Minuten am meisten Druck gemacht haben.
○ Dann hättet ihr eben mehr Tore schießen müssen! Pech gehabt!

Der Konjunktiv II der Vergangenheit (Konjunktiv Plusquamperfekt) wird benutzt, wenn man etwas Hypothetisches in der Vergangenheit ausdrücken möchte.

Die Formen leitet man vom Indikativ Plusquamperfekt ab:

Plusquamperfekt Indikativ:	Ich **hatte** gegessen.	(real)
Konjunktiv II der Vergangenheit:	Ich **hätte** gegessen.	(irreal)
Plusquamperfekt Indikativ:	Ich **war** geflogen.	(real)
Konjunktiv II der Vergangenheit:	Ich **wäre** geflogen.	(irreal)

ich hätte, du hättest, er hätte, wir hätten, ihr hättet, sie hätten + Partizip II
ich wäre, du wärest, er wäre, wir wären, ihr wäret, sie wären + Partizip II

Beachten Sie: Es gibt nur **eine hypothetische Form** für die Vergangenheit, aber **drei indikativische (reale) Formen** der Vergangenheit.

Realität:
Ich ging nicht auf die Party. Ich traf Lisa nicht. (Präteritum)
Ich bin nicht auf die Party gegangen. Ich habe Lisa nicht getroffen. (Perfekt)
Ich war nicht auf die Party gegangen. Ich hatte Lisa nicht getroffen. (Plusquamperf.)

Hypothetisch (irreal):
Wenn ich auf die Party gegangen wäre, hätte ich Lisa getroffen.
(Konjunktiv II der Vergangenheit)

Wird ein **Modalverb** im Nebensatz benutzt, muss man an die für das Modalverb typische Konstruktion im Nebensatz denken (Form von „haben" vor den 2 Infinitiven):
*Wenn ich nicht **hätte kommen können**, hätte ich dich angerufen.*

Es können auch Konjunktiv II der Gegenwart und Konjunktiv II der Vergangenheit in einem Satz stehen:
*Wenn du mich gestern nicht **angerufen hättest**, **wüsste** ich heute nicht Bescheid.*

Übungen

1. Setzen Sie folgende Geschichte in die irreale Vergangenheit.

1. Gestern hat der Wecker früh geklingelt. Ich bin rechtzeitig aufgestanden.
   Hätte der Wecker aber nicht ______
2. Da ich früh aufgestanden bin, habe ich viel Zeit gehabt.
   Wenn ich aber ______
3. Ich ging durch den Park und konnte den Gesang der Vögel genießen.
   Wenn ich aber ______
4. An einem Kiosk kaufte ich mir die Zeitung und fand darin einen interessanten Bericht über den Klimawandel.
   Wenn ich mir aber ______
5. Ich vertiefte mich so sehr in den Bericht, dass ich zu spät zur Arbeit kam.
   Wenn ich mich aber ______
6. Weil ich zu spät zur Arbeit gekommen war, schrie mich der Chef an.
   Wenn ich aber ______
7. Ich war auf den Chef sauer. Ich arbeitete sehr langsam.
   Wenn ich aber ______

2. Setzen Sie die folgenden Sätze in den Konjunktiv II der Vergangenheit. Achten Sie auf die Negationen!

1. Ich habe es dir nicht gesagt. Ich habe es nicht gewusst.
   Aber wenn ich es gewusst hätte, ______
2. Es hat nicht geregnet. Wir haben Fußball gespielt.
   ______
3. Wir haben nicht nach Paris fahren können, weil wir Vaters Auto nicht haben benutzen dürfen.
   ______
4. Die Polizei folgte dem Dieb nicht mehr, da er schon die Grenzen des Landes passiert hatte.
   ______
5. Der beste Schüler blieb nicht länger auf der Party. Er hatte seine Aufgaben noch nicht gemacht.
   ______
6. Da der Sohn zu spät nach Hause kam, bekam er Ärger mit seinem Vater.
   ______
7. Da du mich nicht angerufen hast, habe ich dir die Neuigkeiten noch nicht erzählt.
   ______
8. Der Mittelstürmer hat den Elfer verschossen. Deshalb ist seine Mannschaft nicht weitergekommen.
   ______
9. Weil Sie keine Bestnoten erzielt haben, sind Sie nicht in die nähere Auswahl gekommen.
   ______

Lektion 52

Das Wort *sonst*

◆ Kannst du mir die Telefonnummer von Sophia geben?
○ Nein, ich finde sie gerade nicht.
◆ Du musst sie mir aber geben, sonst kann ich Sophia heute nicht mehr anrufen.
○ Ich kann die Nummer wirklich nicht finden. Sonst würde ich sie dir natürlich geben.
◆ Du hast sie aber ganz bestimmt. Du hast doch gestern mit ihr telefoniert. Komm, bitte, gib sie mir! Du bist doch sonst so hilfsbereit.
○ Ich würde sie dir ja gerne geben, aber ich finde sie einfach nicht.
◆ Du sagst sie mir jetzt sofort. Sonst sind wir keine Freunde mehr.
○ O.k., hier ist sie.
◆ Na also! Warum nicht gleich?

Das Wort ***sonst*** hat verschiedene Bedeutungen. Es kann mit dem Konjunktiv und mit dem Indikativ stehen. Es kann an der ersten oder dritten Position stehen.

► Mit der Bedeutung von „andernfalls" steht das Wort „sonst" oft mit dem Konjunktiv. Es ist ein konditionales Adverb und verbindet zwei Hauptsätze.

Wir haben den Bus noch erreicht.	*Sonst wären wir zu spät gekommen.*
	Wir wären sonst zu spät gekommen.
Er hat es mich nicht gefragt.	*Sonst wäre ich rot geworden.*
	Ich wäre sonst rot geworden.

► „sonst" kehrt die Information des vorangehenden Satzes ins Gegenteil um und hat dann die Bedeutung eines hypothetischen Konditionalsatzes.

*Wir haben den Bus **noch erreicht**, **sonst** wären wir zu spät gekommen.*
= ***Wenn** wir den Bus **nicht erreicht hätten**, wären wir zu spät gekommen.*

*Er hat es mich **nicht gefragt**. Ich wäre **sonst** rot geworden.*
= ***Wenn** er es mich **gefragt hätte**, wäre ich rot geworden.*

*Er **verdient viel Geld**. **Sonst** könnte er sich das Auto nicht leisten.*
= ***Wenn** er **wenig verdienen würde**, könnte er sich das Auto nicht leisten.*

► Nach dem Imperativ oder einer Verpflichtung steht „sonst" mit dem Indikativ. Hier hat „sonst" die Bedeutung eines gegenteiligen Konditionalsatzes.

***Sag mir die Wahrheit! Sonst** bin ich nicht mehr dein Freund.*
= ***Wenn du mir nicht die Wahrheit sagst**, bin ich nicht mehr dein Freund.*

***Du musst mir helfen! Sonst** bin ich verloren.*
= ***Wenn du mir nicht hilfst**, bin ich verloren.*

► „sonst" kann aber auch „außerdem", „darüber hinaus" bedeuten.

◆ *Ich hätte gern 150 Gramm Käseaufschnitt.*
○ *Ja, gerne, und **sonst noch etwas?***

► Manchmal hat „sonst" auch die Bedeutung von „gewöhnlich".

◆ *Peter hatte gestern aber schlechte Laune!*
○ *Das verstehe ich eigentlich nicht. Er ist **doch sonst** ein gut gelaunter Mensch.*

Übungen

1. Schreiben Sie im Konjunktiv II der Vergangenheit weiter.

Ich habe keinen Taschenrechner, sonst hätte ich die Aufgabe gelöst.
ich / Aufgabe lösen

1. Ich kenne seine Adresse nicht; sonst ______________________
sie / dir / geben
2. Er versteht kein Deutsch; andernfalls ______________________
er / antworten
3. Du hast nicht so viel Geld; sonst ______________________
du / sich ein Auto kaufen
4. Es hat angefangen zu regnen; Wir __________ sonst ______________________
wir / grillen
5. Wir hörten nicht, was er sagte; sonst ______________________
wir / antworten
6. Er hat uns nicht gerufen; andernfalls ______________________
wir / kommen
7. Ich war nicht auf der Party. Sonst ______________________
ich / ihn / sehen
8. Sie hat es nicht gewusst. Sonst ______________________
sie / es / nicht / falsch / machen

2. Vervollständigen Sie mit Konjunktiv II der Gegenwart.

1. Die Wettervorhersage war schlecht. Sonst ______________________
wir / zu dir / kommen
2. Er kann den Bus nicht erreicht haben. Sonst ______________________
schon / hier / sein
3. Man muss den Leuten zuhören. Sonst ______________________
sie / glauben / dass / man / keine Zeit / für sie / haben
4. Wir sind in Amerika. Sonst ______________________
wir / mit Euro / können / bezahlen
5. Es regnet hier ununterbrochen. Sonst ______________________
wir / noch länger / bleiben
6. Der Computer ist abgestürzt. Sonst ______________________
ich / die Präsentation / weiterschreiben

3. Schreiben Sie im Konjunktiv II der Vergangenheit weiter.

1. Ich hatte keinen Urlaub mehr. __________ andernfalls ______________________
länger im Süden bleiben
2. Wenn wir mehr Geld gehabt hätten, ______________________
ins Ausland fliegen
3. Wenn du Zeit gehabt hättest, ______________________
eine Woche bleiben
4. Wenn Müllers die Möglichkeit gehabt hätten, ______________________
uns anrufen
5. Das Wetter war so schlecht. Sonst ______________________
wir / können / im Zelt schlafen
6. Wenn ich ein bisschen mehr verdient hätte, ______________________
sich diesen Urlaub leisten können
7. Wenn das Zimmer frei geworden wäre, ______________________
Sie / es bekommen
8. Wäre der Film wirklich schlecht gewesen, ______________________
nach Hause gehen / ihr / früher
9. Wenn der Zug rechtzeitig abgefahren wäre, ______________________
sich nicht verspäten / der Großvater

Lektion 53

Konjunktiv II im Passiv

◆ Guten Tag, ich möchte meine Anmeldungsunterlagen einreichen.
○ Tut mir leid, aber das ist jetzt zu spät.
◆ Was, ich dachte, sie könnten bis spätestens heute abgegeben werden.
○ Das stimmt, aber nur bis 12 Uhr. Jetzt haben wir fünf nach zwölf.
Wenn die Unterlagen rechtzeitig eingereicht worden wären, wären sie von unserem Sachbearbeiter auch noch angenommen worden.
◆ Gut, aber es sind doch nur fünf Minuten. Wenn ich über den genauen Zeitpunkt ordnungsgemäß informiert worden wäre, wäre natürlich alles pünktlich eingereicht worden. Ich hätte gedacht, dass mir hier geholfen würde, schließlich ist es das Studentensekretariat und keine Behörde.
○ Ihnen würde auch geholfen, wenn der Sachbearbeiter noch hier wäre. Er ist aber schon nach Hause gegangen.

Konjunktiv II der Gegenwart, Passiv:
Konjunktiv II von ***werden*** + Partizip II
Konjunktiv II der Vergangenheit, Passiv:
Konjunktiv II von ***sein*** + Partizip II + ***worden***

Übersicht Passiv: **Indikativ** und **Konjunktiv II**	
real (Präsens)	Dem Patienten wird geholfen.
irreal (Gegenwart)	Dem Patienten würde geholfen, wenn … Wenn dem Patienten geholfen würde, …
real (Präteritum) real (Perfekt) real (Plusquamperfekt)	Dem Patienten wurde geholfen. Dem Patienten ist geholfen worden. Dem Patienten war geholfen worden.
irreal (Vergangenheit)	Dem Patienten wäre geholfen worden, wenn … Wenn dem Patienten geholfen worden wäre, …

Passiv **Konjunktiv II** mit Modalverb	
real (Präsens)	Dem Patienten kann geholfen werden.
irreal (Gegenwart)	Dem Patienten könnte geholfen werden, wenn …
real (Präteritum)	Dem Patienten konnte geholfen werden.
irreal (Vergangenheit)	Dem Patienten hätte geholfen werden können, wenn …

1. Welche Sätze passen zusammen?

1.	Wenn ich Lehrer wäre,	a)	wäre dir die Stelle gegeben worden.
2.	Wenn du krank wärest,	b)	würden nur gute Noten gegeben werden.
3.	Wenn du dich beworben hättest,	c)	müsstest du zum Arzt gehen.
4.	Wenn ich gefragt worden wäre,	d)	andernfalls hättest du die Prüfung bestanden.
5.	Wenn wir dort geparkt hätten,	e)	hätte ich es auch nicht gewusst.
6.	Du hast nicht gelernt,	f)	wäre uns sicher eine Strafe verpasst worden.
7.	Man hat mich nicht um Hilfe gebeten;	g)	würde ich eine Weltreise machen.
8.	Hätte ich eine Million Euro,	h)	sonst wäre von mir sicher geholfen worden.

Übungen

2. Setzen Sie folgende Sätze in den Konjunktiv II.

Die richtige Antwort wurde nicht gegeben.

Aber wenn die richtige Antwort gegeben worden wäre ...

1. Der Wagen wurde nicht mehr repariert. Er war schon zu alt.

   Aber wenn er ______________________________
2. Die Schauspielerin wurde nicht ausgezeichnet, weil ihre Rolle zu kurz war.

   Aber wäre ______________________________
3. Der Text ist nicht von mir verfasst worden. Ich kenne ihn nicht so gut.

   Wäre der Text aber ______________________________
4. Die Tiere waren nicht richtig gefüttert worden. Sie wurden krank.

   Aber wenn sie ______________________________
5. Die Leute starben weiterhin an dieser Krankheit, weil von den Wissenschaftlern kein Gegenmittel gefunden worden war.

   ____
6. Die Seuche brach aus, weil zu wenig auf die Hygiene geachtet worden war.

   Wäre aber ______________________________
7. Das Heilmittel wurde rechtzeitig entdeckt. Alle Menschen wurden gerettet.

   Aber wenn ______________________________
8. Die Bewerbung wurde uns nicht zugeschickt. Deshalb wurde sie nicht bearbeitet.

   Aber wenn uns ______________________________
9. Die richtigen Lösungen wurden nicht gefunden. Deshalb wurde die Partei nicht wiedergewählt.

   Aber wenn ______________________________
10. Er war durcheinander, weil die richtige Reihenfolge nicht eingehalten worden war.

    Aber wenn ______________________________

3. Setzen Sie ins Passiv.

1. Der Personalmanager hätte den erfahrenen Fachmann gerne eingestellt.

   Der erfahrene Fachmann ______________________________
2. Ich hätte fast die falsche Antwort gegeben.

   Fast ______________________________
3. Der Arzt hätte fast einen Fehler begangen.

   ____
4. Wir hätten den Job gerne an einen Studenten vergeben.

   ____
5. Hättest du den Apfel gegessen?

   ____
6. Hättest du die Frage beantworten können?

   ____

Lektion 54 Weitere Verwendung des Konj. II (1)

◆ Ich kann wirklich nicht mehr! Ich wünschte, ich wäre Millionär. Dann könnte ich mir alles leisten, was ich wollte. Ich bräuchte nicht mehr zu arbeiten und könnte endlich ausspannen und mich erholen.
○ Tu doch nicht so, als ob du viel arbeiten würdest. Du hast so viel Freizeit und Urlaub, aber wenn man dich so hört, denkt man, du würdest nur schuften und hättest für nichts Zeit.
◆ Aber es stimmt. Ich habe gestern wieder 8 E-Mails beantworten müssen.
○ Ich muss jeden Tag tausend Mails beantworten und beschwere mich auch nicht so, als ob ich bald wegen Überarbeitung sterben müsste. Aber du tust immer so, als ob du der Einzige wärest, der in dieser Firma etwas tun muss.

Der Konjunktiv kann auch gebraucht werden für:
- irreale Wunschsätze (*Ach, wenn doch …!*)
- irreale Vergleiche (*als ob, als wenn*)
- irreale Konsekutivsätze (*als dass / so…, dass … / ohne dass …*)
- irreale Konzessivsätze (*auch wenn / selbst wenn*)
- in höflichen Fragen, Bitten etc. (Lektion 56)
- für Ratschläge
- in Hauptsätzen mit bestimmten Adverbien (*beinahe, fast, sonst*)

Irreale Wunschsätze

Der irreale Wunschsatz beginnt mit ***wenn*** (zur Verstärkung auch mit ***Ach, wenn*** …) oder aber **mit dem konjugierten Verb**:
Ach, wenn er doch gesund wäre! / Wenn er doch bloß käme!
Hätte ich doch bloß die Wahrheit gesagt!
Ich habe einen Volkswagen. Lieber hätte ich einen BMW.
Ich wünschte, ich wäre Millionär!

Irreale Vergleiche (*so tun / aussehen / scheinen, als ob …*)

Das Kind tat so, als ob es schliefe.
Er sah aus, als hätte er schon Wochen nichts mehr gegessen.
Er schnaufte, als wäre er mehrere Kilometer gerannt.
Nach „als ob“ und „als wenn“ steht das Verb im irrealen Vergleich am Ende.
Beginnt der irreale Vergleich nur mit „als“, so steht das Verb direkt dahinter.

Denken Sie an die Zeiten:
Ich wünschte, ich käme noch pünktlich. = Ich hoffe, dass ich noch pünktlich komme.
Ich wünschte, ich wäre pünktlich gekommen. = Ich bin gestern nicht pünktlich gekommen, aber wäre gerne pünktlich gekommen.

Wenn man sagt: „Er tat so, als schliefe er / als würde er schlafen.“ (Gleichzeitigkeit), dann heißt das, dass er in diesem Moment vorgab oder so spielte, als würde er gerade schlafen (seine Augen waren geschlossen).
Wenn man sagt: „Er tat so, als hätte er geschlafen.“ (Vorzeitigkeit),
dann heißt das, dass er in diesem Moment vorgab oder so spielte, als hätte er kurz zuvor noch geschlafen (seine Augen waren geöffnet, er streckte sich und gähnte).

Übungen

1. Bilden Sie Wunschsätze mit *Ach, wenn ....!*

Es kommt kein Taxi. → Ach, wenn doch bloß ein Taxi käme!

1. Ich bin immer noch nicht an der Reihe.
   Ach, wenn ich ______
2. Die Lehrerin hat keine Geduld. Ach, wenn sie doch ______
3. Ich habe den Film nicht gesehen.
   ______
4. Sie hat mir ihre Telefonnummer nicht gegeben.
   ______
5. Wir dürfen nicht ins Kino gehen.
   ______
6. Ich finde keinen Parkplatz. ______
7. Die Ferien fangen erst nächste Woche an. (schon morgen)
   ______
8. Mein Großvater vertraut niemandem.
   ______
9. Sie hatte noch nichts gegessen und nichts getrunken.
   ______
10. Meine Freundin ruft mich nicht mehr an.
    ______
11. Er liest dauernd. ______
12. Der Politiker hört nicht mit seiner Rede auf.
    ______

2. Benutzen Sie den irrealen Vergleich mit *als ob*. Denken Sie an die Zeiten!

1. Das Kind tat so, als ob es immer noch ______ (schlafen)
2. Der Hund tat so, als ob ______ (lange nichts / fressen)
3. Er sah so aus, als ob ______ (in eine Zitrone beißen)
4. Der Mann fährt so schnell, als ob ______
   (von der Polizei / verfolgt werden)
5. Das Kind machte ein Gesicht, als ob ______
   (gestern / nichts Böses / tun)
6. Sie tat so, als ob ______ (sehr erfahren sein)
7. Der Mann tat so, als ob der Mercedes ihm ______ (gehören)
8. Mit der Frisur siehst du aus, als ob ______
   (gerade aufstehen)
9. Der Schüler antwortete, als ob er gestern alles ______ (lernen)
10. Er schaute sie an, als ob er es … (ernst meinen)
    a) gleichzeitig: … als ob er es ______
    b) vorzeitig: … als ob er es ______
11. Er gab so viel Geld aus, als ______ (im Lotto gewinnen)
12. Ich habe einen Muskelkater, als ______
    (einen Marathon laufen)

Lektion 55

Weitere Verwendung des Konj. II (2)

◆ Ich war gestern bei einem Vorstellungsgespräch. Die Arbeit, die sie mir angeboten haben, ist zu gut, als dass ich sie ablehnen könnte.

○ Aber ist sie auch so gut bezahlt, dass du deine ganze Familie davon ernähren könntest?

◆ Ja, ich habe gleich zugesagt, ohne dass ich auch nur eine Sekunde über das Gehalt gesprochen hätte. Ich würde diesen Job sogar annehmen, selbst wenn ich dabei sehr wenig verdienen würde.

○ Wirklich? Was ist denn so gut daran?

◆ Ich kann von zu Hause aus arbeiten und muss nicht jeden Morgen früh aufstehen.

Irreale Konsekutivsätze *zu …, als dass …* oder *so …, dass …*

Der Schlüssel ist zu groß, als dass er in das Schloss passen würde.
= Der Schlüssel passt nicht in das Schloss, da er zu groß ist.

Er ist zu alt, als dass er an dem Spiel teilnehmen könnte.
= Er kann nicht mehr an dem Spiel teilnehmen, weil er zu alt ist.

Ich habe zu viel gegessen, als dass ich mich jetzt schnell bewegen könnte.
= Ich kann mich jetzt nicht schnell bewegen.

Es ist zu stürmisch, als dass wir segeln könnten.
= Wir können nicht segeln, weil es zu stürmisch ist.

Er hat so viel getanzt, dass er fast ohnmächtig geworden wäre.
(… aber er ist nicht ohnmächtig geworden.)

Nach *ohne dass* (erwartete Handlung tritt nicht ein)

Der Dieb entwendete das Portemonnaie, ohne dass der Passant etwas gemerkt hätte.
(aber auch mit Indikativ möglich:)
Der Dieb entwendete das Portemonnaie, ohne dass der Passant etwas merkte.

Er sagte ihr die Frechheit ins Gesicht, ohne dass es ihm leidgetan hätte.
Der Sprecher meint, dass es ihm hätte leidtun sollen, aber es hat ihm nicht leidgetan.

Sie nimmt den Kuchen, ohne dass sie auch nur einmal fragen würde.
Bei Subjektgleichheit kann auch mit „zu" + Infinitiv fortgesetzt werden:
Sie nimmt den Kuchen, ohne auch nur einmal zu fragen.

Sie ging nach Hause, ohne dass sie sich verabschiedet hätte.
Sie ging nach Hause, ohne sich zu verabschieden.

Die Satzfortführung mit dem Konjunktiv II drückt dabei etwas mehr die Empörung des Sprechers darüber aus, dass seine Erwartung nicht eingetreten ist.

Irrealer Konzessivsatz (*auch wenn / selbst wenn*)

Ich würde dich immer unterstützen, auch wenn ich kein Geld hätte.
Ich hätte dir geholfen, selbst wenn ich krank gewesen wäre.

Übungen

1. Bilden Sie irreale Konsekutivsätze mit *ohne dass* und *zu ..., als dass ...*

1. Er spielt zu gern Fußball, als dass er darauf ______________________
   je verzichten können
2. Er sitzt zu gern in der Kneipe, als dass er gestern ______________________
   schon um 20:00 Uhr zu Hause sein
3. Sie verließen die Party, ohne dass sie ______________________
   sich zuvor für die Einladung bedanken
4. Das Land war zu fremd für ihn, als dass er ______________________
   sich wie in seiner Heimat fühlen können
5. Sie ist zu jung, als dass sie ______________________
   den Film sehen dürfen
6. Er behauptete, es nicht zu können, ohne dass er ______________________
   es auch nur einmal probieren
7. Er liebt sie zu sehr, als dass er ______________________
   heute ohne sie ausgehen
8. Er lachte, ohne dass er ______________________
   den Witz verstehen
9. Er arbeitete viel, ohne dass er auch nur einmal ______________________
   um Lohnerhöhung bitten

2. Schreiben Sie den Satz mit Konjunktiv II neu. (ohne „zu" + Infinitiv)

1. Er ging bei Unwetter spazieren, ohne eine Jacke zu tragen.

   ____
2. Sie rennt viele Kilometer, ohne vor Erschöpfung umzufallen.

   ____
3. Der Politiker redet lange, ohne auf seine Unterlagen zurückgreifen zu müssen.

   ____
4. Sie können bei uns anfangen, ohne eine Probezeit absolvieren zu müssen.

   ____
5. Er nahm das Geschenk entgegen, ohne sich zu bedanken.

   ____
6. Der Pianist kann die Sonate spielen, ohne auf die Noten schauen zu müssen.

   ____

3. Irreale Konzessivsätze

1. Ich würde dir immer helfen, auch wenn ______________________
   krank sein
2. Wir hätten dich angerufen, selbst wenn ______________________
   sich ein Handy leihen müssen
3. Herr Schmidt wäre spazieren gegangen, selbst wenn ______________________
   regnen
4. Der Chef hätte dich eingestellt, selbst wenn ______________________
   zu hohe Gehaltsforderungen stellen
5. Man würde dir nicht glauben, auch wenn ______________________
   die Wahrheit sagen
6. Die Heimmannschaft hätte gewonnen, auch wenn es ______________________
   keinen Elfmeter geben

Lektion 56

Weitere Verwendung des Konj. II (3)

◆ Wäre es möglich, die Speisekarte zu bekommen?
○ Selbstverständlich, sofort.
◆ Oh, ich sehe gerade, hier gibt es viele exotische Gerichte, die ich gar nicht kenne. Könnten Sie uns etwas empfehlen?
○ Ich an Ihrer Stelle würde Kokosgemüse mit Basmatireis nehmen. Das ist die Spezialität unseres Hauses.
◆ Gut, dann hätten wir das gerne.
Und wären Sie so nett, uns das Ganze mit einer süß-sauren Soße zu servieren?
○ Natürlich! Dieses Gericht kommt immer mit Soße. Andernfalls wäre es viel zu trocken.
◆ Oh, und beinahe hätte ich es vergessen. Würde es Ihnen etwas ausmachen, uns auch die Weinkarte zu bringen?
○ Kommt sofort.
◆ Danke! Hm, was könnten wir da nehmen? Ja, wir hätten dann gerne einen trockenen Riesling.
○ Gerne! Wenn ich Sie wäre, würde ich den Johannisberger bestellen. Das ist ein fruchtiger Wein aus unserer Gegend. Der wird immer gerne getrunken.
◆ O.k. Warum sollten wir nicht auch mal etwas anderes probieren?

In Hauptsätzen (Höflichkeitsformen, oft mit Modalverb: ***könnte ich***, ***dürfte ich***)

Könnten Sie mir (bitte) sagen, wie spät es ist? / Dürfte ich Sie etwas fragen?
Würde es Ihnen etwas ausmachen, das Fenster zu öffnen?
Wären Sie so nett / so freundlich, mir Kleingeld rauszugeben?
Wir hätten gern fünf Scheiben gekochten Schinken.
Ich hätte jetzt gern mit Herrn Müller gesprochen.

Trotz Vergangenheitsform des Konjunktivs bezieht sich der Satz auf die Gegenwart.

Für Ratschläge

Ich würde Ihnen raten / Meine Empfehlung wäre (*dass* oder *zu* + Infinitiv)
Ich an deiner Stelle würde … (Infinitiv) / *An deiner Stelle würde ich …* (Infinitiv)
Wenn ich an deiner Stelle ware, würde ich … (Infinitiv)
Wenn ich du wäre, würde ich … (Infinitiv)

Nach *fast* oder *beinahe* (normalerweise mit Konjunktiv Plusquamperfekt)

Ich hätte dich fast übersehen. / Sie hätte das Geheimnis fast verraten.
Er wäre beinahe pünktlich gekommen.

Mit *sonst* oder *andernfalls*

Sie musste ein Taxi nehmen, sonst wäre sie zu spät zur Schule gekommen.
Sie musste ein Taxi nehmen, andernfalls hätte sie den Zug nicht erreicht.

Merke! Nach „sonst" kann aber auch der Indikativ stehen:
Gib mir das Computerspiel zurück! Sonst bin ich nicht mehr dein Freund.

Übungen

1. Benutzen Sie die Höflichkeitsformen im Konjunktiv.
(mehrere Antworten möglich)

1. Geben Sie die Butter mal rüber. Wären Sie so nett, mir ______________
2. Wo ist der Bahnhof? ______________
3. Bringen Sie mir schnell mal ein Glas Bier. ______________
4. Her mit dem Geld! ______________
5. Ich will mit dem Koch sprechen. ______________
6. Schalt das Licht aus. ______________
7. Wir wollen 100 Gramm Aufschnitt. ______________
8. Können Sie mir das einpacken? ______________
9. Sie braucht einen Löffel. ______________
10. Fahren Sie nicht so schnell! ______________
11. Bringen Sie uns das Jägerschnitzel! ______________

2. Bilden Sie Sätze im Konjunktiv II (denken Sie an das Gegenteil).
Er erzählt seinem Vater nichts. Ich an seiner Stelle würde ihm alles erzählen.

1. Sie geht oft essen. Ich an ihrer Stelle ______________ (nur am Wochenende)
2. Die Schüler lernen abends. Ich würde ______________ (morgens)
3. Mein Freund hat den Vertrag unterschrieben. Hans ______________ (nicht tun)
4. Sie sind oft sehr misstrauisch. Wir ______________ (mehr Vertrauen haben)
5. Der Chef arbeitet 10 Stunden. Ich als Chef ______________ (sich mehr Freizeit nehmen)
6. Ich habe seinen Geburtstag vergessen. Hättest du ______________?
7. Sie sind nach Spanien gefahren. Wir ______________ (fliegen)
8. Trotz Urlaub ist er ins Büro gegangen. Andere ______________ (zu Hause bleiben)
9. Der Vater hat einen Hund gekauft. Die Tochter ______________ (lieber / eine Katze / haben)
10. Mein Freund ist mit dem Taxi gefahren. Ich ______________ (mit dem Bus)

3. Bilden Sie Sätze mit *fast* oder *beinahe*.

1. Ich habe das Geheimnis nicht verraten. Aber beinahe ______________
2. Sie hat es den gutaussehenden Mann nicht gefragt. Aber fast ______________
3. Zum Glück ist er nicht aus dem Fenster gesprungen, aber fast ______________ (er / es / tun)
4. Es hat ein großes Feuer gegeben und beinahe ______________ (das ganze Haus / abbrennen)
5. Der Lehrer ______________ (beinahe / vergessen), den Schülern Hausaufgaben aufzugeben.
6. Die italienische Mannschaft ______________ (fast / das zweite Tor / schießen)

Wiederholung zu den Lektionen 53 bis 56

1. Bilden Sie Sätze im Konjunktiv II. Achten Sie auf die Negationen!

1. Du schläfst gut. Du fühlst dich nicht müde.
   Wenn du ______________________________
2. Der Film war farbig. Er gefiel mir.
   Wenn der Film ______________________________
3. Ich weiß die Adresse nicht. Ich kann dir nicht helfen.
   Wenn ich die ______________________________
4. Wir hatten Geld. Wir konnten die Rechnung bezahlen.
   Wenn wir ______________________________
5. Sie nehmen ein Taxi. Sie verspäten sich nicht.
   Wenn sie kein ______________________________
6. Es gibt hier auch andere Leute. Wir dürfen hier nicht rauchen.
   Wenn es hier keine ______________________________
7. Ihr passt gut auf. Ihr versteht mich.
   Wenn ihr ______________________________
8. Der Hund bellte nicht. Der Dieb lief nicht davon.
   Aber wenn ______________________________
9. Der Angestellte arbeitet zuverlässig. Er bekommt eine Gehaltserhöhung.
   Aber wenn er ______________________________

2. Setzen Sie die Verben in den Konjunktiv II.

1. Wenn er in einer Stunde kommt, können wir noch ins Kino gehen.
   ____
2. Er findet leicht den Weg nach Hause, wenn er jemanden fragt.
   ____
3. Deine Freunde sind niemals zufrieden, wenn sie nicht viel Geld haben.
   ____
4. Wenn du mitkommen willst, müssen wir einen größeren Wagen haben.
   ____
5. Wenn wir fleißiger arbeiten, ist bald alles in Ordnung.
   ____
6. Wenn du Deutsch verstehst, kannst du mir helfen.
   ____
7. Wenn jemand meinen Koffer nimmt, können wir schneller laufen.
   ____
8. Wenn der Bus jetzt nicht kommt, verspäten wir uns sicher.
   ____
9. Wenn dein Vater die heutige Zeitung liest, sieht er dein Bild darin.
   ____
10. Wenn die Menschen genug Zeit haben, ist das Leben viel ruhiger.
    ____

3. Schreiben Sie Sätze im Konjunktiv II (der Gegenw. und der Vergangenh.).

Ich / Haus / kaufen /, wenn / ich / viel Geld / haben

Ich würde ein Haus kaufen, wenn ich viel Geld hätte.

Ich hätte ein Haus gekauft, wenn ich viel Geld gehabt hätte.

1. wenn / du / bekommen / Geld, du / fahren / sicher / Ausland

   ____

   ____

2. wir / können / Programm / im Fernsehen / sehen /, wenn / Fernsehapparat / haben / wir

   ____

   ____

3. ich / du / Adresse / sagen /, wenn / ich / wissen

   ____

   ____

4. Vater / ich / mitnehmen /, wenn / Wagen / größer / sein

   ____

   ____

5. du / müssen / bleiben / zu Haus /, wenn / ich / geben / du / kein / Geld

   ____

   ____

4. Vervollständigen Sie die Sätze und benutzen Sie den Konjunktiv II.

1. Die Kinder schlafen nicht, aber sie tun so, als ob sie ______________.
2. Der Angeber tat so, als ob er einen Rolls Royce ______________ (besitzen).
3. Ach, wenn die Schüler doch mehr ______________ (lernen)!
4. Ich ________ (wünschen), ich ________ (haben) mehr Zeit.
5. Er sieht sie heute nicht mehr. Er gibt ihr jetzt schon ein Abschiedsgeschenk.
   Aber wenn ______________________________.
6. Mein Freund hat diesen schlecht bezahlten Job angenommen.
   Ich an seiner Stelle ______________________ (nie machen).
7. Er muss sehr viel studiert haben. Sonst/er/sein/so erfolgreich/nicht/heute.
   ______________________________.
8. Im Restaurant:
   a) ____ (sein) Sie so freundlich, uns noch zwei Löffel ________ (bringen)?
   b) ________ (haben) Sie vielleicht einen Löffel für uns?
   c) ________ (können) Sie uns vielleicht einen Löffel ________ (bringen)?
   d) ________ es Ihnen etwas __________ (ausmachen), uns einen Löffel __________ (bringen)?
   e) Wir ____ (sein) Ihnen sehr dankbar, wenn Sie uns einen Löffel ________ (bringen).
   f) __________ (dürfen) wir noch einen Löffel haben?
   g) Wir ________ (haben) gerne noch einen Löffel!

Mehrgliedrige Konjunktionen (1)

◆ Kennst du eigentlich Istanbul?
○ Ja, klar. Das ist eine große Stadt in der Türkei.
◆ Liegt Istanbul eigentlich in Asien oder in Europa?
○ Istanbul liegt sowohl in Asien als auch in Europa. Diese Metropole befindet sich genau an der Schnittstelle der zwei Kontinente.
◆ Dann sind dort also nicht nur asiatische, sondern auch europäische Kulturen vertreten?
○ Ja, genau! Und ich kann dir sagen, Istanbul ist auf jeden Fall einen Besuch wert.

Hat man zwei Alternativen und möchte sagen, dass beide zutreffen, dann benutzt man die mehrgliedrigen Konjunktionen
sowohl ... als auch ... oder ***nicht nur ..., sondern auch ...***

sowohl ... als auch ... (kein Komma vor „als auch")

◆ *Hast du heute morgen Kaffee* ***oder*** *Milch getrunken?*
○ *Ich habe* ***sowohl*** *Kaffee* ***als auch*** *Milch getrunken.*
(= Ich habe Kaffee und auch Milch getrunken.)

Oft benutzt man „sowohl als auch" als kurze Antwort.
◆ *Wart ihr gestern im Theater* ***oder*** *im Restaurant?*
○ ***Sowohl als auch***.

nicht nur ..., sondern auch ... (Komma vor „sondern")

Ich habe zum Frühstück ***nicht nur*** *Kaffee,* ***sondern auch*** *Orangensaft getrunken.*
(= Ich habe außer Kaffee auch noch Orangensaft getrunken.)

„nicht nur" bleibt immer zusammen, „sondern auch" kann getrennt vorkommen:
Er will ***nicht nur*** *an der Konferenz teilnehmen,* ***sondern*** *möchte* ***auch*** *noch eine Rede halten.*

Mit „nicht nur" kann man auch den Satz beginnen:
Nicht nur *der Kanzler, sondern auch seine Vertreter sind zurückgetreten.*

Normalerweise beziehen sich die Satzteile von „sowohl – als auch" bzw. von „nicht nur – sondern auch" auf dasselbe Subjekt und dasselbe Verb:
Ich lerne *sowohl Russisch in der Schule als auch Chinesisch im Internet.*
Sie geht *nicht nur an den Strand, um braun zu werden, sondern auch, um zu schwimmen.*

Es kommt aber auch vor, dass unterschiedliche Subjekte bzw. Verben benutzt werden:
- *Sowohl* ***er*** *als auch* ***seine Schwester*** *haben sich für das Finale qualifiziert.*
- *Petra* ***interessiert sich*** *nicht nur für Medizin, sondern* ***hilft*** *auch sonst allen Menschen gern.*

Nach den mehrgliedrigen Konjunktionen müssen die Präpositionen wiederholt werden:
Ich war sowohl ***bei*** *meiner Großmutter als auch* ***bei*** *meiner Tante.*

Übungen

1. Üben Sie die mehrgliedrigen Konjunktionen *sowohl ... als auch ...* und *nicht nur ..., sondern auch ...*

Ich spreche Englisch und Spanisch. →

Ich spreche sowohl Englisch als auch Spanisch.

1. In diesem Geschäft kann man Obst kaufen. Fleisch gibt es auch.
   ___
2. Sie hat Angst vor Mäusen und Spinnen.
   ___
3. Wir haben eine Tante in Amerika. In Frankreich haben wir auch eine.
   ___
4. Sie ist in Mathe und in Bio eine gute Schülerin.
   ___
5. Diese Gastfreundschaft habe ich in Spanien erlebt, aber auch in Portugal.
   ___
6. Man forscht auf dem Gebiet der Medizin und auch auf dem Gebiet der Technik.
   ___
7. Die Leute haben in dem Film geweint und gelacht.
   ___
8. Der Sohn und der Vater haben auf diesem Gebiet einen Preis gewonnen.
   ___
9. Dieses Institut ist für seine fachkundigen und erfahrenen Dozenten bekannt.
   ___
10. Die Konferenzteilnehmer kamen aus Europa und Asien.
   ___

2. Bilden Sie Sätze.

1. Nicht nur / der Professor / hatten keine Erfahrung / sondern auch / sein Assistent / auf diesem Gebiet.
   ___
   ___
2. Wir haben / heute / sondern auch / einen Ausflug / gemacht / nicht nur / ins Zentrum von Frankfurt / die Umgebung / näher kennengelernt.
   ___
   ___
3. Ich muss / als auch / einen Vortrag halten / sowohl / meine Präsentation vorbereiten / heute.
   ___
   ___
4. Er / hat studiert / nicht nur / sondern auch / an der Universität / dort / seinen Master gemacht.
   ___
   ___

Lektion 58

Mehrgliedrige Konjunktionen (2)

◆ Habt ihr Angst vor eurer morgigen Präsentation?
○ Nein, überhaupt nicht.
◆ Aber ein bisschen Lampenfieber habt ihr doch bestimmt.
○ Nein, wir haben weder Angst noch Lampenfieber. Wir sehen die Sache ganz gelassen.
◆ Aber normalerweise hat man doch entweder ein bisschen Lampenfieber oder ist etwas aufgeregt, wenn man vor so vielen Leuten sprechen muss.
○ Wir eigentlich nicht. Wir denken, entweder mögen sie unseren Beitrag oder sie finden ihn schlecht. Und das Ergebnis erfahren wir dann am Schluss.
◆ O.k., dann wünsche ich euch trotzdem viel Glück morgen.
○ Danke, das können wir gebrauchen, denn weder ich noch mein Partner haben uns lange mit der Materie beschäftigt.

weder … noch …

Wenn man ausdrücken möchte, dass keine von zwei Alternativen zutrifft, kann man die mehrgliedrige Konjunktion ***weder … noch …*** benutzen:
Ich habe weder Kaffee noch Milch getrunken.
(= Ich habe keinen Kaffee und auch keine Milch getrunken.)

„weder noch" wird auch oft als kurze Antwort gegeben:
◆ *Liegt Casablanca in Europa oder Südamerika?*
○ ***Weder noch***. *Casablanca liegt in Afrika.*

Man kann mit „weder" beginnen:
Weder *er noch seine Eltern haben etwas davon gewusst.*

Benutzt man zwei verschiedene Verben, steht das zweite Verb nach „noch":
Weder hat er sein Abitur gemacht, ***noch ist*** *er auf eine Universität gegangen.*

entweder … oder …

Um auszudrücken, dass nur eine von zwei Alternativen zutrifft, benutzt man die mehrgliedrige Konjunktion ***entweder … oder …***:

◆ *Was wirst du in den Ferien machen?*
○ *Ich weiß es noch nicht. Ich fahre* ***entweder*** *nach Spanien* ***oder*** *nach Italien.*

Steht „entweder" am Satzbeginn, kommt danach das konjugierte Verb:
Entweder sagst *du mir jetzt die Wahrheit oder wir sind keine Freunde mehr.*

Es kann nach „entweder" aber auch das Subjekt stehen:
Entweder der Präsident *hält die Rede selbst oder sein Außenminister äußert sich.*

Nicht vergessen: Nach den mehrgliedrigen Konjunktionen müssen die Präpositionen wiederholt werden:
In Berlin waren wir nicht nur ***im*** *Theater, sondern auch* ***im*** *Konzert.*
Ich komme weder ***aus*** *Italien noch* ***aus*** *Spanien.*
Wir gehen entweder ***in den*** *Zoo oder* ***ins*** *Kino.*

Übungen

1. Verwenden Sie die mehrgliedrigen Konjunktionen *weder ... noch ...*, *entweder ... oder ...* oder *sowohl ... als auch ...*.

1. Gestern bin ich nicht ins Kino gegangen. Im Theater war ich auch nicht.

   ____

2. Ich weiß noch nicht, ob ich nach England oder in die Schweiz fahre.

   ____

3. Wir führen Erfrischungsgetränke. Eis verkaufen wir auch.

   ____

4. Der Arzt hat gesagt, dass ich früher schlafen gehen soll.
   Andernfalls werde ich nicht gesund. (entweder ... oder)

   ____

5. Er lernt mehr. Er besteht das Examen nicht. (entweder ... oder)

   ____

6. ◆ Gehst du zu ihm oder zu ihr? ○ Zu keinem von beiden.

   oder ○ ______________________________

7. Dieser Mann hat das Drehbuch zu dem Film geschrieben. Er hat auch Regie geführt.

   ____

8. Der Junge interessiert sich nicht für Latein. Mathe ist ihm auch egal.

   ____

9. Dieser angebliche Showstar kann nicht singen und nicht schauspielern.

   ____

10. Vielleicht schenke ich ihr zum Geburtstag Blumen oder eine Kinokarte.

    Ich ______________________________

2. Bilden Sie Sätze.

1. Nicht nur / ich / meine Mutter / sondern auch / fanden die Vorstellung / zu lange

   ____

   ____

2. Entweder / in die Vorlesung / gehen / wir / oder / bereiten uns zu Hause / auf die Prüfung vor

   ____

   ____

3. Er hat / ausreden lassen / sie / weder / hat er ihr / noch / sich zu verteidigen / eine Chance gegeben

   ____

   ____

4. Dem Chef / sowohl / Pünktlichkeit / wichtig / als auch / sein / Zuverlässigkeit

   ____

5. Dort / weder / Aufstiegsmöglichkeiten / es gibt / noch / ein gutes Gehalt

   ____

Lektion 59

Mehrgliedrige Konjunktionen (3)

◆ Mein Sohn, hast du dir einmal darüber Gedanken gemacht, welchen Beruf du nach dem Abitur ergreifen willst?

○ Ja, wir hatten in der Schule schon Berufsberatung, aber ich kann mich nicht entscheiden. Zwar interessiere ich mich für Technik, aber in Physik habe ich immer schlechte Noten bekommen. Und einerseits möchte ich viel verdienen, andererseits will ich auch nicht nur arbeiten, sondern auch meinen Hobbys nachgehen.

◆ Zwar sollte man vielleicht nicht das Fach wählen, in dem man die besten Noten hatte, aber die Schulnoten sagen schon etwas über deine Fähigkeiten aus.

○ Dann müsste ich ja Fußballspieler werden, denn da habe ich immer die besten Noten bekommen.

◆ Naja, dann machst du einerseits dein Hobby zum Beruf, andererseits kann man diesen Beruf nicht so lange ausüben. Was willst du dann im Alter machen?

○ Dann kann ich ja immer noch einen technischen Beruf ergreifen.

zwar ..., aber ...

Will man ausdrücken, dass es sich um ein logisches Gegenteil oder einen nicht erwarteten Gegensatz handelt, benutzt man oft die mehrgliedrige Konjunktion
zwar ... , aber ...
„zwar" hat die Bedeutung „Es ist richtig, dass", „aber ..." ist dann eine Einschränkung zu dem Gesagten.
Vor dem Satzteil mit „aber" steht ein Komma.
Zwar *hat er viel Geld, ist* ***aber*** *immer traurig und depressiv.*

Bei „zwar ... aber" gibt es verschiedene Wortstellungen:
Beginnt man mit „zwar" kommt die Inversion (Verb – Subjekt)
(„zwar" kann an erster oder dritter Position stehen, „aber" auch):
Zwar *hat er viel Geld, (er) ist* ***aber*** *immer unzufrieden.*
Zwar *hat er viel Geld,* ***aber*** *(er) ist immer unzufrieden.*
Er hat ***zwar*** *viel Geld, (er) ist* ***aber*** *immer unzufrieden.*

Liegt Subjektgleichheit vor, kann man im Satzteil mit „aber" das Subjekt weglassen.
Zwar *hat der Vater wenig Zeit, spielt* ***aber*** *oft mit seinen Kindern.*

einerseits ..., andererseits ...

Die mehrgliedrige Konjunktion ***einerseits ... , and(e)rerseits*** ist von der Bedeutung her sehr ähnlich.
Auch hier werden zwei Aspekte gegenübergestellt (Vor dem Satzteil mit „andererseits" steht ein Komma):

- ***Einerseits*** *möchte ich nach Spanien,* ***andererseits*** *müsste ich meinen Onkel in Italien besuchen.*
- *Wir müssen* ***einerseits*** *an uns denken,* ***andererseits*** *sind wir dazu verpflichtet, anderen zu helfen.*

Übungen

1. Schreiben Sie einen Satz! Benutzen Sie *zwar ..., aber ...*

1. Alle wollen mehr Geld haben, aber niemand will mehr Steuern bezahlen.
   Zwar ______________________________
2. Alle wollen länger leben, aber niemand will alt sein.
   Zwar ______________________________
3. Der Fotoapparat ist billig. Er macht gute Fotos.
   ____________ zwar ______, er macht aber ____________
4. Die Sonne scheint heute. Es ist aber ziemlich kalt.
   Zwar ______________________________
5. Er hat ein Auto. Er fährt nicht gerne.
   ______ zwar ________, aber ____________________
6. Sie hat John geheiratet. Sie liebt Peter.
   Zwar ______________________________
7. Dieser Mann ist sehr reich. Großzügig ist er aber nicht.
   ____________ zwar ______, aber ____________________
8. Sie hat sich intensiv auf das Vorstellungsgespräch vorbereitet. Sie ist trotzdem sehr nervös.
   Zwar ____________________________,
   ______ aber ______________________
9. Wir haben noch eine freie Stelle. Wir können sie aufgrund der finanziellen Situation momentan nicht vergeben.
   Wir ______________________________
   ____
10. Mir macht Schach Spaß. Es dauert mir zu lange.
    Zwar ______________________________

2. Benutzen Sie *einerseits ..., andererseits ...*

1. Mein Nachbar wirkt sehr überheblich. Er ist aber immer sehr hilfsbereit.
   Mein ______________________________
2. Ich wollte nicht im Mittelpunkt stehen, aber diese lustige Geschichte musste ich einfach loswerden.
   Einerseits ______________________________
3. Ich mag diese Musik. Nach einer Weile geht sie mir aber auf die Nerven.
   Einerseits ______________________________
4. Du hast Recht, aber du darfst nicht vergessen, dass es auch andere Kulturen gibt.
   Du ______________________________

3. Bilden Sie Sätze.

1. Zwar / er / sehr mutig / ist /, aber / ist er / weggelaufen / in dieser gefährlichen Situation.
   ____
2. Einerseits / dir / Recht geben / muss ich /, andererseits /darüber / anders / denke ich / ganz
   ____

Lektion 60

Mehrgliedrige Konjunktionen (4)

◆ Ich weiß nicht, ob ich mir dieses teure Handy kaufen soll oder nicht.
○ Musst du denn unbedingt erreichbar sein?
◆ Teils teils. Mal brauchen die Kollegen unbedingt meinen Rat, mal wollen sie nur quatschen.
○ Aber hast du es denn immer bei dir?
◆ Naja, mal stecke ich es ein, mal lasse ich es zu Haus rumliegen.
○ Daran sieht man doch schon, dass man es gar nicht ständig bei sich haben muss. Ich denke, dass man zum einen ohne Handy heute gar nicht mehr auskommt, aber dass man zum anderen viel zu abhängig davon geworden ist. Aber mach dir nicht zu viele Gedanken! Ob du nun ein Handy hast oder nicht, die Leute werden dich schon irgendwie erreichen.
◆ Ich glaube, ich kaufe es mir. Danke für deine guten Ratschläge!

teils ... teils ...

Möchte man ausdrücken, dass ein Teil eine Sache macht oder denkt, der andere Teil aber eine andere Sache macht oder denkt, benutzt man „teils … teils“.
Nach „teils“ kommt normalerweise direkt das Verb:
Die Leute wissen nicht, was sie wollen.
***Teils** sind sie für die Demokratie, **teils** unterstützen sie Diktaturen.*

„teils … teils“ kann auch wie „sowohl … als auch“ verstanden werden:
◆ *Waren alte oder junge Leute auf der Party?*
○ *Teils teils.*

mal ... mal ...

Möchte man zeigen, dass man manchmal eine Sache und manchmal eine andere Sacht macht, kann man ***mal … mal*** benutzen:
*Sie wechseln sich beim Abwaschen ab. **Mal** wäscht er ab, **mal** sie.*
*Sie ist sehr launisch. **Mal** hat sie gute Laune, **mal** schlechte.*

zum einen ... zum anderen ...

Zum einen … zum anderen nennt zwei Aspekte, die auch gegensätzlich sein können und die zu derselben Sache gehören:
*Wir haben ihn **zum einen** wegen seiner fachlichen Fähigkeiten eingestellt, **zum anderen**, weil er ein Organisationstalent ist.*

ob ... oder (ob) ...

Das erste „ob“ und das zweite „oder (ob)“ leiten Nebensätze ein, sie sind abhängig von einem übergeordneten Satz. Bedeutung: *egal, ob … / es spielt keine Rolle, ob …*
*Du kommst mit, **ob** du willst **oder** nicht.*
*Wir gehen spazieren, **ob** es regnet **oder** schneit.*
(= Es ist egal, ob es regnet oder ob es schneit, wir gehen auf jeden Fall spazieren.)

Man kann auch mit „ob“ beginnen.
***Ob** wir gewinnen oder (ob wir) verlieren, wir werden eine Menge lernen.*

Übungen

Benutzen Sie die mehrgliedrigen Konjunktionen.

Ich spreche manchmal mit meinen Kindern Deutsch, manchmal auch Englisch.
Mal spreche ich Deutsch, mal Englisch mit meinen Kindern.
Er hat keine Lust, die Hausaufgaben zu machen. Er macht sie aber trotzdem.
Zwar hat er keine Lust dazu, macht aber trotzdem seine Hausaufgaben.

1. Es spielt keine Rolle, ob es regnet oder stürmt. Ich komme zu deiner Party.
   Ob ______________________________
2. Manchmal ist mein Chef gut gelaunt. Manchmal spricht er kein Wort mit mir.
   Mal ______________________________
3. Dieser Film war ein bisschen traurig, aber auch amüsant.
   Dieser Film war teils ______________________________
4. Er ist ein intelligenter Junge. Alles versteht er dennoch nicht.
   Zwar ______________________________
5. Er spricht die Fremdsprache sehr gut. Von der Grammatik versteht er allerdings wenig.
   Einerseits ______________________________
6. Das Wetter soll zu einem Teil heiter, zum anderen wolkig werden.
   ______________ teils ______________________________
7. Es stimmt, dass er einen großen Freundeskreis hat. Er ist aber oft allein.
   Er hat zwar ______________________________
8. Ich bin für den Favoriten. Der andere soll aber auch mal gewinnen.
   ______________________, andererseits ______________________
9. In den Ferien waren wir 1 Woche in Frankreich und 1 Woche zu Hause.
   __________________ nicht nur ______________________________
10. Sein Job ist nicht so eintönig. Manchmal sitzt er im Büro, manchmal ist er auf Geschäftsreise.
    Mal ______________________________
11. Es spielt keine Rolle, ob er auf Geschäftsreise oder im Fußballstadion ist, er trägt immer diesen Schal.
    Egal ob ______________________________
12. In diesem Aufenthaltsraum wird gelesen und diskutiert.
    ________________________ sowohl ______________________
13. Der Fußballverein ist an diesem jungen Stürmertalent interessiert, weil dieser Spieler in der Offensive stark ist, aber auch defensiv viel Erfahrung mitbringt.
    Der Fußballverein ist an diesem jungen Stürmertalent interessiert, weil dieser Spieler zum einen ________________________, zum anderen aber auch
    ____
14. Es ist eigentlich unwichtig, ob sie miteinander verheiratet oder nur befreundet sind. In dieser Situation muss man dem anderen immer helfen.
    Ob ______________________________
15. Ich weiß nicht, wie ich zu dieser Person stehen soll. Ich finde sie faszinierend, aber auch sehr unsympathisch.
    Ich weiß nicht, wie ich zu dieser Person stehen soll. Einerseits ______________
    ____

Lektion 61

je ... desto ... + Komparativ (Adverb)

◆ Hast du dich eigentlich schon auf die Abschlussprüfung vorbereitet?
○ Ja, aber je mehr ich lerne, desto weniger scheine ich zu verstehen.
◆ Ich habe auch schon etwas dafür getan, aber je näher das Prüfungsdatum rückt, umso verrückter mache ich mich.
○ Ich weiß, mir geht es ähnlich, aber je ruhiger du die Sache angehst, desto klarer erkennst du deine Schwächen, und je besser man seine eigenen Fehler kennt, umso schneller lernt man, sie zu vermeiden.
◆ Da hast du sicher recht, aber ich kann einfach nicht so entspannt vor einer Prüfung sein. Und je länger wir uns über die Prüfung unterhalten, desto nervöser werden wir.
○ O.k., sprechen wir über etwas anderes.

Eine weitere mehrgliedrige Konjunktion ist

je (+ Komparativ) **...**, ***desto*** (+ Komparativ) **...** bzw. ***je* ..., *umso* ...**

Mit dieser mehrgliedrigen Konjunktion werden zwei voneinander abhängige Sätze verbunden. Sie wird mit den Komparativen (zumeist von Adverbien) benutzt.

- Der Satzteil mit ***je*** ist ein Nebensatz (Verb am Ende).
- Nach ***je*** und nach ***desto*** bzw. ***umso*** folgt direkt ein Komparativ, der als Adverb, aber auch als Adjektiv auftreten kann (als Adjektiv siehe nächste Lektion).
- Nach ***desto*** + Komparativ bzw. ***umso*** + Komparativ steht das konjugierte Verb.

Adv./Adv.: *Je häufiger wir in die Kneipe gehen, desto besser kennt uns der Wirt.*
Adv./Adj.: *Je mehr PS der Wagen hat, desto teurer ist er.*

Satzstellung:

Je + Komparativ	Subjekt ...	Verb$_{Ende}$,	***desto*** + Komparativ	Verb	Subjekt ...

Mein Freund bestellt viel im Restaurant. Die Rechnung wird hoch.
→ *Je mehr mein Freund im Restaurant bestellt, umso höher wird die Rechnung.*

Der Computer ist teuer. Der Computer ist schnell.
→ *Je teurer der Computer ist, umso schneller ist er.*

1. Setzen Sie ein.

1. Je ______ (viel) du zu Hause lernst, desto ______ (gut) wird deine Prüfung.
2. Je __________ (freundlich) die Verkäufer zu mir sind, desto ________ (gern) gehe ich in das Kaufhaus.
3. Je ________ (früh) du aufstehst, desto _______ (viel) hast du von dem Tag.
4. Je ________ (laut) man die Musik stellt, umso ________ (stark) vibrieren die Lautsprecher.
5. Je ________ (schnell) wir laufen, desto ________ (früh) kommen wir an.

Übungen

2. Verbinden Sie die Sätze und benutzen *je ... desto ...*

Er arbeitet viel. Er verdient viel.

Je mehr er arbeitet, desto mehr verdient er.

1. Er spricht leise. Wir verstehen ihn schlecht.
2. Die Geschäftsfrau arbeitet viel. Sie spielt selten mit ihren Kindern.
3. Sie sind lange in Deutschland. Sie sprechen gut Deutsch.
4. Der Sänger übt viel. Seine Stimme ist gut.
5. Der Lebensstandard ist gut. Die Preise sind hoch.
6. Es hat viel geregnet. Die Ernte der Bauern ist gut.
7. Der Zuschauer lacht laut. Die anderen Leute lachen viel.
8. Er fährt schnell. Die Strafe ist hoch.
9. Er kann gut Deutsch. Er findet schnell eine Arbeit.
10. Er spricht leise. Man kann ihn schlecht verstehen.
11. Der junge Mann fährt schnell. Sein Auto verbraucht viel.
12. Du bist freundlich zu ihm. Er vertraut dir viel an.
13. Wir fahren langsam. Wir kommen spät an.
14. Der Hund wird alt. Er läuft langsam.
15. Der Fußballspieler trainiert viel. Er spielt gut.
16. Man steht früh auf. Man hat viel vom Tag.
17. Das Kind spielt lange mit dem Handy. Der Vater wird böse.
18. Der Angestellte ist zuverlässig. Der Direktor überlässt ihm viel.
19. Du schwimmst weit raus. Das Wasser fühlt sich kalt an.

Lektion 62

je … desto … + Komparativ (Adjektiv)

An der Rezeption:

◆ Mein Zimmer ist für den hohen Preis, den ich dafür bezahle, viel zu klein.
○ Wir haben noch andere Zimmer. Aber ein je größeres und luxuriöseres Zimmer Sie haben wollen, einen desto höheren Preis müssen Sie dafür bezahlen.
◆ Ich will aber nicht noch mehr bezahlen. Ich habe schon genug bezahlt!
○ Aber das ist doch überall gleich: Je mehr Geld man für etwas ausgibt, eine umso höhere Leistung erhält man im Gegenzug dafür. Also käme bei einem größeren Zimmer ein Aufpreis hinzu.
◆ Man könnte aber auch meinen: ein je eleganteres Hotel ich buche, in einem desto größeren Zimmer werde ich wohnen. Und dieses Hotel müsste, was den Preis angeht, äußerst elegant sein und dementsprechend sehr große Zimmer haben. Aber mein Zimmer ist ein Mauseloch.

Satzstellung

1. **bei gesteigertem Satzteil im Nominativ**
   a) **mit Artikel** vor dem Komparativ als Adjektiv:
   Ein je höheres *Haus dort gebaut werden soll,* ***ein desto besserer Statiker*** *muss gefragt werden.*
   b) **ohne Artikel**, oft im Plural und bei nicht zählbaren Nomen:
   Je fleißigere *Leute hier arbeiten,* ***desto höhere*** *Umsätze werden erzielt.*
   Je lautere *Musik gespielt wurde,* ***desto größere*** *Angst ergriff die Leute.*
2. **bei gesteigertem Satzteil als Objekt**
   a) **mit Artikel**:
   Eine je bessere *Arbeit er hat,* ***ein desto höheres*** *Gehalt bekommt er.*
   Einen je höheren *Preis du bezahlen kannst,* ***einen desto leistungsstärkeren*** *Computer bekommst du dafür.*
   b) **ohne Artikel**:
   Je größeren *Mut er beweist,* ***desto lauteren*** *Applaus erhält er.*
3. **bei Präposition vor dem gesteigerten Satzteil**
   a) **mit Artikel**:
   Auf einen je höheren *Berg du steigen willst,* ***mit einem desto erfahreneren*** *Bergführer solltest du die Tour planen.*
   b) **ohne Artikel**:
   Auf je höhere *Berge man steigen will, mit desto* ***erfahreneren*** *Bergführern muss man die Tour planen.*

Die Komparative „mehr“ und „weniger“ haben als Adjektive keine Endungen:
Du kommst mit wenigen Leuten gut aus. Du hast viele Feinde.
Mit ***je weniger*** *Leuten du gut auskommst,* ***desto mehr*** *Feinde hast du.*

Er erzählt von vielen Problemen. Wenige Freunde wollen ihm zuhören.
Von ***je mehr*** *Problemen er erzählt,* ***desto weniger*** *Freunde wollen ihm zuhören.*

Übungen

Verwenden Sie *je ... desto* mit Komparativ als Adverb/Adjektiv.

1. Der Lebensstandard ist gut. Man muss hohe Preise bezahlen.
   ____
2. Die Firma hat einen guten Ruf. Sie bekommt einen großen Auftrag.
   ____
3. Das Buch hat viele Seiten. Es ist dick und teuer.
   ____
4. Er konzentriert sich wenig. Er macht dumme Fehler.
   ____
5. Die Musik ist laut. Die Nachbarn beschweren sich oft.
   ____
6. Er hört laute Musik. Er findet viele Beschwerdebriefe im Briefkasten.
   ____
7. Die Kamera ist gut. Sie macht gute Fotos.
   ____
8. Wir haben gutes Wetter. Viele Leute gehen ins Schwimmbad.
   ____
9. Die wirtschaftliche Lage ist schlecht. Es gibt viele Arbeitslose.
   ____
10. Der Wohnraum ist knapp. Wir bezahlen hohe Mieten.
    ____
11. Seine Ausbildung ist gut. Er bekommt eine gute Stelle.
    ____
12. Der Gast bezahlt viel. Er bekommt ein gutes Essen.
    ____
13. Sie malt schöne Bilder. Sie verlangt hohe Preise dafür.
    ____
14. Der dicke Mann erzählt gute Witze. Seine Freunde lachen viel.
    ____
15. Der Werbemanager hat ausgefallene Ideen. Er verdient viel Geld.
    ____
16. Er hat großen Hunger. Er isst große Portionen.
    ____
17. Das Hotel hat schöne Räume. Es ist teuer.
    ____
18. Man hat gute Sprachkenntnisse. Man hat viele Chancen, einen Job zu finden.
    ____
19. Man schickt ein schweres Paket. Man muss ein hohes Porto dafür bezahlen.
    ____
20. Du übernimmst große Verantwortung. Du erhältst ein hohes Gehalt.
    ____

Lektion 63

Die Nebensätze (kausal und final)

1. Der kausale Nebensatz (Band 1, Lektion 93)

- Kausalsätze geben einen Grund an.
- Sie antworten auf die Frage ***warum*** (bzw. „wieso“, „weshalb“, „weswegen“).
- Die häufigste Subjunktion ist ***weil***.
- Die Subjunktion ***da*** gibt im Gegensatz zu „weil“ einen bereits bekannten Grund an und steht oft am Satzbeginn.
- Das konjugierte Verb steht im kausalen Nebensatz am Ende.
- Der Kausalsatz kann vor und nach dem Hauptsatz stehen. Wenn er vor dem Hauptsatz steht, steht im Hauptsatz zuerst das Verb und dann das Subjekt.

Ich möchte bitte nur einen Salat, ***weil*** *ich Vegetarier bin.*
Da *ich Vegetarier bin, mag ich kein Fleisch.*

- Die Konjunktion ***denn*** hat auch kausale Bedeutung (Band 1, Lektion 94).
- Die Wortstellung nach ***denn*** ist wie in einem Hauptsatz.
- Man findet ***denn*** selten am Satzanfang.

Ich möchte jetzt nichts trinken, ***denn*** *ich habe keinen Durst.*
Ich möchte nichts trinken, ***denn*** *jetzt habe ich keinen Durst.*

2. Der finale Nebensatz (Band 1, Lektion 118)

- Finalsätze drücken eine Absicht oder einen Zweck aus.
- Bei Subjektungleichheit (wenn es also zwei verschiedene Subjekte gibt), benutzt man die Subjunktion ***damit***.
- Das konjugierte Verb steht am Ende des Nebensatzes.

Ich *zeige dir die Stadt, damit* ***du*** *dich möglichst bald hier auskennst.*

- Bei Subjektgleichheit wird ***um … zu*** benutzt.
- Das Verb steht dann im Infinitiv nach ***zu*** am Ende des Satzes.
- Bei trennbaren Verben steht ***-zu-*** zwischen Präfix und Stamm.

Ich kaufe mir eine dicke Wolljacke, um nicht länger frieren ***zu*** *müssen.*
(d.h.: **Ich** kaufe mir die Jacke. **Ich** will nicht länger frieren.)
*Er nimmt ein Taxi, um rechtzeitig an**zu**kommen.*

Oft wird aber die Nebensatzkonstruktion mit ***um … zu*** + Infinitiv durch den Nebensatz mit der Subjunktion ***damit*** ersetzt. Man hört also auch:

Ich kaufe mir eine dicke Wolljacke, damit ich nicht länger frieren muss.
Er nimmt ein Taxi, damit er pünktlich ankommt.

Übungen

1. Setzen Sie *weil*, *da* oder *denn* ein.

1. Wir gehen nicht ins Theater, _______ wir haben keine Lust.
2. _______ wir hier in Deutschland sind, scheint die Sonne seltener als in Südeuropa.
3. Der Politiker musste zurücktreten, _______ er in einen großen Skandal verwickelt war.
4. Die Presse recherchierte lange über den Skandal, _______ sie wollte ihn bis ins letzte Detail aufklären.
5. Der Sohn bekam von seinem Vater Geld geschenkt, _______ er hatte eine gute Klassenarbeit geschrieben.
6. Die Frau ging zum Arzt, _______ sie starke Schmerzen im Rücken verspürte.
7. Das Flugzeug landete mit Verspätung, _______ es viele Warteschleifen hatte drehen müssen.

2. *damit* oder *um ... zu*?

1. Sie schenkte ihm ein Buch. Er sollte sich freuen.

   ____
2. Der Junge baute sich ein Versteck. Er wollte nicht gesehen werden.

   ____
3. Der junge Mann kaufte sich einen Porsche. Er wollte seinen Freunden imponieren.

   ____
4. Der Arzt verschrieb ihr ein Beruhigungsmittel. Sie sollte wieder besser schlafen können.

   ____
5. Er stellte sich den Wecker. Er wollte pünktlich zu seinem Vorstellungsgespräch erscheinen.

   ____

3. Verbinden Sie die Sätze mit *weil*, *da*, *denn*, *damit* oder *um ... zu*.

1. Die Politik möchte Plastik verbieten. Wir verschmutzen damit die Umwelt.

   ____
2. Man lässt sich Plastikbeutel geben. Man trägt darin die gekauften Waren.

   ____
3. Plastikbeutel kosten jetzt Geld. Wir sollen weniger Plastikbeutel benutzen.

   ____
4. Man schüttet Plastikmüll in die Meere. Es gibt ein großes Fischsterben.

   D____
5. Man kauft Jutebeutel. Die Umwelt soll geschont werden.

   ____
6. Man soll Plastikflaschen zurückgeben. Deshalb gibt es jetzt Pfand darauf.

   Es ____
7. Es gibt eine Steuer auf Plastikmüll. Man will die Müllberge reduzieren.

   D____

Lektion 64

Der konsekutive Nebensatz

◆ Ist es draußen wirklich so warm, dass wir ohne Jacke zur Schule gehen können?
○ Ja, wir haben jetzt schon 24 Grad, sodass ihr bestimmt hitzefrei bekommt.
◆ Gestern war es schon dermaßen heiß, dass alle Schüler nach Hause gehen wollten.

Konsekutivsätze geben eine Folge oder eine Konsequenz an.
Sie beginnen zumeist mit ***sodass*** und stehen immer hinter dem Hauptsatz.

*Es gab eine Bombendrohung, **sodass** alle Leute in Panik gerieten.*
*Er zog die Hose hoch, **sodass** alle seinen blauen Fleck am Bein sehen konnten.*

Steht im übergeordneten Satz ein Adjektiv oder Adverb, wird meistens das Wort ***so*** direkt davor gestellt und der Nebensatz nur mit ***dass*** begonnen (der Nebensatz muss sich aber auf dieses Adjektiv/Adverb beziehen).

*Die Explosion war **so** stark, **dass** man sie noch im Umkreis von 5 Kilometern hören konnte.*
*Das Wetter war **so** schlecht, **dass** wir jeden Tag in unserem Ferienhaus geblieben sind.*

Wenn man sich das Adverb nach ***so*** leicht denken kann, kann es auch weggelassen werden.

*Er arbeitet **so**, dass er jeden Tag todmüde ins Bett fällt.*
gemeint: *Er arbeitet **so hart/viel** …*

Manchmal wird „so“ durch ***dermaßen*** oder ***derart*** ersetzt.
„Dermaßen“ und „derart“ verleiht dem folgenden Adjektiv/Adverb eine größere Betonung als „so“.

*Es war **dermaßen/derart** kalt, dass seine Hände schon ganz blau waren.*
*Der Mann war **derart** fasziniert, dass er ganz sprachlos war.*
*Das Kind war **dermaßen** aufgeregt, dass es am ganzen Leib zitterte.*
*Er fuhr **dermaßen** schnell, dass ihn niemand überholen konnte.*

Bei negativer Folge (*so dass **nicht** / so dass **kein…***) kann man statt „so“ auch ***zu*** sagen. Der folgende Nebensatz beginnt dann mit ***als dass*** und das Verb des Nebensatzes steht ohne Negation im Konjunktiv.

*Er ist **so** groß, **dass** er **nicht** in dieses kleine Auto passt.*
*Er ist **zu** groß, **als dass** er in dieses kleine Auto passen würde.*

*Er hat **so** wenig Geld, **dass** er sich **kein** Essen im Restaurant leisten kann.*
*Er hat **zu** wenig Geld, **als dass** er sich ein Essen im Restaurant leisten könnte.*

Übungen

1. Schreiben Sie konsekutive Nebensätze mit *sodass* oder *so …, dass*.

Ich fühlte mich nicht wohl. Ich musste nach Hause gehen.

Ich fühlte mich nicht wohl, sodass ich nach Hause gehen musste.

Mir war schlecht. Ich musste nach Hause gehen.

Mir war so schlecht, dass ich nach Hause gehen musste.

1. Wir möchten diese Stadt nicht mehr verlassen. So sehr hat sie uns gefallen.
2. Die Sängerin sang gut. Die Zuschauer waren ganz begeistert.
3. Ich konnte nichts sagen. Ich war überrascht.
4. Die Druckerpatrone war leer. Ich konnte den Brief nicht ausdrucken.
5. Die Tochter zog sich an. Sie konnte ihre Schwester zum Kindergarten bringen.
6. Wir mussten gestern zu Hause bleiben. Es hat stark geregnet.
7. Er konnte im Restaurant nicht bezahlen. Er musste abwaschen.
8. Er konnte nicht mehr sprechen. So erschrocken war er.
9. Die Leute verkauften ihr Hab und Gut. In einer so großen Not waren sie.

2. Verbinden Sie die Sätze. Benutzen Sie die Subjunktionen in Klammern.

1. Peter verließ die Klasse. Er hatte starke Kopfschmerzen. (so …, dass)
2. Das Mädchen hatte großes Heimweh. Es weinte jeden Abend. (da)
3. Wir konnten die Suppe essen. Der Kellner brachte uns einen Löffel. (damit)
4. Er wollte ihr die Sterne vom Himmel holen. So sehr liebte er sie. (so …, dass)
5. Er bat sie auf seinen Knien um Hilfe. Er hing von ihrer Hilfe ab. (weil)
6. Er dachte lange nach. Er wollte die richtige Lösung finden. (um … zu)
7. Das Buch passte nicht in seine Tasche. So dick war es. (so …, dass)
8. Er aß schnell und gierig. Er hatte großen Hunger. (so …, dass)

Lektion 65

Der konzessive Nebensatz mit *obwohl*

◆ Muss dein Sohn wirklich Latein lernen, obwohl diese Sprache nirgendwo gesprochen wird?

○ Ich weiß, dass man Latein nicht mehr spricht. Trotzdem soll mein Sohn sie lernen. Auch ich musste Latein lernen, obwohl ich keine Lust dazu hatte. Und es hat mir nicht geschadet.

- Konzessive Nebensätze schränken den Hauptsatz ein oder bilden einen logischen Gegensatz zum Hauptsatz.
- Sie beginnen zumeist mit der Subjunktion ***obwohl***.
- Wenn „obwohl“ am Satzanfang steht, steht im Hauptsatz zuerst das **Verb** und dann das **Subjekt**.
- Gleichbedeutend mit „obwohl“ sind ***obgleich*** und ***obschon***. In der gesprochenen Sprache werden sie seltener benutzt.

*Er trägt eine Sonnenbrille, **obwohl** die Sonne nicht scheint.*
***Obwohl** die Sonne scheint, **möchte sie** nicht an den Strand gehen.*
***Obwohl** er keine Zeit mehr hat, **hilft er** ihr noch einen Moment.*
*Der Schüler antwortete nicht, **obgleich** er alles verstanden hatte.*
***Obschon** der Bus zwanzig Minuten Verspätung hatte, **kamen wir** noch pünktlich.*

Man darf „obwohl“ nicht mit „trotzdem“ oder „dennoch“ verwechseln.

- ***Trotzdem*** und ***dennoch*** stehen in einem Hauptsatz, ***obwohl*** leitet einen Nebensatz ein.
- Im Satz mit „trotzdem“ bzw. „dennoch“ steht die unerwartete Handlung.
- „Trotzdem“ und „dennoch“ können am Satzanfang oder nach dem Verb stehen. Wenn „trotzdem“ bzw. „dennoch“ nach dem Verb steht, trennt man die beiden Hauptsätze durch einen Punkt.

Er hatte sich den Wecker gestellt; trotzdem kam er zu spät zur Arbeit.
Er hatte sich den Wecker gestellt. Er kam trotzdem zu spät zur Arbeit.
Er hatte sich den Wecker gestellt; dennoch kam er zu spät zur Arbeit.
Er hatte sich den Wecker gestellt. Er kam dennoch zu spät zur Arbeit.

Vergleichen Sie ***trotzdem*** bzw. ***dennoch*** mit der mehrgliedrigen Konjunktion ***zwar … aber***, die auch einen logischen Gegensatz ausdrückt. Hier steht die „unerwartete“, „nicht logische“ Handlung bei „aber“.

Zwar hatte er sich den Wecker gestellt, kam aber zu spät zur Arbeit.

1. Schreiben Sie folgenden Sachverhalt ohne Sinnveränderung neu.
Der Student erhält viel BAföG. Er will aber noch mehr Geld haben.

1. Obwohl ____
2. ______________________________. Er ________ trotzdem ____________________
3. ______________________________, dennoch ______________________________
4. Zwar ____________________________, ___________ aber ____________________

Übungen

2. Schreiben Sie Nebensätze mit *obwohl*.

Manchmal ist sowohl die Gegenwart als auch die Vergangenheit möglich:
Wenn man viel arbeitet, ist man schnell müde.
Du bist aber nicht müde, obwohl du viel arbeitest/gearbeitet hast.

1. Wenn jemand krank ist, muss er das Bett hüten.
   Du bist aber aufgestanden, ______
2. Wenn jemand viel Geld hat, ist er normalerweise glücklich.
   Mein Vater ist aber unglücklich, ______
3. Wenn man viel Kaffee trinkt, wird man wach.
   Ich bin aber müde, ______
4. Wenn jemand viel gegessen hat, ist er satt.
   Du bist aber immer noch nicht satt, ______
5. Wenn man 6 Jahre in der Schule Englisch gelernt hat, muss man es schon gut können.
   Er kann aber immer noch nicht gut Englisch, ______
6. Wenn man sich im Winter warm anzieht, kann man sich nicht so schnell erkälten.
   Mein Sohn hat sich aber erkältet, ______
7. Wenn man einen spannenden Krimi gesehen hat, kann man oft nicht gut schlafen.
   Mein Mann aber hat gut geschlafen, ______
8. Wenn es regnet, bleibt man normalerweise zu Hause.
   Peter ist aber spazieren gegangen, ______

3. Beginnen Sie mit *obwohl*, *obgleich*, *obschon*.

1. Wenn es kalt ist, heizt man seine Wohnung. (Susann)
   Obwohl es gestern sehr kalt war, ______ *(Perf.)*
2. Der Schüler hatte viel gelernt; trotzdem konnte er die Prüfung nicht bestehen.
   Obwohl der Schüler ______
3. Der Lehrer hat die Grammatik stundenlang erklärt; trotzdem haben die Schüler sie nicht verstanden.
   Obgleich der Lehrer ______
4. Ich stehe immer sehr früh auf; trotzdem komme ich oft zu spät zur Arbeit.
   ______
5. Sie hatten jahrelang gespart; trotzdem konnten sie sich die neue Wohnung nicht leisten.
   ______
6. Die Kinder waren gut erzogen worden; trotzdem benahmen sie sich jetzt sehr schlecht.
   ______
7. Sie hatte auf ihr Gepäck aufgepasst; trotzdem wurde es ihr gestohlen.
   ______
8. Der Klimawandel schreitet ständig voran. Die Leute wollen nicht auf Flugreisen verzichten.
   ______

Lektion 66

wenn

◆ Wenn du den Job haben willst, musst du dich für das Vorstellungsgespräch aber besser anziehen.

○ Die nehmen mich auch, wenn ich Jeans trage. Nur wenn sie bemerken, dass ich für den Job nicht geeignet bin, dann sagen sie mir ab.

◆ Wenn man früher zu einem Vorstellungsgespräch ging, zog man sich immer gut an.

Der konditionale Nebensatz (Band 1, Lektion 92; Band 2, Lektion 46)

- Den konditionalen Nebensatz leitet man mit der Subjunktion ***wenn***, ***falls*** oder ***sofern*** ein. Im konditionalen Nebensatz wird meistens das Präsens benutzt. Bei Konditionalsätzen ohne Subjunktion steht das Verb an erster Stelle (wie bei einer Frage!).
- Der Konditionalsatz drückt eine Bedingung aus, die erfüllt werden muss, bevor die Aktion des Hauptsatzes realisiert wird bzw. eintreten kann.

Wenn man sich anständig benimmt, bekommt man keine Probleme.
Ich gebe dir meinen Schlüssel, falls niemand zu Hause ist.
Ich kaufe 3 Eintrittskarten, sofern überhaupt noch Plätze frei sind.

Wenn man die Prüfung nicht besteht, kann der Kurs nicht fortgesetzt werden.
Besteht man die Prüfung nicht, kann der Kurs nicht fortgesetzt werden.
Gibt man die Unterlagen zu spät ab, kann der Antrag nicht mehr berücksichtigt werden.

Achtung: ***wenn*** kann sowohl **konditionale** als auch **temporale Bedeutung** haben (siehe unten). Um den Unterschied zum temporalen *wenn*-Satz zu erkennen, kann man als Probe das Wort „nur" davorsetzen:
(Nur) wenn du mir das Geld gibst, hole ich dir die Brötchen.
(*d. h.:* Wenn du mir das Geld nicht gibst, hole ich dir keine Brötchen.)

Der temporale Nebensatz mit *wenn*

- ***wenn*** mit dem **Präsens** bedeutet ***in dem Moment***, ***zu dem Zeitpunkt***.
- Für die **Vergangenheit** wird ***wenn*** nur dann eingesetzt, wenn es sich um wiederholte, immer wiederkehrende Handlungen handelt. Es hat dann die Bedeutung von ***jedes Mal wenn***, ***immer wenn***.
- Wenn es sich um eine ***einmalige, abgeschlossene Handlung in der Vergangenheit*** handelt, benutzt man ***als*** (siehe nächste Lektion).

Wenn Vater nach Hause kommt, ist das Essen meistens fertig.
Als *Vater* ***gestern*** *nach Hause kam, stand das Essen schon auf dem Tisch.*

Zur Unterscheidung vom konditionalen „wenn" kann man als Probe „immer" vor „wenn" setzen:
(Immer) wenn der Vater nach Hause kam, stand das Essen schon auf dem Tisch.
(Immer) wenn die Sonne aufging, krähte der Hahn.

Übungen

1. Schreiben Sie Sätze mit *wenn*.
Unterstreichen Sie „k“ für konditional und „t“ für temporal:

1. Man benutzt einen Löffel. Man isst eine Suppe.
   ______________________________ (k/t)
2. Er ist noch ein Kind. Er darf diesen Film noch nicht sehen.
   ______________________________ (k/t)
3. Der Großvater kam zu uns. Er brachte uns immer Schokolade mit.
   ______________________________ (k/t)
4. Du willst einen Wagen kaufen. Du musst lange sparen.
   ______________________________ (k/t)
5. Ich wollte meinen Freund besuchen. Ich musste immer vorher anrufen.
   Immer ______________________________ (k/t)
6. Die Sonne geht auf. Der Hahn kräht.
   ______________________________ (k/t)
7. Du kannst im Restaurant nicht bezahlen. Du musst das Geschirr abwaschen.
   ______________________________ (k/t)
8. Die Geschäfte schließen. Die Straßen leeren sich.
   ______________________________ (k/t)
9. Du sagst das noch einmal. Du bekommst kein Taschengeld mehr.
   ______________________________ (k/t)

2. Schreiben Sie Konditionalsätze mit Verb in Spitzenstellung und mit *wenn*.
Man gibt die falsche PIN ein. Das Programm öffnet sich nicht.
Gibt man die falsche PIN ein, öffnet sich das Programm nicht.
Wenn man die falsche PIN eingibt, öffnet sich das Programm nicht.

1. Sie bezahlen die Rechnung zu spät. Sie müssen eine Mahngebühr bezahlen.
   ____
   ____
2. Der Satz beginnt mit einer Zeitangabe. Das Verb steht direkt dahinter.
   ____
   ____
3. Du kommst später. Sag uns möglichst bald Bescheid.
   ____
   ____
4. Sie melden sich rechtzeitig zu dem Kurs an. Sie erhalten einen Platz.
   ____
   ____
5. Sie haben eine Frage. Melden Sie sich bitte!
   ____
   ____
6. Die Lieferung kommt zu spät an. Ich bezahle keine Versandkosten.
   ____
   ____

Lektion 67

Der temporale Nebensatz: *wenn, als*

◆ Papi, hast du auch gerne Fußball gespielt, als du klein warst?
○ Nicht nur, als ich klein war. Auch heute noch möchte ich sofort die Fußballschuhe anziehen, wenn ich deinen Ball im Garten liegen sehe.
◆ Und wolltest du auch ein Profifußballer werden, als du noch ein Kind warst?
○ Na klar. Und wenn du so weitertrainierst, wirst du bestimmt ein bekannter Fußballprofi, wenn du groß bist.

- Die Subjunktion „wenn" kann man temporal und konditional benutzen.
- Die Unterscheidung „temporal" oder „konditional" ist nicht immer eindeutig.
- Um den Unterschied zwischen diesen beiden Gebräuchen zu erkennen, kann man zur Verdeutlichung die Wörter „immer" oder „nur" einsetzen:

(immer) wenn	temporal

oder

(nur) wenn	konditional

„(immer) wenn" kann man im Präsens und in der Vergangenheit benutzen.

Präsens
Im **Präsens** kann ***wenn***
einen Zeitpunkt oder eine sich wiederholende Handlung beschreiben.
Wenn du wieder zu Hause bist, mache ich dir ein warmes Essen.
Wenn du weinst, werde ich schwach und ändere meine Meinung.
(Immer) wenn die Sonne hinter den Bergen hervorkommt, kräht der Hahn.

Vergangenheit
In der **Vergangenheit** beschreibt ***wenn*** **immer eine sich wiederholende, stets wiederkehrende Handlung**.
Präteritum: *(Immer) wenn die kleine Tochter lächelte, gab der Vater nach.*
Perfekt: *Wir haben immer gelacht, wenn unser Onkel diesen Witz erzählt hat.*

Handelt es sich um eine **einmalige, abgeschlossene Handlung in der Vergangenheit**, benutzt man ***als***:
Als er gestern nach Hause kam, waren seine Kinder schon im Bett.
Der Klassenlehrer musste stolpern, als er das Klassenzimmer betrat.

Auch wenn es sich um einen **längeren Zeitraum oder einen Zustand in der Vergangenheit** handelt, setzt man ***als*** ein:
Als ich klein war, habe ich jeden Tag Fußball gespielt.
Als es noch Dinosaurier gab, war das Klima auf dieser Welt ganz anders.

Merke! Die temporale Subjunktion ***als*** kann man **nur mit Zeiten der Vergangenheit** benutzen, d.h. mit dem Perfekt, Präteritum oder Plusquamperfekt.

Übungen

1. Schreiben Sie den Text in ganzen Sätzen. Achten Sie auf *wenn* und *als*.

1. ___ ich / sein (*Prät.*) / klein /, wir / gehen (*Prät.*) / an / d__ Strand / oft / mit / d__ ganz__ Familie.

2. A___ Strand / auspacken / meine Mutter / der Picknickkorb /, während / wir Kinder / sofort / in__ Wasser / springen.

3. Vater / etwas später / immer / kommen /, weil / müssen / er / noch / arbeiten / in sein___ Büro.

4. Immer ___ / Vater / an / kommen / der Strand, / sich / setzen / er / sofort / unter / der Sonnenschirm /, d__ / Mutter / aufspannen (*Plusq.*) / schon / für ___ (er)

5. Mutter / bringen / er / sofort / ein__ kalt__ Limonade / und / die Zeitung.

6. Vater / sein__ Schnurrbart / drehen / und / lesen / in all__ Ruhe / die Zeitung

7. Jedes Mal _____ / genug / er / lesen (*Plusq.*) /, spielen / er / mit / unser__ Hund

8. Einmal __ / Vater / wieder / so genüsslich / sein__ Zeitung / lesen /, kommen / unser__ Hund / aus / das Wasser / gelaufen / und sich schütteln / direkt / vor unser__ Vater.

9. Der Vater / und die Zeitung / nass / werden / durch und durch.

10. Zuerst / sein / sehr böse / Vater /, ___ er aber / sehen /, dass / lachen / sein__ ganz__Familie /, müssen / auch / er / mit uns / lachen.

2. Verbinden Sie die Sätze mit *wenn* oder *als*.

1. Es war sehr warm. Wir gingen immer an den Strand.

2. Es fing gegen 18 Uhr zu regnen an. Die Leute spannten die Regenschirme auf.

3. Mein Großvater war bei uns zu Besuch. Er saß immer auf demselben Stuhl.

4. Mein Vater war klein. Er spielte auch Fußball.

5. Er bemerkte, dass er kein Geld bei sich hatte. Er wurde ganz rot.

Lektion 68

während: temporal oder adversativ

◆ Was heißt eigentlich Multitasking?
○ Multitasking heißt, dass man mehrere Dinge gleichzeitig erledigen kann. So telefoniert meine Mutter zum Beispiel, während sie bügelt.
◆ Das erinnert mich an meine Großmutter. Sie hatte auch immer etwas zu tun. Sie unterhielt sich mit ihren Freundinnen, während sie die Blumen goss. Sie sah fern, während sie aufräumte, und sie löste Kreuzworträtsel, während sie strickte.
○ Ich finde, dass es schwer ist, etwas zu schreiben, während man telefoniert.

Während leitet einen **temporalen Nebensatz** ein und drückt **Gleichzeitigkeit, Parallelität der Handlungen** aus. Deshalb werden auch im Haupt- und im Nebensatz dieselben Zeiten eingesetzt.

Präsens: *Während er den Abwasch macht, trocknet sie ab.*
Vergangenheit: *Während er im Garten lief, pfiff er vor sich hin.*
Ich habe die Nachrichten gehört, während ich mich geduscht habe.

Die Subjunktion ***während*** kann manchmal durch die Subjunktion ***solange*** ersetzt werden:
Solange du fernsiehst, spiele ich ein Computerspiel auf der Playstation.

Bei ***solange*** denkt man aber eher an den gleichzeitigen Endpunkt der beiden Handlungen oder an eine konditionale Bedeutung.
Solange du den Brief schreibst, spiele ich Computer.
(= Wenn du fertig bist, höre ich auch auf.)
Sei froh, solange er dir noch alles erzählt. (konditional)

Mit dem Wort ***während*** kann auch ein **Gegensatz zum Hauptsatz** ausgedrückt werden (adversativ).

Während *wir hier die Regenschirme aufspannen müssen, liegen meine Freunde in Spanien am Strand und sonnen sich.*
Während *die Kinder hier einen Computer zum Geburtstag bekommen, freuen sich die Kinder dort noch über einen Lederfußball.*

---

1. Gegensatz (Ggs.) **oder Gleichzeitigkeit** (Glz.)**? Unterstreichen Sie.**

1. Während wir hier sitzen können, müsst ihr stehen. (Ggs./Glz.)
2. Der Vater sieht ein Fußballspiel im Fernsehen, während sich die Mutter mit der Nachbarin unterhält. (Ggs./Glz.)
3. Während diese Firma große Fortschritte erzielt hat, ist ihr Konkurrent pleite gegangen. (Ggs./Glz.)
4. Er hat Fortbildungskurse besucht, während er sich beworben hat. (Ggs./Glz.)
5. Während sich die Konkurrenz weiterentwickelt hat, sind wir auf demselben Stand wie vor 10 Jahren. (Ggs./Glz.)

Übungen

2. Schreiben Sie Nebensätze mit *während*.

1. Er frühstückte. Zur gleichen Zeit las er Zeitung.
   ____
2. Die Kinder spielten im Garten. Die Mutter kochte das Mittagessen.
   ____
3. Wir sind mit dem Zug gefahren. Wir haben aus dem Fenster geschaut.
   ____
4. Die junge Frau dachte an ihren Freund. Sie malte kleine Herzen aufs Papier.
   ____
5. Die Schüler machen eine Pause. Der Lehrer korrigiert ihre Hefte.
   ____
6. Er arbeitet an seiner Doktorarbeit. Er hört klassische Musik.
   ____
7. Die Großmutter hat einen Pullover gestrickt. Sie hat ferngesehen.
   ____
8. Hier hat es dauernd geregnet. Bei euch hat die Sonne geschienen.
   ____
9. Er schläft und schnarcht dabei sehr laut.
   ____
10. Wir haben hier 30 Grad im Schatten und schwitzen. Bei euch schneit es.
    ____
11. Geben Sie etwas Gas. Sie müssen die Kupplung langsam kommen lassen.
    ____
12. Bitte sprechen Sie nicht mit dem Fahrer! Er fährt.
    ____
13. Die einen sitzen vorm Fernseher. Die anderen gehen aus.
    ____
14. Halten Sie die Steuerungstaste gedrückt. Ziehen Sie den Cursor nach unten.
    ____

3. Schreiben Sie Nebensätze mit *solange*.

1. Du wohnst hier. Du musst dich an die Vorschriften des Hauses halten.
   Solange ______________________________
2. Die Leute sind zufrieden. Sie erzielen ein gutes Einkommen.
   ______________, solange ______________________
3. Du benimmst dich gut. Du hast keine Probleme.
   Solange ______________________________
4. Ich bleibe hier. Das Problem ist nicht gelöst.
   ______________, solange ______________________
5. Sie arbeiten unzuverlässig. Sie erhalten keine Gehaltserhöhung
   Solange ______________________________
6. Ich bleibe hier. Du bist krank.
   ______________, solange ______________________

Lektion 69

bevor, nachdem

◆ Was hast du eigentlich gemacht, bevor du studiert hast?
○ Bevor ich mit meinem Studium anfing, hatte ich ein soziales Jahr gemacht.
◆ Hast du das soziale Jahr direkt nach dem Abi gemacht?
○ Ja, nachdem ich mein Abitur erfolgreich abgeschlossen hatte, wollte ich unbedingt ins Ausland gehen und dort anderen Menschen helfen.

Bei zwei Handlungen in der Vergangenheit kann man durch Verwenden der Subjunktionen ***bevor*** und ***nachdem*** zeigen, welche der beiden Handlungen **die erste** und welche **die zweite** war.

1. Handlung	*2. Handlung*
Zuerst kauften wir die Eintrittskarten.	**Dann** gingen wir ins Kino.
Nachdem wir die Eintrittskarten gekauft hatten,	gingen wir ins Kino.
2. Handlung	*1. Handlung*
Bevor wir ins Kino gingen,	kauften wir die Eintrittskarten.

Im Nebensatz mit ***bevor*** steht die zeitlich zweite Handlung.

Obwohl die Handlungen des Nebensatzes mit ***bevor*** und des Hauptsatzes zu unterschiedlichen Zeitpunkten stattfinden, benutzt man normalerweise in Haupt- und Nebensatz das gleiche Tempus:
Handlung I und Handlung II **im Präteritum/Perfekt**:
Bevor *wir aßen, beteten wir.*
Ich habe die Fenster geschlossen, ***bevor*** *wir das Haus verlassen haben.*

Möglich ist aber auch: Handlung I im **Plusquamperfekt** und Handlung II im **Präteritum**:
Bevor *er den Saal betrat, hatte er sich geräuspert.*

Benutzt man in **Haupt- und Nebensatz** das **Präsens**, kann eine futurische Idee oder eine Gewohnheit ausgedrückt werden:
Bevor wir morgen zur Arbeit gehen, frühstücken wir noch in aller Ruhe.
Wir waschen uns (normalerweise) die Hände, bevor wir uns an den Tisch setzen.

Bei dem Nebensatz mit ***nachdem*** ist die Zeitenfolge zu beachten.
Im Nebensatz mit ***nachdem*** steht die zeitlich erste Handlung.
Nebensatz = Plusquamperfekt, Hauptsatz = Präteritum/Perfekt oder
Nebensatz = Perfekt, Hauptsatz = Präsens.
Nachdem *wir die Eintrittskarten* ***gekauft hatten***, ***gingen*** *wir ins Kino.*
sind *wir ins Kino* ***gegangen***.
Wir ***gehen*** *spazieren,* ***nachdem*** *wir* ***gegessen haben***. (futurische Bedeutung)
Hier wird die erste Handlung (= Eintrittskarten kaufen/essen) durch die Zeitenfolge klar von der zweiten Handlung (= ins Kino gehen/spazieren gehen) abgehoben.

Für ***nachdem*** kann man auch ***sobald*** benutzen. Das bedeutet dann aber „direkt danach" und kann vor- und gleichzeitig benutzt werden:
Sobald die Polizei eingetroffen war, hörten sie auf, sich zu streiten.
Sobald du achtzehn bist, darfst du wählen. (futurisch)
Wir schicken Ihnen einen Beleg, sobald wir das Geld haben. (futurisch)

Übungen

1. Schreiben Sie Sätze mit *während*, *bevor* und *nachdem*.

1. Der Ehemann liest die Zeitung und frühstückt dabei.

   ____

2. Erst habe ich mich geduscht. Dann habe ich mich angezogen.

   ____

3. Die alte Frau erzählt den Kindern ein Märchen. Die Kinder hören ihr zu.

   ____

4. Die Polizei umstellte das Haus. Dann forderte sie die Gangster auf, das Haus zu verlassen.

   ____

5. Der Patient wurde operiert. Vorher bekam er eine Beruhigungsspritze.

   ____

6. Der Gast wartet auf das Essen. Er schaut aus dem Fenster.

   ____

7. Wir trinken einen Kaffee. Zuvor unterhalten wir uns noch ein wenig.

   ____

8. Ich lag wach im Bett. Ich musste immer an das Problem denken.

   ____

9. Es gab ein großes Finale. Danach floss der Sekt in Strömen.

   ____

10. Er pflanzte einen Baum. Vorher hatte er ein großes Loch gegraben.

    ____

11. Sie haben das Studium erfolgreich abgeschlossen. Sie müssen sich bewerben.

    ____

2. Setzen Sie *nachdem*, *bevor*, *während*, *als* oder *wenn* ein.

1. ________ um 8:00 Uhr sein Wecker klingelte, erschrak er sehr.
2. ________ er aufstand, las er die Zeitung und hörte Radio. (Dann stand er auf.)
3. ________ er sich geduscht hatte, trocknete er sich ab.
4. ________ er sich in aller Ruhe abtrocknete, sang er ein Lied, das er zuvor im Radio gehört hatte.
5. ________ er sich gerade rasierte, klingelte es an der Haustür.
6. ________ er den Rasierapparat aus der Hand legen konnte, klingelte es noch ein zweites Mal.
7. Er dachte: „Die Leute heutzutage sind alle so ungeduldig. Immer ________ man früher jemanden besuchte, wartete man schon eine Weile, ________ man ein zweites Mal klingelte."
8. ________ er schließlich die Haustür erreichte und sie öffnete, stand niemand mehr vor der Tür.
9. ________ er sich anzog, dachte er die ganze Zeit darüber nach, wer das wohl gewesen sein konnte.

bis, seit, seitdem

◆ Mögen Sie Ihre Arbeit als Lehrer?
○ Ja, sehr. Und ich beabsichtige, diese Tätigkeit auszuüben, bis ich in Rente gehe.
◆ Und seit wann machen Sie das schon?
○ Ich habe unterrichtet, seitdem ich mein Studium erfolgreich abgeschlossen habe. Bis ich 15 Jahre alt wurde, wollte ich eigentlich immer Sportler werden. Aber seit ich dann ein Praktikum an einer Schule absolviert habe, liebe ich diese abwechslungsreiche Arbeit mit den Schülern und möchte sie fortsetzen, bis ich absolut keine Lust mehr dazu habe.

- Mit ***bis*** wird Gleichzeitigkeit ausgedrückt.
- Die Handlung im übergeordneten Satz endet zu dem Zeitpunkt, den der Nebensatz mit ***bis*** beschreibt.
- Wenn man im Haupt- und Nebensatz das Präsens verwendet, nimmt der Nebensatz mit ***bis*** eine futurische Bedeutung an.

Ich bleibe in Deutschland, ***bis*** *ich hier keine Arbeit mehr finde.*
Bis *du mich besuchst, muss ich noch viel erledigen.*

Es können aber auch Vergangenheitszeiten verwendet werden.

Sie hat an seinem Bett gesessen, ***bis*** *er aufgewacht ist.*
In unserer Familie gab es nie Streit, ***bis*** *wir ein Fernsehgerät kauften.*
Der schüchterne Mann wartete, ***bis*** *sie eine Unterhaltung mit ihm begann.*

Mit ***seit*** oder ***seitdem*** werden gleichzeitige Handlungen beschrieben, die zu einem Zeitpunkt in der Vergangenheit eingesetzt haben, bis jetzt andauern und mit der Gegenwart eng verknüpft sind.
Daher steht der Hauptsatz normalerweise im Präsens.

Seit *ich bei dieser Firma arbeite, habe ich viel mehr Zeit für meine Familie.*
Seitdem *ich nicht mehr rauche, geht es mir viel besser.*

Wenn eine Handlung in der Vergangenheit eingesetzt hat und bis zur Gegenwart andauert, stehen Haupt- und Nebensatz in verschiedenen Zeiten:

Seit *das Benzin so teuer geworden ist, bleiben die Leute öfter daheim.*
Seitdem *er befördert worden ist, spricht er nicht mehr mit jedem.*
Seitdem *man dieses Gesetz eingeführt hat, geht es den Leuten finanziell etwas besser.*

Übungen

1. Setzen Sie *bis* oder *seit(dem)* ein.

1. Er wartete auf sie, _______ die Kneipe schloss.
2. _______ sie einen Job fand, wohnte sie bei den Eltern.
3. _______ die Geschäfte länger geöffnet sind, wird viel mehr gekauft.
4. Er saß am Strand und dachte nach, _______ die Sonne aufging.
5. _______ die Regierung gewechselt hat, geht es der Bauindustrie besser.
6. Er ging oft mit seinen Freunden aus, _______ er heiratete.
7. Du musst dieses Wort so oft sagen, _______ du es richtig aussprechen kannst.
8. _______ es an dieser Kreuzung eine Ampel gibt, passieren kaum noch Unfälle.
9. _______ er ins Fitnesscenter geht, ist er abends immer sehr müde.
10. Der Kommissar befragte den Verdächtigen, _______ er endlich die Wahrheit erfuhr.
11. _______ der Gefangene entlassen wurde, wird er von der Polizei beobachtet.
12. _______ ich keine Süßigkeiten mehr esse, habe ich 3 Kilo abgenommen.
13. _______ das Netzwerk nicht funktioniert, ist sie nicht mehr online.
14. Es vergingen viele Wochen, _______ er sie das erste Mal in den Arm nahm.
15. _______ er mit ihr ausgeht, machen seine Freunde Witze über ihn.
16. _______ sich die Sonne öfters sehen lässt, wachsen die Blümchen in unserem Garten viel schneller.
17. Ich erkläre es dir gerne solange, _______ du es endlich verstehst.
18. Man schwieg, _______ endlich jemand anfing zu lachen.
19. _______ er 28 wurde, wohnte er im Hause seiner Tante.
20. _______ er ausgezogen ist, vermieten die Eltern sein Zimmer an Studenten.
21. Es sind noch 4 Tage, _______ du aus dem Krankenhaus entlassen wirst.
22. Er hat uns kaum besucht, _______ er an seiner Doktorarbeit schreibt.
23. _______ der Tunnel gebaut worden ist, gibt es in unserer Straße weniger Staus.
24. Wir bitten Sie, angeschnallt zu bleiben, _______ unser Flugzeug seine endgültige Position erreicht hat.

2. Schreiben Sie vollständige Sätze mit *seit(dem)* oder *bis*.

1. die Fabrik – geschlossen werden (*Prät.*) – das Gelände – leer stehen (*Präs.*)

   ____

2. er – als Kellner – arbeiten (*Prät.*) – er – endlich – einen Ausbildungsplatz – finden (*Prät.*)

   ____

3. das Smartphone – es gibt – die Leute – sich unterhalten – weniger

   ____

4. man – warten müssen (*Präs.*) – in der Schlange – man dran ist.

   ____

5. er – verkaufen (*Perf.*) – das Auto – er – nur noch – zu Fuß gehen.

   ____

Lektion 71

Der modale Nebensatz mit *indem*

◆ Wie kann man eine Sprache schnell lernen?
○ Ich glaube, dass man eine Sprache schnell lernt, indem man für eine gewisse Zeit ins Ausland geht und sich dort viel mit den Leuten unterhält.
◆ Aber kann man denn eine Sprache wirklich lernen, indem man nur spricht?
○ Ja, und auch dadurch dass man viele Bücher in der Fremdsprache liest.

Der Nebensatz mit ***indem*** sagt aus, wie etwas gemacht wird.

Wie öffnet man die Flasche? Was muss man machen?
*Man öffnet die Flasche, **indem** man den Deckel nach links dreht.*

Wie kann man Geld sparen?
*Man kann Geld sparen, **indem** man nicht gleich alles kauft, was man sieht.*

Für ***indem*** kann man auch ***dadurch dass*** verwenden:
*Du gewinnst sein Vertrauen, **dadurch dass** du immer offen und ehrlich bist.*

dadurch kann auch im Hauptsatz stehen, ***dass*** leitet dann den Nebensatz ein:
Wie kann man den Akku des Handys schonen?
*Man kann den Akku des Handys **dadurch** schonen, **dass** man das Handy nachts ausschaltet.*

1. Bilden Sie Sätze mit *indem*.

1. Man kann die Tür öffnen, wenn man den Schlüssel nach links dreht.
   ____
2. Du verbrauchst weniger Benzin, wenn du langsamer fährst.
   ____
3. Wenn du viel sprichst, wirst du im Deutschen sicherer.
   ____
4. Man kann das Essen eher genießen, wenn man es langsam isst.
   ____
5. A: Wie hat er die Kerze ausgemacht?
   B: Er hat Daumen und Zeigefinger angefeuchtet und den Docht zusammengedrückt.
   Er hat die Kerze ausgemacht, ______________________________
   ____
6. A: Wie soll ich mich denn in meinem Haus sicherer fühlen?
   B: Ganz einfach! Du lässt dir eine Alarmanlage installieren.
   Du kannst dich ______________________________
   ____
7. A: Wie schaffst du es, dass deine Blumen immer so lange halten?
   B: Ich schneide sie jeden Tag ein Stück ab und gebe ihnen frisches Wasser.
   Ich schaffe es, ______________________________
   ____

2. Bilden Sie Nebensätze! Benutzen Sie dabei die besprochenen oder in Klammern angegebenen Subjunktionen.

1. Die Bewerbung wurde nicht berücksichtigt. Das Eingangsdatum war zu spät.
   ____
2. Wir sind dieser Auffassung. Man überzeugt uns vom Gegenteil. (bis)
   ____
3. Man legt Papier nach. Man muss die Klappe für die Papierzufuhr öffnen.
   ____
4. Sie haben uns eine Kopie gegeben. Wir müssen trotzdem das Original sehen.
   Zwar ______________________________
5. Er ist nicht zur Party gekommen. Er hat uns stattdessen eine Karte geschickt.
   ____
6. Es ist sehr heiß. Der Schweiß läuft mir den Rücken runter. (dermaßen, dass)
   ____
7. Der Regen hörte auf, dann ging er nach Hause.
   Sobald ______________, ______________
   Erst ______________________, ging er nach Hause.
   Solange ______________, ________ nicht ________.
8. Das Gerät funktioniert nicht. Es ist eingeschaltet.
   ____
9. Ich kann dir Geld leihen. Der Chef überweist mir mein Gehalt. (sobald)
   ____

3. Setzen Sie die passenden Subjunktionen ein.

1. ________ ich mehr Sport treibe, fühle ich mich viel gesünder.
2. _____ du zum Vorstellungsgespräch gehst, informier dich über die Firma.
3. ________ Nikotin schädlich ist, rauche ich schon lange nicht mehr.
4. ________ ich eine Weile überlegt hatte, begann ich mit dem Aufsatz.
5. Sie lernt hier Deutsch, ________ in Deutschland arbeiten zu können.
6. ________ er klein war, spielte er sehr gut Tennis.
7. ________ du groß bist, darfst du mit uns spielen.

4. Benutzen Sie im Konditionalsatz das Verb in Spitzenstellung.

1. Wenn du früher kommen willst, musst du es uns sagen.
   ____
2. Wenn der Schalter auf „off" steht, kann man das Gerät nicht benutzen.
   ____
3. Wenn Sie einen Verdacht haben, melden Sie es bitte der Polizei.
   ____
4. Sie müssen die Tagesdosis verdoppeln, wenn das Medikament in den ersten drei Tagen keine Wirkung zeigt.
   ____

Lektion 72

anstatt dass/zu, ohne dass/zu

◆ Ich glaube, dass sich mein Mann nicht für Kultur interessiert.
○ Wie kommst du auf diese Idee?
◆ Naja, anstatt mit uns ins Theater zu gehen, sitzt er lieber vor dem Fernseher und sieht Fußball.
○ Aber man kann sich doch auch für Kultur interessieren, ohne ins Theater zu gehen.
◆ Klar, aber anstatt dass er dann wenigstens die Kinder ins Bett bringt, müssen wir einen Babysitter engagieren, der das macht. Und dann will er den ganzen Abend nur vor dem Fernseher sitzen, ohne dass ihn jemand anspricht oder etwas fragt. Und letztes Mal ist er nach dem Spiel gleich ins Bett gegangen, ohne den Tisch abzudecken oder etwas aufzuräumen.

- Im Nebensatz mit der Subjunktion ***ohne dass*** steht eine Handlung, die nicht realisiert wird. Oft ist dies eine erwartete Handlung.
- Die Handlung im Nebensatz mit ***anstatt dass*** findet auch nicht statt. Als Alternative wird die Handlung im Hauptsatz durchgeführt.
- Wenn Nebensatz und Hauptsatz das **gleiche Subjekt** haben, verwendet man häufig ***ohne … zu*** (+ *Infinitiv*) bzw. ***anstatt … zu*** (+ *Infinitiv*).

Subjektgleichheit:
***Anstatt dass er** mit dem Bus fuhr, nahm **er** ein Taxi.*
***Anstatt** mit dem Bus **zu** fahren, nahm **er** ein Taxi.*
D. h.: Er hatte die Möglichkeit mit dem Bus zu fahren, hat sich aber für das (teurere) Taxi entschieden.

***Der Schüler** log, **ohne dass er** es wollte.*
***Der Schüler** log, **ohne** es **zu** wollen.*
D. h.: Der Schüler wollte eigentlich nicht lügen, tat es aber trotzdem.

***Anstatt dass der Junge** seiner Mutter half, saß **er** stundenlang vor dem Computer.*
***Anstatt** seiner Mutter **zu** helfen, saß **der Junge** stundenlang vor dem Computer.*
D.h.: Er hat also nicht der Mutter geholfen, sondern mit dem Computer gespielt.

Subjektungleichheit:
***Anstatt dass die Schauspieler** auf die Bühne kamen, trat **der Regisseur** vor das Publikum.*
***Der Vater** schmückte den Weihnachtsbaum, **ohne dass die Kinder** es bemerkten.*

Stattdessen
Eine ähnliche Bedeutung wie die Subjunktion *anstatt* hat das Adverb ***stattdessen***.

- Das Adverb ***stattdessen*** steht im Hauptsatz.
- Der Hauptsatz mit ***stattdessen*** steht hinter einem anderen Hauptsatz und beschreibt eine Ersatzhandlung dafür.
- Der andere Hauptsatz enthält häufig eine Negation.

*Er bereitete sich **nicht** auf die Prüfung vor, **stattdessen** ging er ins Restaurant.*
D. h.: Anstatt sich auf die Prüfung vorzubereiten, ging er ins Restaurant.

*Der planmäßige Flug muss leider ausfallen. Wir richten **stattdessen** Zug-Ersatzverbindungen ein.*

Übungen

1. Schreiben Sie jeweils einen Satz mit der passenden Subjunktion.
anstatt dass, *ohne dass*, *anstatt ... zu* (+ *Inf.*) oder *ohne ... zu* (+ *Inf.*)

1. Mein Freund fuhr Bus. Er bezahlte nicht.
   ____
2. Mein Freund fuhr ohne Fahrschein Bus. Niemand erwischte ihn.
   ______________________ jemand ______________
3. Der Bus fuhr 8 Stunden. Er hielt nicht einmal an.
   ____
4. Der Bus fuhr 8 Stunden. Der Fahrer wurde nicht müde.
   ____
5. Er bestellte kein Bier, sondern eine Cola.
   ____
6. Man redete ihm immer dazwischen und hörte ihm nicht zu.
   ____
7. Der junge Mann lud seine Freundin nicht zum Essen ein.
   Er nahm sie zum Fußball mit.
   ____
8. Man kann seinen Arbeitsplatz verlassen.
   Man braucht den Computer nicht auszuschalten.
   ____
9. Er wusste es nicht. Er beging einen Mord.
   ____

2. Schreiben Sie den Satz mit *stattdessen* neu.

1. Anstatt sich um einen Studienplatz zu kümmern, arbeitete er in einer Kneipe.
   Er kümmerte sich ______________, stattdessen ______________
2. Anstatt den Wagen reparieren zu lassen, kaufte sich John einen neuen.
   John ließ ______________, stattdessen ______________
3. Anstatt das Referat nochmal abzutippen, kopierte er es.
   Er ______________, stattdessen ______________
4. Er sah ein Fußballspiel im Fernsehen, anstatt mit seiner Frau essen zu gehen.
   Er ______________, stattdessen ______________
5. Der Präsident erschien nicht. Er schickte einen Minister als Vertretung.
   Der ______________, stattdessen ______________

3. Setzen Sie *ohne ... zu* oder *anstatt ... zu* ein.

1. Er erschoss das Tier, __________ mit der Wimper ____ zucken.
2. Sie schrieb einen langen Brief, __________ sich kurz per Mail ____ melden.
3. Er verließ die Party, __________ sich vom Gastgeber ____ verabschieden.
4. Er schien das Bier zu trinken, __________ auch nur einmal ____ schlucken.
5. __________ die Hausaufgaben ____ machen, spielte sie nur mit ihrem Handy.

Wiederholung zu den Lektionen 63 bis 72

1. Bilden Sie Nebensätze! Denken Sie an alle Subjunktionen (*wenn, als ...*).

1. ________ wir in den Zug eingestiegen waren, suchten wir uns einen Sitzplatz.
2. ________ wir uns setzten, fragten wir, ob der Platz noch frei war.
3. ________ der Zug durch die schöne Landschaft fuhr, schauten wir aus dem Fenster.
4. ________ der Schaffner in das Abteil kam, holten wir die Fahrkarten hervor.
5. ________ der Schaffner die Fahrkarten kontrollierte, suchte ein Mann in unserem Abteil immer noch danach.
6. ________ der Mann die Fahrkarte nicht finden konnte, fragte er den Schaffner, ob er auf die Toilette gehen könnte.
7. ________ er das fragte, mussten alle Leute im Abteil anfangen zu lachen.
8. ________ der Schaffner antworten konnte, war der Mann aufgestanden und aus dem Abteil gerannt.

2. Schreiben Sie Nebensätze mit den passenden Subjunktionen.

1. Du gibst mir das Geld. Ich gehe für dich einkaufen.

   ____
2. Er lernte viel. Er war noch Student.

   ____
3. Oft hörte er Radio. Er duschte sich.

   ____
4. Sie hatten sich verabschiedet. Sie gingen an Bord.

   ____
5. Man muss einen guten Router haben. Man will eine gute Internet-Verbindung haben.

   ____
6. Er ist zu spät gekommen. Er hatte sich beeilt.

   ____
7. Er ist Millionär. Er leistet sich kein Essen im Restaurant.

   ____
8. Der Wagen ist groß und luxuriös. Der Anschaffungspreis ist sehr hoch.

   ____
9. Wir sitzen hier im Regen und ihr könnt euch in aller Ruhe sonnen.

   ____
10. Sie verließen die Party, aber verabschiedeten sich nicht.

    ____
11. In meiner Jugend war für mich Fußball das Wichtigste. (als)

    ____
12. Man kann seine Waren besser verkaufen, wenn man Werbung macht. (indem)

    ____
13. Er log. Er wurde noch nicht einmal rot. (ohne ... zu)

    ____

3. Setzen Sie die richtigen Zeiten ein.

1. Als wir gestern in Paris ______________ (ankommen), war schlechtes Wetter.
2. Nachdem ich mich ______________________ (duschen), trocknete ich mich ab.
3. Meine Mutter ______________ (telefonieren) oft, während sie bügelte.
4. Immer wenn man eine Reise ______________ (machen), muss man einen Ausweis bei sich haben.
5. Man fuhr damals oft mit der Kutsche, wenn man auf Reisen ______________ (gehen).
6. Obwohl er sich schon drei Mal in London ____________________ (bewerben), bekam er dort keinen Job.
7. Ich warte hier, bis du ______________ (kommen).
8. Sobald die Polizei am Unfallort ______________ (eintreffen), versammelten sich Schaulustige.
9. Man erhält Zugriff auf sein Konto, indem man seine PIN ______________ (eingeben).

4. *Wenn* oder *als*?

_______[1] ich gestern meinen Großvater besucht habe, konnte ich ihn nicht gleich in seinem Haus finden. Er ist eigentlich immer im Garten, _______[2] die Sonne scheint. Und gestern, _______[3] ich ihn besucht habe, hat auch die Sonne geschienen. Also bin ich in den Garten gegangen und habe ihn dort gesucht. _______[4] ich ihn aber auch dort nicht gefunden habe, habe ich gedacht, dass er vielleicht in der Garage ist. Er bastelt nämlich gern an seinem Oldtimer, _______[5] er Zeit hat. Aber in der Garage konnte ich ihn auch nicht entdecken. Gerade _______[6] ich wieder nach Hause fahren wollte, habe ich das Telefon in seinem Haus klingeln hören. Normalerweise geht mein Großvater nicht ans Telefon, _______[7] es klingelt, aber heute hörte ich seine Stimme durch das geöffnete Küchenfenster. Ich ging also zurück durch den Garten ans Küchenfenster und war dann sehr erleichtert, _______[8] ich ihn dann dort mit dem Telefonhörer in der Hand sah.
Ich fragte ihn: „Wo warst du denn, _______[9] ich dich vorhin gerufen habe?“
Er antwortete: „Ich habe die Waschmaschine im Keller repariert. Aber ich habe dir schon oft gesagt, dass du dich ankündigen sollst, _______[10] du mich besuchen willst. Es wäre doch schade, _______[11] ich nicht zu Hause bin, _______[12] du mich mal besuchst.“

5. Welche Subjunktion passt am besten?

1. ______________ er schon volljährig war, wollte er nicht zur Wahl gehen.
2. ______________ sie noch zur Schule ging, trug sie einen Zopf.
3. ______________ ich nicht mehr rauche, habe ich zwei Kilogramm zugenommen.
4. Sie hatten drei Jahre zusammen gewohnt, ______________ sie heirateten.
5. ______________ plötzlich der Strom ausfiel, bekam sie einen großen Schreck.
6. Immer ____________ der Strom ausfiel, zündete meine Großmutter Kerzen an.

Lektion 73

Nominalisierung

- **Nebensätze** werden mit **Subjunktionen** eingeleitet und **enden mit einer Verbform.**
- Bei der **Nominalisierung** benutzt man **Präpositionen + Nomen**, mit denen man den Inhalt eines Nebensatzes ersetzen kann (Präpositionalkonstruktion).
- Aus Haupt- und Nebensatz wird ein Hauptsatz.

Bei der Nominalisierung muss die Präpositionalkonstruktion die Bedeutung der verbalen Konstruktion (Subjunktion und verbaler Sachverhalt) annehmen.

Oft wird aus dem Verb des Nebensatzes ein Nomen:
z.B.: *fahren → die Fahrt / sich anmelden → die Anmeldung / stoßen → der Stoß.*

Wenn dies nicht möglich ist, muss man manchmal eine gleichbedeutende Umschreibung finden:
z.B.: *etwas kostet viel* (verbal) → *ein hoher Preis* (nominal).

Wenn im Nebensatz ein verbaler Ausdruck steht, dessen Verb eine feste Verbindung zum Nomen hat, kann dieses Verb bei der Nominalisierung weggelassen werden:

z.B.: „Musik spielen" oder „Partys feiern"
„spielen" und „feiern" stellen eine feste Verbindung zum Nomen dar. Man kann also nominal nur „Musik" oder „Party" benutzen, das Verb bleibt unberücksichtigt:

*Willst du dich wirklich beschweren, **weil** sie eine **Party feiern**?*
*Willst du dich wirklich **wegen der Party** beschweren?*

Präpositionen mit kausaler Bedeutung

Präpositionen, die von der Bedeutung her einen Kausalsatz ersetzen, sind z.B. ***wegen*** (+ *Genitiv*) oder ***aufgrund*** (+ *Genitiv*).

*Der Lehrer ist sehr ärgerlich, **weil** die halbe Klasse **zu spät gekommen** ist.*
*Der Lehrer ist **wegen der Verspätung** der halben Klasse sehr ärgerlich.*

*Das Kind spielt nicht auf dem Hof, **da** es sehr **kalt** ist.*
***Wegen der Kälte** spielt das Kind nicht auf dem Hof.*

*Er erhielt keine Festanstellung, **denn** seine Gehaltsvorstellungen **waren überhöht**.*
***Aufgrund seiner überhöhten Gehaltsvorstellungen** erhielt er keine Festanstellung.*

Präposition mit konsekutiver (oft auch kausaler) Bedeutung

Der konsekutive Nebensatz mit ***sodass*** kann nominal mit der Präposition ***infolge*** (+ *Genitiv*) oder ***infolge von*** (+ *Dativ*) wiedergegeben werden.

*Auf der Autobahn war ein Unfall passiert, **sodass** es zu einem langen Stau kam.*
(= Es kam zu einem langen Stau, ***weil*** auf der Autobahn ein Unfall passiert war.)
***Infolge** eines Unfalles gab es einen Stau auf der Autobahn.*

*Sie hatte **so** starke Rückenschmerzen, **dass** sie nichts mehr heben konnte.*
***Infolge** ihrer starken Rückenschmerzen konnte sie nichts mehr heben.*

Übungen

1. Benutzen Sie die kausalen Präpositionen *wegen* und *aufgrund*.

1. Ich kaufe das Auto nicht, da es zu teuer ist. (der hohe Preis)
   ____
2. Das Buch passt nicht in die Tasche, weil es zu groß ist. (Größe)
   ____
3. Er kann sich einen neuen Wagen leisten, weil sein Gehalt hoch ist.
   ____
4. Ich komme zu spät, denn mein Bus ist zu spät gekommen. (Verspätung)
   ____
5. Der Chef regte sich auf. Die Sekretärin kam zu spät. (Unpünktlichkeit)
   ____
6. Weil es einen Stau gab, kamen wir nicht vorwärts.
   ____
7. Er konnte nicht kommen, weil er einen anderen Termin hatte.
   ____
8. Der Mann fand Arbeit. Er sprach viele Sprachen. (gute Sprachkenntnisse)
   ____
9. Da er verabredet war, wollte er nicht mit uns ins Kino gehen. (Verabredung)
   ____
10. Weil das Wetter schlecht war, fiel das Fußballspiel aus.
    ____
11. Weil er einen Fehler gemacht hatte, musste er alles noch einmal schreiben.
    ____
12. Das Programm wurde gelöscht, weil es einen Stromausfall gegeben hatte.
    ____
13. Das Geschäft schließt, da der Chef nicht anwesend ist. (Abwesenheit)
    ____

2. Benutzen Sie die konsekutive Präposition *infolge*.

1. Das Projekt war so teuer, dass man sich dagegen entschied.
   Infolge ______________________________
2. Das Unternehmen hatte in den letzten Jahren zu wenig Umsatz gemacht, so dass es Insolvenz anmeldete. (hohe Umsatzeinbußen)
   ____
3. Der Akkustand des Gerätes ist zu niedrig, so dass es nicht richtig funktioniert.
   ____
4. Sie sang so schön, dass sich mehrere Opern um sie bemühten. (Gesang)
   ____
5. Ich hatte zu wenig Zeit. Deshalb konnte ich die Präsentation nicht vorbereiten. (Zeitmangel)
   ____
6. Da er befördert worden war, gab er viel Geld aus. (Beförderung)
   ____

Lektion 74

Weitere kausale Präpositionen

◆ Ich habe dort ein armes Kind am Straßenrand gesehen, das vor Kälte am ganzen Leib gezittert hat. Und weil ich Mitleid mit dem Kind hatte, habe ich ihm dann meinen neuen Pullover gegeben. Und weißt du, was dann passiert ist? Das Kind ist mit meinem neuen Pullover weggelaufen.

○ Und weil es so kalt war, hast du dann sicher eine Erkältung bekommen. Man darf aus Mitleid nicht zu freundlich sein. Man muss auch an sich selbst denken!

Auch die **Präpositionen** ***aus***, ***vor*** und ***dank*** werden im **kausalen Sinne** (oft ohne folgenden Artikel) verwendet.
Meistens folgen hier abstrakte, nicht zählbare Nomen wie *Wut, Liebe, Eifersucht, Kälte, Neid* etc. ohne Artikel.

Der Bedeutungsunterschied zwischen den kausalen Gebräuchen von ***aus*** und ***vor*** ist sehr gering.

Mit ***aus*** wird normalerweise der **Beweggrund für eine Handlung** angegeben (warum man etwas tut oder getan hat).

Sie ging nicht nach Hause, ***weil sie Angst*** *vor dem Vater* ***hatte****.*
Aus Angst *vor dem Vater ging sie nicht nach Hause.*

Er schlug die Tür zu, ***weil*** *er so* ***wütend war****.*
Aus Wut *schlug er die Tür zu.*

Denken Sie auch an die Ausdrücke: *Ich habe das* ***aus Versehen*** *gemacht.*
Aus Erfahrung *weiß ich, dass das nicht funktionieren kann.*

Mit ***vor*** wird auch beschrieben, warum etwas passiert, aber es ist oft **eine körperliche Reaktion**.

Ihre Lippen waren blau, ***weil es so kalt war****.*
Ihre Lippen waren blau ***vor Kälte****.*

Seine Knie zitterten, ***weil er so große Angst hatte****.*
Seine Knie zitterten ***vor Angst****.*

Sie musste weinen, ***denn sie freute sich so sehr****.*
Sie musste ***vor Freude*** *weinen.*

Der kausalen Präposition ***dank*** (mit Genitiv oder Dativ) **folgt etwas Positives** – man kann also keinen Ausdruck mit schlechter, negativer Bedeutung danach benutzen, außer, man möchte ironisch sein.

Ich konnte den Arbeitsplatz schon etwas früher verlassen, ***weil er mir geholfen hatte****.*
Dank seiner Hilfe *konnte ich den Arbeitsplatz schon etwas früher verlassen.*

Weil *in der Medizin so große Fortschritte erzielt worden sind, können heutzutage viele Krankheiten geheilt werden.*
Dank *der großen Fortschritte in der Medizin können heutzutage viele Krankheiten geheilt werden.*

Übungen

Ersetzen Sie die Nebensätze durch kausale Präpositionen + Nomen.
Er zuckte zusammen, weil er einen großen Schreck bekommen hatte.
Vor Schreck zuckte er zusammen.

1. Er beging Selbstmord, weil er so eifersüchtig war. (Eifersucht)
2. Sie wurde ganz blass, weil sie so neidisch war. (Neid)
3. Der junge Mann konnte studieren, da er vom Vater finanziell unterstützt wurde.
4. Weil er so wütend war, warf er die Vase auf den Boden. (Wut)
5. Weil es so laut hier ist, versteht man sein eigenes Wort nicht. (Lärm)
6. Weil sie Angst vor ihrem Chef hatte, kehrte sie nicht ins Büro zurück.
7. Da wir über gute Software verfügen, wird unser Personal stark entlastet.
8. Sein Herz schlug ihm bis zum Halse, weil er so aufgeregt war.
9. Der Wiederaufbau gelang, da man so viel in dieses Land investiert hatte.
10. Der Patient musste schreien, weil er Schmerzen verspürte.
11. Der Präsident hat so gehandelt, weil parteipolitische Gründe vorlagen.
12. Weil man bereit war, Geld zu spenden, konnte man helfen. (Spendenbereitschaft)
13. Er vermachte der alten Frau sein ganzes Vermögen, weil er ihr so dankbar war.
14. Weil er sie so sehr liebte, lernte er sogar das Stricken.
15. Das Leben wird immer bequemer, da die Technik große Fortschritte macht.
16. Sie sprang in die Luft, weil sie sich so sehr freute.
17. Da das Kind so stur war, schwieg es stundenlang.
18. Da der Vater so viel Geld überwiesen hatte, war der Sohn jetzt schuldenfrei.
19. Sie musste anfangen zu weinen, da sie so großes Mitleid verspürte.

Lektion 75 Finale Präpositionen

- ◆ Pierre, kannst du bitte Großmutters Brille aus der Küche holen?
- ○ Ja, aber warum braucht sie eigentlich eine Brille?
- ◆ Sie braucht eine Brille, um besser lesen zu können.
- ○ Braucht sie die Brille denn nur zum Lesen oder auch zum Fernsehen?
- ◆ Nein, um fernzusehen, braucht sie keine Brille.

Zur Nominalisierung eines **finalen Nebensatzes mit der Subjunktion** ***damit*** **oder** ***um … zu*** verwendet man normalerweise die **Präposition** ***zu*** (+ *Dativ*). Dies ist besonders mit substantivierten Verben im Infinitiv möglich.

Der Chef gibt der Sekretärin Briefe, ***damit*** *sie sie* ***schreibt****.*
Der Chef gibt der Sekretärin Briefe ***zum Schreiben****.*

Ich brauche eine Brille, ***um besser sehen zu können****.*
Zum besseren Sehen *brauche ich eine Brille.*

Zur nominalen Wiedergabe finaler Sachverhalte benutzt man nicht immer den Infinitiv als Nomen, sondern ein abgeleitetes Nomen.

Beachten Sie aber die Bedeutungsunterschiede:
Z.B.: ***öffnen***: ***das Öffnen***, ***die Öffnung*** oder ***tanzen***: ***das Tanzen***, ***der Tanz***

„Das Öffnen" bedeutet aber etwas anderes als „die Öffnung".
Der Infinitiv als Nomen hat eher die Bedeutung des „aktiven Handelns".
Mit „Öffnung" kann man auch eine Stelle meinen, an der etwas geöffnet ist.

Zum Öffnen *des Pakets braucht man eine Schere.*
Zum Tanzen *brauche ich neue Schuhe.* ***Dieser Tanz*** *macht großen Spaß.*

Er stellte ihr die Tabletten auf den Nachttisch, ***damit*** *sie sie später* ***einnahm****.*
Er stellte ihr die Tabletten ***zur*** *späteren* ***Einnahme*** *auf den Nachttisch.*

Manchmal beschreibt auch ***für*** (+ *Akk.*) einen finalen Sachverhalt.

Wir müssen Geld zurücklegen, ***um*** *unser Haus* ***ausbauen zu können****.*
Für den Ausbau *unseres Hauses müssen wir Geld zurücklegen.*
Ich brauche eine Zange, ***um*** *diesen Motor* ***reparieren zu können****.*
Für die Reparatur *dieses Motors brauche ich eine Zange.*

Merke! Bei der **Nominalisierung** wird das **Akkusativobjekt** des Nebensatzes oft zum **Genitiv**.

Wir brauchen einen Vordruck, ***damit wir das Geld überweisen können****.*
Zur Überweisung/Zum Überweisen des Geldes *brauchen wir einen Vordruck.*

Er braucht Geld, ***um den Topf zu kaufen****.*
Für den Kauf des Topfes *braucht er Geld.*

Übungen

Nominalisieren Sie.

1. Der Trainer lässt die Spieler vier Runden laufen, damit sie sich aufwärmen.

   ____
2. Ich brauche einen Hammer, um das Bild aufzuhängen.

   ____
3. Man braucht eine Kamera, um Fotos zu machen.

   ____
4. Habt ihr ein Glas, um mit uns anstoßen zu können?

   ____
5. Hast du die richtigen Unterlagen da, damit wir den Brief beantworten können?

   ____
6. Wir brauchen spezielle Zutaten, um diesen Kuchen backen zu können.

   ____
7. Ich gehe zur nächsten Bank, um den Rechnungsbetrag abzuheben.

   ____
8. Man benötigt ungefähr einen Monat, um die Maschine fertigzustellen.

   ____
9. Um an diesem Wettbewerb teilnehmen zu können, musste die Mannschaft alle Qualifikationsspiele gewinnen.

   ____
10. Wir legen den Studenten ein Bild vor, damit sie den Sachverhalt besser verstehen.

    ____
11. Er setzte den Blinker, um den LKW zu überholen.

    ____
12. Um das Programm komplett zu löschen, muss man es deinstallieren.

    ____
13. Man benutzte Wasser, um die Tapete abzulösen.

    ____
14. Sie müssen viele Angaben machen, um ein Visum zu beantragen.

    ____
15. Damit Sie das Programm wiederherstellen können, müssen Sie den Computer neu starten.

    ____
16. Ich brauche die Anleitung, um das Modellflugzeug zusammenzubauen.

    Für ______________________________
17. Um fest angestellt zu werden, müssen bestimmte Voraussetzungen erfüllt sein.

    Für ______________________________
18. Wir brauchen einen Stift, um das Formular auszufüllen.

    ____

Lektion 76

Konzessive Präpositionen

◆ Trotz der Hitze müssen wir heute unbedingt die Ärmel hochkrempeln und den Auftrag erledigen! Versprechen Sie mir, Ihre volle Arbeitskraft einzusetzen?
○ Was, obwohl es so heiß ist und wir fast einen Hitzschlag erleiden, sollen wir uns zusammenreißen und alles tun, um Ihre Wünsche zu erfüllen?
◆ Ja, schließlich erhalten Sie auch trotz des schönen Wetters Ihren vollen Lohn.

Zur Nominalisierung eines **konzessiven Nebensatzes mit den Subjunktionen** ***obwohl***, ***obgleich***, ***obschon*** verwendet man normalerweise die **Präposition** ***trotz*** (+ *Genitiv*).

Obwohl *er sehr* ***krank war****, arbeitete er viel.*
Trotz seiner Krankheit *arbeitete er viel.*

Sie trug einen warmen Wollpullover, ***obgleich*** *es sehr* ***warm war*** *und die* ***Sonne schien****.*
Trotz der Wärme *und* ***des Sonnenscheins*** *trug sie einen warmen Wollpullover.*

Merke! Manchmal kann bei der Nominalisierung das Partizip des Verbs als Adjektiv eingesetzt werden:

Er hatte ein Antivirenprogramm installiert. ***Trotzdem*** *wurde sein Konto gehackt.*
Trotz des installierten *Antivirenprogramms wurde sein Konto gehackt.*

Die Mannschaft siegte, ***obwohl*** *sie viele* ***Torchancen vergeben hatte****.*
Die Mannschaft siegte ***trotz der vergebenen Torchancen****.*

Auch die Präposition ***ungeachtet*** (+ *Genitiv*) beschreibt einen Gegengrund. ***Ungeachtet*** bedeutet: *ohne darauf Rücksicht zu nehmen, ohne darauf zu achten.*

Obwohl *der Fußballspieler* ***ein äußerst guter Spieler war****, wurde er vom Verein verkauft.*
Ungeachtet seiner großen spielerischen Fähigkeiten *wurde der Fußballspieler vom Verein verkauft.*

Die Regierung hielt an ihrem Vorgehen fest, ***obschon das Volk ständig protestierte****.*
Ungeachtet der ständigen Proteste des Volkes *hielt die Regierung an ihrem Vorgehen fest.*

Obwohl die Lage sehr angespannt war*, hielt die Politik an ihren Zielen fest.*
Die Politik hielt ***ungeachtet der angespannten Lage*** *an ihren Zielen fest.*

Übungen

Schreiben Sie Sätze mit *trotz*.

1. Obwohl er sehr arm ist, trägt er immer sehr teure Kleidung.
   Trotz seiner ______
2. Keiner kauft die Produkte dieser Firma, obgleich sie gute Werbung macht.
   ______
3. Obwohl er sehr eifrig ist, hat er keinen Erfolg.
   ______
4. Dieser Mann ist sehr unglücklich, obwohl er sehr reich ist.
   ______
5. Obwohl seine Arbeit sehr anstrengend war, ist der Bauer nicht müde.
   ______
6. Obwohl der Student sehr müde ist, hört er nicht auf zu lernen.
   ______
7. Obwohl wir im Fußballstadion einen guten Sitzplatz hatten, konnten wir nichts sehen.
   ______
8. Obschon er sich sehr negativ über seinen Kollegen geäußert hat, ist ihm niemand böse.
   ______
9. Der Dompteur hatte keine Angst, obgleich seine Tiger sehr unruhig waren.
   ______
10. Obwohl das Brett sehr dick war, konnte sie es zerschlagen.
    ______
11. Mein Freund kam nicht, obgleich ich ihn rechtzeitig eingeladen hatte.
    ______
12. Obwohl man ihm abgesagt hatte, hoffte er noch auf diese neue Arbeitsstelle.
    ______
13. Sie war ihm weiterhin böse, obwohl er ihr geholfen hatte.
    ______
14. Obwohl er sich den Wecker ans Bett gestellt hatte, verschlief er das Examen.
    ______
15. Er besuchte seine alte Tante nicht, obschon er es ihr fest versprochen hatte.
    ______
16. Sie schlief nicht ein, obwohl sie ein Schlafmittel genommen hatte.
    ______
17. Obgleich die Sekretärin außergewöhnliche organisatorische Fähigkeiten hatte, wurde sie vom neuen Chef entlassen.
    ______
18. Man hatte die Studenten ausführlich vorbereitet. Dennoch fielen 35 Prozent der Studenten durch das Abschlussexamen.
    ______

Lektion 77

Konditionale Präposition

Den Preisnachlass erhalten Sie nur bei einer Sofortbezahlung, d. h. wir können Ihnen mit einer Ermäßigung von 20 % entgegenkommen, wenn Sie den Rechnungsbetrag sofort bezahlen.

Zur Nominalisierung eines **konditionalen Nebensatzes mit der Subjunktion *(nur) wenn*** verwendet man normalerweise die **Präposition *bei*** (+ *Dativ*). (*siehe auch temporaler Nebensatz mit „wenn" bzw. „als"*)

Wenn Sie pünktlich zahlen, *erhalten Sie einen Preisnachlass.*
Bei pünktlicher Zahlung *erhalten Sie einen Preisnachlass.*

Nur wenn Sie *Ihre E-Mail-Adresse* ***angeben***, *können wir Sie kontaktieren.*
Nur bei Angabe *Ihrer E-Mail-Adresse können wir Sie kontaktieren.*

Ein konditionaler Nebensatz mit einer Negation wird oft mit ***ohne*** wiedergegeben.

Wenn *Sie* ***kein*** *entsprechendes Flugticket haben, dürfen Sie mit dieser Maschine nicht fliegen.*
Ohne *ein entsprechendes Flugticket dürfen Sie mit dieser Maschine nicht fliegen.*

Wenn *wir uns* ***kein*** *entsprechendes Ziel setzen, fehlt die Motivation.*
Ohne *entsprechende Zielsetzung fehlt die Motivation.*

Präposition *bei* mit temporaler Bedeutung

◆ Hast du etwas gefunden, als du im Internet Informationen zum Lebenslauf gesucht hast?
○ Ja, beim Suchen habe ich folgenden Text gefunden:
Denken Sie beim Verfassen Ihres Lebenslaufs immer an eine lückenlose Darstellung Ihres Werdegangs. Wenn Sie also Ihren Lebenslauf verfassen, sollte eine chronologische Liste mit allen Stationen Ihres Lebens als Grundlage dienen. Schließlich wird Ihr zukünftiger Arbeitgeber diesen Lebenslauf beim Vorstellungsgespräch vor sich haben und Sie, wenn Sie sich bei ihm vorstellen, zu den einzelnen Punkten befragen.

Zur Nominalisierung eines **temporalen Nebensatzes mit der Subjunktion *als* oder *wenn*** verwendet man normalerweise die **Präposition *bei*** (+ *Dativ*).

Als er ankam, *wurde er von vielen Reportern befragt.*
Bei seiner Ankunft *wurde er von vielen Reportern befragt.*

Wenn *man sich früher* ***begrüßte***, *gab man sich die Hand.*
Früher gab man sich ***beim Begrüßen / bei der Begrüßung*** *die Hand.*

Als *der Euro* ***eingeführt*** *wurde, gab es dort einige Proteste.*
Bei Einführung *des Euro gab es dort einige Proteste.*

Immer wenn *mein Vater frühstückte, las er die Zeitung.*
Beim *Frühstück las mein Vater immer die Zeitung.*

Übungen

1. Schreiben Sie Sätze mit *bei* statt des konditionalen Nebensatzes.

1. Wenn du eine gute Antwort gibst, erhältst du einen Pluspunkt.

   ____

2. Wenn Sie diesen Computer kaufen, erhalten Sie die Software kostenlos.

   ____

3. Wenn Sie persönlich erscheinen, können wir Ihnen Ihre Unterlagen gleich aushändigen.

   ____

4. Wenn Sie eine schriftliche Genehmigung vorlegen, gibt es keine weiteren Einwände.

   ____

5. Wenn ich das Stipendium erhalte, bezahle ich eine Runde.

   ____

6. Wenn man mir das Gehalt erhöht, kaufe ich mir schon bald ein neues Auto.

   ____

7. Falls ich von der Universität eine Zusage bekomme, feiere ich mit meinen besten Freunden.

   ____

2. Formulieren Sie neu mit *bei* statt des temporalen Nebensatzes.

1. Wenn wir zu Abend aßen, durften wir nicht sprechen.

   ____

2. Es wurde auf den Präsidenten geschossen, als er eine Rede hielt.

   ____

3. Als es Tag wurde, krähte der Hahn.

   ____

4. Immer wenn er schrieb, brauchte er absolute Ruhe.

   ____

5. Es gab großen Beifall, als die Maschine landete.

   ____

6. Wenn er uns besuchte, mussten wir immer viel lachen.

   ____

7. Als wir im Museum waren, trafen wir Hans.

   ____

8. Als das Flugzeug explodierte, gab es einen lauten Knall.

   ____

9. Es geht etwas langsamer, wenn Sie das Geld überweisen.

   ____

10. Wenn Sie bar bezahlen, erhalten Sie die Ware eher.

    ____

Lektion 78

während, gleich nach und *sobald*

Präposition *während* mit temporaler Bedeutung

Zur Nominalisierung eines **temporalen Nebensatzes mit der Subjunktion *während*** verwendet man normalerweise die **Präposition *während*** (+ *Genitiv*).

Während er Sommerferien hatte, *lernte er eine Fremdsprache.*
Während seiner Sommerferien *lernte er eine Fremdsprache.*
(In seinen Sommerferien lernte er eine Fremdsprache.)

Das Kind lernte die lateinische Sprache, ***während es die Schule besuchte.***
Das Kind lernte ***während seines Schulbesuchs*** *die lateinische Sprache.*

Während *man* ***studiert,*** *trifft man oft die besten Freunde.*
Während des Studiums *trifft man oft die besten Freunde.*

Während *er im Ausland war, änderte sich seine Einstellung zu den Eltern.*
Während *seines Auslandsaufenthaltes änderte sich seine Einstellung zu den Eltern.*

Subjunktion *sobald* mit temporaler Bedeutung

Der Restaurantbesitzer zu seinem neuen Kellner:
Der Gast soll das Gefühl bekommen, dass sich die Bedienung gleich nach der Bestellung um seine Wünsche kümmert. Mit anderen Worten haben Sie die Bestellung an den Koch weiterzugeben, sobald der Gast bei Ihnen bestellt hat.

Eine weitere **temporale Subjunktion** ist ***sobald***.
Sie kann bei der nominalen Wiedergabe mit ***gleich nach*** (+ *Dativ*) ersetzt werden.

Sobald *uns das Zeugnis* ***ausgehändigt worden war,*** *gingen wir nach Hause.*
Gleich nach Aushändigung *des Zeugnisses gingen wir nach Hause.*

Sobald *man den Patienten* ***eingeliefert hatte,*** *wurde er operiert.*
Gleich nach Einlieferung *des Patienten wurde er operiert.*

Sobald *die Partie* ***abgepfiffen wurde,*** *rannten die Fans auf den Rasen.*
Gleich nach Abpfiff *der Partie rannten die Fans auf den Rasen.*

1. Schreiben Sie neue Sätze mit *während* als Präposition.

1. Während er Pause machte, schrieb er Nachrichten an seine Frau.
   ____
2. Sie lernte Englisch, während sie in Amerika war.
   ____
3. Während wir Unterricht hatten, stellten wir dem Lehrer viele Fragen.
   ____
4. Während man zu Mittag isst, soll man nicht mit dem Stuhl wackeln.
   ____
5. Während er seine Strafe im Gefängnis verbüßte, schrieb er ein Buch.
   ____

6. Während er in der Türkei Ferien machte, verdiente er etwas Geld in einem Restaurant.
   ___
7. Solange der Flug dauert, darf man nicht rauchen.
   ___
8. Während sie Urlaub in der Karibik machte, wurde sie sehr braun.
   ___
9. Während das Programm installiert wird, kann man Anweisungen auf dem Bildschirm sehen.
   ___
10. Bitte nicht fotografieren, während das Theaterstück aufgeführt wird.
   ___

2. Schreiben Sie Sätze mit *gleich nach* statt der temporalen Nebensätze.

1. Sobald das Visum ausgestellt worden war, flogen wir nach China.
   ___
2. Sobald die Kartoffeln geerntet worden sind, werden sie verpackt.
   ___
3. Er verließ das Büro, sobald er die Arbeit beendet hatte.
   ___
4. Sobald er das Autorennen gewonnen hatte, ging er zu seiner Frau und küsste sie.
   ___
5. Machen Sie eine Bremsprobe, sobald Sie die Waschanlage verlassen haben.
   ___
6. Sobald der Patient entlassen worden war, ging er in die Kneipe und trank ein Bier.
   ___
7. Sobald Sie den Knopf gedrückt haben, fährt der Computer runter.
   ___
8. Er kündigte den Versicherungsvertrag, sobald die Monatsraten angehoben wurden.
   ___
9. Sobald Sie den Saal betreten haben, erfasst Sie eine unbeschreibliche Stimmung.
   ___
10. Sobald er gelogen hatte, musste er erröten.
   ___
11. Sobald er die Rechtskurve hinter sich gelassen hatte, gab der Rennfahrer Gas.
   ___
12. Kurz nachdem sie ihren Sohn geboren hatte, konnte sie das Krankenhaus wieder verlassen.
   ___

Lektion 79

vor und *nach*, temporal

◆ Ich habe Lampenfieber! Ich bin also vor meinem Auftritt sehr nervös.
○ Das heißt, du bist nervös, bevor du auf die Bühne gehst? Das merkt man dir aber nicht an!
◆ Doch, und nach dem Theaterstück muss ich immer einen Sekt trinken.
○ Nachdem das Theaterstück also vorbei ist, musst du dich beruhigen?

Zur Nominalisierung eines **temporalen Nebensatzes mit der Subjunktion *nachdem*** bzw. ***bevor*** verwendet man die Präposition ***nach*** bzw. ***vor*** (+ *Dativ*).

Nachdem *wir* ***im Kino gewesen waren****, gingen wir tanzen.*
Nach dem Kino (nach unserem Kinobesuch) *gingen wir tanzen.*

Nachdem das Programm abgestürzt war*, kam es zu einem automatischen Neustart.*
Nach dem Absturz des Programms/Nach dem Programmabsturz *kam es zu einem automatischen Neustart.*

Bevor *der Chef sich zu dem Vorfall* ***äußerte****, rauchte er in aller Ruhe eine Zigarre.*
Vor seiner Äußerung *zu dem Vorfall rauchte der Chef in aller Ruhe eine Zigarre.*

Bevor *die Kinder* ***in die Pause gehen****, stellen sie sich hintereinander auf.*
Vor der Pause *stellen sich die Kinder hintereinander auf.*

Achten Sie bei der Nominalisierung auf die **Possessivartikel**:
Bevor ***ich*** *ein Vorstellungsgespräch habe = vor* ***meinem*** *Vorstellungsgespräch*
Bevor ***du*** *ein Vorstellungsgespräch hast = vor* ***deinem*** *Vorstellungsgespräch*

1. Setzen Sie ein.
bevor wir essen = vor dem / unserem Essen

1. Nachdem wir im Kino waren = _______ unser___ Kinobesuch
2. Bevor man schlafen geht = _____ d____ Schlafengehen
3. Nachdem ____ eine _________ (*Prät.*) = nach meiner Pause
4. Bevor ______ heiraten = _____ unserer _____________
5. Bevor _____________________ (*Präs.*) = _______ d___ Landung des Flugzeugs
6. Nachdem _________________ (*Passiv*) = _______ seiner Operation
7. Bevor Sie sich anmelden = _____ I_____ Anmeldung
8. ____________ _____ entlassen wurde = nach ihrer Entlassung
9. Bevor ________________ (man/*Präs.*) = _____ d____ Bau des Tunnels
10. Nachdem du ________________ (*Perf.*) = _____________ Abitur

Übungen

2. Schreiben Sie Hauptsätze mit den Präpositionen *vor* und *nach*.

1. Bevor wir ins Theater gehen, musst du dir noch einen neuen Anzug kaufen.
2. Nachdem er einen Sprachkurs belegt hatte, sprach er die Sprache noch besser.
3. Du musst noch viel lernen, bevor du diese Prüfung ablegst.
4. Die jungen Studenten gingen in die Kneipe, nachdem sie die Prüfung geschrieben hatten.
5. Bevor man achtzehn Jahre alt wird, darf man nicht wählen. (das Erreichen der Volljährigkeit)
6. Nachdem die zwei Fahrzeuge zusammengestoßen waren, kam die Polizei.
7. Nachdem das Protokoll aufgenommen worden war, stritten sich die Fahrzeugbesitzer weiter. (die Protokollaufnahme)
8. Bevor du diesen schönen Saal betrittst, musst du dir die Schuhe abputzen.
9. Es hatte schon einen Skandal gegeben, bevor das Buch veröffentlicht wurde.
10. Die Leute strömten in die Kaufhäuser, nachdem der Sommerschlussverkauf begonnen hatte.
11. Bevor Sie den Karton öffnen, schneiden Sie bitte die Klebebänder auf!
12. Bevor die Sonne aufging, waren die Fischer auf das offene Meer gefahren.
13. Nachdem ihr erster Sohn geboren war, lebte die Mutter nur noch für ihn.
14. Nachdem sie das Geschirr gespült hatte, trocknete sie es ab.
15. Bevor Sie sich anmelden, lesen Sie sich bitte den Vertrag durch.
16. Nachdem sie die Tabletten eingenommen hatten, fielen sie in einen tiefen Schlaf.
17. Nachdem der Computer neu gestartet war, konnte man das Programm nicht mehr aufrufen.
18. Bevor wir nach Berlin aufbrachen, hatten wir den Wagen reparieren lassen.

Lektion 80

Die Präpositionen *seit* und *bis zu*

◆ Seitdem das Handy in unserer Schule verboten wurde, spielen die Kinder mehr miteinander.
○ Ja, seit dem Handyverbot hat sich einiges verändert, aber es wird nicht lange dauern, bis sich die ersten Eltern wieder beschweren.
◆ Bis zu einer Beschwerde müssen wir zeigen, dass das Verbot große Vorteile für die Kinder hat.

Die Präposition *seit* mit temporaler Bedeutung

Zur Nominalisierung eines **temporalen Nebensatzes mit der Subjunktion *seit(dem)*** verwendet man die **Präposition *seit*** (+ *Dativ*).

Seitdem *man diese Verbindungsstraße* ***gebaut hat****, gibt es weniger Staus.*
Seit dem Bau *dieser Verbindungsstraße gibt es weniger Staus.*

Seitdem *das neue Gesetz* ***eingeführt worden ist****, dürfen die Mieten nicht mehr grundlos steigen.*
Seit der Einführung *des neuen Gesetzes dürfen die Mieten nicht mehr grundlos steigen.*

Oder nicht als Satzbeginn:

Die Mieten dürfen ***seit der Einführung*** *des neuen Gesetzes nicht mehr grundlos steigen.*

Die Doppelpräposition *bis zu* mit temporaler Bedeutung

Zur Nominalisierung eines **temporalen Nebensatz mit der Subjunktion *bis*** verwendet man die **Doppelpräposition *bis zu*** (+ *Dativ*).

Bis *man diesen Virus* ***entdeckt hat****, werden noch viele Jahre vergehen.*
Bis zur Entdeckung *dieses Virus werden noch viele Jahre vergehen.*

Die Autos müssen weiter durch die Stadt fahren, ***bis*** *man die Umgehungsstraße* ***fertiggestellt hat****.*
Bis zur Fertigstellung *der Umgehungsstraße müssen die Autos weiter durch die Stadt fahren.*

Bis *die Mauer* ***fiel****, war die Infrastruktur in Ostdeutschland in einem schlechten Zustand.*
Bis zum Mauerfall *war die Infrastruktur in Ostdeutschland in einem schlechten Zustand.*

Oder nicht als Satzbeginn:

Die Infrastruktur in Ostdeutschland war ***bis zum Mauerfall*** *in einem schlechten Zustand.*

Übungen

1. Schreiben Sie Hauptsätze mit *seit*.

1. Seitdem er die Universität besucht hat, ist er sehr arrogant.
2. Seitdem das neue Auto gekauft wurde, fährt Vater oft durch die Waschstraße.
3. Seitdem wir das letzte Mal bei Ihnen Waren bestellten, haben sich die Preise sehr stark geändert.
4. Seit er Hochzeit gefeiert hat, kennt er seine besten Freunde nicht mehr.
5. Seit dieses Denkmal errichtet wurde, sieht der Marktplatz viel schöner aus.
6. Seitdem es die Tsunami-Katastrophe gegeben hat, sind viele Vorsichtsmaßnahmen getroffen worden.
7. Wir verstehen uns besser, seitdem wir zusammen spazieren waren.
8. Seitdem man die Tabaksteuer erhöht hat, rauche ich viel weniger.
9. Seitdem die Brücke gebaut worden ist, fließt der Verkehr dort viel besser.
10. Der Verein spielt besser, seitdem man diesen Stürmer verpflichtet hat.

2. Schreiben Sie Hauptsätze mit *bis zu*.

1. Bis er das Abitur macht, bekommt er fünfzig Euro Taschengeld.
2. Er saß im Gefängnis, bis er starb.
3. Er wird an der Macht bleiben, bis ein neuer Präsident gewählt wird.
4. Es sind noch viele Jahre, bis ich in Rente gehe.
5. Sie saßen am Strand und unterhielten sich, bis die Sonne aufging.
6. Man hatte von diesem Virus nichts gehört, bis die Krankheit ausbrach.
7. Bis das Vertragsverhältnis aufgelöst werden kann, müssen bestimmte Regeln befolgt werden.

Lektion 81 Modale Präpositionen

Die modalen Präpositionen *durch*, *mit*, *mittels*

Wir buchen den Betrag mittels einer Einzugsermächtigung ab. Indem Sie uns also ermächtigen, den Betrag von Ihrem Konto einzuziehen, haben Sie den Vorteil, nicht jeden Monat eine Überweisung an uns ausfüllen zu müssen.

Zur Nominalisierung eines **modalen Nebensatzes mit der Subjunktion *indem*** verwendet man normalerweise die **Präpositionen *durch*** (+ *Akk.*), ***mit*** (+ *Dat.*) oder ***mittels*** (+ *Gen.*).

Er öffnete die Flasche, indem er den Deckel nach links drehte.
***Mittels** einer Linksdrehung öffnete er die Flasche.*

Die Polizei tötete den Mörder, indem sie ihm in den Kopf schoss.
*Die Polizei tötete den Mörder **durch** einen Kopfschuss.*
*Die Polizei tötete den Mörder **mit** einem Kopfschuss.*

Man bringt den Cursor auf die linke Seite, indem man den Finger auf dem Display nach links bewegt.
***Durch** eine Linksbewegung des Fingers auf dem Display bringt man den Cursor auf die linke Seite.*

Präposition *(an)statt* zur Wiedergabe alternativer Sachverhalte

Statt einer aufwändigen Reparatur wird heutzutage alles gleich durch ein neues Produkt ersetzt. Häufig ist es leider auch preiswerter, ein neues Produkt zu kaufen, anstatt das alte reparieren zu lassen.

Zur Nominalisierung **alternativer Nebensätze mit der zusammengesetzten Subjunktion *anstatt dass*** oder ***anstatt zu*** (+ *Inf.*). verwendet man die **Präposition *(an)statt*** (+ *Gen.*).

***Anstatt** die Schwiegermutter **zu besuchen**, ging er ins Fußballstadion.*
***(An)statt eines Besuches** bei der Schwiegermutter ging er ins Fußballstadion.*

***Anstatt eine feierliche Rede zu halten**, erzählte er nur einen Witz.*
***Statt einer feierlichen Rede** erzählte er nur einen Witz.*

***Anstatt dass der Präsident eine Rede hält**, soll eine Diskussionsrunde abgehalten werden.*
***(An)statt der Rede des Präsidenten** soll eine Diskussionsrunde abgehalten werden.*

Merke!
Wenn *(an)statt* die Bedeutung von ***und nicht*** annimmt, wird es eher wie eine Konjunktion gebraucht. Das Verb bestimmt dann den Kasus.

Statt dem Vater gab er dem Onkel das Geld zurück.
= Er gab dem Onkel das Geld zurück und nicht dem Vater.

Anstatt den Lehrer fragte sie ihre Schulkameraden.
= Sie fragte ihre Schulkameraden und nicht den Lehrer.

Übungen

1. Schreiben Sie für Nebensätze Sätze mit *durch*, *mit* oder *mittels*.

1. Du kannst dem alten Mann Freude bereiten, indem du ihn besuchst.
2. Man reinigt das Geschirr am besten, indem man es in klarem Wasser spült.
3. Man überführte den Täter, indem man seine Fingerabdrücke verglich.
4. Man kam dem Mörder auf die Spur, indem man überall ein Fahndungsfoto aufhing.
5. Das Gespräch wird unterbrochen, indem man den Hörer auflegt.
6. Man entfernt die Birne aus der Fassung, indem man sie nach links dreht.
7. Der Kontakt wird ausgelöst, indem man auf den Knopf drückt.
8. Der Computer lässt sich runterfahren, indem man den Cursor auf das Symbol „Beenden" bewegt.
9. Man kann sich Zugang verschaffen, indem man seine Kreditkarte benutzt.
10. Er zeigte seinen Respekt, indem er sich verbeugte.

2. Schreiben Sie Sätze mit *(an)statt*.

1. Anstatt dass er Medizin studierte, wählte er sich den Beruf des Bäckers.
2. Anstatt ein Überholmanöver zu starten, blieb sie immer hinter dem LKW.
3. Er gab Gas, anstatt eine Vollbremsung zu machen.
4. Anstatt den Betrag mit seiner Kreditkarte zu begleichen, machte er bei seinen Freunden Schulden.
5. Anstatt die Strafe sofort zu bezahlen, legte er zunächst Widerspruch ein.
6. Anstatt einen Elfmeter zu pfeifen, gab der Schiedsrichter einen Freistoß.
7. Anstatt den Schüler zu ermahnen, schwieg der Lehrer.
8. Er benutzte den Computer weiter, anstatt ihn sofort auf Viren zu überprüfen.

Übersicht: Subjunktion – Präposition

Übersicht: Subjunktion – Präposition	
Subjunktion (Verbalstil)	**Präposition (Nominalstil)**
kausal	
weil / da (Verb am Ende) denn (Wortstellung wie Hauptsatz)	wegen / aufgrund (+ *Gen.*) aus / vor (+ *Dat.*, – oft ohne Artikel) dank (+ *Gen.*/*Dat.*)
kausal / konsekutiv	
weil / da / sodass / so …, dass	infolge
final	
damit / um … zu (+ *Inf.*)	zu / für
konzessiv	
obwohl, obgleich, obschon	trotz
konditional	
wenn, falls, sofern	bei
temporal	
nachdem (+ *Plusquamperf.*, *Prät.*/*Perf.*) bevor (+ *Prät.*, *Plusquamperf.*/*Prät.*) während (gleichzeitig) seit(dem) als / wenn sobald bis	nach vor (+ *Dat.*) während (+ *Gen.*) seit bei sofort nach / gleich nach bis zu
modal	
indem; dadurch, dass	durch / mit / mittels (+ *Gen.*)
alternativ	
(an)statt zu (+ *Inf.*) / (an)statt dass	(an)statt (+ *Gen.*)

Wenn es bei kausalen und konzessiven Nebensätzen für die Umwandlung in den Nominalstil schwierig ist, ein Nomen zu finden, kann man sich mit den Ausdrücken ***aufgrund dessen, dass***, ***aufgrund der Tatsache, dass*** bzw. ***trotz der Tatsache, dass*** helfen:

*Wir behalten die Tasche, **weil** wir den Inhaber nicht finden können.*
***Aufgrund dessen, dass** wir den Inhaber nicht finden können, behalten wir die Tasche.*

*Er war schon satt. **Trotzdem** träumte er von einer großen Sahnetorte.*
***Trotz der Tatsache, dass** er schon satt war, träumte er von einer großen Sahnetorte.*

Übungen

1. Setzen Sie Präposition/Subjunktion/Konjunktion ein.

1. Ich rauche nicht mehr, ______________ Nikotin der Gesundheit schadet.
2. Man öffnet die Tür, ______________ man mit der Hand den Sensor berührt.
3. Ich brauche einen Akkuschrauber, ____________ die Schraube festzuziehen.
4. ____________ des angekündigten Unwetters werden wir den Ausflug machen.
5. ______________ des Unterrichts hat sich Ihr Sohn nicht einmal gemeldet.
6. ______________ die Mannschaft gesiegt hatte, gab es eine große Jubelfeier.
7. Bitte begleichen Sie die Rechnung gleich ______________ Rechnungserhalt.
8. ______________ dem großen Finale wurde die Nationalhymne gespielt.
9. Er wollte nicht tanzen, ______________ er war sehr schüchtern.

2. Schreiben Sie Sätze mit der passenden Präposition statt Nebensatz.

1. Ich brauche Ruhe, wenn ich lerne. ______________________________
2. Er las, obwohl es schon dunkel war. ______________________________
3. Er rauchte viel, obwohl er Medizin studiert hatte.
   ____
4. Da viel Schnee fiel, fuhren die Autos sehr langsam.
   ____
5. Wenn Sie uns das richtige Formular zusenden, erleichtern Sie uns die Arbeit.
   ____
6. Während das Theaterstück aufgeführt wurde, wurde einem Zuschauer übel.
   ____
7. Obwohl mein Zug pünktlich ankam, verpasste ich den Anschlusszug.
   ____
8. Obwohl die Maschine verspätet gestartet war, landete sie pünktlich.
   ____
9. Als es Morgen wurde, begannen die Vögel zu singen. (der Tagesanbruch)
   ____
10. Es gibt eine Umleitung, weil in der Straße gebaut wird. (die Baustelle)
    ____
11. Wenn Sie Ihren Pass verlieren, müssen Sie es der Polizei melden.
    ____
12. Er starb fast, weil er großen Hunger hatte.
    ____
13. Er raste wie ein Verrückter, obwohl es eine Geschwindigkeitsbegrenzung gab.
    ____
14. Weil sie sehr einsam war, musste sie immer wieder weinen.
    ____
15. Er bekam eine hohe Strafe, weil er zu schnell gefahren war.
    ____
16. Nicht auf das Eis gehen, weil die Gefahr besteht, dass man einbricht!
    ____

Lektion 83

Verbalisierung

◆ Ich verstehe diese Gebrauchsanweisungen nicht. Kannst du mir helfen? Hier steht: „Stecken Sie vor dem Gebrauch den Saugschlauch bis zum deutlichen Einrasten in den Handgriff. Sie können später den Schlauch wieder mit einer leichten Drehung aus dem Handgriff ziehen."

○ Das ist doch ganz einfach. Das heißt: Bevor man den Staubsauger benutzt, muss man den Saugschlauch in den Handgriff stecken, bis er einrastet. Danach kann man den Schlauch wieder aus dem Handgriff ziehen, indem man ihn leicht dreht.

◆ Ich verstehe! Aber kannst du das vielleicht für mich machen?

Zur Nominalisierung wandelt man einen Nebensatz mit Subjunktion und Verb in einen Satz mit entsprechender Präposition und Nomen um.
Die Umwandlung in umgekehrter Richtung, d.h. ein **Satz mit Präposition** wird in einen **Satz mit Subjunktion und Verb** umgewandelt, nennt man **Verbalisierung**.
Hier muss man sehr genau auf die Zeiten und auf Aktiv bzw. Passiv achten!

***Nach der Einschulung unseres Sohnes** gingen wir ins Restaurant.*

Hier muss man beachten, dass ***nach*** **Vorzeitigkeit** ausdrückt und ***die Einschulung*** verbal am besten mit dem **Passiv** wiedergegeben wird.

Einschulung → einschulen → eingeschult werden

Wegen der Vorzeitigkeit zu „gingen" braucht man das **Plusquamperfekt Passiv**:

***Nachdem mein Sohn eingeschult worden war, gingen** wir ins Restaurant.*

Wenn der **nominale Satz aber im Präsens** steht, braucht man zur verbalen Wiedergabe der Vorzeitigkeit das **Perfekt**:
*Nach seiner Einschulung **gehen** wir ins Restaurant.*

Satz mit Subjunktion und Vorzeitigkeit des Verbs im Nebensatz:
*Nachdem er **eingeschult worden ist, gehen** wir ins Restaurant.*
(futurische Bedeutung)

***Nach der Bestellung des Bieres** warteten wir 20 Minuten.*

Bei der Verbalisierung muss man sich entscheiden, ob Aktiv oder Passiv möglich ist bzw. besser passt:

Passiv:

***Nachdem das Bier** von uns **bestellt worden war,** warteten wir 20 Minuten.*

Aktiv:

***Nachdem wir das Bier bestellt hatten,** warteten wir 20 Minuten.*

Manchmal gibt es kein Passiv (z.B. bei Bewegungsverben)**:**
Während der Zugfahrt = während wir mit dem Zug fahren / fuhren / gefahren sind

Übungen

Bilden Sie die entsprechenden Nebensätze.

1. Nach dem Ende der Vorlesung gingen die Studenten in die Mensa.

2. Vor Tagesanbruch sollte der Bandit gehängt werden.

3. Seit der Erfindung des Smartphones sprechen die Leute weniger.

4. Bei der Aufführung des Theaterstücks brach ein Zuschauer bewusstlos zusammen.

5. Sie kam aus Angst vor dem Ehemann nicht nach Hause.

6. Bis zum Bau des Tunnels fuhr man mit der Fähre nach England.

7. Trotz seiner guten Sprachkenntnisse verstand er kein einziges Wort.

8. Nach eingehender Untersuchung des Fahrzeuges stellte man Sabotage fest.

9. Während seines England-Aufenthaltes lernte er Englisch.

10. Vor Errichtung dieses Hauses war dort ein Spielplatz.

11. Bis zur Begrüßung des Präsidenten vergingen einige Minuten.

12. Wir bitten die Passagiere, sich vor dem Start anzuschnallen.

13. Seit der Aufstellung dieser Ampel sind weniger Verkehrsunfälle registriert worden.

14. Sie sprang vor Freude in die Luft.

15. Sie hatte es aus Liebe zu ihrem Mann getan.

16. Nach dem Regen kam die Sonne heraus.

17. Während seines Konzertbesuchs fiel ihm etwas Furchtbares ein.

18. Vor dem Betreten der Halle gaben sich die Sportler die Hand.

19. Bei seiner Bergwanderung sah er einen Bären.

Wiederholung zu den Lektionen 73 bis 83

1. Benutzen Sie Präpositionen statt Nebensatz.

1. Er mag kein Schach, weil dieses Spiel so lange dauert.

2. Obwohl das Feuer wärmte, froren die Menschen.

3. Nachdem das Gerät installiert worden war, funktionierte es nicht.

4. Sie brauchen einen Holzlöffel, um den Teig umzurühren.

5. Bevor die Bankräuber den Überfall ausführten, hatten sie einen detaillierten Plan gemacht.

6. Man verhaftete den Drogenhändler, als er das Rauschgift übergab.

7. Während wir in der Vorlesung saßen, schickten wir uns gegenseitig Nachrichten zu.

8. Er tötete seinen Kontrahenten, indem er ihn mit dem Messer in die Brust stach.

9. Er wirkte überhaupt nicht nervös, als er das Vorstellungsgespräch beim Chef hatte.

10. Nur wenn Sie den Betrag rechtzeitig überweisen, können wir Ihren Vertrag verlängern.

11. Bevor er sich das teure Handy kaufte, hatte er lange im Internet recherchiert.

12. Weil die Polizei einen Fehler gemacht hatte, konnte der Dieb entwischen. (aufgrund)

13. Er benutzte einen Textmarker, um alles hervorzuheben.

14. Anstatt sich tief zu verbeugen, gab er ihr einfach einen Kuss.

15. Er schläft, seitdem er zu Mittag gegessen hat.

16. Der Spieler beschwerte sich weiterhin, obgleich er schon die gelbe Karte gesehen hatte.

17. Der Rollstuhlfahrer brauchte eine Rampe, um in den Bus einzusteigen.

2. Schreiben Sie die Sätze mit Nebensatz statt Präposition neu.

1. Seit der Operation geht es dem Patienten viel besser.
2. Infolge seiner Unzuverlässigkeit wurde der Angestellte entlassen.
3. Er las während der Zugfahrt einen spannenden Roman.
4. Bis zur Einführung des neuen Steuergesetzes gilt der alte Steuersatz.
5. Großmutter braucht eine Brille zum Lesen.
6. Nach dem Tanz fragte er sie nach ihrer Adresse.
7. Vor der Abfahrt des Busses halten Sie bitte Ihre Fahrkarten bereit.
8. Nach Ihrer Anmeldung erhalten Sie die entsprechenden Unterlagen von uns.
9. Bei der Versammlung der Minister kam man zu keinem konkreten Ergebnis.
10. Vor Gebrauch schütteln.
11. Sie sollten sich nach dem Duschen eincremen.
12. Zum Auflockern der Masse brauchen Sie einen Schneebesen.
13. Aufgrund seiner Erfolge ist er jetzt ein reicher Mann.
14. Nach unserer Aussprache verstehen wir uns blendend.
15. Nach Ihrer Aussage dürfen Sie wieder Platz nehmen.
16. Vor Ankunft des Königs hatte man einen roten Teppich ausgerollt.
17. Aus Dankbarkeit verlieh man ihm einen Orden.
18. Trotz der Niederlage der Heimmannschaft sangen die Fans im Stadion weiter.
19. Sie konnten sich mittels eines cleveren Tricks Zugang verschaffen.
20. Ich brauche für die Reparatur des Wagens viel Zeit.

Lektion 84

-wegen

- ◆ Wollen wir jetzt eine Radtour machen? Das Wetter ist so schön.
- ○ Meinetwegen!
- ◆ Vorhin wolltest du doch noch. Aber wenn du jetzt keine Lust mehr hast, kannst du ja auch zu Hause bleiben und den Rasen mähen. Aber deinetwegen habe ich extra die Fahrräder aus dem Schuppen geholt und die Reifen aufgepumpt.
- ○ Meinetwegen hättest du das nicht zu tun brauchen, aber Susann wollte doch Rad fahren. Du hast es doch sicher auch ihretwegen gemacht, oder?

In Band 1, Lektion 96, wurde das Adverb ***deswegen*** eingeführt.
*Ich kann nicht zur Schule kommen, **weil** ich krank bin.*
*Ich bin krank, **deswegen** kann ich nicht zur Schule kommen.*
= Ich bin krank. **Aus diesem Grund** kann ich nicht zur Schule kommen.

Es gibt auch folgende Adverbien, die auf ***-wegen*** enden:

meinetwegen	= *wegen mir, mir zuliebe, für mich* oder siehe unten
deinetwegen	= *wegen dir, dir zuliebe, für dich*
seinetwegen	= *wegen ihm, ihm zuliebe, für ihn*
ihretwegen	= *wegen ihr, ihr zuliebe, für sie*
unseretwegen	= *wegen uns, uns zuliebe, für uns*
euretwegen	= *wegen euch, euch zuliebe, für euch*
ihretwegen	= *wegen ihnen, ihnen zuliebe, für sie*

Die Adverbien *meinetwegen*, *deinetwegen* etc. bedeuten:

meinetwegen	= **ich** bin der Grund, ich bin dafür verantwortlich
deinetwegen	= **du** bist der Grund, du bist dafür verantwortlich
seinetwegen	= **er** ist der Grund, er ist dafür verantwortlich … etc.

*Machen Sie sich **meinetwegen** bitte keine Umstände.*
***Meinetwegen** brauchst du nicht hier zu warten.*
*Der Lehrer wiederholt **deinetwegen** die ganze Lektion und du passt nicht auf!*
*Wir hoffen, ihr habt **unseretwegen** keine Probleme bekommen.*

Meinetwegen wird noch in einer anderen Bedeutung gebraucht:

- ◆ Kommst du mit ins Kino?
- ○ Meinetwegen!
- ◆ OK. Anscheinend hast du keine Lust und willst zu Hause bleiben.

Hier ist die Antwort ***meinetwegen*** wie ***ja*** zu verstehen, allerdings drückt sie aus, dass die Person, die so antwortet, **keine große Lust** auf einen Kinobesuch hat. Statt ***meinetwegen*** wird auch häufig ***von mir aus*** oder ***soll mir recht sein*** gesagt.

Umgangssprachlich sagt man auch manchmal ***meinetwegen***, wenn man etwas wie ***ungefähr*** oder ***meines Erachtens*** ausdrücken will:

*Da standen **meinetwegen** zwanzig Motorräder vor dem Laden.*
= Wenn du mich fragst, waren da **ungefähr** zwanzig Motorräder.

Übungen

Setzen Sie die verschiedenen Formen von (-)*wegen* ein.
Achten Sie auf die Unterstreichungen:
Du hast mir nicht geholfen. Ich bin **deinetwegen** *nicht fertig geworden.*

1 Wir hatten uns vor dem Kino verabredet. Sie ist nicht gekommen.
   a) Aus diesem Grund habe ich eine Stunde im Regen gestanden und gewartet.
   ________________ habe ich eine Stunde im Regen gestanden und gewartet.
   b) Sie ist der Grund, dass ich eine Stunde im Regen gestanden und gewartet habe.
   ________________ habe ich eine Stunde im Regen gestanden und gewartet.

2. Du hattest mir gesagt, dass er Geburtstag hat. Ich habe wegen ihm einen Schokoladenkuchen gebacken.
   ________________ habe ich einen Schokoladenkuchen gebacken.

3. ◆ Willst du noch etwas essen?
   ○ Mach dir ________________ bitte keine Umstände.

4. ◆ Könnt ihr uns zuliebe auf eurer Rückfahrt dieses Buch in Hamburg besorgen?
   ○ Dann müssten wir ________________ extra in Hamburg anhalten und in ein Geschäft gehen. Dazu haben wir aber wirklich keine Zeit.

5. Die Kinder haben Geburtstag gefeiert. Für sie hatte die Mutter zwei Stunden in der Küche gestanden und einen großen Kuchen gebacken.
   ________________ hatte die Mutter einen großen Kuchen gebacken.

6. ________________ kannst du die Schuhe tragen, die du tragen willst. Ich glaube nur, deinem Chef werden sie nicht gefallen.

7. ________________ habe ich ein romantisches Abendessen vorbereitet, und jetzt kommt sie gar nicht.

8. ◆ Wenn ihr kommt, mache ich euer Lieblingsessen.
   ○ Mach dir ________________ keine Umstände.

9. Ich habe dir schon so oft geholfen, und du hast dich nicht einmal dafür bedankt.
   ________________ werde ich bestimmt keinen Finger mehr krumm machen.

10. Es regnet. ________________ ist niemand auf der Straße.

11. ________________ der Hitze wird heute nicht gearbeitet.

12. Der Schüler hatte zwei Tage gefehlt.
    Mit Rücksicht auf ihn wiederholte der Lehrer die letzte Lektion.
    ________________ wiederholte der Lehrer die letzte Lektion.

13. Die neue Freundin hatte sich ________________ so schön gemacht, und nun unterhielt er sich den ganzen Abend mit einer anderen Frau.

14. Ich habe nichts dagegen. ________________ kannst du das Buch lesen.

15. Wenn du mich fragst, saßen ungefähr 300 Zuschauer in der Konzerthalle.
    Da saßen ________________ 300 Zuschauer in der Konzerthalle.

16. Es war den Eltern recht, dass ihre Kinder in die Diskothek gingen.
    ________________ konnten die Kinder ruhig in die Diskothek gehen.

17. ◆ Wir kommen etwas später auf die Party. Ist es euch recht?
    ○ Ja, für uns ist es okay, wenn ihr ein bisschen später kommt.
    ________________ könnt ihr ruhig ein bisschen später kommen.

Lektion 85

werden und *sollen*

◆ Hast du gehört, es soll bald ein großes Unwetter geben. Es soll stark regnen und vielleicht auch hageln.
○ Wer hat dir das gesagt?
◆ Das habe ich im Internet gelesen.
○ Und hast du schon für alle Fälle die Gartenmöbel in den Schuppen gestellt und die Dachfenster geschlossen?
◆ Das wird Vater schon machen, wenn ich ihm die Unwetter-App zeige.
○ Aber unser Nachbar von gegenüber soll doch im Urlaub sein. Vielleicht solltest du bei ihm mal nach dem Rechten sehen.

werden + *Infinitiv* benutzt man nicht nur, um die Zukunft auszudrücken, sondern auch um eine Annahme bzw. Vermutung wiederzugeben.
Wenn man ausdrücken möchte, dass man sich nicht ganz sicher ist, benutzt man die Konstruktion

werden (+ ***wohl***) + *Infinitiv* (am Ende).

◆ Wie alt ist dein Chef?
○ Ich weiß es nicht genau, aber er wird wohl 50 Jahre alt sein.
◆ Was für einen Wagen fährt er denn?
○ Er wird (wohl) einen Mercedes fahren.

Achten Sie auf folgenden Gebrauch des Modalverbs ***sollen*** + *Infinitiv*!

◆ Warum nimmst du denn bei diesem schönen Wetter einen Regenschirm mit?
○ Es soll gegen Abend regnen.
◆ Wer hat das gesagt?
○ Das habe ich im Radio gehört.

*Der Präsident **soll** in einen Skandal verwickelt **sein**.*
***Die Leute erzählen es sich**, ich weiß aber nicht, ob das stimmt.*

*Im Bereich Umweltschutz **soll** zwar viel **getan werden**, klare Ergebnisse sieht man aber nicht.*
*Die Politiker **sagen zwar, dass** im Bereich Umweltschutz viel **getan wird**, klare Ergebnisse sieht man aber nicht.*

Mit ***sollen*** + *Infinitiv* (am Ende) kann man wiedergeben, was eine andere Person gesagt hat, oder was man im Radio, Fernsehen, Internet oder als Gerücht erfahren hat.
Die eigene Meinung bzw. Vermutung wie bei ***werden*** + *Infinitiv* wird damit allerdings nicht wiedergegeben.
Man distanziert sich von der Aussage.

Übungen

Benutzen Sie *werden* oder *sollen* mit Infinitiv als Vermutung bzw. zur Wiedergabe von Gesagtem.

1. Ich habe gehört, dass er viel Geld verdient.

   ____

2. Ich bin der Meinung, dass die Waschmaschine defekt ist.

   ____

3. Ich denke, dass er nicht auf deine Party kommt.

   ____

4. Die Leute haben gesagt, dass es morgen regnet.

   ____

5. Ich habe gelesen, dass er im Jahr über eine Million Euro verdient.

   ____

6. Ich glaube, dass er bald abfährt.

   ____

7. Peter hat mir gesagt, dass heute in Spanien die Sonne scheint.

   ____

8. In der Zeitung heißt es, dass ein großes Unwetter kommt.

   ____

9. Leider kann ich Ihnen nicht mit Sicherheit sagen, was für einen Wagen der Präsident fährt. Ich glaube aber, dass er einen Mercedes fährt.

   ____

10. In diesem Haus, so sagen die Leute, spukt es.

    ____

11. Meiner Meinung nach ist sie noch nicht verheiratet, aber frag sie doch mal selbst.

    ____

12. Im Radio hieß es, dass es morgen eine große Demonstration gibt.

    ____

13. Man erzählt sich, dass der Lehrer eine neue Freundin hat.

    ____

14. Erzählt man sich etwa, dass er ein Hochstapler ist?

    ____

15. Wenn du mich fragst, ist er ein eiskalter Hochstapler.

    ____

16. Es kursiert das Gerücht, dass der Bürgermeister Steuern hinterzieht.

    ____

17. Er ist schon so lange nicht gekommen. Er kommt bestimmt auch heute nicht.

    ____

18. Es wird die Nachricht verbreitet, dass dort viel für den Umweltschutz getan wird.

    Dort ______________________________

Lektion 86

Der Infinitiv Perfekt

◆ Unser Nachbar soll sich gestern einen neuen Wagen gekauft haben und nach Paris gefahren sein.
○ Von wem hast du das denn?
◆ Sabine von nebenan hat es mir erzählt.
○ Aber er wird sich doch wohl keinen BMW wie unseren gekauft haben.
◆ Nein, er soll sich einen Mercedes der E-Klasse zugelegt haben.
○ Den wird er nur geleast haben. Anders kann ich mir das nicht vorstellen.

- Der Infinitiv Perfekt setzt sich aus dem Partizip II und dem Infinitiv des Hilfsverbs (***haben*** oder ***sein*** nach dem Partizip) zusammen (Bildung wie im Perfekt).
- Er steht beispielsweise nach einem Modalverb.
- Für die **drei** Vergangenheitsformen gibt es nur **einen** Infinitiv.

*Er **hat** sich einen neuen Wagen **gekauft**. / Er **kaufte** sich einen neuen Wagen. / Er **hatte** sich einen neuen Wagen **gekauft**.*

Mit Modalverb (wenn andere Leute es beispielsweise behaupten):
*Er soll sich einen neuen Wagen **gekauft haben**.*

Oder bei eigener Vermutung mit ***werden***:
*Er wird sich wohl einen neuen Wagen **gekauft haben**.*

Der **Infinitiv Perfekt** (nach Modalverb und ***werden***) **im Nebensatz:**
Wie gewöhnlich steht das konjugierte Verb – in diesem Fall das Modalverb oder „werden“ – am Ende des Nebensatzes:
*Weil sich der Showstar in einen Fan **verliebt haben soll**, gibt es viele Gerüchte.*
*Obwohl der Showstar nach Paris **geflogen sein soll**, hat ihn ein Reporter gestern in Berlin gesehen.*
*Weil der Vater Schulden **gehabt haben wird**, hat der Sohn das Haus nicht geerbt.*

1. Schreiben Sie Sätze mit dem Infinitiv Perfekt.

1. Wir glauben, dass er schon angekommen ist.
   Er wird wohl schon ____________________
2. Die Presse schreibt offen darüber, dass der Minister seine Frau betrogen hat.
   Der Minister ____________________
3. Die Leute sagen, dass Mozart ein Genie war.
   Mozart ____________________
4. Ich glaube, dass mein Chef die Überweisung schon getätigt hat.
   Mein Chef ____________________
5. Ich habe im Radio gehört, dass man das Roboterauto auf den Mars geschickt hat.
   Das ____________________

2. Schreiben Sie die Sätze mit dem Infinitiv Perfekt neu.

1. Die Leute sagen, dass der Mann einen Beamten bestochen hat.
   Der Mann ______________________________
2. Ich habe im Internet gelesen, dass Bayern Münchens Mittelstürmer einen Drei-Jahres-Vertrag unterzeichnet hat.
   Bayern Münchens Mittelstürmer ______________________________
3. Ich glaube, du hast das falsche Password eingegeben.
   ____
4. Die Gerüchteküche sagt, dass der Nachbar zum zweiten Male geheiratet hat.
   ____
5. Aus internen Kreisen habe ich vernommen, dass die Violinistin den Preis gewonnen hat.
   ____
6. Wenn du den Schlüssel nicht finden kann, hast du ihn bestimmt im Büro vergessen.
   Du ______________________________
7. Die Zeitung schreibt, dass der Betrüger einen Kredit aufgenommen hat und mit dem Geld auf eine karibische Insel geflohen ist.
   ____
   ____
8. In den Nachrichten heißt es, dass der Ministerpräsident zurückgetreten ist.
   ____
9. Ich bin mir ziemlich sicher, dass sie ihn aus Liebe und nicht aus Geldgier geheiratet hat.
   ____
10. Mir erscheint es plausibel, dass er die Tatwaffe ins Gebüsch geworfen hat.
    ____
11. Die Leute erzählen sich, dass er schon die dritte Herzoperation überstanden hat.
    ____
12. Wir glauben nicht, dass er sich über diesen Brief geärgert hat.
    ____
13. Der Zeuge teilte mit, dass der Täter eine Narbe über dem rechten Auge hatte.
    ____
14. Man sagt, dass Berlin in den Fünfzigern die Weltmetropole schlechthin war.
    In den ______________________________
15. Ich glaube, dass der neue Berliner Flughafen schon eröffnet hat.
    ____
16. Die Presse berichtet, dass die Geheimdienste den Bundeskanzler abgehört haben.
    ____

Lektion 87

Subjektive Meinungsäußerung

Holmes:	Wer hat jetzt den Millionär umgebracht?
Watson:	Der Mann mit dem schwarzen Koffer wird wohl eine Waffe im Koffer gehabt haben und damit dann auch den Millionär erschossen haben.
Holmes:	Nein, er kann es nicht getan haben, weil er zur Tatzeit in London war.
Watson:	Aber er hatte doch genug Zeit. Er könnte zurückgeflogen sein und den Job erledigt haben.
Holmes:	Nein, ein Londoner Banker will die ganze Zeit mit ihm in einem Café gesessen und sich mit ihm unterhalten haben. Er soll in dem Koffer Geheimunterlagen für die Bank transportiert haben, um sie dem Banker zu übergeben. Nein, nein, er kann nicht der Mörder gewesen sein.
Watson:	Oder aber er könnte einen Doppelgänger nach London geschickt haben.
Holmes:	Fahren Sie noch morgen nach London, Watson, und befragen Sie den Banker.

Beachten Sie in den folgenden Beispielen die Bedeutung der Modalverben! Sie ist vor allem subjektiv.

Sachverhalt:
Die neue Bürgermeisterin **hat** Teile ihrer Doktorarbeit **abgeschrieben**.

Subjektive Äußerungen zu diesem Sachverhalt:
Sie **muss** Teile ihrer Doktorarbeit **abgeschrieben haben**.
(Ich bin sicher, dass sie Teile ihrer Doktorarbeit abgeschrieben hat.)
Sie **wird** Teile ihrer Doktorarbeit **abgeschrieben haben**.
(Ich vermute, dass sie Teile ihrer Doktorarbeit abgeschrieben hat; S. 198)
Sie **kann** Teile ihrer Doktorarbeit **abgeschrieben haben**.
(Ich halte es für möglich, dass sie Teile ihrer Doktorarbeit abgeschrieben hat.)
Sie **soll** Teile ihrer Doktorarbeit **abgeschrieben haben**.
(Andere sagen, dass sie Teile ihrer Doktorarbeit abgeschrieben hat; S. 198)
Sie **will** keine Teile ihrer Doktorarbeit **abgeschrieben haben**.
(Sie selbst behauptet, dass sie keine Teile ihrer Doktorarbeit abgeschrieben hat, aber ich glaube ihr nicht.)

Sachverhalt:
Dieser Mann **hat** es **getan**.

Subjektive Äußerungen zu diesem Sachverhalt:

Er **kann** es **getan haben**.	*es scheint mir möglich*
Er **kann** es nicht **getan haben**.	*es scheint mir unmöglich*
Er **will** es nicht **getan haben**.	*er behauptet es und ich zweifle daran*
Er **darf** es nicht **getan haben**.	*ich will es nicht glauben*
Er **dürfte** es **getan haben**.	*es scheint mir möglich*
Er **mag** es **getan haben**.	*ich kann es mir vorstellen*

Beachten Sie in diesem Zusammenhang:

Das **darf** nicht wahr sein!	*ich kann es einfach nicht glauben*
Das **kann** doch nicht wahr sein!	*ich kann es mir nicht vorstellen*

Übungen

Benutzen Sie den Infinitiv Perfekt.
Denken Sie an die subjektiven Bedeutungen der Modalverben.

1. a) Man hat mir erzählt, dass er im Lotto gewonnen hatte.
   Er ____________________
1. b) Er hat mir erzählt, dass er im Lotto gewonnen hat.
   Er ____________________
1. c) Ich glaube, dass er im Lotto gewonnen hat.
   Er ____________________
1. d) Es kann schon sein, dass er im Lotto gewonnen hat, aber ich bin mir nicht sicher.
   Er ____________________
1. e) Ich bin mir sicher, dass er im Lotto gewonnen hat. Er hat sich ein Haus und ein neues Auto gekauft.
   Er ____________________
2. Im Radio hat man gesagt, dass der Präsident nach Paris gefahren ist.
   Der Präsident ____________________
3. Angeblich funktionierte der Computer nicht.
   Der Computer ____________________
4. a) Ich glaube, dass diese Mannschaft das Turnier gewonnen hat.
   Diese Mannschaft ____________________
4. b) Ich bin mir ganz sicher, dass diese Mannschaft das Turnier gewonnen hat.
   Diese Mannschaft ____________________
4. c) Vielleicht hat diese Mannschaft das Turnier gewonnen.
   Diese Mannschaft ____________________
5. In der Zeitung stand, dass der Bankdirektor den Banküberfall geplant hatte.
   Der Bankdirektor ____________________
6. Ich bin der Ansicht, dass dies von ihm nicht so gesagt wurde.
   Er _______ dies nicht so ____________________
7. Im Fernsehen wurde berichtet, dass der Bürgermeister seine Frau betrogen hat.
   Der Bürgermeister ____________________
8. Die Nachbarin hat behauptet, dass der Student gestern das Treppenhaus nicht geputzt hat.
   Der Student ____________________
9. In der Klatschspalte hat gestanden, dass die Prinzessin barfuß durch das Schloss gelaufen ist.
   ____
10. Ich vermute, dass der Chef gestern auf dem Betriebsfest viel getrunken hat.
    ____
11. Ich kann mir gut vorstellen, dass er schon einmal mit dem Direktor persönlich darüber gesprochen hat.
    ____
12. ◆ Ihr könnt es mir glauben. Ich habe wirklich unseren Chef angeschrien.
    ○ Habt ihr gehört? Er ____________________

Lektion 88

Infinitiv Perfekt im Passiv

Letzte Nacht soll vom Parlament ein neues Gesetz zum Klimaschutz verabschiedet worden sein.
Nachdem man in mehreren Sitzungen lange darüber diskutiert und gestritten hatte, soll es jetzt sogar von einem Teil der Opposition genehmigt worden sein.
Natürlich wunderte man sich über den Sinneswandel der Opposition. Aber dieses Gesetz dürfte auch deshalb beschlossen worden sein, da wohl andernfalls eine große Regierungskrise eingetreten wäre, welche man in der jetzigen Situation überhaupt nicht hätte gebrauchen können.

Im Passiv bildet man das Perfekt mit der konjugierten Form von ***sein*** + Partizip II des Verbs + ***worden***.

*Das Gesetz **ist genehmigt worden**.*

Infinitiv Perfekt Passiv:
Partizip II des Verbs + *worden* + *sein*

Ich habe gehört, dass das Gesetz genehmigt worden ist.
Das Gesetz soll genehmigt worden sein.

Sachverhalt in der Vergangenheit:

Ich wurde mit dem Präsidenten fotografiert.	*(Präteritum)*
Ich bin mit dem Präsidenten fotografiert worden.	*(Perfekt)*
Ich war mit dem Präsidenten fotografiert worden.	*(Plusquamperfekt)*

Vermutung:

Ich denke, dass ich mit dem Präsidenten fotografiert wurde.	*(Prät.)*
Ich denke, dass ich mit dem Präsidenten fotografiert worden bin.	*(Perf.)*
Ich denke, dass ich mit dem Präsidenten fotografiert worden war.	*(Plusquamperf.)*

Ich werde wohl mit dem Präsidenten fotografiert worden sein.

Subjektive Modalverben mit dem Infinitiv Perfekt im Passiv:
Er behauptet, dass er von der Werbeagentur für einen Werbefilm engagiert worden ist.
*Er will von der Werbeagentur für einen Werbefilm **engagiert worden sein**.*

Es kann nicht sein, dass der Täter das Opfer erdrosselt hat.
*Das Opfer kann nicht von dem Täter **erdrosselt worden sein**.*

Überall kann man lesen, dass dieses Medikament verboten worden ist.
*Dieses Medikament soll **verboten worden sein**.*

Ich will es einfach nicht wahrhaben!
*Dieser Politiker **darf nicht gewählt worden sein**. Er wird unserem Land nur Schaden zufügen.*

Infinitiv Perfekt Passiv mit *zu*:
*Er ist sehr stolz darauf, mit dem Präsidenten **fotografiert worden zu sein**.*
*Sie ist darüber traurig, nicht zum Tanz **aufgefordert worden zu sein**.*

Übungen

Benutzen Sie den Infinitiv Perfekt (auch im Passiv) nach *werden* oder Modalverb.

Ich glaube, dass das Auto von ihm gekauft worden ist.

Das Auto wird wohl von ihm gekauft worden sein.

1. Man kann häufig lesen, dass Napoleon ein egozentrischer Mann war.
   ____
2. Die Zeitungen schreiben, dass das Flugzeug angegriffen wurde.
   ____
3. Er hat ganz bestimmt den Bus verpasst.
   ____
4. Bei dieser Tat – so schreibt die Presse – hat er großen Mut bewiesen.
   ____
5. Ich denke, dass er nicht zu Hause war.
   ____
6. Wir sind der Meinung, dass dieses Haus vor 1800 erbaut wurde.
   ____
7. Ich habe gehört, dass die Leute einen neuen Präsidenten gewählt haben.
   Die Leute ______________________________
   Ein neuer Präsident ______________________________
8. Wir vermuten, dass vielleicht der Computer einen Fehler gemacht hat.
   Es könnte ein Fehler ______________________________
9. Es bleibt nur eine Möglichkeit: Der Täter hat das Kellerfenster aufgebrochen.
   Vom Täter ______________________________
10. Die Archäologen glauben ganz fest, dass Höhlenmenschen diese Zeichen in den Fels gehauen haben.
    Diese Zeichen ______________________________
11. Der Wagen hat vielleicht nur 10 Minuten dort gestanden.
    Der Wagen dürfte etwa ______________________________
12. Es darf nicht wahr sein, dass diese Partei wiedergewählt worden ist.
    ____
13. Ich habe im Internet gelesen, dass diese Website gesperrt wurde.
    ____
14. Es ist denkbar, dass Vater die Tür vor der Reise abgeschlossen hat.
    a) Vater ______________________________
    b) Die Tür ______________________________
15. Der Angeklagte behauptet immer wieder, dass er die Tat nicht begangen hat.
    ____
16. Steht wirklich in der Zeitung, dass Brasilien von Deutschland 7:1 geschlagen worden ist?
    Soll Brasilien tatsächlich ______________________________
17. Es könnte doch sein, dass ich heute im Lotto gewonnen habe.
    ____

Lektion 89

Futur II

◆ Was werden Sie als Marktführer im Bereich Technik im Jahr 2050 alles erfunden und entwickelt haben?
○ Wir werden einen Chip entwickelt haben, mit dem man sein Haus oder Auto öffnen und auch im Supermarkt bezahlen kann. Ferner wird ein Handgerät erfunden worden sein, mit dem man in Sekundenschnelle alle Sprachen der Welt in die jeweilige Muttersprache übersetzen kann.
Wir werden den Einsatz der Drohnen als Lieferfahrzeuge weiterentwickelt haben, so dass sie nicht nur Waren bis vor die Haustür liefern können, sondern auch als Flugtaxis eingesetzt werden können.
◆ Wird man dann auch schon das Problem der Umweltverschmutzung in den Griff bekommen haben?
○ Ja, wir werden die Filtertechnik so verbessert haben, dass eine solarbetriebene Filteranlage in der Größe eines Fußballstadions die Luft für eine Großstadt mit bis zu drei Millionen Einwohnern reinigen kann.

- Das **Futur II** drückt eine **vollendete Handlung in der Zukunft** aus. Es beschreibt eine Handlung, die z.B. morgen oder schon bald abgeschlossen sein wird.
- Das Futur II wird mit der konjugierten Form von ***werden*** und dem **Infinitiv Perfekt** gebildet. Dieser Infinitiv steht dann am Ende des Satzes.
- Im Nebensatz steht die konjugierte Form von ***werden*** am Ende.

*Die Leute **werden** dort schon zu Abend **gegessen haben**.*
*Mein Onkel **wird** schon **abgefahren sein**.*
*Wir können keinen Restaurantbesuch vorschlagen, **weil** alle schon zu Abend **gegessen haben werden**.*
*Du wirst meinen Onkel dort nicht mehr antreffen, **da** er dann schon **abgefahren sein wird**.*

Mit dem Zusatz „morgen um diese Zeit“ kommt die Bedeutung des Futurs II klar zum Ausdruck:

◆ *Was **wirst** du morgen um diese Zeit schon alles **gemacht haben**?*
○ *Morgen um diese Zeit **werde** ich bereits **geduscht** und **gefrühstückt** haben.*

*Wenn alles klappt, **werde** ich morgen um diese Zeit bereits in London **gelandet sein**.*

Auch kann mit dem Futur II – wie mit dem Futur I – **eine Vermutung** zum Ausdruck gebracht werden.

*Dein Freund **wird wohl** den Zug **verpasst haben**. Sonst wäre er schon hier.*

*In hundert Jahren **werden wohl** alle Elefanten **ausgestorben sein**.*

*Auch in zwanzig Jahren **wird** man **wohl** noch keine Lösung für das Parkplatzproblem in Großstädten **gefunden haben**.*

Übungen

1. Vervollständigen Sie die Sätze im Futur II nach folgendem Muster:
Der Vater sitzt bei einem Bier in der Kneipe und denkt: Wenn ich nach Hause komme, werden meine Kinder bereits *(Hof kehren)* den Hof gekehrt haben.
Wenn ich nach Hause komme, werden meine Kinder bereits …

1. *(alles aufräumen)* ______
2. *(die Wäsche waschen)* ______
3. *(den Tisch decken)* ______
4. *(meine Hemden bügeln)* ______
5. *(das Essen kochen)* ______
6. *(einkaufen gehen)* ______
7. *(mit dem Hund „Gassi" gehen)* ______
8. *(die Hausaufgaben machen)* ______
9. *(die Fenster putzen)* ______
10. *(den Rasen sprengen)* ______
11. *(das Bier kalt stellen)* ______
12. *(den Fernseher einschalten)* ______
13. *(meine Pantoffeln vor das Sofa stellen)* ______
14. *(das Aquarium sauber machen)* ______
15. *(der Mutter beim Abwaschen helfen)* ______

2. Antworten Sie mit dem Futur II als Vermutung.
Hat er schon gegessen? (ja) – Er wird wohl schon gegessen haben.

1. Was glaubst du? Hat deine Schwester schon ihr Baby bekommen? (*ja*)
   Sie ______
2. Glaubst du, dass sich Peter schon irgendwo um eine Stelle beworben hat? (*ja*)
   Er ______
3. Hat der Chef der Praktikantin schon die Firma gezeigt? (*nein*)
   Er ______
4. Ist der neue Angestellte schon zu seiner Dienstreise aufgebrochen? (*nein*)
   Er ______
5. Hat die Sekretärin den Termin aus gesundheitlichen Gründen abgesagt? (*ja*)
   Sie ______
6. Schaute er wirklich in seinen Terminkalender? (*ja*)
   Er ______
7. Ist der Monteur schon gekommen und hat den Kopierer repariert? (*ja*)
   Er ______
8. Hat man die Klimakonferenz wirklich verschoben? (*ja*)
   Sie ______
9. Was ist mit dem Computer los? Warum reagiert er nicht? (*abstürzen*)
   Er ______

Lektion 90

Futur II im Passiv

◆ Hat unser Nachbar seinen Sportwagen eigentlich schon reparieren lassen?
○ Der Wagen wird wohl schon repariert worden sein, denn er wurde gestern in der Zeitung zum Verkauf angeboten.
◆ Was? Ich war eigentlich daran interessiert. Wo steht denn dieses tolle Rennauto jetzt?
○ Gestern stand es noch vor der Tür, aber jetzt ist es nicht mehr da.
◆ Dann wird es wohl schon verkauft worden sein; sonst wäre es ja noch hier.
○ Nein, der Wagen wird vom Nachbarn einfach in die Garage gestellt worden sein, weil es doch heute Abend regnen soll.
◆ Glaubst du! Ihm wird wohl ein guter Preis geboten worden sein, und jetzt ist der Wagen weg.
○ Sei doch nicht so pessimistisch! Geh rüber und frag ihn!

Futur II im Passiv:
konjugierte Präsensform von ***werden*** **... + Partizip II +** ***worden*** **+** ***sein***

Perfekt Passiv: *Der Wagen ist bereits verkauft worden.*
Futur II Passiv: *Der Wagen* ***wird*** *bereits* ***verkauft worden sein****.*

Wenn der Chef nachher ins Büro kommt, ***wird*** *der Drucker schon* ***repariert worden sein****.*

Vermutung mit Futur II im Passiv:

◆ *Ist die Rechnung schon bezahlt worden?*
○ *Ja, die Rechnung* ***wird*** *wohl schon* ***bezahlt worden sein****.*
Wir haben ja keine Mahnung bekommen.

◆ *Ist das Programm schon runtergeladen worden?*
○ *Ja, es* ***wird*** *wohl schon im Hintergrund* ***runtergeladen worden sein****.*

◆ *Wurde diese Angelegenheit bereits bearbeitet?*
○ *Sie* ***wird*** *wohl schon* ***bearbeitet worden sein****.*

Futur II im Nebensatz (selten)**:**

◆ *Hat der Pizza-Service die Pizza schon gebracht?*
○ *Ich glaube schon, denn da die Pizza schon* ***gebracht worden sein wird****, spielen die Kinder nicht mehr im Garten.*

Der Patient liegt im Aufwachzimmer, da er wohl gerade ***operiert worden sein wird****.*

Da diese Konstruktion sehr kompliziert ist, wird sie in der Regel vermieden bzw. kommt im normalen Sprachgebrauch äußerst selten vor.

Übungen

1. Bilden Sie Sätze im Futur II (Aktiv und Passiv).

Was wird morgen um diese Zeit schon passiert sein? – Ich bin schon aufgestanden.
Morgen um diese Zeit werde ich schon aufgestanden sein.

1. Ich habe mich schon rasiert.
   Morgen um diese Zeit ______
2. Mein Kind ist schon mit dem Hund auf die Straße gegangen.
   Morgen um diese Zeit ______
3. Der Vortrag ist schon gehalten worden.
   Morgen um diese Zeit ______
4. Der Milchmann hat die frische Milch vor die Haustür gestellt.
   Morgen um diese Zeit ______
5. Ich bin schon gelandet.
   Morgen um diese Zeit ______
6. Dem Angestellten wurde das Entlassungsschreiben gegeben.
   Morgen um diese Zeit ______
7. Die E-Mail ist schon beantwortet worden.
   Morgen um diese Zeit ______
8. Das Programm ist schon heruntergeladen worden.
   Morgen um diese Zeit ______
9. Wir haben schon die Adresse im Internet gefunden.
   Morgen um diese Zeit ______

2. Äußern Sie Vermutungen im Aktiv oder im Passiv.

Hat er die Hausaufgaben schon gemacht?
Er wird sie wohl schon gemacht haben. Oder:
Sie werden von ihm wohl schon gemacht worden sein.

1. Ist der Rasen gesprengt worden? Er wird wohl ______
2. Hat er das Bad schon gesäubert? Er wird ______
   Es wird ______
3. Wurde der Auftrag vom Chef erteilt? Er wird ______
4. Hatten die Kinder erholsame Ferien? Sie ______
5. Wurde der Kopierer repariert? Er ______
6. War die Vorstellung gut? Sie ______
7. Ist der Dieb gefasst worden? Er ______
8. Ist die Sonne dort schon aufgegangen? Sie ______
9. Hatte er denn keine Angst? ______
10. Gab der Dieb das Geld zurück? ______
11. Ist das Flugzeug schon abgeflogen? ______
12. Hat der Chef den Bericht diktiert? Er ______
13. Fragte sie ihn nach dem Grund? Sie ______
    Er ______
14. Wurde eine Erlaubnis erteilt? Eine Erlaubnis ______

Lektion 91

Infinitivkonstruktionen mit *zu* (1)

◆ Hast du daran gedacht, die Unterlagen zu kopieren?
○ Der Chef hatte mich zwar gebeten, sie zu kopieren, aber ich hatte gestern wenig Zeit, allen Aufträgen vom Chef nachzukommen.
◆ Dann darfst du heute aber auf keinen Fall vergessen, die Kopien zu machen.
○ Ich werde mich bemühen an alles zu denken, aber in letzter Zeit habe ich so viel zu tun, dass ich es nicht schaffe, alles zu erledigen.
◆ Vielleicht sollte man dem Chef empfehlen, eine weitere Hilfskraft einzustellen. Andernfalls ist es nicht möglich, bei dieser Auftragslage alle Wünsche des Chefs zu erfüllen.

Infinitivkonstruktionen sind Nebensätze, die kein Subjekt haben. Ihr Subjekt steht im Hauptsatz. Man verwendet sie nach bestimmten Verben und Ausdrücken.

- Die Infinitivkonstruktion steht bei **Subjektgleichheit**.
  Ich schaffe es heute nicht, alle Briefe zu schreiben.
  = **Ich** schaffe es heute nicht, dass **ich** alle Briefe schreibe.
- Das **Verb im Hauptsatz** bestimmt das gedachte Subjekt des Nebensatzes.
  Der Chef hat mich gebeten, die Unterlagen zu kopieren.
  = Der Chef hat **mich** (*bitten + Akk.*) gebeten, dass **ich** alle Unterlagen kopiere.
  Man sollte dem Chef empfehlen, eine weitere Hilfskraft einzustellen.
  = Man sollte **dem Chef** (*Dat.*) empfehlen, dass **er** eine weitere Hilfskraft einstellt.
- Der Infinitivsatz kann auch das **Subjekt des Hauptsatzes** sein:
  Alle Wünsche des Chefs zu erfüllen *ist nicht möglich.*

Bei trennbaren Verben steht ***zu*** zwischen Präfix und Stamm (ein Wort).

*Er hat vergessen, die Kaffeemaschine aus**zu**schalten.*

Nach bestimmten Verben / Ausdrücken ist eine Infinitivkonstruktion mit ***zu*** üblich:

1. nach Verben des Wunsches, Bittens, Verlangens oder der Aufforderung

Er verlangt, Sie sofort zu sprechen.
Wir fordern Sie auf, den Betrag innerhalb von 2 Wochen zu bezahlen.
Wir ersuchen Sie hiermit, Ihre Schulden umgehend zu begleichen.

2. nach Verben der Emotion

Ich befürchte, in ein großes Gewitter zu kommen.
Sie hat Angst, einen großen Fehler zu machen.
Er freut sich riesig, bald mit ihr ins Kino gehen zu können.

3. nach Verben, die eine Absicht ausdrücken

Er strengt sich sehr an, gute Noten zu bekommen.
Wir beabsichtigen, um 12:00 Uhr bei Ihnen anzukommen.
Er bezweckt damit, optimale Sprachkenntnisse zu erwerben.

4. nach Verben des Glaubens, Vermutens

Ich glaube, ihn zu kennen.
Wir nehmen an, pünktlich sein zu können.
Der Kommissar vermutete, auf der richtigen Spur zu sein.

Übungen

1. Formen Sie die Sätze nach dem folgenden Beispiel um.

Beginnen Sie mit: *Ich hoffe, ...*

1. Ich sehe dich bald wieder. *dich bald wiederzusehen.*
2. Ich kann bald gut Deutsch sprechen. ______
3. Ich muss den Abwasch nicht machen. ______
4. Ich habe eine Zusage erhalten. ______

Beginnen Sie mit: *Er hofft, ...*

5. Er besteht das Abschlussexamen. ______
6. Er darf bald bis 24 Uhr aufbleiben. ______
7. Er muss nicht zum Zahnarzt gehen. ______
8. Er kann die Prüfung bestehen. ______

Beginnen Sie mit: *Wir beabsichtigen, ...*

9. Wir installieren ein neues Programm. ______
10. Wir sagen immer die reine Wahrheit. ______
11. Wir holen das Paket für euch ab. ______
12. Wir protestieren gegen den Beschluss. ______

Beginnen Sie mit: *Sie glauben, ...*

13. Sie kennen ihn. ______
14. Sie machen einen großen Fehler. ______
15. Sie tun dem Chef einen Gefallen. ______
16. Sie müssen Überstunden machen. ______

Beginnen Sie mit: *Darf ich Sie bitten, ...*

17. Sie geben mir Ihre Handynummer. ______
18. Sie sagen uns rechtzeitig Bescheid. ______
19. Sie vertrauen mir. ______

2. Infinitiv mit *zu* oder ohne *zu*?

Wir haben uns entschlossen, ein neues Projekt in unserer Firma ______[1] (starten). Um dieses Projekt erfolgreich ______[2] (durchführen), muss jeder Mitarbeiter gewissenhaft und entschlossen daran ______[3] (mitarbeiten). Sollte der Chef irgendwelche Nachlässigkeiten ______[4] (entdecken), wird ihm nichts anderes übrig ______[5] (bleiben), als diese in der täglichen Besprechung ______[6] (ansprechen).
Man wird in unseren Meetings alle Erfahrungen mit diesem neuen Projekt eingehend ______[7] (erörtern) und ______[8] (versuchen), den besten und einfachsten Weg zur Umsetzung des Projektes ______[9] (finden). Ziel ist es, dieses Vorhaben in kürzester Zeit zum Erfolg ______[10] (führen).

Lektion 92 Infinitivkonstruktionen mit *zu* (2)

5. nach unpersönlichen Verben oder Adverbien der Emotion mit *es*

Es freut mich, Sie hier zu sehen.
Es gefiel ihm sehr, im Mittelpunkt zu stehen.
Es ekelte sie, den Dreck aufwischen zu müssen.
Es ist angenehm, mit Ihnen zusammenzuarbeiten.

6. nach Verben oder Ausdrücken der Möglichkeit und Notwendigkeit

Dort ist es möglich, die Tiere aus der Nähe zu fotografieren.
Ist es verboten, in dieser Straße zu parken?
Es ist nötig, ihn immer wieder zu loben.
Es ist äußerst wichtig, die Hausaufgaben zu machen.

7. nach Verben des Vergessens / Nicht-Erinnerns

Er hat vergessen, dich anzurufen.
Hat er daran gedacht, die Fenster zu schließen?

8. nach Verben des Empfehlens

Der Kellner empfahl uns, den frischen Salat zu bestellen.
Der Arzt riet uns, früher ins Bett zu gehen.

9. nach Verben des Beschuldigens

Er warf ihr vor, ihn nicht genug zu lieben.
Er wurde angeklagt, ein Wiederholungstäter zu sein.
Sie beschuldigte ihn, ihr nie richtig zuzuhören.

10. nach Verben des Erlaubens und Verbietens

Ich verbiete dir, in unseren Räumen zu rauchen.
Wir erlauben allen, ihren Fantasien freien Lauf zu lassen.

Mit Pronominaladverbien

Wenn die oben aufgeführten Verben oder Ausdrücke Präpositionen benötigen, steht vor dem Nebensatz mit ***zu*** das entsprechende Pronominaladverb (Band 1, Lektion 104), also ***da*(*r*)** + *Präposition*, z.B.:

Angst haben ***vor***	Er hat Angst ***davor***, vom Lehrer gefragt zu werden.
fähig sein ***zu***	Sie ist ***dazu*** fähig, drei lange Tage nicht mit ihm zu sprechen.

Verben, die mit dem **Infinitiv ohne *zu*** stehen (und teilweise wie Modalverben gebraucht werden können), sind: ***hören***, ***sehen***, ***lassen***:
Hast du unseren Sohn nach Hause kommen hören?

Ähnlich: ***bleiben***, ***gehen***:
Wir bleiben hier noch ein wenig sitzen und gehen dann ein Bier trinken.

Und auch: ***lernen***, ***lehren***, ***helfen***:
Ich helfe dir tragen.
(Aber bei erweitertem Infinitiv: Ich helfe dir, die Kisten zu tragen).

Übungen

1. Bilden Sie Nebensätze mit *zu*.

1. Ich werde vom Vater umarmt.
   Ich finde es schön, vom Vater umarmt zu werden.
2. Ich habe meine alten Freunde wieder getroffen.
   Es war schön, ______
3. Ich muss mich übergeben.
   Ich finde es schrecklich, ______
4. Ich muss dem Freund die schlechte Nachricht mitteilen.
   Ich habe Angst, ______
5. Ich wurde von der Jury mit einem Preis ausgezeichnet.
   Es hat mich gefreut, ______
6. Man kann keinen Elefanten tragen.
   Es ist unmöglich, ______
7. Man wird von der Familie geliebt.
   Es ist schön, ______
8. Man geht mit Freunden aus und lacht viel.
   Wir genießen es, ______
9. Man kann nicht drei Liter in zwei Minuten trinken.
   Niemand schafft es, ______
10. Man kommt nach Hause, setzt sich auf das Sofa und sieht fern.
    Es ist toll, ______
11. Er hat den Schlüssel an der Rezeption abgegeben.
    Er kann sich nicht daran erinnern, ______
12. Er hat die Fenster zugemacht und die Jalousien runtergelassen.
    Er hat vergessen, ______
13. Wir schließen die Haustür.
    Wir haben daran gedacht, ______
14. Wir bleiben bis Mitternacht auf.
    Der Vater hat uns erlaubt, ______
15. Wir löschen die Fotos von der Festplatte.
    Wir befürchten, ______
16. Ich habe gelogen.
    Ich werde beschuldigt, ______

2. Mit oder ohne *zu*?

1. Wir bleiben am Morgen gerne etwas länger ______ (liegen).
2. Sie lernte bei einem professionellen Tänzer ______ (steppen).
3. Sie lernte bei einem professionellen Tänzer, Samba ______ (tanzen).
4. Er sah seine Frau gerne ______ (tanzen) und hörte sie gerne ______ (singen).

Lektion 93

Infinitive mit *zu* (Aktiv, Passiv)

◆ Guten Tag! Es freut mich, Sie endlich wiederzusehen.
○ Guten Tag! Aber ich kann mich nicht daran erinnern, Sie schon einmal getroffen zu haben.
◆ Das wundert mich sehr. Können Sie sich denn nicht daran erinnern, auf der letzten Party von mir des Öfteren zum Tanz aufgefordert worden zu sein?
○ Ich bin mir bewusst, von vielen aufgefordert zu werden, aber von Ihnen zum Tanz gebeten worden zu sein, daran kann ich mich nun wirklich nicht mehr erinnern.
◆ Oh, dann muss ich also befürchten, keinen großen Eindruck bei Ihnen hinterlassen zu haben.
○ Das müssen Sie nicht nur befürchten, das ist so!

- **Infinitiv Präsens mit *zu*:** *zu kaufen, zu fliegen*

  Der Infinitiv Präsens beschreibt **Gleichzeitigkeit** zum Hauptsatz und entspricht einem Haupt- und Nebensatz (mit ***dass***) auf derselben Zeitstufe.
- **Infinitiv Perfekt mit *zu*:** *gekauft zu haben, geflogen zu sein*

  Der Infinitiv Perfekt beschreibt **Vorzeitigkeit** zum Hauptsatz und entspricht einem Haupt- und Nebensatz mit ***dass*** auf unterschiedlichen Zeitstufen.

Es freut mich, Sie hier zu treffen. (Es freut mich, dass ich Sie hier treffe.)
Es freute mich, Sie dort zu treffen. (Es freute mich, dass ich Sie dort traf / getroffen habe.)
Es freut mich, Sie getroffen zu haben. (Es freut mich, dass ich Sie getroffen habe.)
Es freute mich, Sie getroffen zu haben. (Es freute mich, dass ich Sie getroffen hatte.)

Im **Passiv** gilt dasselbe:

bei Gleichzeitigkeit	**Infinitiv Präsens Passiv:**	***gesehen zu werden***
bei Vorzeitigkeit	**Infinitiv Perfekt Passiv:**	***gesehen worden zu sein***

Beachten Sie die Gleich- bzw. Vorzeitigkeit des Infinitivs!

Wenn man sagt: *Er **glaubt, gesehen zu werden**.*
bedeutet das: *Er glaubt **im Moment**, dass er **im Moment** gesehen wird.*

Wenn man sagt: *Er **glaubte, gesehen zu werden**.*
bedeutet das: *Er glaubte **damals**, dass er **damals** gesehen wurde / worden ist.*

Unabhängig vom Tempus des übergeordneten Verbs bedeutet der **Infinitiv Präsens (Aktiv und Passiv)**, dass etwas **gleichzeitig** geschieht.

Wenn man sagt: *Er **glaubt, gesehen worden zu sein**.*
bedeutet das: *Er glaubt **im Moment**, dass er **zuvor** gesehen wurde / worden ist.*

Wenn man sagt: *Er **glaubte, gesehen worden zu sein**.*
bedeutet das: *Er glaubte **damals**, dass er **zuvor** gesehen worden war.*

Unabhängig vom Tempus des übergeordneten Verbs bedeutet der **Infinitiv Perfekt (Aktiv und Passiv)**, dass etwas **zuvor** geschehen ist.

Übungen

1. Verwenden Sie die passenden Infinitive. Achten Sie auf die Zeiten!

1. Ich freue mich. Ich habe dich gestern gesehen.
   Ich freue mich, dich gestern gesehen zu haben.
2. Es ärgert mich. Ich muss so früh aufstehen.
   ______
3. Man hat mir empfohlen. Ich trinke einen heißen Tee mit Milch.
   ______
4. Es freut mich. Ich bin nach Amerika geflogen.
   ______
5. Er erinnerte sich nicht. Er hatte seinen Chef auf dem Betriebsfest beleidigt.
   ______
6. Sie war so glücklich. Er hatte sie zum Tanz aufgefordert.
   (Umschreibung: Sie war von ihm zum Tanz aufgefordert worden.)
   ______
7. Es gelang ihm. Er hob den Tisch mitsamt dem Geschirr.
   ______
8. Der Angeklagte erklärte. Er hatte die Tat nicht begangen.
   ______
9. Das kleine Kind gestand. Es hatte das Fenster zerbrochen.
   ______
10. Es gefällt ihm. Er wird von allen bewundert.
   ______

2. Beginnen Sie mit: *Es ist ihm unangenehm, ...*

1. Er muss die Wahrheit sagen. *..., die Wahrheit sagen zu müssen.*
2. Die Leute schauen ihn an. *..., von den Leuten* ______
3. Er kann die Aufgabe nicht lösen. *..., die Aufgaben* ______
4. Er hat sich widersprochen. *..., sich* ______
5. Sie hat ihn angesprochen. ______
6. Er ist zu spät gekommen. ______
7. Er hat die Anfrage nicht ernst genommen. ______

3. Wandeln Sie den *dass*-Satz in einen Infinitivsatz um.
Ich kann mich nicht daran gewöhnen, ...

1. dass ich immer so früh aufstehen muss. ______
2. dass ich wieder in die Schule gehen muss. ______
3. dass ich Hausaufgaben machen muss. ______
4. dass ich im Regen auf den Bus warten muss. ______
5. dass ich nicht jeden Tag an den Strand fahren kann. ______
6. dass ich jeden Tag Kartoffeln essen muss. ______

Lektion 94

Nomen → Infinitivkonstruktion

◆ Ich bin über die Einladung zum Vorstellungsgespräch froh.
○ Klar, ich würde mich auch freuen, zu einem Vorstellungsgespräch eingeladen zu werden. Ich suche schon ewig nach einem neuen Job.
◆ Was, du suchst eine neue Arbeit? Ich dachte, du warst damals mit deiner Anstellung so zufrieden!
○ Ich bin auch immer noch damit zufrieden, fest angestellt worden zu sein, aber ich warte jetzt schon lange auf eine Beförderung, aber nichts passiert.
◆ Wie lange wartest du denn jetzt schon darauf, befördert zu werden?
○ Ein ganzes Jahr.
◆ So schnell geht das aber auch nicht. Ich glaube, du brauchst etwas mehr Geduld.

- Wenn man eine Nominalkonstruktion durch eine Infinitivkonstruktion wiedergeben will, muss man überlegen, ob Vorzeitigkeit oder Gleichzeitigkeit vorliegt. Dies entscheidet der Kontext.
- Bei Gleichzeitigkeit ist der Infinitiv Präsens einzusetzen, bei Vorzeitigkeit der Infinitiv Perfekt.

❶ *Das **Installieren neuer Computerprogramme** macht/machte ihm großen Spaß.*

Hier handelt es sich um eine generelle Information: Das Installieren macht/machte ihm **immer** Spaß.
Man braucht also den Infinitiv der Gleichzeitigkeit (Infinitiv Präsens).

*Es macht/machte ihm großen Spaß, **neue Computerprogramme zu installieren.***

❷ *Er ist/war **auf die erfolgreiche Installation** des neuen Computerprogramms sehr stolz.*

„Erfolgreiche Installation“ bedeutet hier, dass die Installation schon abgeschlossen ist. Man braucht also den Infinitiv der Vorzeitigkeit (Infinitiv Perfekt).

*Er ist/war sehr stolz **darauf**, das Computerprogramm **erfolgreich installiert zu haben.***

Für die Wahl des Infinitivs spielt die Zeit des übergeordneten Verbs keine Rolle.

Wenn man keinen Kontext oder kontextuellen Hinweis hat, ist am Nomen nicht immer eindeutig zu erkennen, ob Gleich- oder Vorzeitigkeit vorliegt:

Er war über seine Verspätung verärgert.

Dieser Satz kann bedeuten,

- dass er beispielsweise immer noch im Bus saß und darüber verärgert war, (demnächst) zu spät zu kommen:
  Er war darüber verärgert, zu spät zu kommen.

oder

- dass er schon zu spät gekommen ist und darüber verärgert war:
  Er war darüber verärgert, zu spät gekommen zu sein.

Übungen

Üben Sie den Infinitiv mit *zu* (Aktiv oder Passiv) nach folgendem Beispiel:
Er war über das von ihm erzielte Ergebnis enttäuscht.
Er war darüber enttäuscht, dieses Ergebnis erzielt zu haben.

1. Er freute sich über die Einladung von seiner Freundin.
   Er freute sich darüber, von ______________________________
2. Er beschwerte sich über die dauernde Benachteiligung.
   ____
3. Der Direktor war über seine große Verspätung verärgert.
   ____
4. Die Angestellten freuten sich auf den baldigen Urlaub. (in den Urlaub fahren)
   ____
5. Er ärgert sich über seinen Fehler.
   ____
6. Der Täter gestand die Ermordung seiner Gattin.
   ____
7. Der Katholik beichtete seine Sünde vom Vortag. (sündigen)
   ____
8. Er freute sich auf den Tanz mit dieser Schönheit.
   ____
9. Der Student war über die Zulassung der Universität glücklich.
   ____
10. Sie hoffte auf eine baldige Beförderung.
    ____
11. Der schlechte Schüler rechnete mit einem Schulverweis. (verweisen von)
    ____
12. Der Beamte war über seine baldige Versetzung erfreut.
    ____
13. Das Ausfüllen des Vordrucks dauert bestimmt nicht lange.
    Es ______________________________
14. Die Renovierung des Rathauses hatte 3 Millionen gekostet.
    Es ______________________________
15. Die Spieler ärgerten sich über die klare Niederlage. (verlieren)
    ____
16. Der Schüler war froh über die gute Note, die er in Latein bekommen hatte.
    ____
17. Die Fußballspieler jubelten über das in letzter Minute erzielte Tor.
    ____
18. Er wurde für seine Nachlässigkeit bei der Arbeit kritisiert.
    (vorzeitig) ______________________________
    (gleichzeitig) ______________________________

Wiederholung zu den Lektionen 88 bis 94

1. Verwenden Sie die passenden Infinitive. Achten Sie auf die Zeiten!

1. Es tut mir leid. Ich habe das gesagt.

   ___

2. Er bezweckt damit. Er will gute Sprachkenntnisse erwerben.

   ___

3. Sie befürchteten. Sie hatten das Falsche gesagt.

   ___

4. Sie ist sehr böse darüber. Sie ist ihm nicht vorgestellt worden.

   ___

5. Es freut mich. Ich wurde befördert.

   ___

6. Ich bekam einen Schreck. Ich musste den Mann auf der Straße liegen sehen.

   ___

7. Es ist unbedingt notwendig. Sie reagieren unverzüglich auf den Brief.

   ___

8. Er wünschte sich, er hätte sie einmal getroffen.

   ___

9. Die Leute gerieten darüber in Panik.
   a) Sie wurden von der Polizei evakuiert.

   ___

   b) Sie waren von der Polizei evakuiert worden.

   ___

10. Der Mann freute sich darüber.
    a) Er musste sonntags nicht abwaschen.

    ___

    b) Er hatte von seinem Chef frei bekommen.

    ___

11. Der Mann befürchtet. Die Polizei hat ihn schon lange beobachtet.

    ___

12. Es ekelt das kleine Mädchen. Es muss den Fisch anfassen.

    ___

13. Ihm war es erlaubt. Er ging früher.

    ___

14. Es ist uns unmöglich. Wir kommen Ihrem Auftrag in zwei Wochen nach.

    ___

15. Mich ärgert ungemein. Ich habe den Brief zu früh abgeschickt.

    ___

16. Der junge Mann behauptet. Er kennt dich.

    ___

17. Die meisten Politiker glauben. Sie sind unersetzlich.

    ___

2. Benutzen Sie Infinitivkonstruktionen statt der Nomen.
Er war über seine Verspätung sehr verärgert. (vorzeitig)
Er war darüber verärgert, sich verspätet zu haben.

1. Sie alle freuten sich auf ihre Fahrt in die Ferien.
2. Sie planten den Bau eines Tunnels.
3. Der Fehler tut uns sehr leid.
4. Sie beabsichtigten eine pünktliche Lieferung.
5. Er wunderte sich über seine Wahl zum Vereinssprecher.
6. Man beschuldigte ihn des Diebstahls. (stehlen)
7. Sein Benehmen vom Vortag ärgerte ihn mächtig.
8. Er bemühte sich stets um Pünktlichkeit.
9. Der Lehrer hat mir eine Strafe angedroht.
10. Er ist über seine Entlassung sehr verärgert.
11. Er bereute sein schlechtes Verhalten vom Vorabend.
12. Wir beabsichtigen eine baldige Errichtung eines Bürohauses.
13. Der Politiker plante eine Steuererhöhung.
14. Er ärgerte sich über seine eigene Unzuverlässigkeit.
15. Der Pilot freute sich über seine gute Landung.
16. Die Kinder freuten sich auf den baldigen Start.
17. Er war über seinen Fehler sehr verärgert.
18. Wir hoffen alle auf einen Lottogewinn (im Lotto gewinnen)
19. Man verlangte von ihm die sofortige Bezahlung der Schulden.

Lektion 95

Präpositionen mit Genitiv (1)

◆ Kannst du mir die Spielregeln nochmals erklären?

○ Also, ein Spieler schlägt auf. Das heißt, er schlägt den Ball so, dass er oberhalb des Netzes zu der Mannschaft jenseits dieser Linie fliegt. Der Ball darf aber nicht außerhalb des Spielfeldes aufkommen. Wenn die gegnerische Mannschaft meint, dass er außerhalb des Feldes aufkommt, nimmt sie ihn nicht an. Wenn sie den Ball aber angenommen hat, muss sie ihn wieder oberhalb des Netzes zurückspielen. Dabei versucht man, den Ball so kraftvoll wie möglich in das Feld jenseits der Mittellinie zurückzuschlagen. Kommt der Ball innerhalb des gegnerischen Feldes auf, erhält man einen Punkt.

◆ Darf man eigentlich beim Angriff die Mittellinie unterhalb des Netzes übertreten?

○ Nein, auf keinen Fall! Der Schiedsrichter, der sich die ganze Zeit unweit der Linie aufhält, achtet sehr genau darauf.

Es gibt im Deutschen viele Präpositionen, nach denen der Genitiv steht. Diese werden besonders in der Schriftsprache benutzt.
In der gesprochenen Sprache kommen sie auch manchmal mit dem Dativ vor.
Neben den bereits bekannten Genitiv-Präpositionen ***wegen***, ***dank***, ***infolge*** und ***aufgrund***, ***während***, ***statt*** und ***trotz*** gibt es weitere Genitiv-Präpositionen:
außerhalb, ***innerhalb***, ***oberhalb***, ***unterhalb***, ***diesseits***, ***jenseits***, ***unweit***

Ort (*wo?*)

außerhalb Das Rauchen ist nur außerhalb des Klassenraums erlaubt. (**nicht im** Klassenraum)
Außerhalb der Stadt darf man 70 Stundenkilometer fahren.

innerhalb Innerhalb der Universität darf nicht geraucht werden. (**in**)
Bitte halten Sie sich nicht lange innerhalb dieser Region auf.

oberhalb Der Ball muss die Wand oberhalb der Linie berühren. (**über**)
Oberhalb des Bergrestaurants konnte man den Gletscher sehen.

unterhalb Wenn der Ball die Wand unterhalb der Linie berührt, gibt es einen Minuspunkt. (**unter**)
Das war ein Schlag unterhalb der Gürtellinie.

diesseits / jenseits Diesseits des Flusses werden Industrieanlagen gebaut, jenseits des Flusses aber Wohnanlagen und Einkaufsmöglichkeiten.
(**auf dieser Seite / auf der anderen Seite**)
Jenseits der Berliner Mauer herrschte ein anderes politisches Regime.

unweit Unweit unseres Dorfes befand sich ein großer Brunnen. (**in der Nähe**)
Man fand den Flugschreiber unweit der Absturzstelle.

Die Präpositionen „außerhalb“ und „innerhalb“ können auch temporal verwendet werden (siehe nächste Lektion).

Übungen

1. Setzen Sie Artikel und Endungen ein.

1. Trotz ______ schlecht___ Wetter___ fahren wir in Urlaub.
2. Trotz ______ groß___ Hitze___ blieben wir den ganzen Tag zu Hause.
3. Ich aß unweit unser___ klein___ Hotels zu Mittag.
4. Während ______ Krieg___ sah er seinen Vater überhaupt nicht.
5. Statt e_____ Hauptgewinn___ bekam er nur einen Trostpreis.
6. Wegen ______ stark___ Unwetter___ mussten wir zu Hause bleiben.
7. Trotz s_________ unerwartet___ Erfolg___ war er sehr bescheiden.
8. Während u_______ Umzug__ haben wir bei den Schwiegereltern übernachtet.
9. Außerhalb geschlossen___ Ortschaften sind 70 km/h erlaubt.
10. Der Kiosk befand sich unweit unser___ alt___ Dorfschule.
11. Infolge ein___ schwer___ Verkehrsunfall___ staut sich der Verkehr.
12. Wegen sein___ hoh___ Blutdruck__ muss er jetzt ständig Tabletten nehmen.

2. Beginnen Sie wie vorgegeben bzw. ergänzen Sie.

1. Ganz in der Nähe vom Bahnhof befindet sich ein Einkaufszentrum.
   Unweit ____.
2. Man darf nur in dem Büro über Arbeit sprechen. Draußen nicht.
   Man darf nur ___________ über Arbeit sprechen, aber nicht ______________.
3. Unsere Freunde wohnen auf der anderen Seite des Flusses.
   ____.
4. Unter dem Fenster stand eine Bank, auf dem meine Großmutter oft saß.
   Meine Großmutter saß oft _______ d___ Bank _____________ d___ Fenster___.
5. Wenn der Ball nicht im Spielfeld aufkommt, erhält der Gegner einen Punkt.
   Wenn der Ball _____________ d____ Spielfeld___ aufkommt, erhält der Gegner einen Punkt.

3. Bilden Sie jeweils einen Satz mit Subjunktion und mit Präposition.

Er frühstückt. Gleichzeitig liest er die Zeitung.
(*Subj.*:) Während er frühstückt, … (*Präp.*:) Während des Frühstücks …

1. Es ist sehr heiß. Sie trägt einen Wollpullover.
   ____
   ____
2. Fritz geht zur Arbeit. Er hat starke Zahnschmerzen.
   ____
   ____
3. Er bestellt sich nicht das Schnitzel, sondern Tortellini mit Sahnesauce.
   ____
   ____
4. Ich hatte einen Fehler gemacht. Die Folge war, dass ich den Brief nochmals schreiben musste.
   ____
   ____

Lektion 96

Präpositionen mit Genitiv (2)

◆ Man hat uns wegen unseres Energieverbrauchs angeschrieben.
○ Was steht denn in dem Brief?
◆ Dort steht, dass wir infolge unseres hohen Gasverbrauchs innerhalb des letzten Jahres ab sofort fast doppelt so viel Vorauszahlungen zu leisten haben. Der Verbrauch wurde anlässlich der letzten Ablesung mithilfe unseres Gaszählers ermittelt.
Selbst außerhalb der Heizperiode wurde von uns angeblich zu viel Gas verbraucht. Der fällige Betrag kann mittels einer Banküberweisung zugunsten des Energieversorgers beglichen werden. Man kann aber auch statt einer Überweisung dem Energieversorger eine Einzugsermächtigung erteilen, was anscheinend mithilfe des mitgeschickten Formulars kein Problem ist.

Weitere Präpositionen mit dem Genitiv sind:
anlässlich, ***bezüglich***, ***hinsichtlich***, ***laut***, ***anhand***, ***mithilfe***, ***zugunsten***

Zeit (*wann?*)

außerhalb Außerhalb der Sprechstundenzeiten erreichen Sie uns unter einer anderen Rufnummer.
Wir haben ein sehr gutes Arbeitsklima. Wir treffen uns auch außerhalb der Arbeitszeiten.

innerhalb Bitte begleichen Sie die Rechnung innerhalb einer Woche.
Sie können innerhalb einer kurzen Frist den Vertrag kündigen.

Zeitlicher Grund (*warum?*)

anlässlich Ich hielt anlässlich seines Geburtstages eine lange Rede.
Anlässlich seiner Vereidigung als Präsident wurde laut gebetet.

Bezugnahme (*woran denkt man? worauf bezieht man sich?*)

bezüglich Leider müssen wir Ihnen bezüglich Ihres Antrages vom 8. April eine Absage erteilen. (= wir beziehen uns auf Ihren Antrag)

hinsichtlich Hinsichtlich Ihrer Anfrage möchten wir Ihnen mitteilen, dass wir keine Ausnahme machen dürfen. (= in Beantwortung Ihrer Anfrage)

Bezugnahme (*wo hat man das gelesen oder gehört?*)

laut (auch mit Dativ) Laut der neuesten Umfragen besitzen 4 von 5 Jugendlichen ein Smartphone. (das haben die Umfragen ergeben)

Mittel (*womit?*)

anhand Die Theorie konnte anhand vieler Versuche bewiesen werden. (mit)

mithilfe Er verstand den Text mithilfe einer neuen Übersetzer-App.

Zum Vorteil (*für wen ist es positiv? wer profitiert?*)

zugunsten Der Schiedsrichter entschied zugunsten der heimischen Mannschaft.
Der Wirt hat sich wieder zugunsten seines Stammgastes verrechnet.

Übungen

1. Setzen Sie die Endungen ein.

1. Dank sein___ groß___ Hilfe waren wir viel schneller fertig.
2. Er öffnete die Tür mithilfe ein___ Kreditkarte.
3. Bitte bezahlen Sie die Gebühren innerhalb d___ nächst___ zwei Wochen.
4. Der Boxer kam innerhalb kürzest___ Zeit wieder zu sich.
5. Mithilfe unser___ neu___ App können Sie Ihre Parkgebühren überweisen.
6. Anhand Ihr___ eingereicht___ Unterlagen ist ersichtlich, dass Ihnen Wohngeld zusteht.
7. Wir möchten bezüglich sein___ jetzig___ Aufenthaltes keine Angaben machen.
8. Bitte melden Sie sich innerhalb d___ nächst___ 24 Stunden bei uns.
9. Laut d___ Bibel soll man nicht stehlen.

2. Setzen Sie die fehlenden Genitiv-Präpositionen ein.

1. Der Wirt verrechnete sich oft ______________ seiner Kunden.
2. Wir wollen alles ______________ eines Beispiels veranschaulichen.
3. ______________ seines Reichtums wollte er den Armen nicht helfen.
4. ______________ der Bibel soll man nicht stehlen.
5. ______________ der Diskothek warteten noch viele auf den Einlass.
6. Viele Gletscher schmelzen ______________ des Klimawandels.
7. Ich habe euer Dorf ______________ des Navigationssystems gefunden.
8. Das Dorf ______________ des Vulkans könnte demnächst von den Lavamassen bedroht werden.
9. In kürzester Zeit zerlegte man den Baum ______________ einer Motorsäge.
10. Wir haben Geld ______________ hungernder Kinder in Afrika gesammelt.
11. Bei Unfällen ______________ des Schulgeländes übernimmt die Schule keine Haftung.
12. Sollte sich ______________ regelmäßiger Einnahme des Medikamentes keine Besserung einstellen, suchen Sie bitte einen Arzt auf.
13. ______________ Krankheit geschlossen!
14. ______________ des Flusses ist die Vegetation sehr schön, nicht aber ______________ des Flusses.
15. Der Ball darf nur ______________ des Netzes gespielt werden.
16. Er bekam a______________ seines Geburtstages ein Auto geschenkt.
17. Der Täter konnte ______________ eindeutiger Beweise überführt werden.
18. Er konnte die Dose ______________ eines Schraubenziehers öffnen.
19. ______________ der Aufführung bitte kein Blitzlicht verwenden!
20. Wir können Ihnen ______________ seiner momentanen finanziellen Situation keine Auskunft erteilen.
21. ______________ Theaterkarten habe ich Kinokarten für uns besorgt.
22. Wir entscheiden ______________ des Angeklagten. Er wird nicht bestraft.

Lektion 97

Die indirekte Rede (Konjunktiv I)

◆ Hast du Peter gefragt, ob er zu Sabines Geburtstagfeier geht?
○ Ja, aber er hat gesagt, dass er keine Zeit habe.
◆ Warum hat er denn am Wochenende keine Zeit?
○ Er hat behauptet, dass er sehr beschäftigt sei.
◆ Ich glaube, dass das nur eine faule Ausrede ist. Mir hat er erzählt, dass er sich momentan nicht so gut mit Sabine verstehe, sondern sich immer nur mit ihr streite.
○ Das kann ich mir gut vorstellen, denn gerade gestern habe ich mitgekriegt, wie sie ihn angeschrien und gesagt hat, dass er nicht der richtige für sie sei. Er würde immer nur vor dem Fernseher sitzen und Fußball sehen und habe nie Zeit für sie. Sie hat gesagt, sie wolle sich das nicht länger mit ansehen.

- Mit der **indirekten Rede** gibt man wieder, was eine andere Person gesagt hat.
- Für die indirekte Rede benutzt man in den Nachrichten und schriftlichen Texten häufig die Formen des **Konjunktivs I**. Aber auch der **Konjunktiv II**, seine **Ersatzformen** und der Indikativ sind möglich.
- Mit den Formen des Konjunktivs (I und II) oder den Ersatzformen objektiviert man die Äußerungen einer anderen Person, man distanziert sich vom Gesagten.
- Diese Formen findet man hauptsächlich in der Schriftsprache. In der Umgangssprache kann man auch den Indikativ verwenden.
- Zur Bildung des Konjunktivs I hängt man an den Stamm des Verbs die Konjunktivendungen (Ausnahme ***sein***).

Indikativ Präsens	**Konjunktiv I**	Konjunktiv II	***würde*** + Infinitiv
ich gehe	ich geh**e**	ich **ginge**	ich **würde gehen**
du gehst	du geh**est**		
er/sie/es geht	er/sie/es geh**e**		
wir gehen	wir geh**en**	wir **gingen**	wir **würden gehen**
ihr geht	ihr geh**et**		
sie/Sie gehen	sie/Sie geh**en**	sie/Sie **gingen**	sie/Sie **würden gehen**

- Einige Formen des Konjunktivs I sind mit dem Indikativ Präsens identisch. In diesen Fällen benutzt man zur Eindeutigkeit Ersatzformen: den Konjunktiv II oder dessen Umschreibung mit ***würde*** + *Infinitiv*.
- Da in der indirekten Rede das Gesagte **einer** Person wiedergegeben wird, wird besonders häufig die dritte Person Singular benutzt. Diese unterscheidet sich immer vom Indikativ Präsens.
- Für die Pluralformen wird überwiegend die Umschreibung mit ***würde*** + *Infinitiv* benutzt (Ausnahme bildet das Verb ***sein***).

sein: ich sei, du sei(e)st, er sei, wir seien, ihr seiet, sie seien

Beispiel **Modalverb *können***:
ich könne, du könnest, er/sie/es könne,
wir könnten, ihr können, sie/Sie könnten

Übungen

1. Formen Sie in den Konjunktiv I der indirekten Rede um. Beginnen Sie mit: ***Er hat gesagt, dass …***

1 Ich habe heute keine Zeit.

____

2. Ich esse gerne Spaghetti.

____

3. Am Morgen trinke ich oft Tee.

____

4. In der Pause korrigiert der Lehrer die Hefte.

____

5. Die Sonne scheint in Spanien jeden Tag.

____

6. Das Smartphone hat eine Schutzhülle.

____

7. Man kann dort auch surfen, Volleyball spielen und Kajak fahren.

____

8. Meine Eltern gehen gerne am Strand spazieren.

____

9. Ich bin an diesem neuen Projekt interessiert.

____

10. Morgen habe ich ein Bewerbungsgespräch bei der neuen Firma.

____

2. Füllen Sie die Tabelle dort aus, wo die Formen des Konjunktiv I mit dem Indikativ Präsens identisch sind.

	Konjunktiv I	identisch ja/nein	Ersatzform Konjunktiv II	Ersatzform *würde* + Infinitiv
1.	ich gehe	*ja*	*ich ginge*	*ich würde … gehen*
2.	er gehe			
3.	wir trinken			
4.	sie arbeite			
5.	man rauche			
6.	sie haben			
7.	du werdest			
8.	er dürfe			
9.	ich lebe			
10.	ich stehe auf			
11.	wir grüßen			
12.	sie drucken aus			

Lektion 98

Indirekte Rede und indirekte Frage

◆ Warum hat der neue Stalljunge den Stall immer noch nicht ausgemistet?

○ Der Junge hat gesagt, dass er den Stall nur ungerne ausmiste, da er an einer starken Allergie gegen Pferdehaare leide. Bei der Stallarbeit huste er jeden Tag sehr stark. Auch wenn er ausreite, atme er nur mit großen Schwierigkeiten. Er würde das natürlich sehr schade finden, da er eigentlich gerne im Stall arbeite und natürlich auch so gerne reite. Deshalb bittet er aber jetzt darum, dass man ihn für andere Arbeiten einteile.

◆ Hat er wirklich gesagt, dass er gerne im Stall arbeiten würde? Dass ich nicht lache! Er hat doch gesagt, dass er alles, was man von ihm verlangen würde, übernehmen könne. Er konnte sich doch von Anfang an denken, dass er auch im Stall arbeiten müsse.

In der Umgangssprache ist beim Gebrauch der indirekten Rede keine genaue Systematik zu erkennen, da hier häufig die Formen des Indikativs, des Konjunktivs II und auch die Formen mit ***würde*** + *Infinitiv* gebraucht werden.

Der Konjunktiv I von Verben, die im Indikativ Präsens für „du, er und ihr" ein extra ***e*** erhalten (z.B.: finden, leiden, schneiden, reiten, regnen, atmen etc.) ist – außer in der 3. Person Singular – mit dem Indikativ Präsens identisch und wird durch ***würde*** + *Infinitiv* ersetzt.
ich **würde reiten**, du **würdest reiten**, er/sie/es **reite**,
wir **würden reiten**, ihr **würdet reiten**, sie **würden reiten**

Beachten Sie:
Der Nebensatz kann mit ***dass*** beginnen:
direkte Rede: *„Ein Apfel am Morgen ist sehr gesund."*
indirekte Rede: *Sie hat gesagt, dass ein Apfel am Morgen sehr gesund sei.*
Wenn der Nebensatz **nicht mit *dass*** beginnt, ist die Position des Verbs wie in einem Hauptsatz.
Sie hat gesagt, ein Apfel am Morgen sei sehr gesund.
Sie hat gesagt, am Morgen sei ein Apfel sehr gesund.

Zur Erinnerung (Lektion 91, Band 1):
- Wenn man eine **Frage, die mit einem Verb beginnt,** in der indirekten Rede wiedergibt, beginnt der Nebensatz mit ***ob***.
- Wenn die direkte Frage mit einem **Interrogativpronomen** (***wie***, ***wo***, ***was*** etc.) beginnt, dann beginnt der Nebensatz mit **demselben** Interrogativpronomen.

Direkte Frage mit **Verb am Anfang**: *„Hat dein Freund einen Porsche?"*
Indirekte Frage: *Er hat dich gefragt,* ***ob*** *dein Freund einen Porsche habe.*

Direkte Frage mit **Interrogativpronomen**:
„Wann / Um wie viel Uhr / Mit wem … kommt er zur Party?"
Indirekte Frage:
Er hat gefragt, ***wann*** */* ***um wie viel Uhr*** */* ***mit wem*** *… er zur Party komme.*

Übungen

1. **Stellen Sie indirekte Fragen nach folgendem Modell** (hier ist die Antwort).
   Er hat gefragt, wo Caracas liege. *Caracas liegt in Venezuela.*
   Er hat gefragt, ob Caracas in Venezuela liege. *Ja, Caracas liegt in Venezuela.*
   1. Er hat gefragt, ______________________________
      Ja, Elefanten können mit dem Rüssel riechen.
   2. Er hat gefragt, ______________________________
      Ein Okapi ist ein Verwandter der Giraffe.
   3. Er hat gefragt, ______________________________
      Eine Giraffe wird bis zu 5,50 m groß.
   4. Er hat gefragt, ______________________________
      Ein neugeborenes Elefantenbaby wiegt bis zu 120 kg.
   5. Er hat gefragt, ______________________________
      Nein, Kängurus ernähren sich nicht von Fleisch, sondern von Pflanzen.
   6. Er hat gefragt, ______________________________
      Die Haut des Elefanten ist bis zu 4 cm dick.
   7. Er hat gefragt, ______________________________
      Nein, trotz ihres Aussehens sind Nashörner friedliche Tiere.
   8. Er hat gefragt, ______________________________
      Ja, der Gepard ist die schnellste Großkatze.
   9. Er hat gefragt, ______________________________
      Eine Gruppe von Löwen nennt man ein Löwenrudel.

2. **Setzen Sie ein passendes Verb ein. Formulieren Sie die indirekte Rede auch ohne *dass*.**
   Er hat gesagt, dass er verheiratet sei. *Er hat gesagt, er sei verheiratet.*
   1. Sie haben behauptet, dass sie kein Geld __________.
      Sie haben behauptet, ______________________________.
   2. Der Taxifahrer hat gesagt, dass er zum Bahnhof __________.
      Der Taxifahrer hat gesagt, ______________________________.
   3. Die Großmutter antwortete, dass sie gerne noch ein Stück Kuchen __________.
      Die Großmutter antwortete, ______________________________.
   4. Der Politiker erwiderte, dass er dazu keinen Kommentar __________.
      Der Politiker erwiderte, ______________________________.

3. **Setzen Sie die Konjunktiv-I-Formen der Modalverben ein.**
   1. Er hat sie gefragt, ob sie mit ihm tanzen __________ (wollen).
   2. Sie hat ihm geantwortet, dass sie nicht tanzen __________ (können).
   3. Dann hat er sie gefragt, ob er sie küssen __________ (dürfen).
   4. Da hat sie gesagt, dass sie jetzt nach Hause gehen __________ (müssen).
   5. Außerdem belehrte sie ihn, dass er nicht so aufdringlich sein __________ (sollen).

Lektion 99

Indirekte Rede, verschiedene Zeiten

Französische Medien berichteten, dass der amerikanische Präsident zu einer Unterredung mit seinem französischen Amtskollegen nach Paris gekommen sei. Man habe sich bei dem Treffen der beiden Spitzenpolitiker lange über die aktuelle politische Lage in der Welt unterhalten. Es habe gegensätzliche Meinungen zu verschiedenen Punkten gegeben, dennoch sei man optimistisch, jegliche Gegensätze ausräumen zu können. Man habe ohnehin nicht erwarten können, dass sich der amerikanische und der französische Präsident sofort in allem einig sein könnten. Bei der abschließenden Pressekonferenz habe man allen Seiten attestiert, dass man in Zukunft noch enger zusammenarbeiten werde.

- In der indirekten Rede gibt es nur eine Vergangenheitsform.
- Bei zusammengesetzten Zeiten gilt auch: Wenn der Konjunktiv I des Hilfsverbs mit dem Indikativ Präsens identisch ist, wird der Konjunktiv II verwendet.

werden + Infinitiv	***haben*** + Partizip II	***sein*** + Partizip II
ich würde	ich hätte	ich sei
du werdest	du habest	du sei(e)st
er/sie/es werde	er/sie/es habe	er/sie/es sei
wir würden	wir hätten	wir seien
ihr würdet	ihr habet	ihr seiet
sie/Sie würden	sie/Sie hätten	sie/Sie seien

Konjunktiv I der Vergangenheit

Die Verben, die ihr **Perfekt mit *haben* + Partizip II** bilden, werden in der indirekten Rede mit dem Konjunktiv I von ***haben*** und Partizip II gebildet:
indirekte Rede: *Er hat gesagt, dass er eine Reise gemacht habe.*

Die Verben, die ihr **Perfekt mit *sein* + Partizip II** bilden, werden in der indirekten Rede mit dem Konjunktiv I von ***sein*** und dem Partizip gebildet:
indirekte Rede: *Er hat gesagt, er sei nach Düsseldorf geflogen.*

Futur und Passiv werden in der indirekten Rede mit dem Konjunktiv I von ***werden*** und dem Infinitiv bzw. Partizip II wiedergegeben:
Direkte Rede: *Ich werde (...) treffen. / Ich werde (...) getroffen.*
Indirekte Rede: *Er hat gesagt, dass er (...) treffen werde / getroffen werde.*

Ausrufe und Anreden werden in der indirekten Rede nicht wiedergegeben (können aber im Hauptsatz erwähnt bzw. umschrieben werden):
direkte Rede: *Ich freue mich auf deinen Besuch, Fritz.*
indirekte Rede: *Er hat zu Fritz gesagt, dass er sich auf seinen Besuch freue.*
direkte Rede: *Ach, ist das schön!*
Indirekte Rede: *Er hat betont, dass er es schön finde.*

Imperative der direkten Rede werden in der indirekten Rede zumeist mit dem Modalverb ***sollen*** oder auch ***mögen*** wiedergegeben:
Direkte Rede: *Bringen Sie mir das Essen möglichst schnell!*
Indirekte Rede: *Er hat zum Ober gesagt, er solle / möge ihm das Essen möglichst schnell bringen.*

Übungen

1. Schreiben Sie den Text als indirekte Rede neu.

Der junge Arzt beschreibt den Gesundheitszustand seines Patienten:

„Der Patient leidet an einer schweren Erkältung, weil er sich nach dem Sport nicht gleich angezogen hat, sondern zu leicht bekleidet herumgelaufen ist. Er muss mindestens drei Wochen im Bett bleiben. Wenn er drei Wochen im Bett geblieben ist, darf er wieder aufstehen und soll kurze Spaziergänge machen. Am besten ist es, wenn er jeden Tag vitaminreiche Kost zu sich nimmt und warmen Tee trinkt. Außerdem muss er die Tabletten schlucken, die ich ihm verschrieben habe. Wenn er die Medizin regelmäßig genommen hat, wird es ihm schon bald wieder besser gehen. Wenn der Patient also meinen Rat befolgt, wird sich sein Zustand schnell verbessern."

___

___

___

___

___

___

___

___

___

2. Setzen Sie die richtige Form der indirekten Rede ein (achten Sie auf die Zeiten).

Bei dem Interview mit dem Außenminister wurde die Außenpolitik mit China angesprochen. Auf die Frage, ob er bei der gestrigen Konferenz nicht zu ausweichend ________ 1 (reagieren) und sich nicht besser ________ 2 (positionieren sollen), reagierte der Minister etwas harsch und fragte, ob denn überhaupt schon irgendein Gegenvorschlag aus der Opposition ________ 3 (kommen). Er selbst ________ 4 jedenfalls noch nichts Konstruktives ________ 5 (hören) und ________ 6 (wissen) auch nicht, wer momentan einen besseren Job tun ________ 7 (können) als er. Er ________ 8 (hoffen) jedenfalls, dass sich die Angelegenheit bald in gegenseitiger Übereinstimmung mit der chinesischen Regierung ________ 9 (lösen lassen). Er ________ 10 bestimmt in Zukunft alles dafür ________ 11 (tun), dass man sich in den strittigen Punkten bald ________ 12 (einigen können). Schließlich ________ 13 (haben) er ein gutes Verhältnis zu seinem chinesischen Amtskollegen, was sicher bei der Klärung strittiger Fragen hilfreich ________ 14 (sein).

„Meine verehrten Herren von der Presse, seien Sie bitte nicht so ungeduldig!"

Der Außenminister adressierte die Herren von der Presse und sagte, ________
________ 15

„Stellen Sie bitte Fragen zum Thema und nicht zur Person!"

Er fügte hinzu, dass man ________ 16

Lektion 100

Pronomen in der indirekten Rede

◆ Hat er seinen Freund Peter wirklich gefragt, ob sein Gehalt in Kanada höher als das seines Chefs sei?

○ Nein, ich glaube, er hat Peters Frau gefragt, ob ihr Einkommen in Amerika höher als das ihres Chefs gewesen sei.

◆ Egal, wen er gefragt hat. Ich finde solche Fragen unverschämt. Ich frage ja nicht einmal meinen Vater, wie hoch sein Verdienst in seiner Jugend gewesen sei. Auch würde ich meine besten Freunde nie fragen, was sie mit ihrem Geld machen.

○ Mein Großvater hat damals schon immer gesagt, dass man zu seinen Zeiten nie über Geld gesprochen habe.

Beachten Sie die **Personal- und Possessivpronomen**:

direkte Rede: *Ich besuche **meine** Tochter.*
indirekte Rede: ***Er** hat gesagt, dass er **seine** Tochter besuche.*

direkte Rede: *Wir schenken **unserem** Sohn einen Fußball.*
indirekte Rede: ***Sie** haben gesagt, sie würden **ihrem** Sohn einen Fußball schenken.*

Auch **Orts- und Zeitangaben** müssen in der indirekten Rede beachtet werden:

direkte Rede: ***Hier** in Deutschland gibt es gutes Bier.*
indirekte Rede: *Nach seinem Deutschlandbesuch hat der Schwede zu Hause erzählt, dass es **dort**, in Deutschland, gutes Bier gebe.*

direkte Rede: *„**Morgen** ziehen wir über die Alpen“, sagte Hannibal.*
indirekte Rede: *Hannibal sagte, dass sie **am folgenden Tag** über die Alpen zögen.*

Formen des Konjunktivs bleiben in der indirekten Rede **gleich**:

direkte Rede: *Wenn ich reich **wäre**, **flöge** ich um die Welt.*
indirekte Rede: *Er hat gesagt, dass er um die Welt **flöge**, wenn er reich **wäre**.*

direkte Rede: *Ich **wäre** gerne auf die Party **gegangen**.*
indirekte Rede: *Er hat gesagt, dass er gerne auf die Party **gegangen wäre**.*

Die indirekte Rede wird beispielsweise eingeleitet mit:

Er hat gesagt, …
Er hat mitgeteilt, …
Er hat geantwortet, …
Er hat entgegnet, …
Er hat die Meinung geäußert, …
Er vertritt die Ansicht, …
Er hat erzählt, …
Er stellte fest, …
Er hat gefragt, …
Er hat geäußert, …
Er hat erwidert, …
Er hat behauptet, …
Er ist der Meinung, …
Er vertritt den Standpunkt, …
Er hat geschrieben, …
Er berichtete, …

Manchmal auch mit Ausdrücken des Überlegens und Wunsches, der Vermutung, Annahme und Forderung: *Er wünschte, er vermutete, er zweifelte, er hoffte, er fürchtete, er dachte darüber nach, er verlangte von ihr, er glaubt* etc.

Übungen

1. Schreiben Sie folgenden Satz in der indirekten Rede neu. Denken Sie an die Personalpronomen!

Gibst du mir dein Heft?

Er hat mich gefragt, ob ich ihm mein Heft gebe.

Er hat sie gefragt, ob sie ihm ihr Heft gebe.

1. Darf ich dir diesen Ring schenken und dich fragen, ob du mich heiraten willst?
   a) Er hat sie gefragt, ______
   b) Sie hat ihn gefragt, ______
   c) Er hat mich gefragt, ______
2. Sag mir die Wahrheit!
   a) Der Vater hat der Tochter gesagt, sie ______
   b) Die Mutter hat dem Sohn gesagt, ______
3. Ihr dürft euch setzen.
   a) Der Lehrer hat uns gesagt, dass ______
   b) Der Lehrer hat den Kindern gesagt, dass ______
4. Sie können mich jederzeit unter meiner alten Rufnummer erreichen.
   a) Der Arzt hat mir gesagt, dass ______
   b) Er hat seinen Patientin ausrichten lassen, dass ______
   c) Die Ärztin hat uns gesagt, ______
   d) Die Ärztin hat dem Patienten gesagt, ______

2. Setzen Sie die direkte Rede in die indirekte Rede.

Der Vater schlug dem Sohn vor: „Wir können doch morgen mal ins Kino gehen. Wir waren schon so lange nicht mehr zusammen im Kino. Wollen wir uns den neuen Film von Spielberg ansehen. Ich weiß zwar, dass du den Film schon mit deiner Freundin auf dem Laptop gesehen hast. Aber wenn du mir versprichst, dass du mir das Ende des Filmes nicht im Voraus verrätst, lade ich dich dazu ein. Nach dem Film können wir ja noch ein Bier trinken gehen. Sag mir bis heute Abend, ob du willst oder nicht!"

Der Vater schlug dem Sohn vor, ______ zu ______

Sie seien ______

Er fragte seinen Sohn auch, ______

______

______

______

______

______

______

______

______

Lektion 101

Besonderheiten indirekte Rede

Wenn man die Äußerung einer Person wiedergeben will, die in ferner Vergangenheit oder an einem fernen Ort gemacht wurde, wenn Personen angeredet werden oder eine verkürzte Antwort gegeben wird, so sind je nach Kontext folgende Änderungen zu beachten:

Achten Sie auf die Zeitperspektive!

direkte Rede	**indirekte Rede**
vorgestern	zwei Tage zuvor
gestern	am Tag zuvor / am Vortag
heute	an jenem Tag
heutzutage	in jener Zeit, damals
morgen	am folgenden Tag, am Tag darauf
übermorgen	zwei Tage später/darauf/danach
in dieser Woche	in jener Woche
diesen Monat	jenen Monat
in der letzten Woche	in der Woche davor/zuvor; in der vorangegangenen Woche
vorletzte Woche	zwei Wochen zuvor
nächste Woche	in der Woche darauf, in der darauffolgenden Woche
übernächste Woche	2 Wochen später
vor kurzem	kurz zuvor
bald	kurze Zeit später, kurz darauf/danach
in zehn Minuten	zehn Minuten später
vor zehn Minuten	zehn Minuten zuvor

Auch die Angaben zum Ort sind situationsbedingt zu beachten, **wenn die direkte Rede eindeutig an einem anderen Ort erfolgte**.

hier	dort / an jenem Ort / in jener Stadt / in jenem Land
bei uns gibt es das nicht	dort gebe es das nicht
die hiesige Situation	der dortige Situation

Anreden

Fritz, du bist mein bester Freund!	Er hat gesagt, dass Fritz sein bester Freund sei.
Meine sehr verehrten Damen und Herren, wir alle müssen umweltbewusster leben.	Der Präsident begrüßte die Zuhörer und sagte, alle müssten umweltbewusster leben.
Vater zum Sohn: Komm sofort her, mein Guter!	Der Vater hat gesagt, dass sein Sohn sofort zu ihm kommen solle.

Verkürzte direkte Antwort wird indirekt in einem vollen Satz wiedergegeben.

◆ Aus welchem Material ist die Tasche?	
○ Aus Leder.	Er antwortete, dass die Tasche aus Leder sei.

Übungen

Schreiben Sie die Texte mit den Formen der indirekten Rede neu.

1. Der König ritt durch den Wald. Da sah er einen armen Mann am Wegesrand und fragte ihn: „Warum bist du so traurig? „ Der Mann antwortete: „Ich bin so traurig, weil ich seit gestern kein Haus mehr habe und mir Hab und Gut geraubt wurde."
   Der König wollte wissen: „Wer hat dir all dies genommen?"
   Der Mann erzählte: „Es kamen eines Tages Ritter zu meinem Haus, sie wollten meine Tochter entführen. Ich aber habe ihnen nicht gesagt, wo sich meine Tochter zu diesem Zeitpunkt aufhielt. Da haben sie mein Haus abgebrannt und meine Tochter, die aus dem brennenden Haus kam, mitgenommen."
   Der König fragte: „Aber in wessen Auftrag haben sie das getan?"
   Der Mann zögerte ein wenig und sagte dann: „In Ihrem Auftrag, Majestät."
   Der König gab dem Mann einen Sack voller Gold und sagte: „Hier, nimm und lass dich hier nicht mehr sehen."
   Dann ritt der König eilig davon.

2. Der Präsident hielt letztes Jahr eine Rede. Er sagte: „Alle Bürger dieses Landes können bemerken, dass es unserer Wirtschaft heutzutage immer schlechter geht. Die Arbeitslosenzahl ist letztes Jahr um 3% gestiegen und steigt ständig weiter. Die Gehälter sind heute im Durchschnitt niedriger als im Vorjahr. Außerdem herrscht Wohnungsnot und die Investitionen der Unternehmer gehen auffällig zurück. Viele Bürger unseres Landes leben in diesen Tagen nur knapp über dem Existenzminimum, da die Löhne schon lange nicht mehr angehoben worden sind. Es ist zwar klar, dass wir alle in den nächsten Jahren weiter sparen müssen. Aber wenn ich an die Macht komme, wird dieser Phase des Verzichts schon bald eine lange Zeit des allseitigen Wohlstandes folgen. Wir alle werden schon bald wieder zufrieden sein und optimistisch in die Zukunft blicken können.
   Wählen Sie also mich bei der nächsten Wahl! Es geht kein Weg daran vorbei!"

Lektion 102

Vergleich: direkte / indirekte Rede

- Die Anwendung der Konjunktivformen in der indirekten Rede ist in der gesprochenen Sprache häufig etwas beliebig.
- Die Zeit des übergeordneten Verbs (Hauptsatz) spielt für die Wahl der Konjunktivform im untergeordneten Satz nicht – wie in anderen Sprachen – die entscheidende Rolle.
- In der indirekten Rede gibt es nur eine Vergangenheitsform.

	Direkte Rede	**Indirekte Rede**
Einleitender Satz:	Er sagt: / Er sagte: Er hat gesagt: / Er wird sagen:	Er sagt, … / Er sagte, … Er hat gesagt, … / Er wird sagen, …
Präsens Indikativ	„Ich schreibe einen Brief." „Ich bin in Berlin."	…, dass er einen Brief schreibe. …, dass er einen Brief schreiben würde. …, dass er einen Brief schriebe. …, dass er in Berlin sei. …, er sei in Berlin.
Prät. Indik. Perf. Indik. Plusq. Indik.	„Ich war in Berlin." „Ich bin in Berlin gewesen." „Ich war in Berlin gewesen."	…, dass er in Berlin gewesen sei. …, er sei in Berlin gewesen.
Futur Indikativ	„Ich werde in Berlin wohnen."	…, dass er in Berlin wohnen werde. …, er werde in Berlin wohnen.
Präsens Passiv	„Ich werde gefragt."	…, dass er oft gefragt werde. …, er werde oft gefragt.
Prät. Passiv Perf. Passiv Plusq. Passiv	„Ich wurde oft gefragt." „Ich bin oft gefragt worden." „Ich war oft gefragt worden."	…, dass er oft gefragt worden sei. …, er sei oft gefragt worden.
Konjunktiv II der Gegenwart	„Ich wäre gerne in Berlin." „Ich hätte gerne ein Auto."	…, dass er gerne in Berlin wäre. …, dass er gerne ein Auto hätte.
Konjunktiv II der Vergangenheit	„Ich wäre gerne dort gewesen." „Ich hätte gerne ein Auto gehabt."	…, dass er gerne dort gewesen wäre. …, dass er gerne ein Auto gehabt hätte.
Einleitender Satz:	Er sagt: / Er sagte: Er hat gesagt:	Er wünscht/wünschte sich, … Er hat sich gewünscht, …
Irrealer Wunsch	„Ach, hätte ich doch ein Auto!" „Ach, wäre ich doch in Berlin!"	…, dass er ein Auto hätte. …, ein Auto zu haben. …, dass er in Berlin wäre. …, in Berlin zu sein.
Irrealer Wunsch der Vergangenheit	„Ach, hätte ich doch ein Auto gehabt!" „Ach, wäre ich doch in Berlin gewesen!"	…, dass er ein Auto gehabt hätte. …, ein Auto gehabt zu haben. …, dass er in Berlin gewesen wäre. …, in Berlin gewesen zu sein.
Einleitender Satz:	Er sagt:	Er bittet/bat den Kellner, … Er hat den Kellner gebeten, …
Imperativ	„Bringen Sie mir ein Bier!"	…, er solle ihm ein Bier bringen. …, er möge ihm ein Bier bringen. …, ihm ein Bier zu bringen.

Übungen

Schreiben Sie die Texte mit den Formen der indirekten Rede neu.

1. Der Arzt hat zu seinem Patienten gesagt:

„Wenn Sie weniger arbeiten und sich mehr ausruhen, werden Sie schon bald weniger an Ihrer Krankheit leiden. Sie müssen länger schlafen und sich mehrere Ruhepausen gönnen. Gehen Sie früher ins Bett und nehmen Sie vor dem Einschlafen noch zwei von diesen Tabletten! Wenn Sie etwas früher zu mir gekommen wären, wäre Ihre Krankheit heute sicher nicht so schlimm.
Aber lassen Sie den Kopf nicht hängen! Alles wird bald besser!"

Der Arzt hat zum Patienten gesagt, dass er schon bald ____________________

____

____

____

____

____

____

2. Die Nachbarin erzählt:

„Gestern ist mein Nachbar mal wieder sehr spät aus der Kneipe gekommen. Es war schon 2 Uhr nachts und er konnte nicht mehr gerade gehen. Wahrscheinlich hatte er mal wieder einen über den Durst getrunken. Er ist über den Vorleger gestolpert und mit dem Kopf gegen die Wohnungstür gedonnert. Ich kann mir gut vorstellen, dass sein Verhältnis mit der Dame von gegenüber zu Ende ist. Wie schade! Diese Frau ist schließlich eine richtig elegante Frau, und gebildet ist sie auch noch. Sie wäre bestimmt die richtige für meinen Nachbarn gewesen und hätte ihm Manieren beibringen können. Die beiden hätten so gut zueinander gepasst.
Aber jetzt, wo es zwischen den beiden aus ist, wird mein Nachbar wohl wieder nur grimmig auf seiner Bude hocken, mich nicht grüßen und laute Musik hören. Ach wenn er doch endlich eine feste Beziehung haben könnte!"

____

____

____

____

____

____

____

____

____

____

____

____

Lektion 103

wann – wenn – als – ob

◆ Wann hast du eigentlich mit dem Rauchen aufgehört?
○ Ich habe damit aufgehört, als ich 25 Jahre alt war. Vorher hatte ich aber mehr geraucht als der Durchschnitt der Bevölkerung und ich weiß nicht, ob ich damit auch aufgehört hätte, wenn mein Vater nicht so früh gestorben wäre.
◆ Hat er denn viel geraucht?
○ Ja, er hat so viel geraucht, als ob es am nächsten Tag keine Zigaretten mehr geben würde. Immer wenn er eine Zigarette aufgeraucht hatte, hat er sich schon die nächste angesteckt.
Ich weiß nicht, ob er heute noch leben würde, wenn er weniger geraucht hätte. Ach wenn er doch noch leben würde!

wann?	Ist nur das **Fragewort** (Interrogativpronomen): *Wann beginnt deine Arbeit?*
wenn	• kann eine **konditionale Subjunktion** sein: *Wenn du mich anlügst, kündige ich unsere Freundschaft.* • kann eine **temporale Subjunktion** sein (mit Präsens): *Wenn ihr Mann nach Hause kommt, macht sie ihm gleich einen Tee.* • mit Verben in der **Vergangenheit** bedeutet ***immer wenn***: *Wenn man früher einen Film sehen wollte, musste man ins Kino gehen.* • kann für einen **hypothetischen Wunsch** benutzt werden: *Wenn ich nur wüsste, wann sie ankommen.* • kann zusammen mit „als" benutzt werden und bedeutet dann ***als ob***: *Er antwortet nicht, als wenn er meine Frage nicht gehört hätte.*
ob	• benutzt man für die **indirekte Frage**, wenn die direkte Frage mit einem Verb beginnt: direkte Frage: *„Reist du noch heute Abend ab?"* indirekte Frage: *Er hat mich gefragt, ob ich noch heute Abend abreise.* Wenn eine direkte Frage mit einem Interrogativpronomen beginnt, benutzt man das Interrogativpronomen auch in der indirekten Frage. direkte Frage: *„Wann haben Sie das Formular eingereicht?"* indirekte Frage: *Er hat gefragt, wann ich das Formular eingereicht hätte.* • **bei Alternativen**: *Es ist egal, ob du dich entschuldigt hast oder nicht.* *Ich weiß nicht, ob ich den Brief heute oder morgen abschicken soll.*
als	• leitet einen **temporalen Nebensatz** (mit Zeiten der Vergangenheit) ein: *Als der Angeklagte in den Gerichtssaal kam, brach der Zeuge zusammen.* • **nach Komparativ**: *Er ist ungeschickter als sein Bruder.* • **als modaler Nebensatz**: *Die Frau war gerissener, als es sich die Dorfbewohner vorgestellt hatten.* • **mit Konjunktiv = hypothetisch** (Inversion!) *Er ist so großzügig, als wäre er Millionär.* *Die Frau schrie, als hätte sie etwas Furchtbares gesehen.*
als ob	• **mit Konjunktiv = hypothetisch** (Verb am Ende!) *Er gähnte so häufig, als ob er zwei Nächte nicht geschlafen hätte.* *Sie ist so geizig, als ob sie am Hungertuch nagen müsste.*

Übungen

Setzen Sie *wann*, *wenn*, *ob*, *als* oder *als ob* ein.

1. ◆ Weißt du, ________ die Vorlesung anfängt?
   ○ Ich glaube, sie beginnt früher ________ im letzten Semester.
2. ◆ ________ ich doch dahin gehen sollte, was meinst du?
   ○ Also, ________ du Lust dazu hast, geh hin! Aber ______ wir letztes Jahr da waren, haben wir uns überlegt, ________ wir noch mal hingehen würden!
3. ________ sie ihn wiedersah, wusste sie nicht, ________ sie glücklich oder traurig sein sollte.
4. ________ ich nur wüsste, ________ er kommt und wie lange er bleiben will!
5. ________ ich klein war, dachte ich, dass man kein Geld zu haben braucht, ________ man mit einer Kreditkarte bezahlt.
6. ________ ich das tue oder nicht, ist ganz allein meine Sache.
7. ________ man früher eine Reise machte, fuhr man mit der Kutsche.
8. Er tat so, ________ er alles verstünde.
9. ________ man viel verdient, kauft man oft mehr, ________ man braucht.
10. ________ ich nur wüsste, ________ das Flugzeug landet!
11. ________ er sie fragte, ________ sie ihm verzeihen würde, antwortete sie ihm, dass sie dies nur tue, ________ er ihr einen Ring kaufe.
12. Immer ________ er geweckt wurde, hatte er schlechte Laune. ________ er einmal am Morgen gute Laune hatte, waren alle ganz überrascht.
13. Egal, ______ du jetzt die Wahrheit sagst oder nicht, man wird dir nicht glauben.
14. **In einer kleinen Stadt im Süden Frankreichs**

    ________[1] man vom Kirchturm die Glocken läuten hörte, war das für viele Leute das Zeichen, ihre Sachen zu packen und sich auf den Heimweg zu begeben. Auch der alte Maler, der den ganzen Tag auf der Straße gesessen und ein Bild gemalt hatte, packte jetzt seine Sachen zusammen. Wie immer, ________[2] er die bunten Kreidestückchen und den etwas verstaubten Lappen vom Boden aufhob und alles in seine alte lederne Tasche tat, dachte er auch heute über den Tag nach. Dann zählte er die Geldstücke, die ihm einige Leute in seine Mütze geworfen hatten, ________[3] sie achtlos an seinem Straßenbild vorbeigingen. Heutzutage waren es weniger Münzen ________[4] zu jener Zeit, ________[5] sich die Leute noch zu ihm runterknieten und mit ihm über sein Bild sprachen. „Ach ________[6] die Leute doch noch so großzügig wie damals wären!", dachte er. Aber sie schienen den Sinn für die Schönheit, die Farben und auch seine bunten Straßenbilder verloren zu haben. Es schien ihm, ________[7] würden alle nur noch an sich und ihre Arbeit denken und alles Schöne als selbstverständlich ansehen. Ergriffen von diesen Gedanken, setzte sich der Maler seine karierte Schiebermütze auf den Kopf, zündete sich eine Zigarette an und lief – mit seiner alten Tasche auf dem Rücken – langsam zum Bootssteg, wo er den Anglern noch etwas beim Fischen zuschauen wollte. Dort – mehr ________[8] irgendwo auf der Welt – wusste man schließlich noch, was Zeit bedeutete, und schätzte die Ruhe und Schönheit der Abenddämmerung.

Lektion 104

Relativpronomen (Ausnahmen 1)

- ◆ Woher kommst du eigentlich?
- ○ Ich komme aus einem Land, wo man viele Autos herstellt.
- ◆ Also aus Deutschland?
- ○ Ja, richtig, aber die Stadt, woher ich komme, wirst du nie erraten.
- ◆ Ist es da, wo man auch das Oktoberfest feiert?
- ○ Nein, es ist nicht München. Und es ist auch keine Stadt, wohin viele Touristen kommen.
- ◆ Also kann es auch nicht Stuttgart sein, wo Mercedes seinen Sitz hat.
- ○ Nein, Stuttgart ist es auch nicht. Aber da, woher ich komme, spielen die Wölfe Fußball.
- ◆ Oh, dann ist es dort, wo Volkswagen hergestellt wird: Wolfsburg in Niedersachsen.

Zur Wiederholung: Relativsätze sind Nebensätze, die ein Nomen des Hauptsatzes erklären und mit einem Relativpronomen beginnen.
Das Relativpronomen gleicht dem bestimmten Artikel – allerdings im Genitiv (*m./f./n./Pl.*) und im Dativ (*Pl.*) mit zusätzlichem ***-en***: ***dessen***, ***deren***, ***denen***.

Bei Ortsangaben kann das Relativpronomen durch ***wo*** (Position) oder bei Richtungsangaben durch ***wohin/woher*** ersetzt werden.
Dies ist vor allem dann der Fall, wenn ein Städte- oder Ländername im Hauptsatz steht, der **keinen** Artikel hat (im Gegensatz zu den Ländern mit Artikel wie zum Beispiel *der Iran*, *der Irak*, *der Sudan*, *der Libanon*, *die Schweiz*, *die Türkei*, *die USA* (Pl.) und *die Niederlande* (Pl.)).

*Berlin, **wo** ich aufgewachsen bin, ist die größte Stadt Deutschlands.*
aber:
*Die Schweiz, **in der** man gut wandern kann, ist sehr reich.*

wo als Relativpronomen steht aber auch nach Lokaladverbien wie ***hier***, ***dort***, ***da***.

*Er verbrachte seinen Urlaub **dort**, **wo** immer die Sonne scheint.*
***Hier**, **wo** es keinen Krieg gibt, spenden die Leute eigentlich zu wenig Geld für Krisengebiete.*

In der Umgangssprache wird ***wo*** auch nach Bezugswort mit Artikel benutzt.

*Die Stadt, **in der** ich gewohnt habe, ist sehr groß.*
*Die Stadt, **wo** ich gewohnt habe, ist sehr groß.*

*Berlin, **wohin** ich oft fahre, war 28 Jahre geteilt.*
*Die Stadt, **in die** ich fahre, hat eine schöne Altstadt.*
*Die Stadt, **wohin** ich fahre, hat eine schöne Altstadt.*

*Berlin, **woher** ich komme, war 28 Jahre geteilt.*
*Die Stadt, **aus der** ich komme, hat viele Theater.*
*Die Stadt, **woher** ich komme, hat viele Theater.*

Übungen

1. Setzen Sie die Relativpronomen ein. Denken Sie auch an die Alternativen!
Der Ort, wo (oder: an dem) wir uns kennengelernt haben, ist schön.

1. Berlin, _______ das Parlament tagt, ist die Hauptstadt Deutschlands.
2. Berlin, _______ die Regierung nach dem Mauerfall ihren Sitz verlegt hat, ist die Hauptstadt.
3. Die Schweiz, ____ (*oder:* ______) gute Uhren hergestellt werden, ist sehr reich.
4. In Brasilien, _______ es schöne Mädchen gibt, feiern die Leute gern Karneval.
5. Madrid, _______ ich nächsten Monat fliege, ist sehr groß.
6. Die Türkei, _______ (*oder:* _______) ich nächsten Monat reise, ist sehr schön.
7. In Amerika, _______ der Mann kommt, bieten sich viele Möglichkeiten.
8. Er möchte nach Afrika, _______ auch sein Großvater oft gereist ist.
9. Wir gehen ins Kino, ______ (*oder:* _____) man einen interessanten Film zeigt.
10. Am Fluss, ________ (*oder:* _____) sich die Studenten sonnen, ist ein schönes Uferlokal.
11. Heidelberg, _______ sein Vater studiert hat, liegt an einem Fluss.
12. In Pakistan, _______ man Urdu spricht, gibt es viele Moslems.

2. Schreiben Sie ganze Sätze.
Benutzen Sie die Relativpronomen *wo*, *wohin*, *woher*.

1. Der Ort, / _______ ich / fahre / am liebsten, / heißt Sevilla.
   ____
2. Die Stadt, / _______ stammt / Mozart, / Salzburg / heißt.
   ____
3. Erinnerst / dich / daran / du, _______ ich / Schlüssel / habe / meine / gelegt?
   ____
4. Hier, / _______ sie / liegen / immer, / ich / sie / nicht / finden / kann.
   ____
5. In dem Dorf, / _______ ich / komme, / oft / die Leute / essen / Flammkuchen.
   ____

3. Schreiben Sie Relativsätze.

1. Der Platz ist hier. Mein Großvater sitzt immer dort.
   ____
2. In Spanien habe ich studiert. Ich fahre auch heute noch oft dorthin.
   ____
3. Kanaan heißt das Land. Laut der Bibel fließen dort Milch und Honig.
   ____
4. Das ist der Platz. Mein Lehrer hat seine Tasche immer dorthin gestellt.
   ____
5. Bei Aldi ist vieles billiger. Man kriegt zwar nicht alles dort.
   ____

Lektion 105

Das Relativpronomen *was*

- ◆ Das Beste, was ich gestern in den Nachrichten gehört habe, war ein Bericht über einen englischen Wissenschaftler.
- ○ Was war denn das, was dich dabei so interessiert hat?
- ◆ Diesem englischen Wissenschaftler soll der Nobelpreis verliehen werden, was mich sehr freuen würde, denn das, was er in den letzten Jahren geleistet hat, ist schon phänomenal.
- ○ Welchen Nobelpreis soll er denn erhalten?
- ◆ Den Nobelpreis für Medizin. Mit dem, was er für die Menschheit entdeckt hat, kann man nämlich vielleicht schon bald den Krebs bekämpfen, was vielen Menschen das Leben retten könnte.

Bezieht sich der Relativsatz auf den Inhalt des gesamten Hauptsatzes, wird das Relativpronomen ***was*** benutzt (vor „was" kann nie eine Präposition stehen).

Der Mann wollte unbedingt eine Zigarre rauchen, ***was*** *den anderen im Zimmer nicht gefiel.*
Das kleine Mädchen wollte sich einen Lippenstift kaufen, ***was*** *der Vater verbot.*

Das Relativpronomen ***was*** steht auch nach dem neutralen Demonstrativpronomen ***das*** (auch in seinen verschiedenen Kasus).

Das, was *du gesagt hast, entspricht nicht unserer Meinung.*
Mit dem, was *du mir da ablieferst, bin ich aber nicht zufrieden.*
Sie kauft immer ***das, was*** *ihre Nachbarin kauft.*

Das Demonstrativpronomen ***das*** (*Nom. / Akk.*) kann auch weggelassen werden:
Das (Nom.), was (Akk.) du gekauft hast, war sehr teuer.
= ***Was*** *du gekauft hast, war sehr teuer.*
Das (Nom.), was (Nom.) dort verkauft wird, ist sehr elegant.
= ***Was*** *dort verkauft wird, ist sehr elegant.*
Ich habe das (Akk.) nicht bestellt, was (Akk.) mir der Kellner gebracht hat.
= *Ich habe nicht bestellt,* ***was*** *der Kellner mir gebracht hat.*

Das Relativpronomen ***was*** wird auch nach neutralen Indefinitpronomen wie ***alles***, ***einiges***, ***etwas***, ***vieles***, ***weniges***, ***manches***, ***nichts*** verwendet.

Alles, was *er erzählt, ist eine große Lüge.*
Mit Enthusiasmus erzählte er von ***allem, was*** *er erlebt hatte.*
Er sah dort ***nichts, was*** *er nicht schon einmal gesehen hätte.*
Er erlebte dort ***etwas, was*** *er nie vergessen würde.*
Es gibt hier ***vieles, was*** *mich stört.*
Manches, was *wir in der Presse lesen, entspricht nicht der Wahrheit.*

Ebenso benutzt man das Relativpronomen ***was* nach nominalisierten neutralen Adjektiven,** die normalerweise **im Superlativ** stehen.

Das Schönste, was *ich je gesehen habe, war dieses idyllische Bild.*
Er zeigte dem Gast ***das Beste, was*** *es dort zu sehen gab.*
Das ***Aufregendste, was*** *ich erlebt habe, war die Begegnung mit den wilden Tieren.*

Übungen

Ergänzen Sie.

1. Ich bin mit d___, _____ du vorschlägst, nicht einverstanden.
2. In Wiesbaden, _____ ich Deutsch gelernt habe, gibt es viele Weinfeste.
3. Das Aufregendste, _____ ich in Indien erlebt habe, war meine Begegnung mit dem Tiger.
4. Mit vielem, _____ du gesagt hast, kann ich mich nicht identifizieren.
5. Er sagte etwas, _____ niemand verstand.
6. Der Zoologische Garten, _________ wir bald gehen, ist sehr groß.
7. Die Nachbarin stand immer hinter der Tür und lauschte, _____ mich total geärgert hat.
8. _____ ich nicht weiß, macht mich nicht heiß.
9. Man nennt d___ Ort, _____ die Leute viel lernen, eine Schule.
10. Das, _____ er gesagt hat, ist kompletter Blödsinn.
11. Er bestellte immer d___ Teuerste, _____ auf d___ Speisekarte stand.
12. Mit d___, _____ du da mitgebracht hast, kann ich nicht viel anfangen.
13. Manch___ von dem, _____ er gesagt hat, entspricht einfach nicht den Tatsachen.
14. Dort, _____ wir uns das erste Mal trafen, steht jetzt ein Supermarkt, _______ Name mir nicht einfällt.
15. Die Sonne schien, _____ für viele Leute Anlass war, ins Schwimmbad zu gehen.
16. In diesem Büro, _____ schon so viele berühmte Persönlichkeiten gearbeitet haben, steht ein___ alt___ Schreibtisch, _______ schon unser erster Präsident gesessen hat.
17. Dies___ Land, ________ wir bald fahren werden, verfügt über viele antik___ Bauwerke, _______ Namen allen, _____ sich für Geschichte interessieren, bekannt sind.
18. All___, _____ sie tut, dient ihrer Karriere.
19. Er hat auf all___, _____ er früher mochte, keine Lust mehr.
20. Für d___, _____ da auf dem Tisch liegt, kannst du doch nicht so viel bezahlt haben!
21. Ich muss manch___, _____ Sie gesagt haben, widersprechen.
22. Er hat vor viel___, _____ er nicht kennt, ungeheure Angst.
23. Du kannst die Milch da kaufen, _____ sie auch Käse und Milch verkaufen.
24. Die Schüler gehen für den Klimaschutz auf die Straße, _____ viele Eltern für richtig halten.
25. D___ Schönste, _____ ich dort gesehen habe, war ein___ Gebäude, _______ bunte Wände hoch in die Luft ragten.
26. _____ mich total genervt hat, ist, dass er mich immer wieder auf dieses Thema angesprochen hat.
27. Das Beste, _____ wir in dieser Situation tun können, ist abwarten.
28. Er war mit d___, _____ wir ihm angeboten haben, nicht zufrieden.
29. Die chinesische Mauer war für mich d___ Beeindruckendste, _____ ich in China gesehen habe.

Lektion 106 Relativpronomen (Ausnahmen 2)

◆ Vieles, wofür oder wogegen die Leute heute auf die Straße gehen, wird von den Medien gesteuert. Und wem das nicht gefällt, der wird aus der Gesellschaft ausgeschlossen.
○ Ja, und die Medien berichten oft Dinge, die vielleicht gar nicht stimmen, aber woran die Leute dann ganz fest glauben.
◆ Ja, schon, aber die Medien haben auch ihre Vorteile. Sie können die Leute zu vielen Dingen motivieren, wozu die Politiker gar nicht fähig sind. Ich finde, das Beste, wozu die Medien die jungen Leute in letzter Zeit ermuntert haben, sind die Demonstrationen für einen besseren Klimaschutz.
○ Ja, das stimmt. Vieles, worüber wir uns keine Gedanken machen, kommt erst durch die Presse zur Diskussion.
◆ Aber wer dann nicht mitdiskutiert, ist ein Ignorant.

Wenn im Relativsatz ein **Verb mit Präposition** steht und das **Relativpronomen *was*** sein kann (siehe Lektion 105), benutzt man als Relativpronomen ***wo*(*r*)**- + Präposition.

Das Mädchen hat heimlich geraucht, ***worüber*** *sich die Mutter sehr aufgeregt hat.*
Ein eleganter Herr öffnete ihr die Tür, ***womit*** *sie nicht gerechnet hatte.*
Der junge Mann rettete das Mädchen, ***wofür*** *er einen Preis erhielt.*
Heute war ihr Hochzeitstag, ***woran*** *der junge Ehemann nicht gedacht hatte.*
Das, wofür *er kämpft, ist meines Erachtens unrealistisch.*
Vieles, wofür *er eintritt, ist nicht durchführbar.*
Das ***Erschreckendste, wogegen*** *sich auch ein Großteil der Bevölkerung wehrt, ist die Respektlosigkeit des Präsidenten gegenüber seinen Amtskollegen.*

Bei einer unbestimmten Personenangabe können Relativsätze aber auch mit ***wer***, ***wem***, ***wen*** beginnen. Sie stehen dann am Satzbeginn und bedeuten:

Nom.:	Alle Leute, **die** das glauben …	= **Wer** das glaubt …
Dat.:	Demjenigen, **dem** das nicht gefällt …	= **Wem** das nicht gefällt …
Akk.:	Egal, **welche Person** man auch fragt …	= **Wen** man auch fragt …

Oft steht zur Verdeutlichung und Verstärkung das Demonstrativpronomen ***der*** im Hauptsatz (auch in verschiedenen Kasus).
Das Demonstrativpronomen muss dann stehen, wenn es nicht mit dem Kasus des Relativpronomens identisch ist (als Subjekt fakultativ).

Nom./Nom.: *Alle diejenigen, die Fußball mögen, können sich das Spiel ansehen.*
Wer Fußball mag, (der) kann sich das Spiel ansehen.
Nom./Dat.: *Wer das glaubt, dem ist nicht mehr zu helfen.*
Wer das schafft, dem gebe ich hundert Euro.

Diese Konstruktionen mit ***wer***, ***wem***, ***wen*** findet man auch oft in Redewendungen, z.B.:
Wer dreimal lügt, dem glaubt man nicht, und wenn er auch die Wahrheit spricht.
Wer A sagt, muss auch B sagen.
Wer anderen eine Grube gräbt, fällt selbst hinein.
Wem man den kleinen Finger gibt, der nimmt die ganze Hand.

Übungen

1. Setzen Sie Relativpronomen und Endungen ein.

1. _____ zu spät kommt, muss sich beim Direktor entschuldigen.
2. Bald werden wir Osterferien haben, ___________ ich mich schon freue.
3. Mit _____ du auch da_____ sprichst, du bekommst immer d___selbe Antwort.
4. _____ ein___ besser___ Idee hat, (_____) soll es sagen.
5. _____ das keinen Spaß macht, (_____) soll gehen.
6. Er hat mir nicht geholfen, __________ ich sehr traurig war.
7. _____ einmal lügt, _____ glaubt man nicht, und wenn er auch die Wahrheit spricht.
8. _____ das nicht gelingt, der muss eine Runde aussetzen.
9. D__ Mitschüler, _____ _____ du gesprochen hast, erzählt oft _____ sein___ Heimatland, _____ d___ er kommt.
10. Gorbatschow sagte: _____ zu spät kommt, d___ bestraft das Leben.
11. Er sagt zu all____, ______ er hört, Ja und Amen.
12. Vieles, _____ die Zeitungen täglich berichten, interessiert nur die wenigsten.
13. Die Politiker müssen von manch___ sprechen, ________ sie gar nicht überzeugt sind.

2. Beginnen Sie mit *wer*, *wem* oder *wen*.

Jemand denkt nur an sich. Er sollte nicht in einem Team arbeiten.

Wer nur an sich denkt, (der) sollte nicht in einem Team arbeiten.

1. Jemand ist gutmütig. Er wird normalerweise ausgenutzt.

   ____

2. Jemand will nur Geld verdienen. Man sollte ihm von diesem Job abraten.

   ____

3. Jemandem gefällt die Aufgabe nicht. Er soll es jetzt sagen.

   ____

4. Jemanden stören die Blumen auf dem Tisch. Er kann sie vom Tisch nehmen.

   ____

5. Alle, die an dem Ausflug teilnehmen wollen, müssen sich morgen anmelden.

   ____

6. Derjenige, der Änderungswünsche hat, soll sie vortragen.

   ____

7. Man vertraut demjenigen, den man schon lange kennt.

   ____

8. Jemand möchte früher kommen. Er soll vorher Bescheid sagen.

   ____

9. Ich vertraue jemandem nicht. Ich biete ihm keine Hilfe an.

   ____

10. Der Lehrer lobt jemanden immer. Er ist oft in der Klasse nicht beliebt.

   ____

Wiederholung zu den Lektionen 97 bis 106

1. **Schreiben Sie Relativsätze! Denken Sie an die Ausnahmen der Relativpronomen.**
Der Freund hat zu viel getrunken. Seine Freundin findet das nicht gut.
Der Freund hat zu viel getrunken, was seine Freundin nicht gut findet.
   1. Wir fahren im Urlaub in ein Land. Dort scheint immer die Sonne.
   ___
   2. Er hat sich plötzlich umgedreht. Damit hatte niemand gerechnet.
   ___
   3. Ich schreibe dir einen Brief. Ich habe eigentlich keine Zeit dafür.
   ___
   4. Das Schönste war ein beleuchteter Tempel. Ich habe es in Dubai gesehen.
   ___
   5. Vieles ist in der Prüfung nicht rangekommen. Ich habe viel dafür gelernt.
   ___
   6. Ich mag das nicht. Er sagt es dauernd.
   ___
   7. Wir wollen vieles nicht wissen. Er hat es uns erzählt.
   ___
   8. Da gibt es viel Wasser. Exotische Pflanzen wachsen dort.
   ___
   9. Dann ist das passiert. Jeder hatte darauf gehofft.
   ___
   10. Mit dem können wir nicht zufrieden sein. Sie haben es uns geliefert.
   ___

2. **Setzen Sie *wann*, *wenn*, *ob*, *als* oder *wo* ein.**

◆ ________[1] haben wir uns eigentlich das letzte Mal gesehen?

○ Ich weiß gar nicht, ________[2] wir uns überhaupt schon mal gesehen haben.

◆ Aber ________[3] wir uns noch nie gesehen hätten, dann hätte ich Sie doch nicht wiedererkannt.

○ ________[4] und ________[5] könnten wir uns denn schon mal gesehen haben?

◆ Ich glaube auf der Konferenz im Oktober in Berlin.

○ Das könnte sein. Da war ich auch, aber ________[6] wir beide uns da getroffen haben, weiß ich wirklich nicht.

◆ Doch ich glaube, ________[7] der Vorsitzende der Konferenz seine Rede hielt, fragten Sie mich, ________[8] ich mit allem, was er da sagte, einverstanden sei. Und ________[9] ich entgegnete, dass ich absolut anderer Meinung sei, fragten Sie, ________[10] und ______[11] wir uns mal abseits der Konferenz über unsere Meinungen austauschen könnten.

○ Ach, ja. Jetzt erinnere ich mich. Und ________[12] wir uns dann in einem Restaurant trafen, saß zufällig der Vorsitzende am Nebentisch.

3. Schreiben Sie den Text neu. Wandeln Sie die indirekte Rede in die direkte Rede um. (Benutzen Sie hauptsächlich das Präteritum.)

Der Polizeihauptkommissar berichtete der Presse, dass es am Vortage in einer Gaststätte zu einer Schießerei gekommen sei. Die Gaststätte habe ganz normal um 18 Uhr geöffnet. Die Angestellten hätten ihre Arbeit wie gewohnt ausgeführt, und das Restaurant sei, wie es um diese Zeit üblich sei, gefüllt gewesen. Plötzlich sei an einem Tisch mit drei Personen eine lautstarke Diskussion entstanden, bis einer der Gäste an diesem Tisch aufgestanden sei und eine Pistole gezogen habe. Die restlichen Gäste seien schreiend aufgestanden und aus dem Lokal gerannt. Als der Wirt den Streit habe schlichten wollen, habe der Täter zweimal auf ihn geschossen. Der Wirt sei aber nur leicht angeschossen worden. Damit aber nicht genug: Der Täter habe dann seine Waffe auf die zwei verbleibenden Männer an seinem Tisch gerichtet und geschrien, sie sollten ihm das Geld zurückgeben. Als daraufhin einer der Männer versucht habe, dem Täter die Waffe zu entreißen, habe der Täter erneut geschossen. Dabei sei ein Mann so schwer verletzt worden, dass man ihn sofort in ein Krankenhaus habe einliefern müssen. Dem anderen Mann sei es gelungen, durch den nahegelegenen Notausgang zu fliehen. Der Täter selbst habe dann fliehen wollen, sei aber von einem vorbeifahrenden Polizeiwagen verfolgt und schließlich gestellt worden. Nach den bis zu jenem Zeitpunkt vorliegenden Untersuchungsergebnissen habe es sich um einen Familienstreit gehandelt, bei dem es um nur 200 Euro gegangen sei.

Der Polizeihauptkommissar berichtete der Presse:

„Gestern kam es ______________________________

Lektion 107

derselbe, der gleiche, derjenige

◆ Papi, kannst du mir den Unterschied zwischen „der gleiche“ und „derselbe“ erklären?

○ Ja, das ist ganz einfach. Also, der gleiche ist der gleiche, aber nicht derselbe. Derselbe ist ein und derselbe, nicht aber der gleiche, denn der gleiche ist eben nur gleich, nicht aber derselbe, weil derselbe nur einmal existiert. Verstanden?

◆ Ja, so halbwegs.

○ Also, nochmal: Onkel Peter und ich haben das gleiche Auto, beide haben wir einen Mercedes. Derjenige Mercedes, der Peter gehört ist der gleiche Mercedes wie derjenige, der hinter dem Haus steht und mir gehört. Sein Mercedes ist heute derselbe wie gestern. Wenn wir dasselbe Auto hätten, würden wir uns ein Auto teilen.

derselbe, ***dieselbe***, ***dasselbe*** beschreiben Identität.
der gleiche, ***die gleiche***, ***das gleiche*** beschreiben verschiedene Gegenstände, die sich nicht voneinander unterscheiden.
Nach ***derjenige***, ***diejenige***, ***dasjenige*** kommt ein Relativsatz.

Derjenige, der das gesagt hat, soll zum Direktor kommen.
Wir geben demjenigen, der das Kind rettet, eine hohe Belohnung.
Die Zahl derjenigen, die dagegen protestieren, hat zugenommen.

Die Endungen sind wie die der Adjektive nach dem bestimmten Artikel:

	maskulin	*feminin*	*neutral*	*Plural*
Nominativ	derselbe	dieselbe	dasselbe	dieselben
	der gleiche	die gleiche	das gleiche	die gleichen
	derjenige, (der)	diejenige	dasjenige	diejenigen
Genitiv	desselben	derselben	desselben	derselben
	des gleichen	der gleichen	des gleichen	der gleichen
	desjenigen	derjenigen	desjenigen	derjenigen
Dativ	demselben	derselben	demselben	denselben
	dem gleichen	der gleichen	dem gleichen	den gleichen
	demjenigen	derjenigen	demjenigen	denjenigen
Akkusativ	denselben	dieselbe	dasselbe	dieselben
	den gleichen	die gleiche	das gleiche	die gleichen
	denjenigen	diejenige	dasjenige	diejenigen

1. Setzen Sie *derselbe*, *der gleiche* und *derjenige* ein.

1. Ich gebe das ______________, der mir einen guten Preis bietet.
2. Mein Freund hat ______________ Auto wie ich.
3. Ich fuhr immer mit ______________ Bus zur Schule, wie meine Freundin.
4. Der Lehrer gibt ______________ eine schlechte Note, d____ keine Hausaufgaben macht.

Übungen

5. Wir fahren morgen beide in ______________ Stadt.
6. Wir haben ______________ Auto. Sein Auto ist aber blau.
7. Ich antworte nur ______________, d___ mich fragt.
8. ◆ Fahren Sie auch nach Paris?
   ○ Ja, ich glaube sogar, wir wohnen in ______________ Hotel.
9. In ______________ Koffer, d___ aus Metall ist, passen mehr Gegenstände.
10. Sie schrieb das Examen mit ______________ Kuli wie am Vortag.
11. Wir vertrauen nur ______________, d___ du uns schickst.
12. D__ Unterschrift steht auf ___________ Papier, allerdings auf der Rückseite.
13. Sie wohnen neben ______________ Haus, d___ abgerissen werden soll.
14. Er hat eine Vorliebe für italienisches Essen, und bestellt immer ___________.
15. Wir haben auf ______________ Universität studiert.
16. Wir schreiben ______________ Antwortbriefe an ______________ Leute, d___ sich für Sprachkurse an unser___ Schule interessieren.
17. Das ist das Auto ______________, die sonst immer hinter dem Haus parkt.
18. Mit ______________, der da kommt, habe ich nichts zu tun.
19. In der Armee tragen alle ______________ Uniform.
20. Du trägst ja heute ______________ Jeans wie gestern.
21. Kommen Sie doch bitte nicht immer mit ______________ Fragen! Ich habe doch schon alles beantwortet.
22. Ich verhandele nur mit ___________, d__ mir einen vernünftigen Preis bietet.
23. Ich verhandele nur mit ___________, d__ mir einen vernünftigen Preis bieten.
24. Dieser Satz steht in ______________ Buch, nur einige Seiten weiter hinten.
25. Oh, Sie wohnen jetzt in ______________ Haus wie wir. Dann sehen wir uns ja sicher ab jetzt öfter.
26. Es sollen ______________ Kinder aufräumen, d_____ die Spielzeuge auf dem Boden gehören.
27. Für unsere Juniorenmannschaft brauchen wir 22 Mal ____________ Trikots.

2. Setzen Sie das Relativpronomen und falls nötig eine Präposition ein.

1. Ich schenke das demjenigen, _____ mir die Wahrheit sagt.
2. Derjenige, _____ Jacke im Flur hängt, soll sie bitte mit nach Hause nehmen.
3. Er schenkt derjenigen eine Rose, _____ _____ er am meisten schwärmt.
4. Diejenigen, _____ _____ Fragebogen ein X steht, können anonym abstimmen.
5. Mit denjenigen, _____ mich angelogen haben, kann ich nicht mehr sprechen.
6. Diejenigen, ________ ich am meisten vertraue, gehören zu meiner Familie.
7. Derjenige, _____ ________ Frau du telefoniert hast, ruft dich morgen zurück.
8. Für diejenigen, ________ Meinung absolut nicht zu verstehen ist, habe ich nicht viel übrig.
9. Dieser Koffer gehört doch sicher denjenigen, _____ _____ du dich eben unterhalten hast.
10. Derjenige, _____ ________ Vorschlägen die Abgeordneten am meisten überzeugt waren, wurde zum Vorsitzenden gewählt.

Lektion 108

haben und *sein* mit *zu* + Infinitiv

- ◆ Musst du dich eigentlich vor Oktober an der Universität einschreiben oder sind bestimmte Fristen zu beachten?
- ○ Ja, ich habe mich bis Mitte September für das Wintersemester einzuschreiben.
- ◆ Hast du persönlich zu erscheinen, oder ist die Immatrikulation auch per Post möglich?
- ○ Ich glaube, ich muss persönlich im Studierendensekretariat erscheinen.
- ◆ Und welche Unterlagen sind einzureichen?
- ○ Ich habe meinen Ausweis, das Abi-Zeugnis und eine Bescheinigung der Krankenversicherung vorzulegen.
- ◆ Ist nicht auch ein Passbild für den Studentenausweis mitzubringen?
- ○ Doch, ich glaube, du hast recht. Das darf ich nicht vergessen.

Wenn etwas getan werden muss, obligatorisch oder eine Vorschrift ist, werden die Modalverben ***müssen***, ***sollen***, ***nicht dürfen*** mit dem Infinitiv verwendet.
Diese Konstruktion mit Modalverben kann durch eine andere ersetzt werden:
aktivisch: ***haben*** mit ***zu*** + *Infinitiv Aktiv* = ***müssen*** + *Infinitiv Aktiv*
passivisch: ***sein*** mit ***zu*** + *Infinitiv Aktiv* = ***müssen*** + *Infinitiv Passiv*
Die Konstruktion ***sein*** mit ***zu*** + *Infinitiv Aktiv* hat neben der Bedeutung der Notwendigkeit auch noch die Bedeutung „Möglichkeit“ (siehe unten).

	*Die Touristen **müssen** eine Erlaubnis **beantragen**.*
Aktivisch:	*Die Touristen **haben** eine Erlaubnis **zu beantragen**.*
Passivisch:	*Eine Erlaubnis **ist** (von den Touristen) **zu beantragen**.*
	*Man **muss** an der Grenze seinen Reisepass **zeigen**.*
Aktivisch:	*Man **hat** an der Grenze seinen Reisepass **zu zeigen**.*
Passivisch:	*An der Grenze **ist** der Reisepass **zu zeigen**.*

Bei trennbaren Verben steht ***-zu-*** zwischen Präfix und Stamm:
*Man hat die ausgeliehenen Bücher am Schalter acht zurück**zu**geben.*
*Die ausgeliehenen Bücher sind am Schalter acht zurück**zu**geben.*

Die passivische Konstruktion ***sein*** + ***zu*** + *Infinitiv Aktiv* kann auch eine **Möglichkeit bzw. Unmöglichkeit** wiedergeben. Die Bedeutung entspricht dann dem Modalverb ***können*** (mit *Infinitiv Passiv*).

*Dieser Schrank **ist** nicht ab**zu**schließen.*
*Dieser Schrank **kann** nicht abgeschlossen werden.*

*Unsere Produkte **sind** leicht **zu** reinigen.*
*Unsere Produkte **können** leicht gereinigt werden.*

Übungen

1. Bilden Sie neue Sätze! Benutzen Sie *haben / sein* mit *zu* + Infinitiv.

1. Man muss den Schlüssel beim Hausmeister abgeben.

   ____

2. Die Jugendlichen müssen ihre Zimmer vor 10 Uhr verlassen.

   ____

3. Das Zimmer muss abgeschlossen werden.

   ____

4. Die Zimmer müssen sauber gehalten werden.

   ____

5. Die Vorschriften des Hauses müssen beachtet werden.

   ____

6. Zigaretten durften nur außerhalb des Klassenraumes geraucht werden.

   ____

2. Benutzen Sie *haben* + *zu* + Infinitiv und *sein* + *zu* + Infinitiv.

1. Die Passagiere müssen an Schalter 7 einchecken.

   Die Passagiere ______________________________

2. Das Gepäck muss sehr genau kontrolliert werden.

   Das Gepäck ______________________________

3. Die Stewardess muss in jeder Situation Ruhe bewahren.

   Die Stewardess ______________________________

4. Die Ausweise, Reisepässe und Flugtickets müssen kontrolliert werden.

   Die Ausweise, Reisepässe und ______________________________

5. Der Pilot muss das Flugzeug zu Flugsteig 3 steuern.

   Der Pilot ______________________________

   Das Flugzeug ______________________________

6. Die Passagiere müssen sich anschnallen.

   Die Passagiere ______________________________

7. Die Passagiere müssen die Gurte anlegen.

   Die Passagiere ______________________________

   Die Gurte ______________________________

8. Die Stewardessen müssen die Fluggäste höflich bedienen.

   Die Stewardessen ______________________________

   Die Fluggäste ______________________________

9. Der Fluggast muss den Sitz in eine aufrechte Position bringen.

   Der Fluggast ______________________________

   Der Sitz ______________________________

10. Vor dem Start muss das Rauchen eingestellt werden.

    Vor dem Start ______________________________

11. Der Pilot muss vom Tower grünes Licht zum Start bekommen.

    Der Pilot ______________________________

Lektion 109 Passivische Umschreibungen

- ◆ War denn ein Schuss hörbar?
- ○ Nein, es konnte kein Schuss gehört werden.
- ◆ Waren denn Einschussstellen sichtbar?
- ○ Nein, es konnten auch keine Einschussstellen gesehen werden.
- ◆ Dann ist mir die Aussage des Zeugen unerklärlich.
- ○ Stimmt, sie lässt sich so kaum erklären.
  Aber wäre es nicht denkbar, dass gar nicht geschossen wurde?
- ◆ Stimmt, aber auch dieser Tathergang wäre nur schwer vorstellbar.

Die Suffixe ***-bar***, ***-abel*** und ***-lich*** können eine ähnliche passivische Bedeutung annehmen wie:
können/müssen + Infinitiv Präsens Passiv (*kann / muss abgeschlossen werden*)
bzw. ***sein*** + ***zu*** + Infinitiv Präsens Aktiv (*ist … abzuschließen*)

-bar: *Diese Geräusche sind kaum hör**bar**.*
*Diese Geräusche **können** kaum gehört werden.*
*Diese Geräusche **sind** kaum **zu** hören.*

-bar: *Der Betrag ist bis zum Monatsende zahl**bar**.*
*Der Betrag **muss** bis zum Monatsende gezahlt werden.*
*Der Betrag **ist** bis zum Monatsende **zu** zahlen.*

-abel: *Dieses Benehmen ist nicht akzept**abel**.*
*Dieses Benehmen **kann** nicht akzeptiert werden.*
*Dieses Benehmen **ist** nicht **zu** akzeptieren.*

-lich: *Diese Frage ist verständ**lich**.*
*Diese Frage **kann** verstanden werden.*
*Diese Frage **ist zu** verstehen.*

Auch das reflexiv gebrauchte Verb ***lassen*** + *Inf.* hat eine passivische Bedeutung.

sich lassen: *Der Koffer **lässt sich** nicht öffnen.*
*Der Koffer **kann** nicht geöffnet werden.*
*Der Koffer **ist** nicht **zu** öffnen.*

*Der Wagen **lässt sich** nicht mehr reparieren.*
*Der Wagen **kann** nicht mehr repariert werden.*
*Der Wagen **ist** nicht mehr **zu** reparieren.* Oder: *… ist irrepar**abel**.*

Weitere Beispiele:

*Seine Reaktion **ist zu verstehen**.*
*Seine Reaktion **kann verstanden werden**.*
*Seine Reaktion **ist verständlich**.*
*Seine Reaktion **lässt sich verstehen**.*

*Diese Krankheit **war nicht zu heilen**.*
*Diese Krankheit **konnte nicht geheilt werden**.*
*Diese Krankheit **war nicht heilbar**.* Oder: *Diese Krankheit war **unheilbar**.*
*Diese Krankheit **ließ sich nicht heilen**.*

Übungen

1. Schreiben Sie ohne Sinnveränderung neu! Benutzen Sie die Vorgaben!

1. Der Schrank ist nicht abschließbar.
   ____________ lässt sich ____________________________
2. Ein Schuss war nicht hörbar.
   ____________________________ zu ____________________
3. Dieser Computer ist programmierbar.
   ______________ kann __________________________
4. Es war nicht fassbar.
   ______________ zu ____________________________
5. Die Aggression zwischen den beiden war praktisch spürbar.
   ____________________________ konnte ______________
6. Der Text war unleserlich.
   __________ war ______________________________
7. Der Oldtimer war nicht mehr reparabel.
   ______________ konnte __________________________
8. Dieses Benehmen ist nicht akzeptabel.
   ______________________________________ werden.
9. Seine Gedanken waren absolut nicht nachvollziehbar.
   ______________________________ nachzuvollziehen.
10. Die Studenten mussten sich bis zum April für das Examen anmelden.
    ____________ hatten ____________________________
11. Die Prüfungsfächer mussten auf das Formular A geschrieben werden.
    ______________ waren __________________________
12. Die Formulare waren in Großbuchstaben auszufüllen.
    Man hatte ____________________________________

2. Schreiben Sie folgende Sätze mit den Vorgaben in Klammern neu.

1. Die genauen Anfangszeiten sind unbedingt einzuhalten. (müssen)
   ____
2. Ein Ende ist nicht abzusehen. (-bar)
   ____
3. Die Niederlage war ihm anzusehen. (können)
   ____
4. Dieser Apfel war nicht mehr zu essen. (-bar)
   ____
5. Der Sportler hatte sehr genau auf seine Ernährung zu achten. (müssen)
   ____
6. Die Höhe des Tisches war nicht zu verstellen. (-bar)
   ____
7. Er hatte das Öl seines Wagens nachzusehen. (müssen)
   ____
8. Die Schraube war nicht zu lösen. (können)
   ____

Testen Sie sich! (Band 2)

1. Schreiben Sie Relativsätze.

Der Tisch ist klein. Blumen stehen darauf.

Der Tisch, auf dem Blumen stehen, ist klein.

1. Der Kopierer ist defekt. Der neue Angestellte hat oft daran gestanden.

   ____

2. Die Kinder rennen durch den Garten. Ihr Vater ist nicht oft zu Hause.

   ____

3. Der Haken ist rostig. Ich habe meinen Mantel daran gehängt.

   ____

4. Der Haken ist rostig. Mein Mantel hängt daran.

   ____

5. Das Handy liegt dort auf dem Tisch. Das Ladekabel ist dafür geeignet.

   ____

6. Das Produkt soll endlich auf den Markt kommen. Die Firma hat Jahre für seine Entwicklung gebraucht.

   ____

   ____

7. Die Unterlagen waren falsch. Ich bin damit zur Behörde gegangen.

   ____

2. Schreiben Sie neu. Benutzen Sie die angegebenen Wörter.

Ich tanke noch nicht. Der Wagen braucht noch kein Benzin.

1. Ich tanke nicht, weil ______________________________
2. Da der ______________________________
3. ______________________________, denn ______________________________
4. ______________________________, ______________________________ nämlich ______________________________
5. ______________________________. Deshalb ______________________________

3. Setzen Sie folgende Sätze ins Aktiv.

Der Wagen wird von dem Mann gekauft. → Der Mann kauft den Wagen.

1. Es wird hier nicht geraucht.

   Man ______________________________

2. Es wurden sechs Kandidaten für den Wettbewerb ausgewählt.

   ____

3. Vom Geschäftsführer sind gute Vorschläge gemacht worden.

   ____

4. Alle Studenten mussten befragt werden.

   ____

5. Vom Kapitän wurde das Piratenschiff besichtigt, das von den Kindern gebaut worden war.

   ____

4. Ergänzen Sie die fehlenden Wörter und Endungen.

1. Interessierst du dich auch ______ Fußball?
   ______________ interessieren sich alle in meinem Land.
2. Können wir uns ______ deine Unterstützung verlassen?
3. Denk nicht so lange ___________ nach! Bald ist es zu spät.
4. ___________ hat sich der Chef eigentlich so aufgeregt?
5. Ihr braucht euch nicht ______ ______ (ich) zu fürchten. Ich tue euch nichts.
6. Nimmst du auch ______ d___ Veranstaltung teil?
7. Du kannst dich __________ verlassen, dass ich ______ (du) ______ d___ Arbeit helfen werde.
8. Hör ______ dem Kitzeln auf! Ich sterbe gleich ______ Lachen.

5. Bilden Sie ganze Sätze im Präteritum. Denken Sie an die Präposition.

1. Der Richter – sich stützen – Aussage (der Zeuge)
   ____
2. Der Bettler – träumen – ein Lottogewinn
   ____
3. Der Gast – sich beschweren – der Kellner – das kalte Essen
   ____
4. Wir – sich verabreden – die anderen Freunde – vor – das Kino
   ____
5. Er – auskommen – nur ein Liter Milch – Woche – pro
   ____
6. Wir – sich beteiligen – das Geschenk – der gute Freund – für
   ____
7. (Frage:) du – anspielen?
   ____
8. Der Kunde – kein Vertrauen haben – der Verkäufer.
   ____

6. Schreiben Sie mit Relativsätzen neu.

die gefundene Tasche → die Tasche, die man gefunden hat

1. Der gestern festgenommene Terrorist ist schon wieder auf freiem Fuß.
   ____
2. In der kommenden Woche habe ich viel zu tun.
   ____
3. Die durch die Straßen ziehenden Demonstranten waren mit dem Regime unzufrieden.
   ____

7. Setzen Sie *raus*, *draußen*, *drinnen*, *oben*, *hin*, *her ...* ein.

1. Was wollen Sie denn da ____________ auf dem Baum? Kommen Sie doch ____________!
2. ____________ bei den Nachbarn neben uns gibt es wieder Streit. Ich gehe lieber nicht ____________, um zu fragen, ob sie noch etwas Milch haben.
3. ____________ im Keller liegt noch eine Flasche Wein.
   Kannst du schnell ____________ gehen und sie ____________ holen?
4. Das Telefon hat geklingelt. Ich gehe lieber nicht ____________. Vielleicht ist mein Chef ____________.
5. Peter macht morgen eine Party. Da gehe ich aber nicht ____________.
6. Komm mal schnell ____________! ____________ gibt es etwas Tolles zu sehen.
7. Der Wagen steht ____________ vor der Tür.
8. Geh schon mal ____________(ins Haus) und mach die Heizung an. Hier ____________ ist es so kalt.

8. Ergänzen Sie.

Er wusste, dass er dies____ Abend viel___ Zeit haben würde. So ging er auf d____ Weg von d____ Arbeit _______ Hause noch an ein___ Kiosk vorbei, um sich ein____ wenig Tabak und etwas zu___ Lesen zu kaufen. Nachdem er sich ein___ Illustrierte, ein___ Tageszeitung und sein___ Lieblingstabak gekauft hatte, ging er in all___ Gemütlichkeit in d___ groß___ Park. In dies___ Park gab es ein___ alt___ Biergarten, in d___ er noch d___ warm___ Abendluft genießen und bei___ Lesen sein___ Pfeife rauchen konnte. Er wählte sich ein___ ruhig___ Plätzchen in d___ Sonne aus und setzte sich an ein___ klein___ Tisch mit ein___ kariert___ Tischdecke darauf. Gemütlich___ zog er sein___ alt___ Pfeife aus d___ grau___ Wolljacke und stopfte sie mit d___ neu___ Tabak. Bevor er sein___ Zeitung aufschlug, d_______ Titelblatt er schon überflogen hatte, zündete er sich d___ Pfeife an. D___ für sein___ Tisch zuständig___ Ober kam auf ______ (er) zu und fragte ______ (er) nach sein___ Bestellung. Ohne sich aus d___ Ruhe bringen zu lassen, bestellte d___ Alt___ ein___ kühl___ Bier und vertiefte sich weiter in sein___ Lektüre. Erst bei Sonnenuntergang bemerkte er, dass es schon spät war, bezahlte und machte sich auf d___ Weg _________ Hause.

9. Setzen Sie die Artikel und Endungen ein.

1. _____ Beamter kam mit ein___ Angeklagt___ ins Büro, dessen Schuld noch nicht bewiesen war.
2. Mit ihren Verwandt___ (*Pl.*) unterhält sich mein___ Klein___ (*f.*) gern.
3. D___ Angestellt____ des Chefs forderten eine vorzeitige Gehaltserhöhung.
4. Ein Polizeibeamt___ hatte d___ Bestohlen___ (*m.*) etwas Kalt___ zu trinken angeboten.
5. Er hatte mit nichts Bös___ gerechnet.

Testen Sie sich! (Band 2)

10. Benutzen Sie das Partizip II / I als Adjektiv / Adverb.

z.B.: *die untergehende Sonne – der gestohlene Wagen*

1. Der Lehrer gab dem Schüler, der an der Tafel stand, einen guten Ratschlag.
   ____
2. Das Fenster, das der Dieb eingetreten hatte, führte in den Kellerraum, der unter dem Wohnzimmer lag.
   ____
3. Sie saßen am Strand und genossen die Sonne, die am Horizont aufging.
   ____
4. Der Text, den ich aus dem Internet runtergeladen habe, ist interessant.
   ____

11. Benutzen Sie die Formen des Konjunktivs.

1. Ich aß kein Obst. Ich bekam eine Erkältung.
   Aber wenn ______________________________
2. Er ist schlau wie ein Fuchs.
   Er so schlau, als ______________________________
3. Sie betrat den Königssaal, ohne dass ______________________________
   (sich vorher die Schuhe abputzen)
4. Er hat noch nicht die Wahrheit gesagt. Er muss noch im Gefängnis bleiben.
   Hätte er ______________________________

12. Benutzen Sie die mehrgliedrigen Konjunktionen.

(***sowohl – als auch***, ***entweder – oder*** etc.)

1. Ich verfüge über ein Motorrad. Ein Fahrrad steht mir auch zur Verfügung.
   ____
2. Dieser Mann ist nicht fair. Er ist auch nicht verständnisvoll.
   ____
3. Vielleicht kaufe ich mir eine digitale Kamera. Ein Flachbildschirm könnte mir auch gefallen.
   ____
4. Die Leute wollen umweltbewusst leben. Auf ihr Auto wollen sie aber nicht verzichten.
   ____

13. Benutzen Sie *je ... desto*.

Er trinkt viel. Er wird lustig. → Je mehr er trinkt, desto lustiger wird er.

1. Er lernt viel. Der Lehrer ist mit ihm zufrieden.
   ____
2. Der Film ist spannend. Ich sehe ihn gern.
   ____
3. Das Kind schreibt eine gute Klassenarbeit. Es bekommt viel Taschengeld.
   ____

Testen Sie sich! (Band 2)

14. Schreiben Sie Finalsätze mit *damit* oder *um... zu*.

1. Ich schenke ihr mein Feuerzeug. Sie soll mich nicht ständig danach fragen.
   ____
2. Der Student lernte sehr viel. Er beabsichtigte, eine ausgezeichnete Prüfung zu schreiben.
   ____
3. Sie öffneten die Fenster. Sie wollten nicht ersticken.
   ____

15. Schreiben Sie Sätze mit *obwohl*.

1. Er hat nicht ins Kino gehen wollen. Er hat sich dennoch den Film angeschaut.
   ____
2. Sie hat viel verdient. Sie war nicht mit ihrem Gehalt zufrieden.
   ____
3. Der Mann will in den Süden reisen. Er wird seiner Frau zuliebe zu Hause bleiben.
   ____

16. Schreiben Sie einen Satz mit *trotzdem*.

Ich bleibe zu Hause. Du hast mich zu deiner Party eingeladen.

____

17. Schreiben Sie Konditionalsätze.

1. Du gibst mir den Ball nicht. Ich spiele nicht mehr mit dir.
   Wenn ______________________________
2. Ich erschieße Sie. Sie schreien.
   Falls ______________________________
3. Wir können den Brief nicht beenden. Der Computer ist abgestürzt.
   Sollte ______________________________
4. Wir erhalten den Auftrag nicht. Wir müssen uns um andere Kunden kümmern.
   Erhalten ______________________________
5. Sie zahlen die Monatsgebühren nicht. Das Vertragsverhältnis endet umgehend.
   Zahlen ______________________________

18. Was gehört zusammen?

1. Er geht nicht zur Schule, …	a) …, obwohl er kein Geld hat.
2. Zwar hat er kein Geld, …	b) …, da ihn niemand darum gebeten hat.
3. Er hat kein Geld, …	c) …, denn er hat zu viel Eis gegessen.
4. Ihm ist übel, …	d) …, dass er zu spät gekommen ist.
5. Es tut ihm leid, …	e) …, weil ihm übel ist.
6. Er geht oft aus, …	f) …, isst aber oft im Restaurant.
7. Er ist ruhig, …	g) …, damit der Vater schlafen kann.
8. Er hat nicht geholfen, …	h) …, denn er hat sich gerade ein Haus gekauft.

Testen Sie sich! (Band 2)

19. Setzen Sie Subjunktionen/Konjunktionen ein.

1. Er ging nicht an die Tür, ___________ er hatte es nicht klingeln hören.
2. ___________ es hier immer regnet, werde ich meinen Urlaub abbrechen.
3. ___________ wir hier in der Sonne liegen, müsst ihr für die Prüfung lernen.
4. ___________ er keine Fremdsprache gelernt hatte, verstand er alles.
5. Ich kaufte ihr ein Buch, ___________ wir uns darüber unterhalten können.
6. Du öffnest die Tür, ___________ du den Schlüssel nach links drehst.
7. Er spielte so gut Klavier, ___________ es alle Zeitungen berichtet hatten.
8. ___________ du mir das erzählt hast, achte ich auch sehr darauf.
9. Der Dozent erklärt alles erneut, ___________ er nicht darum gebeten wurde.
10. ___________ eine Rede zu halten, erzählte der Bräutigam einen Witz.
11. ___________ er ins Haus durfte, musste er die Schuhe ausziehen.
12. ___________ Nikotin schädlich ist, habe ich mit dem Rauchen aufgehört.
13. Ich habe schlechte Augen, ___________ trage ich eine Brille.
14. ___________ die Eltern nach Hause kamen, schliefen die Kinder schon.
15. In der Familie sangen wir immer, ___________ jemand Geburtstag hatte.
16. ___________ wir uns unterhielten, fiel mir auf, dass sie schöne Augen hatte.
17. Du kannst das Gerät aufladen, ___________ du es an den Strom anschließt.
18. ___________ ich schon satt bin, nehme ich noch ein Stück Kuchen.
19. Es war so kalt, ___________ er ganz blaue Lippen hatte.
20. ___________ ins Kino zu gehen, bleibe ich lieber zu Hause und lese.
21. Wir warten hier, ___________ du ankommst.
22. ___________ er das zu ihr gesagt hat, spricht sie nicht mehr mit ihm.

20. Subjunktion – Präposition

z.B.: *Während der Zugfahrt = Während wir mit dem Zug fahren*

1. Wenn Sie die Ware entgegennehmen, müssen Sie eine Gebühr bezahlen.
   Bei ____
2. Weil die Dörfer überschwemmt waren, mussten die Bewohner evakuiert werden.
   ____
3. Gleich nachdem die Polizei eingetroffen war, gestand der Mann seine Tat.
   ____
4. Sie konnte den Stift nicht halten, weil sie Angst hatte.
   ____
5. Weil der Kanzler abgewählt worden war, waren viele Wähler enttäuscht.
   ____
6. Anstatt den Patienten zu impfen, verschrieb ihm der Arzt Tabletten.
   ____
7. Bevor sie beten, knien sie sich auf den Boden.
   ____

Testen Sie sich! (Band 2)

21. Präposition – Subjunktion

Beim Essen = Wenn wir essen

1. Nach der Ankunft der Politiker gab es eine Begrüßungsrede.

___

2. Vor Versand der Ware wird diese eingehend getestet.

___

3. Trotz der Qualitätskontrolle wies das Produkt Mängel auf.

___

4. Vor Wut zerschmiss sie die Vase.

___

5. Nach der Operation ging es dem Patienten erheblich besser.

___

6. Seit Übernahme der väterlichen Praxis hat der junge Arzt mehr zu tun.

___

7. Bei Entgegennahme des Pakets müssen Sie das Formular unterschreiben.

___

8. Wegen Vorgangsabbruchs kann das Programm nicht mehr installiert werden.

___

9. Halten Sie die Taste beim Einschalten des Computers gedrückt!

___

10. Trotz des stürmischen Wetters wurde das Fußballspiel angepfiffen.

___

22. Benutzen Sie die Modalverben zu subjektiven Meinungswiedergabe.

1. Es ist durchaus möglich, dass unsere Mannschaft gewonnen hat.

___

2. Er sagt, dass er zu Hause gewesen sei, aber niemand glaubt ihm so recht.

___

3. Alles deutet darauf hin, dass die Sekretärin mit dem Chef durchgebrannt ist.

___

4. Ich kann absolut nicht glauben, dass das wahr ist.

___

5. Ich bin mir sicher, dass die Polizei mich geblitzt hat.

___

6. Vielleicht hat mich jemand gesehen.

___

23. Benutzen Sie das Futur II.

1. Ich wasche normalerweise um 8:00 Uhr das Geschirr ab.
   Morgen um diese Zeit ___
2. Die Mülltonnen werden immer um 12:00 Uhr geleert.
   Morgen um diese Zeit ___

Testen Sie sich! (Band 2)

24. Benutzen Sie die Infinitivkonstruktionen mit *zu*.

1. Er war über sein Verhalten vom Vortag verwundert.

   ____

2. Man nahm sich eine zuverlässige Auftragsausführung vor.

   ____

3. Sie wünschte sich den baldigen Erhalt ihres Einkommens.

   ____

4. Es störte ihn, dass er sich nicht erwartungsgemäß verhalten hatte.

   ____

5. Der Täter gestand, dass er seine Ehefrau ermordet hatte.

   ____

6. Der Junge befürchtete, dass jemand ihn beobachtet hatte.

   ____

25. Benutzen Sie die Infinitivkonstruktion mit *zu* statt Nomen.

Ich freue mich über deine Einladung.

Ich freue mich, von dir eingeladen worden zu sein.

1. Der Polizist war auf die Rettung der Hausbewohner stolz.

   ____

2. Der Angeklagte gestand den Betrug an den alten Leuten.

   ____

3. Der Fußballspieler freute sich über sein in letzter Minute erzieltes Tor.

   ____

26. Benutzen Sie die entsprechenden Präpositionen.

1. ____________ d___ Bibel soll man nicht töten.
2. Der Präsident hielt ____________ d___ Eröffnung ein___ Rede.
3. ____________ sein___ Hilfe konnte ich d___ Problem lösen.
4. ____________ d___ Schule (= In der Nähe) befindet sich eine Bushaltestelle.
5. ____________ d___ Fluss___ (= auf der anderen Seite) steht ein alter Baum.
6. ____________ sein___ Kinder verzichtete der Vater auf die Schokolade.
7. ____________ ein___ Bier___ trank er eine Limonade.
8. ____________ mein___ Vertrag ist dies nicht zulässig.
9. ____________ d___ Fluss___ sahen wir eine alte Burg.
10. Bitte bezahlen Sie den Rechnungsbetrag ____________ ein___ Woche.
11. Mein Vater hielt ____________ mein___ Hochzeit eine schöne Rede.
12. Er hob ____________ ein___ gefälschten Kreditkarte viel Geld ab.
13. Sie bekommen ____________ d___ nächst___ zwei Tage Bescheid.
14. Keine Bedienung ____________ d___ Geschäftszeiten.
15. Wir bitten, ____________ d___ Vorstellung keine Fotos zu machen.
16. Schreiben Sie ____________ d___ Arbeitszeit bitte keine privaten E-Mails.

Testen Sie sich! (Band 2)

27. Setzen Sie in die indirekte Rede.

1. „Gib mir sofort das Buch zurück!"
   Er hat zu mir gesagt, ______________________________
2. „Wir kommen mir unseren Eltern zu euch."
   Sie haben uns gesagt, ______________________________
3. „Hast du dir schon die Hände gewaschen?"
   Die Mutter hat den Sohn gefragt, ______________________
4. „Wie viel Geld habe ich dir gestern eigentlich gegeben?"

   Der Vater wollte vom Sohn wissen, ____________________

   Meine Mutter wollte von mir wissen, ___________________

28. Setze den Text in die indirekte Rede.

Der König sagte zu seiner Tochter:
„Wenn du größer bist und ich älter sein werde, musst du auf die Suche nach einem Prinzen gehen. Das ist so, da ich keinen Sohn habe, der all meine Reichtümer erben kann. Damit aber alles in der Familie bleibt, musst du heiraten und einen Sohn haben, der eines Tages an die Macht kommen und das Land regieren soll. Versuch also stets, ein gutes Mädchen zu sein, damit du auch geheiratet wirst."
Die Tochter antwortete: „Ja, Vater, ich werde alles tun, um dich glücklich zu machen."

____

____

____

____

____

____

____

____

29. Formen Sie die direkte Rede in die indirekte Rede um.

1. Der Schaffner sagte zum Fahrgast: „Zeigen Sie mir Ihre Fahrkarte!"

   ____
2. Mein Freund fragte mich: „Was würdest du tun, wenn du Millionär wärest?"

   ____
3. Sabine wurde von ihrem Freund gefragt: „Wann willst du mich endlich heiraten?"

   ____
4. Peter behauptete: „Wir waren alle zusammen, als der Sturm begann."

   ____
5. Auf die Frage, aus welchem Material die Tasche sei, antwortete er: „Leder."

   ____

Testen Sie sich! (Band 2)

30. Schreiben Sie die Sätze mit den angegebenen Wörtern neu. Benutzen Sie *lassen*, *können*, *müssen*, *haben* oder *sein*.

X war sichtbar – X konnte gesehen werden – X ließ sich sehen – X war zu sehen

1. Die Flasche war verschließbar.
   a) ______________________________ (können)
   b) ______________________________ (sein … zu)
   c) ______________________________ (lassen)
2. Seine Reaktion war für alle verständlich.
   a) ______________________________ (können)
   b) ______________________________ (sein … zu)
3. Dieser Spieler ist unbezahlbar.
   a) ______________________________ (können)
   b) ______________________________ (sein … zu)
4. Sie müssen die Rechnung sofort begleichen.
   a) Die ______________________________ (müssen)
   b) ______________________________ (sein … zu)
   c) Sie ______________________________ (haben … zu)
5. Man hat die Hausaufgaben zu machen.
   a) Die ______________________________ (sein … zu)
   b) Die Hausaufgaben ______________________________ (müssen)
   c) Man ______________________________ (müssen)
6. Die Fenster lassen sich öffnen.
   a) Die ______________________________ (können)
   b) Man ______________________________ (können)
   c) Die ______________________________ (sein … zu)
7. Man kann den Text leicht verstehen.
   a) Der ______________________________ (sein … zu)
   b) Der ______________________________ (können)
   c) Der ______________________________lich. (sein)
   d) Der ______________________________ (lassen)
8. Die Genehmigung ist an Schalter 8 zu beantragen.
   a) Der Antrag auf Genehmigung ______________________________
   b) Man m______________________________
   c) An Schalter 8 h____ man ______________________________
   d) Die Genehmigung kann ______________________________ (werden)
   e) Wenn man die Genehmigung ____________________, muss man __________ ______________________________ gehen.
   f) Um die Genehmigung ____________________, hat man ______________ zu gehen.

Lösungen

Testen Sie sich! Band 1

Seite 8

1. **1.** -en, -en, -en, -en **2.** Der -e, dem -en **3.** Die -en, -en **4.** den -en, diesem -en **5.** Die -en, dieser -en **6.** uns **7.** dem -en **8.** mir **9.** ihrem -en **10.** Ihnen
2. **2.** Woher kommt P.? **3.** Wohin fliegt C.? **4.** Wo ist der Koffer? **5.** Ist das ein Fenster? **6.** Wie viel wiegt er? / Wie schwer ist er? **7.** Wie ist die Tasche? **8.** Wo sind I. und Ch. jetzt? **9.** Ist das der Mond? **10.** Möchten Sie sich bei mir bewerben? **11.** Welche Schuhgröße hast du / haben Sie?
3. **1.** -, ein gutaussehender Mann **2.** -en, dort einen reichen Mann **3.** -e, die hübsche Frau **4.** -en, habe einen schnellen Wagen **5.** -, ein guter Wein **6.** -en, Wir kaufen den hohen Tisch. **7.** sind bequeme Stühle. **8.** -es, kaufe das schöne Bild.

Seite 9

4. **1.** aus der **2.** von meiner **3.** zum (zu dem) **4.** In **5.** Zu **6.** von der, -es **7.** nach **8.** zu **9.** Bei **10.** zu
5. **1.** mir **2.** dir **3.** euch **4.** dich, dir **5.** mir, mich **6.** dich, dir
6. **1.** noch nicht/nie in China **2.** möchte keinen Salat mehr **3.** lebt er nicht mehr **4.** noch nichts gegessen **5.** will noch ein Glas **6.** brauche ich kein Geld mehr **7.** bin noch nicht müde
7. **1.** Dort dürfen sie nicht rauchen. **2.** Man hat ihm nicht helfen können. **3.** Wir sollen das nicht tun. **4.** Der Mann hat mit dem neuen Wagen fahren wollen. **5.** Das Kind will nicht in die Schule gehen, weil es die Hausaufgaben nicht hat machen können.

Seite 10

8. **1.** Es stimmt, dass man … kommen muss. **2.** …, weil er … hat. **3.** Wir wissen, dass wir heute …. gehen müssen. **4.** … darauf, dass ihr Freund sie morgen besucht. **5.** Wollen Sie … verkaufen, weil jemand … geboten hat? **6.** … darüber, dass man ihn … genommen hat.
9. **1.** Wascht euch! **2.** Nehmen Sie Platz! **3.** Sprecht lauter! **4.** Gib das Buch her! **5.** Lass dir die Haare schneiden!
10. **1.** Unser Garten ist größer als euer Garten. **2.** Ich trinke lieber Kaffee als Tee. **3.** Wilhelms Bart ist länger als Karls Bart. **4.** Der Wein ist besser als das Bier. **5.** Anita ist jünger als Angelika. **6.** Ein Auto fährt schneller als ein Fahrrrad
11. **1.** … es dort etwas ruhiger ist. **2.** …, es ist nämlich dort etwas ruhiger. **3.** Deshalb nehmen wir das Zimmer. **4.** …, nehmen wir es. **5.** … es ist dort etwas ruhiger.

Seite 11

12. **1.** Letzten Monat ist M. nach Spanien abgefahren. **2.** Im vergangenen Winter hat es keinen Schnee gegeben. **3.** Der Zug ist vor zehn Minuten angekommen. **4.** Der Nachbar hat seinen Wagen waschen wollen, aber keine Zeit gehabt. **5.** Das Lokal hat letztes Wochenende um 22:30 Uhr geschlossen. **6.** Vorletztes Jahr bin ich zwei Wochen in der Schweiz gewesen. **7.** Das habe ich gerade eben sagen wollen. **8.** Habt ihr im Kino rauchen dürfen?
13. **1.** Wir gehen ins Kino, um den Film zu sehen. **2.** Ich schreibe dir einen Brief, damit du weißt, wie es mir geht. **3.** Die Mutter gibt dem Kind eine Jacke, damit es nicht friert. **4.** Er ruft sie an, damit sie mit ihm ins Kino geht. **5.** Um den Brief zu verschicken, musst du ihn frankieren. **6.** Der Lehrer sprich laut, damit alle Schüler ihn verstehen. **7.** Der Mann nimmt ein Taxi, um pünktlich am Bahnhof zu sein. **8.** Um das Bild aufzuhängen, brauche ich einen Hammer.
14. zu[1] / an[2] / an[3] / von[4] / an[5] / über[6] / auf[7] / mit[8], über[9] / für[10] / über[11] / bei[12], über[13] / an[14]

Lektion 1

Seite 12

1. der Sitz / der Stich / der Zwang / der Beginn / der Biss

Seite 13

2. **2.** *-ent* **3.** Berg **4.** *-at* 5. Automarke **6.** *-eur* **7.** Berg **8.** *-and* **9.** *-ling* **10.** *-är* **11.** *-ling* **12.** *-or* **13.** vom Verb ohne Suffix **14.** Spirituosen **15.** Automarke **16.** Fluss **17.** Jahreszeit **18.** *-ist* **19.** Meeresnamen **20.** *-ent* **21.** Fluss **22.** *-ich* **23.** *-eur* **24.** Niederschlag
3. der Sommer, der Herbst, der Winter
4. im, Der, -, -er, Er / -en / Der, -, -er, am
5. am, -en, -en, -, -er,
   Der, -en, -en, Der, des, der, -e / -en, -en
6. der Klang, der Zug, der Anzug, der Sprung, der Flug

Lektion 2

Seite 14

1. **1.** Bäckerin/Bäckerei **2.** Bewegung **3.** Empfehlung **4.** Messung **5.** Einfahrt, Ausfahrt, Abfahrt **6.** Flucht **7.** Geburt **8.** Lage / Liege **9.** Lüge **10.** Wäsche

Seite 15

2. **2.** die, *-heit* **3.** die, Flugzeugname **4.** die, *-ie* **5.** die, *-in* **6.** die, Verb+*t* **7.** der, *-mus* **8.** die, *-enz* **9.** die, Zahl **10.** die, *-ik* **11.** der, *-or* **12.** die, *-ei* **13.** der, *-är* **14.** die, *-schaft* **15.** die, *-ung* **16.** die, *-keit* **17.** die, Verb+*t* **18.** die, *-ät* **19.** die, *-e* **20.** die, *-e* / Baum **21.** die, Schiffsname, *-ik* **22.** die, *-ur* **23.** die, Zigarettenname **24.** die, *-ur* **25.** die, *-ät* **26.** die, *-e* / Baum **27.** der, *-ling* **28.** die, *-e* **29.** die, *-ur* **30.** der, vom Verb ohne Suffix **31.** die, Verb+*t* **32.** die, Verb+*t* **33.** die, *-ik* **34.** die, Verb+*t*
3. **1.** -er, der **2.** Die, -er, -er **3.** -e, -e, -e, -er **4.** Die, der, der, -e, -e, -e **5.** -e **6.** die, der, die, die, -e, -e

Lektion 3

Seite 17

1. **A:** -, - -es, -em, - -es, **B:** - **A:** im[1], das[2], das[3] -e[4], Das[5], das[6] -e[7], -e[8]. -em[9], das[10]. Das[11], das[12], -es[13]. Das[14], im[15]. das[16], dem[17]. Das[18], -em[19]. -[20], -es[21]. -[22], im[23] -en[24]. Das[25]. -es[26], -es[27].
2. **1.** der **2.** das, Infinitiv **3.** die, *-heit* **4.** die, *-ei* **5.** das, *-um* **6.** das, Sprache **7.** das, *-chen* **8.** das, chem. Element **9.** die, *-enz* **10.** die, Ausn. Meeresname **11.** die, *-schaft* **12.** das, *-ment* **13.** der, Himmelsrichtung **14.** das, Motorradmarke **15.** der, Automarke **16.** die, Verbableitung mit *-t* **17.** das, Kontinent mit Adjektiv **18.** das, Ortsname mit Adjektiv **19.** die, Fluss **20.** das, koll. Ausdruck mit *Ge-* **21.** die, Blume **22.** das, *-ett*, **23.** der, Verbableitung ohne Suffix **24.** das, Farbe **25.** das, *-um* **26.** der, Verbableitung ohne Suffix **27.** die, Verbableitung mit *-t* **28.** das, chem. Element **29.** die, *-e* **30.** der, Verbableitung ohne Suffix **31.** der, *-ig* **32.** das, *-o* **33.** das, *-ma* **34.** die, *-ik* **35.** das, Buchstabe **36.** das, *-o*

Lektion 4

Seite 19

1. **2.** Wohin **3.** (he)r-, hin- (rauf) **4.** -hin **5.** -her **6.** hin- **7.** her- **8.** her / Woher **9.** her **10.** her- **11.** hin- **12.** Her- **13.** hin- **14.** hin- **15.** her- **16.** rauf, runter **17.** hinunter (runter), (he)rauf **18.** -her **19.** hin-, (he)r- **20.** hinaus- (raus-)
2. **2.** der, (he)raus **3.** den, rein (hinein) **4.** den, runter (hinunter) **5.** rauf (hinauf), den **6.** rüber (hinüber), die **7.** rein, raus **8.** rauf, runter **9.** ins rein (hinein) **10.** den, runter-

Lektion 5

Seite 21

1. **2.** Wir brauchen einen Löffel, um eine Suppe zu essen. **3.** Man braucht ein Messer, um Fleisch zu schneiden. **4.** Man braucht Besteck, um eine … zu sich zu nehmen. **5.** Ich brauche einen Korkenzieher, um eine W. zu öffnen. **6.** Wir brauchen einen Dosenöffner, um eine K. zu öffnen. **7.** Ich brauche einen Flaschenöffner, um eine B. aufzumachen. **8.** Ich brauche einen Pinsel, um ein B. zu malen.
2. **1.** zu bezahlen **2.** man braucht bloß X auf die andere Seite zu bringen. **3.** abzuschreiben, abzuschreiben. **4.** braucht es nicht alles aufzuessen. **5.** Du brauchst nur ein bisschen laut zu sein **6.** Man braucht nur auf diesen Knopf zu drücken **7.** brauchst du bloß den Hebel umzulegen. **8.** brauchen nicht alle Leute ihren Pass vorzuzeigen. **9.** brauchst sie – abzuschließen.

Lektion 6

Seite 23

1. **1.** besuchen, zu besuchen **2.** anzukommen, anzukommen **3.** anfangen, anzufangen **4.** anzurufen, anzurufen **5.** zu bestellen, zu bestellen **6.** kommen, zu bleiben
2. **1.** mitzukommen **2.** mitkommen **3.** mitzukommen **4.** mitkommen **5.** mitzukommen **6.** tanzen **7.** zu tanzen **8.** tanzen **9.** eine Rede halten **10.** eine Rede zu halten **11.** eine Rede halten **12.** eine Rede halten **13.** eine Rede zu halten **14.** das Haus abzuschließen **15.** das Haus abschließen **16.** das Haus abzuschließen **17.** das Haus abzuschließen **18.** das Haus nicht abzuschließen

Wiederholung 1 – 6

Seite 24

1. **1.** her- **2.** -her **3.** hin- **4.** hin- **5.** (he)r- **6.** hin- **7.** Hin- **8.** hin- **9.** hin- **10.** her- **11.** her **12.** hin-/r-
2. **1.** brauche, zu kommen, muss **2.** brauche, vorzulegen, muss, vorlegen **3.** brauche, zu essen, muss **4.** brauche, zu machen, kann, schreiben **5.** brauche, zu haben, brauche, zu kommen, kann ausschlafen **6.** muss, abräumen, brauche, abzuräumen, kann, aufstehen, gehen **7.** kann, machen, will, brauche, zu hören.

Seite 25

3. **1.** anzukommen **2.** kommen **3.** zu überweisen **4.** zu bleiben **5.** bleiben **6.** trinken **7.** zu trinken **8.** anfangen, zu machen **9.** zu springen, zu springen, springen **10.** aufessen, aufzuessen **11.** loszufahren, abzufahren, antreten **12.** anzutreffen **13.** zu merken **14.** schlucken **15.** einzunehmen **16.** zurückzubringen, zurückzubringen **17.** buchen, zu buchen
4. **1.** d **2.** a **3.** c **4.** g **5.** f **6.** e **7.** b **8.** h **9.** j **10.** i

Lektion 7

Seite 26

1. **1.** der **2.** die **3.** das **4.** die **5.** das **6.** das **7.** das **8.** die

Seite 27

9. das **10.** der **11.** der **12.** die **13.** das **14.** das **15.** die **16.** der **17.** das

2. **1.** Der alte Tisch, der immer dort in der Ecke gestanden hat, ist aus Eichenholz. **2.** Mit der rostigen Zange, die im Keller liegt, kann man nicht arbeiten. **3.** Der Dienst als Pfleger, der viel Geduld kostet, ist sehr anstrengend. **4.** Im Arztberuf, der natürlich gut bezahlt ist, sieht man auch schreckliche Dinge. **5.** Die Notenblätter, die auf dem Notenständer stehen, sind vergilbt. **6.** In dem Getränk, das in Russland sehr beliebt ist, ist viel Alkohol. **7.** In dem Restaurant, das am 1. März eröffnet hat, gibt es nur Pizza.
3. **1.** Der, der **2.** Die, die **3.** dem, der **4.** Der, der **5.** der, die **6.** der, die **7.** den, der **8.** dem, das **9.** der, die

Lösungen

Lektion 8

Seite 29

1. 1. Der Ingenieur, den wir … eingestellt haben, ist talentiert. 2. Die Kellnerin, die ich … gesehen habe, kommt aus Italien. 3. Mit dem Wagen, der so … alt ist, kommst du nicht weit. 4. Mit dem Wagen, den du … repariert hast, kommst du nicht weit. 5. Die Schuhe, die ich … anprobiert habe, sind teuer. 6. Mit dem Professor, den wir in der … haben, kann man sich gut unterhalten. 7. In dem Hotelzimmer, das wir gebucht haben, gibt es Ameisen. 8. In der Garage, die ich geöffnet habe, liegen Winterreifen. 9. Auf der Bank, die sehr alt war, saß ein alter Mann, den ich nicht kannte.
2. 1. Der, den 2. Das, das 3. Die, die, die 4. Die, die 5. den, die 6. dem, das 7. dem, den 8. den, die 9. die, die 10. des, das 11. Der, den 12. Der, den, der 13. Der, den, der

Lektion 9

Seite 31

1. 1. die, der, die 2. denen, die, denen
2. 1. … Dame, die ich nicht kenne. 2. … Buch, das ich schon gelesen habe. 3. … wohnt ein Dichter, der in Deutschland sehr bekannt ist. 4. … auf dem Tisch, der sehr wackelig ist. 5. Der Händler legt den Teppich, den ich kaufe, auf den Boden. 6. Er stellt den Wagen, den er letzten Monat gekauft hat, in die Garage. 7. Der Student geht in das Zimmer, das er letzten Monat gemietet hat. 8. Der Brief, den du aus … geschrieben hast, war sehr kurz. 9. Die Übungen, die wir machen, sind nicht schwer. 10. Der Vater, dem das Kind … gibt, ist sehr traurig. 11. … unser Freund, dem wir die Stadt zeigen. 12. … unsere Freunde, denen wir die Stadt zeigen. 13. … die Schüler, denen der Direktor heute die … gegeben hat. 14. Die Leute, denen die Koffer gehören, steigen aus dem Bus. 15. Kennt ihr die Schüler, denen wir begegnet sind?

Lektion 10

Seite 33

1. 1. dessen 2. dessen 3. deren 4. dessen 5. dessen, deren 6. deren 7. dessen
2. 1. … Baum, dessen Früchte rot sind. 2. In dem Haus, dessen Fenster groß sind, wohnt ein … 3. Die Autos, deren Motoren stark sind, fahren schnell. 4. Die Schüler, deren Lehrer sehr streng ist, kommen pünktlich. 5. Der Schüler, dessen Zeugnis sehr schlecht ist, traut sich nicht nach Hause. 6. Die Frau, deren Baby die ganze Nacht schreit, ist müde. 7. Auf der Bank, deren Farbe noch frisch ist, sitzt meine alte Lehrerin. 8. Neben den Spielern, deren Trikots rot sind, steht unser Trainer. 9. Mein Freund, dessen Hund ich betreue, macht Ferien. 10. Das Haus, dessen Türen aus Holz sind, steht an der Küste. 11. Ich gehe in die neue Schule, deren Namen alle Leute kennen. 12. Wir kaufen die Gemälde, deren Rahmen vergoldet sind. 13. Die Kirche, deren Glocken oft läuten, steht im Zentrum der Stadt.

Lektion 11

Seite 35

1. 1. die 2. dem 3. die 4. der 5. dem 6. der 7. denen 8. dessen 9. deren 10. dem 11. der 12. die 13. denen 14. deren 15. dessen
2. 1. … ein altes Haus, in das dunkle Gestalten gehen. 2. … ein Problem, über das er mit dem Sohn hat diskutieren wollen. 3. … seine Freunde, denen er schon lange hat schreiben wollen. 4. … Schmuck, für den er viel zu bezahlen hat. 5. Das Waschbecken, das der Handwerker installiert hat, bezahle ich nicht. 6. … den Wagen, den man nicht hat reparieren können. 7. … über die Brücke fahren, die der Architekt geplant hat (… die Brücke, die der A. geplant hat, fahren.)

Lektion 12

Seite 37

1. 1. Kennst du den Mann, mit dessen Chef ich gesprochen habe? 2. Hast du die Zeitung gesehen, in der der Artikel war? / Hast du die Zeitung, in der … war, gesehen? 3. Kennst du meine englischen Freunde, bei deren netten Eltern Klaus wohnt? 4. Ich habe in dem Hotel übernachtet, in dessen Foyer ein großer Weihnachtsbaum stand. 5. Das war ein … Hotel, dessen kleine Zimmer altmodisch eingerichtet waren. 6. … Bild gesehen, auf dem wir gerade Tennis spielen? 7. … die Bücherei, in der meine Schwester arbeitet. 8. War das der Arzt, mit dessen netter Assistentin du … gesprochen hast? 9. … der Park, auf dessen alten Bäumen bunte Vögel nisten. 10. … ein hoher Baum, auf den das Kind nicht steigen darf.
2. 1. der Fußball spielt. 2. dem man Autos repariert. 3. die Haare schneidet. 4. ein Boot, das mit einem Motor fährt. 5. dem man Kartoffeln aufbewahrt. 6. dem man Geld abhebt. 7. dem man besser hört. 8. eine Kugel, die man an den Weihnachtsbaum hängt. 9. ein Tuch, mit dem man sich die Nase putzt. 10. eine Stelle, an der man ein Haus baut. 11. der Kinder behandelt. 12. der in der Küche steht.

Lektion 13

Seite 39

1. auf den 2. bei dem 3. der 4. denen 5. a) dem 5. b) der 6. denen 7. den 8. a) in denen 8. b) die 9. für den 10. aus dem 11. an dem 12. in den 13. mit deren 14. a) in dem 14. b) in das 14. c) aus dem 14. d) das 15. der 16. auf den 17. die 18. de-

ren 19. dessen 20. dem 21. der 22. durch das 23. an dessen 24. a) der 24. b) die 25. um den

Wiederholung 7 – 13

Seite 40

1. 1. … meinem Großvater gerne zu, der am Abend oft in der Vergangenheit schwelgt. 2. … den Pudding, der gerade aus dem Backofen gekommen ist. 3. Die Mathematik, die den Schülern oft zu schwierig ist, bietet häufig mehrere Lösungswege. 4. Dieses Hotel, das die Leute immer noch häufig besuchen, ist in die Jahre gekommen. 5. … einen Aufenthaltsraum, den die Studenten gern besuchen. 6. Die Tiere, die am Land und im Wasser leben können, nennt man Amphibien. 7. Meine Eltern, denen ich die Fotos zeige, freuen sich. 8. Die Freunde, denen ich einen Brief geschrieben habe, wohnen in Amerika. 9. Der Mann gibt dem Hund, dessen Hundehütte im Garten steht, einen Knochen. 10. Der Großvater, dessen Pfeife neu ist, sitzt im Lehnstuhl. 11. … mein Onkel, dessen neue Wohnung ich sehr mag. 12. Der Hund, dessen Halsband … verziert ist, ist dick und verwöhnt. 13. Die Mutter, deren Kinder den Nachbarn ärgern, sitzt auf … 14. Dieser Elefant, dessen Rücken der Zirkusdirektor schrubbt, ist gefährlich. 15. Die Frau, deren Hut sehr groß ist, sitzt … 16. Der Film, dessen Inhalt ich nicht kenne, soll … 17. Die Kinder, deren Eltern oft verreisen, wohnen … 18. Das Programm, dessen Installation ewig gedauert hat, funktioniert gut.

Seite 41

19. Die Mädchen, mit denen wir einen Tanzkurs besuchen, sind alle … 20. Radioapparate, deren kleine Lautsprecher so schwach sind, müssen … 21. Der Bäcker, dessen frische Brötchen lecker schmecken, kennt … 22. Die Polizisten, die bestimmt den Verkehr kontrollieren, stehen …

2. 1. -er, die 2. Die, die 3. Das, an/auf dem 4. Der, mit dem 5. Die, in der 6. Die, auf der 7. Das, in dem 8. an dem 9. Der, den 10. über die

3. 1. e 2. f 3. h 4. i 5. d 6. g 7. j 8. a 9. c 10. b 11. l 12. k

Lektion 14

Seite 43

1. **(ich)** lachte, kaufte, sagte, duschte, spielte, parkte, war
(ihr) machtet, wohntet, badetet, heiratetet, schicktet, hattet, studiertet
(du) lebtest, fragtest, packtest, küsstest, sendetest, probiertest
(wir) konnten, mussten, durften, wollten, sollten, wurden

2. 1. Ich sagte dem Richter die Wahrheit. 2. Das Baby lachte so niedlich. 3. Die Kinder wollten nicht ins Haus kommen. 4. Der Pilot landete sicher auf dem Flugplatz. 5. Maria strickte gern. 6. Im Urlaub regnete es leider oft und hagelte manchmal auch. 7. Ich machte das Licht aus und träumte vom Urlaub. 8. Der Hund stellte sich unter den Baum und bellte die Katze an. 9. Mein Großvater wohnte mit Freunden in einem großen Haus. 10. Er konnte schon in seiner Kindheit sehr gut Fußball spielen. 11. Man durfte dort nicht lachen, sondern musste sich beherrschen. 12. Immer wenn er laut lachte, mussten wir auch lachen. 13. Er wusste, dass er das nicht tun durfte. 14. Ich sagte, dass wir nach Hause kommen sollten. 15. Der Mann lag auf dem Sofa und atmete sehr unregelmäßig. 16. Das Kind war im Zirkus und staunte über die Zauberkunststücke.

Lektion 15

Seite 44

1. 1. saß 2. las 3. löste 4. schloss 5. sah 6. aus 7. befand sich 8. strickte

Seite 45

9. schaute 10. -e 11. sah 12. war 13. wollte 14. konnte 15. hörte 16. der 17. vorbeifuhren 18. sah 19. aus 20. konnte 21. bogen 22. fuhren 23. vorbei 24. denen 25. arbeiteten 26. genoss 27. -er 28. kam 29. dem 30. an 31. dem 32. stieg aus 33. waren 34. dem 35. war 36. wunderte 37. wusste 38. war 39. hatten 40. der 41. ging 42. -em 43. -en 44. der 45. den 46. warb 47. bewegte sich 48. quietschte 49. war 50. ging 51. die 52. war 53. hallten 54. öffnete sich 55. fiel 56. zu 57. bekam 58. -en 59. -en 60. war

2. 1. fuhren, wollten 2. anhielt/ankam, stiegen 3. setzten, holten/zogen, lasen/checkten 4. hielt/kam, an, stiegen 5. liefen/rannten, gingen 6. kauften/sahen/fanden, bezahlten

Lektion 16

Seite 47

1. Ich bin am Samstag / Am Samstag bin ich um zwölf Uhr nachts nach Hause gekommen. 2. Weil es sehr dunkel war, habe ich das Schlüsselloch meiner Haustür nicht gleich finden können. 3. Ich habe das Licht eingeschaltet und meinen Schlüssel in meiner Hosentasche gefunden. 4. Dann habe ich eine Weile probiert, aber der Schlüssel hat nicht gepasst. 5. Weil ich nicht wusste, ob es das richtige Haus war, bin ich ein paar Schritte zurückgegangen, um die Hausnummer über der Tür besser erkennen zu können. 6. Plötzlich stand ich auf etwas Hartem. 7. Ich habe mich umgedreht und bemerkt, dass ich auf dem Fuß eines Polizisten stand. 8. Er fragte mich, was ich an dem Haus gesucht habe. 9. Ich habe ihm geantwortet, dass ich das Schlüsselloch nicht finden konnte. 10. Da hat mich der Polizist gefragt, ob ich vielleicht ein

paar Bier getrunken habe. 11. Es war mir peinlich, dass der Polizist etwas gemerkt hat. 12. Ich habe mit dem Kopf genickt und bin fortgegangen. 13. Der Polizist hat den Kopf geschüttelt und ist in die andere Richtung gegangen. 14. Kurz danach habe ich mein Haus gefunden und bin gleich in Bett gegangen.

Lektion 17

Seite 48

ist gewesen, blenden, handeln, handelte, anfangen, rennen, bin gerannt, einbiegen, bog ein, quietschen, haben gequietscht, versuchen, versuchte

Seite 49

Am Morgen schlief er lange.
Dann hat er im Bett Zeitung gelesen – las er im Bett Zeitung.
Erst um zwölf ist er aufgestanden – stand er auf.
Kurz danach hat er Kaffee gekocht – kochte er Kaffee.
Zum Frühstück hat er eine Tasse Kaffee getrunken und ein Brötchen gegessen – trank er eine Tasse Kaffee und aß ein Brötchen.
Dann hat er sich langsam angezogen – zog er sich langsam an.
Gegen 10 Uhr ist er einkaufen gegangen – ging er einkaufen.
Danach hat er seinen Freund Kevin besucht – besuchte er seinen Freund Kevin.
Beide sind zum Essen ins Restaurant gegangen – gingen zum Essen ins Restaurant.
Zusammen sind sie mit dem Bus zurück nach Hause gefahren – fuhren sie mit dem Bus …
Am Abend hat er seine Freundin Daniela angerufen – rief er seine … an.
Er hat ihr einen Kinobesuch vorgeschlagen – schlug ihr … vor.
Er hat den Wagen seines Vaters genommen – Er nahm den Wagen …
Damit hat er Daniela abgeholt – holte er Daniela ab.
Zusammen sind sie ins Kino gegangen – Zusammen gingen sie …
Dort haben sie einen Musikfilm gesehen – Dort sahen sie …
Danach hat er Daniela nach Hause gebracht – Danach brachte er Daniela …
Bis zwei Uhr haben sie im Auto gesessen und sich unterhalten – saßen sie im Auto und unterhielten sich.

Lektion 18

Seite 51

1. 1. Nachdem wir den Tisch gedeckt hatten, aßen wir. 2. Nachdem er die Zeitung gelesen hatte, ging er mit dem Hund spazieren. 3. Nachdem sie sich gewaschen hatte, trocknete sie sich ab. 4. Nachdem der Arzt den Patienten gründlich untersucht hatte, operierte er ihn. 5. Nachdem sie ihre Meinung geändert hatte, bestellte sie etwas anderes. 6. Nachdem der Lehrer die Klasse betreten hatte, grüßte er seine Schüler. 7. Nachdem die Sonne aufgegangen war, begannen die Vögel mit ihrem Gesang.
2. … ins Bad gegangen war, duschte ich mich. Nachdem ich mich geduscht hatte, trocknete ich mich ab. Nachdem ich mich abgetrocknet hatte, zog ich mich an. Nachdem ich mich angezogen hatte, machte ich Kaffee. Nachdem ich Kaffee gemacht hatte, frühstückte ich. Nachdem ich gefrühstückt hatte, verließ ich das Haus. Nachdem ich das Haus verlassen hatte, lief ich zum Büro. Nachdem ich zum Büro gelaufen war, kam ich dort an. Nachdem ich im Büro angekommen war, trank ich einen Kaffee. Nachdem ich einen Kaffee getrunken hatte, schrieb ich einen Brief. Nachdem ich einen Brief geschrieben hatte, hatte ich eine zwanzigminütige Pause. Nachdem ich eine Pause gehabt hatte, arbeitete ich fast 2 Stunden ohne Unterbrechung. Nachdem ich fast 2 Stunden … gearbeitet hatte, ging ich in die Kantine. Nachdem ich in die Kantine gegangen war, aß ich mit Kollegen zu Mittag. Nachdem ich … zu Mittag gegessen hatte, machte ich mich wieder an die Arbeit.
   Bevor ich mich duschte, war ich ins Bad gegangen (ging ich …). Bevor ich mich abtrocknete, hatte ich mich geduscht (duschte ich mich). Bevor ich mich anzog, hatte ich mich abgetrocknet (trocknete ich mich ab). Bevor ich Kaffee machte, hatte ich mich angezogen (zog ich mich an). Bevor ich frühstückte, hatte ich Kaffee gemacht (machte ich …). Bevor ich das Haus verließ, hatte ich gefrühstückt (frühstückte ich). Bevor ich zum Büro lief, hatte ich das Haus verlassen (verließ ich …). Bevor ich im Büro ankam, war ich zum Büro gelaufen (lief ich …). Bevor ich einen Kaffee trank, war ich im Büro angekommen (kam ich … an). Bevor ich einen Brief schrieb, hatte ich einen Kaffee getrunken (trank ich …). Bevor ich eine zwanzigminütige Pause hatte, hatte ich einen Brief geschrieben (schrieb ich …). Bevor ich … arbeitete, hatte ich eine zwanzigminütige Pause gehabt (hatte ich eine zwanzigminütige Pause). Bevor ich … ging, hatte ich … gearbeitet (arbeitete ich …). Bevor ich … aß, war ich … gegangen (ging ich …). Bevor ich mich … machte, hatte ich … gegessen (aß ich …)

Lektion 19

Seite 53

1. Gestern begann in Italien die Fußballweltmeisterschaft. Die Mannschaften vieler Nationen hatten lange auf diesen Moment gewartet und viel trainiert. Um 15 Uhr pfiff der Schiedsrichter das Eröffnungsspiel an. Vor dem Spiel hatte es eine große Eröffnungsfeier gegeben. Viele Zu-

schauer waren aus der ganzen Welt zu diesem großen Spektakel angereist. Das Eröffnungsspiel endete 2 zu 2 unentschieden.

2. Gestern flog der Präsident nach Paris. Vor dem Abflug hatte es eine große Demonstration gegeben, was den Abflug aber nicht verzögerte. Die Studenten hatten mit lauten Sprechchören gegen die Außenpolitik der Regierung protestiert.

3. Gestern verließ ich um 8:00 Uhr das Haus. Vorher hatte ich alle Fenster geschlossen und das Licht ausgemacht. Dann ging ich zur Bushaltestelle und wartete auf den Bus. Der Autobus kam mit 10 Minuten Verspätung an, weil es einen Stau gegeben hatte. Ich stieg ein und wollte das Fahrgeld bezahlen. Da bemerkte ich, dass ich mein Geld zu Hause vergessen hatte. Ich musste wieder aussteigen und mir das Geld holen.

Wiederholung 7 – 19

Seite 54

1. 1. gewonnen hatte 2. die, geschossen hatte 3. die, hatten bleiben wollen 4. der, verbracht hatte 5. die, kennengelernt hatte 6. die, gegangen war(en) 7. hatten bestehen können 8. hatte entfliegen können 9. den, hatte ändern wollen 10. hatte finden können 11. hatte anerkennen lassen 12. den, hatte kaufen wollen 13. konnte, hatte schlafen können 14. das, gelegt hatte 15. gesucht hatte.

Seite 55

2. 1. -en, geäußert hatte, verließ 2. fühlte sich, gegessen hatte 3. probierte … aus, den, gekauft hatte 4. erhöhte, versprochen hatte 5. kam, las, das, gekauft hatte 6. konnte, geschlafen hatte 7. gegangen war, konnte 8. uns, unterhalten hatten, verstanden 9. anhielt, hatte, -en, -en, gekauft 10. den, geheiratet hatte, bekam, -, -es 11. musste, geregnet hatte 12. hatten, gearbeitet, sprachen 13. das, gelesen hatte, beeinflusste 14. gesehen hatte, wusste, war 15. abgeflogen war, ging, den 16. hatte, geflogen war 17. schuldete, gebaut hatte.

Lektion 20

Seite 57

1. wirst 2. wird 3. werden 4. werden 5. werden 6. geworden 7. wurden 8. werden 9. werden 10. wurde 11. werden 12. geworden 13. werde 14. ist … geworden 15. wurde 16. geworden 17. wird, wird 18. seid … geworden 19. werden 20. ist … geworden 21. werden 22. wurde 23. ist … geworden 24. werde 25. wird

Lektion 21

Seite 59

1. 1. Die Großmutter wird morgen zu Besuch kommen. 2. Der Präsident wird eine Rede halten. 3. Die Schüler werden keine Pause haben. 4. Der Student wird in die Bibliothek gehen und seine Bücher lesen. 5. Die Behörde wird das nicht genehmigen. 6. Der Maler wird seine besten Werke verkaufen. 7. Die Tochter wird aufstehen und sich das neue Kleid anziehen. 8. Der Politiker wird bald in den Nahen Osten reisen. 9. Am Geburtstag werde ich eine große Party mit meinen Freunden machen. 10. Ich werde ins Kino gehen und mir einen interessanten Film ansehen. 11. Das Rennen wird morgen nicht stattfinden.

2. 1. Er wird (wohl) schon 80 Jahre als sein. 2. Er wird (wahrscheinlich) kein Geld haben. 3. Meine Freunde werden (vielleicht) um acht Uhr ankommen. 4. Der Minister wird (sicher) einen Mercedes fahren. 5. Dieser Schlüssel wird nicht ins Schloss passen. 6. In der Küche wird (wohl) noch etwas Brot sein. 7. Wir werden heute Montag haben. 8. Es wird (vermutlich) morgen wieder regnen. 9. Der Schlüssel des Hotelzimmers wird im Auto liegen.

Lektion 22

Seite 61

1. 1. … ärgert sich, dass er nicht zum Kongress wird fahren können. 2. … freut sich, weil ihr neuer Freund zu ihr wird kommen können. 3. … ist traurig, dass ihre Enkel sich nicht werden besuchen können. 4. … verspricht, dass man schon bald den neuen Flughafen wird besichtigen können. 5. … zu verstehen, dass sein Land diese Situation nicht länger wird hinnehmen wollen. 6. … beschwert sich, dass die Sekretärin ihm nicht länger zur Seite wird stehen können. 7. … freut sich, dass er bald nach Hause wird gehen können. 8. … sagt, dass er die Maschine nicht wird reparieren können. 9. … ist traurig, weil sie ihre Arie nicht wird singen dürfen. 10. Da wir dort nicht werden tanzen dürfen, werden wir nicht hingehen. 11. Obwohl die Versicherung nicht alle Fälle wird abdecken können, ist sie sehr nützlich. 12. … Zimmer nicht, da man dort nicht wird rauchen dürfen.

2. 1. Wir werden (vermutlich) dort nicht rauchen dürfen. 2. Das Problem wird sich (wohl) von selbst lösen können. 3. Wir werden (vielleicht) die Antwort seinem letzten Brief entnehmen können. 4. Wir werden (sicher) bei dem Treffen das Handy aus der Hand legen sollen. 5. Du wirst (wohl) nicht von Frankfurt aus fliegen können.

Lektion 23

Seite 63

1. von den Kindern gebaut. 2. wird von der Familie gegessen. 3. Diese Brücke wurde von dem Schüler gezeichnet. 4. Ein Satz wird von uns gebildet. 5. Das Tor wird von den Fußballfans bejubelt. 6. Von wem ist diese Tasche gestohlen worden? 7. Der Sohn wird vom Vater in die Schule gefahren. 8. Das Essen wurde dem Kranken von der Krankenschwester ans Bett gebracht. 9. Eine lange Rede wird von dem Politiker im Parlament gehalten. 10. Diese Sprache wird von euch schon ausgezeichnet gesprochen. 11. Die Polizisten sind von dem Verbrecher nicht gesehen worden. 12. Der Dieb wurde von der Polizei zur rechten Zeit ertappt. 13. Dieser gute Film ist von dem Regisseur gedreht worden. 14. Dieses wunderschöne Lied wurde von dem weltbekannten Sänger gesungen. 15. Der Witz wurde von dem Mann zum dritten Mal erzählt. 16. Die Zeitung wird der Großmutter von dem guten Kind vorgelesen. 17. Ein schöner Brief ist von euch geschrieben und gleich abgeschickt worden. 18. Von ihr wurde immer die Wahrheit gesagt und nie gelogen. 19. Die Marmelade ist von dem Kind genascht worden. 20. Die Briefe sind uns von dem Briefträger gebracht worden. 21. Bald wird von uns die Aufnahmeprüfung geschrieben. 22. Ein Kugelschreiber wurde von ihm genommen und in seine Tasche gesteckt.

Lektion 24

Seite 65

1. 1. von mir gemacht werden. 2. Bewerbung muss von dir bis morgen abgeschickt werden. 3. Zwiebeln sollen von der Köchin kleiner geschnitten werden. 4. müssen von den Passagieren in die senkrechte Position gebracht werden. 5. sollen unbedingt von den Schülern gelernt werden. 6. Die Mails mussten von den Büroangestellten beantwortet werden. 7. Das Foto darf von dir nicht geknickt werden. 8. Die Anwesenheitsliste sollte von den Teilnehmern unterschrieben werden.
2. 1. müssen geputzt werden. 2. muss getankt werden. 3. müssen geschnitten werden. 4. muss vorgelegt werden. 5. muss geleert werden. 6. muss gebügelt werden. 7. müssen korrigiert werden. 8. müssen zurückgezahlt werden. 9. müssen gemischt werden. 10. muss gewürzt werden. 11. muss beantwortet werden. 12. müssen länger gekocht werden. 13. müssen ausgemacht werden. 14. müssen angeschaltet werden.

Lektion 25

Seite 67

1. dass dieser Mann von uns nicht gekannt wird. 2. dass von uns die Luft zum Leben gebraucht wird. 3. weil seine Brille von ihm im Bus vergessen worden ist. 4. dass ich von ihr angerufen werde. 5. dass so etwas von einem Tier nicht getan werden kann. 6. Als das Theater eingeweiht wurde 7. dass vom Täter ein Mann angeschossen worden ist. 8. dass der Mann sofort in ein Krankenhaus gebracht und dort operiert worden ist. 9. dass ihnen vom Lehrer nicht mehr Passivübungen gegeben werden. 10. dass die Frage von ihm richtig hat beantwortet werden können. 11. weil diese Situation von ihrem Mann nicht mehr ertragen werden kann. 12. dass die Dateien von ihm runtergeladen werden sollten. 13. dass der Termin von ihm nicht verschoben werden konnte. 14. dass dem Bewerber von ihm eine Absage erteilt werden musste. 15. obwohl der Witz von ihm nicht verstanden werden konnte.

Lektion 26

Seite 69

1. Hier wird nicht geraucht / Es wird hier nicht geraucht. 2. Es wird dir nicht geglaubt . 3. Ihm wurden zu Weihnachten immer Krawatten geschenkt / Es wurden ihm … geschenkt. 4. Vom Bäcker wurde gelacht und gelacht / Es wurde vom … gelacht. 5. Es wird von mir gehofft, dass mir ein Brief gebracht worden ist. 6. Von den Gästen wird darauf gewartet, dass ihnen die Getränke vom Kellner gebracht werden. 7. In den Ferien wird nicht an die Schule gedacht / Es wird in den Ferien … gedacht. 8. Es wird sofort bemerkt, dass in dieser Stadt viel gebaut worden ist. 9. Dir wird von mir geholfen / Es wird dir von mir geholfen, sobald die Blumen von mir gegossen worden sind. 10. In Deutschland wird viel Bier getrunken, wenn ein Fest gefeiert wird. 11. Es wurde dem Programmierer vom Chef für seine Hilfe gedankt. 12. Von den Touristen wurde viel gefragt und fotografiert. 13. Dort wurde kein Französisch gesprochen / Es wurde dort … 14. Früher wurde von den Leuten härter als heutzutage gearbeitet / Es wurde früher … / Von den Leuten wurde früher … 15. Es wurde bis zum Sonnenaufgang gelacht, getanzt und getrunken / Bis zum Sonnenaufgang wurde … 16. Dort wird auch rohes Fleisch gegessen / Es wird dort … 17. Auf dem Friedhof darf nicht gerannt werden / Es darf auf … 18. Im Restaurant wird auf gute Manieren geachtet. 19. Von allen Seiten wurde ihm zu seinem großen Erfolg gratuliert / Es wurde ihm von … 20. Es darf noch bis zu 5 Minuten vorher abgesagt werden / Noch bis zu 5 Minuten vorher darf abgesagt werden.

Lektion 27

Seite 71

1. 1. hier nicht rum! 2. Schreib nicht ab! 3. Faulenzt nicht! 4. Lügen Sie nicht! 5. Passt auf und schwatzt nicht!
2. 1. wird jetzt gesaugt! 2. wird jetzt nicht gelacht!

3. wird hier nicht geschmatzt! 4. wird gemacht, was ich sage! 5. Teller wird abgespült

3. 1. gewaschen werden. 2. muss angespitzt werden. 3. muss repariert werden. 4. muss geladen werden. 5. muss gekehrt werden. 6. muss geölt werden. 7. Die Batterie muss ausgewechselt werden. 8. Sie müssen geschnitten werden. 9. Es muss geschliffen werden. 10. die Kartoffeln geschält werden, müssen die Zwiebeln klein geschnitten werden, muss das Fleisch angebraten werden 11. Sie müssen geändert werden. 12. Das Wasser muss abgestellt werden. 13. Es muss länger gebraten werden. 14. Er muss gemäht werden. 15. muss gelüftet werden. 16. aufgehängt werden.

Wiederholung 24 – 27

Seite 72

1. 1. Von mir kann … / Es kann von mir nicht geglaubt werden, dass ihm nicht mehr geholfen werden kann. 2. Hier darf nicht … / Es darf hier nicht geparkt werden, aber es kann kurz gehalten und der Wagen entladen werden. 3. Der Brief, der gestern von mir hat geschrieben werden müssen, muss von dir noch unterschrieben werden. 4. Mit vollem Mund soll … / Es soll nicht mit vollem Mund gesprochen werden. 5. Die Arbeit muss von ihm erledigt werden, oder es darf (von ihm) nicht mehr mit uns ins Kino gegangen werden. 6. Die Aufgaben haben von ihm bis gestern gelöst werden sollen. 7. In den meisten Städten kann nach 20 Uhr nichts mehr gekauft werden. 8. Von mir ist angenommen worden, dass hier nicht geraucht werden darf. 9. Auf der Autobahn kann schnell gefahren werden, aus Sicherheitsgründen sollte aber nicht zu schnell gefahren werden. 10. Der Schlüssel, der für diese Tür benutzt werden musste, konnte nicht gefunden werden. 11. In dem Kino, das gerade renoviert worden war, hat nicht geraucht werden dürfen. 12. Abends soll die Haustür geschlossen werden. 13. Der Mann, der von der Polizei verhaftet worden ist, hat von mir nicht gesehen werden können. 14. In dieser Straße durfte / Es durfte in … nicht geparkt werden.

2. 1. wird aufgegessen! 2. werden nicht beschmiert! 3. wird hier nicht gesurft, sondern gearbeitet! 4. wird an den Haken gehängt! 5. wird, nicht gelogen!

Seite 73

3. 1. Es muss geschlossen werden. 2. Sie muss ausgetauscht werden. 3. Er muss korrigiert werden. 4. Er muss wieder hochgefahren werden. 5. Es muss noch eingetragen werden.

4. 1. Ihrem Bewerbungsschreiben, auf die Sprache geachtet werden. 2. genau auf die Anforderungen der Firma eingegangen werden. 3. zu Händen Ihrer Ansprechpartnerin gesendet werden. 4. Bewerbung, möglichst nicht über Ihre Schwächen gesprochen werden. 5. beim Bewerbungsgespräch ordentliche Kleidung getragen werden.

5. 1. Wir haben den Professor erst einladen müssen. 2. Der Juwelier hat diesen Stein. nicht einsetzen können, da man ihn nicht rechtzeitig geliefert hatte. 3. Die Sekretärin musste die Korrespondenz erledigen, damit die Aushilfskraft sie zum Briefkasten bringen konnte. 4. Sollen wir / Soll man die Hausaufgaben bis morgen machen und abgeben? 5. Der hinterlistige Täter stellte dem Opfer eine Falle.

Lektion 28

Seite 75

1. 1. (Bett) ist, gemacht. 2. (Teller) sind schon abgewaschen. 3. sind schon gekocht. 4. die ist schon abgeriegelt. 5. der ist noch nicht bestellt 6. das ist schon aufgetaut. 7. der ist noch nicht gereinigt. 8. das ist schon abgespült. 9. der ist schon eingeschaltet. 10. die sind schon bezahlt 11. die ist noch nicht installiert. 12. das ist noch nicht gestrichen.

2. 1. hat ihn ausgeschaltet. 2. schon kalt gestellt. 3. noch nicht geputzt. 4. es, überwiesen. 5. Doch, habe, geschält. 6. Ja, entworfen, ausgedruckt.

Lektion 29

Seite 77

1. Ein Taschenmesser ist ein Messer, das man in der Tasche tragen kann.
Eine Messertasche ist ein Tasche für ein Messer.
Ein Gemüsegarten ist ein Garten, in dem man Gemüse anbaut.
Gartengemüse ist Gemüse aus dem Garten.

2. 2. eine Ansichtskarte 3. die Arbeitssuche 4. das Streikrecht 5. die Wettervorhersage 6. die Lohnsteuer 7. eine Arbeitsstunde 8. ein Taschenrechner 9. eine Rechnungskopie 10. ein Bankräuber 11. der Tafellappen 12. Rückenschmerzen 13. eine Hundehütte 14. eine Berghütte 15. ein Apfelbaum

3. 1. das mit einem Motor fährt. 2. das man in der Schule feiert / das in der Schule gefeiert wird. 3. ein Zeugnis, das man zum Abschluss bekommt. 4. Noten, die man im Abitur bekommt. 5. ist ein Stift, mit dem man sich die Lippen färbt. 6. ist ein Hemd, das man im Bett trägt. 7. ist ein Haufen, in dem Ameisen wohnen. 8. ist ein Schirm, der uns vor der Sonne schützt. 9. der aus Orangen besteht. 10. auf dem nur Fahrräder fahren dürfen.

Lektion 30

Seite 79

1. 1. die Reisetasche 2. der Baumstamm, der Stammbaum 3. der Werkzeugkasten 4. die

Energieversorgung **5.** der Lastwagen, die Wagenlast **6.** die Unfallversicherung **7.** das Abschlusszeugnis **8.** der Gemüsegarten, das Gartengemüse **9.** der Buchumschlag **10.** die Personalabteilung, das Abteilungspersonal
2. **1.** das Fahrrad **2.** das Segelboot **3.** das Kochbuch **4.** das Lesebuch **5.** der Parkplatz **6.** die Lesebrille **7.** die Grußkarte **8.** die Nähmaschine **9.** die Stricknadel **10.** der Schlafsack **11.** das Wartezimmer **12.** die Waschmaschine
3. **1.** der Rotstift **2.** das Jungtier **3.** die Altstadt **4.** der Neubau **5.** der Rotwein **6.** der Altbau **7.** der Großvater **8.** das Schwarzbrot **9.** das Kleinkind **10.** der Großhandel **11.** das Hochhaus **12.** das Frühstück
4. **1.** der Beifahrer **2.** der Aufbau **3.** die Zufahrt **4.** die Umwelt **5.** der Fürsprecher **6.** der Mitarbeiter **7.** die Nacherzählung **8.** die Nebenwirkung
5. **1.** Gartentor **2.** Besprechungstermin **3.** Vortragsdauer

Lektion 31

Seite 81

1. darüber **2.** unter **3.** bei, -er, über, die, -e **4.** zu dem, darüber **5.** -e, unter dem **6.** -en, an die, bei ihnen über das, -e, in -em **7.** zum, an einen, bei ihm nach dem, dorthin **8.** über, auf die **9.** an, -e **10.** aus **11.** darauf **12.** in die, an -em **13.** das, um die -en **14.** über die **15.** daran, die, zu- **16.** an -e -en, auf **17.** Worauf **18.** für -en **19.** um -en **20.** nach -em **21.** zu -en

Lektion 32

Seite 83

1. **1.** Woran **2.** auf **3.** mit **4.** Worüber **5.** Wogegen **6.** an **7.** auf **8.** von **9.** Mit wem **10.** auf **11.** Daran **12.** Bei wem, Beim **13.** davon **14.** damit **15.** dafür **16.** An wen **17.** Worüber **18.** gegen **19.** an **20.** dazu **21.** zum **22.** Über wen, Über
2. **1.** darauf **2.** darüber **3.** darauf **4.** darüber **5.** darum **6.** dabei **7.** davon **8.** damit **9.** damit **10.** damit **11.** dafür **12.** davon

Lektion 33

Seite 85

1. miteinander **2.** miteinander, ineinander **3.** einander **4.** miteinander **5.** hintereinander, nacheinander **6.** nacheinander **7.** der, nebeneinander, voneinander **8.** gegeneinander **9.** aufeinander **10.** zueinander, -er -en, einander **11.** einander **11. a)** einander **11. b)** ineinander **11. c)** einander **11. d)** füreinander **12.** einander **13.** voreinander **14.** voneinander **15.** voneinander **16.** füreinander **17.** aneinander **18.** umeinander **19.** nebeneinander **20.** miteinander **21.** aufeinander **22.** miteinander **23.** nebeneinander **24.** voneinander **25.** voreinander

Lektion 34

Seite 87

1. **1.** über, über die Verspätung der Schüler verärgert. **2.** an, an der Schlägerei beteiligt. **3.** für, vom Fußball begeistert. **4.** über, über das gute Benehmen seiner Kinder erfreut. **5.** für, ist für diesen verantwortungsvollen Job ungeeignet / nicht geeignet. **6.** vor, rot vor Scham. **7.** für, an diesem Auto interessiert. **8.** um, auf den frühen Feierabend der Angestellten neidisch. **9.** für, für ihre Kinder verantwortlich. **10.** über, über seine guten Leistungen erstaunt.
2. **1.** vom **2.** für -e **3.** auf die **4.** für -e **5.** auf -en **6.** an **7.** zu -er -en **8.** über -e -e **9.** daran **10.** für **11.** zu den -en **12.** von der -en **13.** in -er -en **14.** an -en **15.** auf das, des **16.** zu -er, davon

Lektion 35

Seite 89

1. Dort **2.** dahin / dorthin **3.** rauf **4.** oben **5.** drinnen, rein **6.** draußen **7.** drinnen, draußen **8.** herein, hier drinnen, Hier **9.** raus, Draußen **10.** runter **11.** rein **12.** rüber, drüben **13.** Dahin / Dorthin **14.** rüber **15.** Dort / Da **16.** Da oben, rauf **17.** her **18.** drüben **19.** dorthin, dort **20.** runter, rauf **21.** rüber **22.** ran **23.** Draußen, rein

Lektion 36

Seite 91

1. **1.** Dem -en der -en / Der -e, zur / -, dem -en, den / der, den, dem -en, -es / das, -er -en, der, -em / die -e das -e / die -e, -e -e. **2.** dem -e / Dem -en -en, den -en -en **3.** -e -e / -en / den -en -en, den -en -en / die -e -e der -en -en den / Das **4.** dem, die, den -en / – er, -em / Das -e, der, dem -en, -em, das **5.** – -er / -er / das -e, die -en **6.** -e / die -en / – -er
2. **1.** Ein -er, mir, -e -e **2.** Der, dem **3.** der **4.** den **5.** -en -en, ein -er **6.** Der -e, dem -en, -e **7.** Das -e **8.** -e **9.** Das -e, -e -en **10.** Das -e

Lektion 37

Seite 93

1. **1.** -en -en, der, –, dem -en **2.** Dem -en **3.** den -en **4.** -en **5.** die -en **6.** Der, -en, -en **7.** dem -en **8.** Der -e, den -en, der -e, den -en **9.** des -en **10.** -en -en, -en **11.** Das, -em -en **12.** -en, die **13.** des -en **14.** Das -e, des -en, – **15.** -e -en, die **16.** Dem -en, -er **17.** -en, -en -en, -en
2. **1.** von dem Architekten entworfen. **2.** wurde vom Präsidenten vereidigt. **3.** dem Studenten wurde das Buch nur ungerne verliehen. **4.** Gebüsch ist von dem Elefanten zertreten worden. **5.** Die Rolle wird von dem Helden wirklich gut gespielt. **6.** wurde von dem Polizisten eine Tasse Kaffee gegeben. **7.** ist ein Testament hinterlassen worden. **8.** Terrorist wurde von dem Zeugen beschrieben. **9.** Gebet wurde von dem Katholiken und dem Protestanten gleichzeitig gespro-

chen. 10. Automat wurde von dem Lieferanten ins Geschäft gebracht.

Lektion 38

Seite 94

1. 1. -em -en 2. -em 3. -er -e 4. -em en 5. -e -en 6. -en -en 7. -e -en 8. -e dieselbe -e 9. -en -en 10. -en 11. -en 12. -e -en -e

S. 95

13. -er -e 14. -es -e dir 15. diejenigen -en, die, -e -en 16. -en -en, -e, mir 17. -e -en, mich 18. -e -en, die 19. denselben -en, -em -en 20. Das -er -en 21. -em -en 22. -em -en 23. -e -en 24. -er -en 25. -em -en 26. -em -en, -e -en 27. -en -en 28. -em -en

2. 1. -, -er, der, -em -en 2. -, -es, -, er 3. der, Die, -e, -en 4. -es -en, dem -en -en 5. an, -, -, der -en 6. das, am 7. -, -er, -em -en, dem -en 8. -en, den -en 9. dem -en 10. -e -en 11. auf -en, der, das 12. am, die, den 13. dem -en, das 14. ihm, die, die, -em 15. die, -em -en 16. -, -er, -e 17. dem -en, die, die 18. -, er, -en, im

Lektion 39

Seite 97

1. -em, -er, -em 2. -en -es 3. Der -e, -em 4. den, -en, -es, -er, -en, -es 5. -es, -e, -en 6. -en 7. -en, -en, -en -en 8. -e -e, -e, -en -en 9. -em, -es 10. -en, -en, -en, -e 11. -em, der, den -en 12. -er, -es 13. -er, -en, -en -en 14. -en, -er, -er 15. -en, -s, -e, der 16. -en, -es 17. das, -er, -, -es 18. -er, -er 19. -en, der, -e 20. -er, -e 21. -es, -es, -en 22. -er, -en 23. -e, -en 24. -en, -en, -e 25. -er, -e, -e 26. -e, -en 27. den, -en, -es 28. -en, -e 29. den, -er, -e 30. -em, -e

Lektion 40

Seite 99

1. -er 2. -er 3. -e 4. -er 5. -er, -es 6. -er, -e -en, -em, -er 7. -es, -e -en 8. -e, -en, -em, -es 9. -em, -em 10. -es, -e 11. -en -en, -em 12. -e, -en, -em -en 13. -es, -en, -es 14. -er, -er, der 15. -er, -en, -e -e 16. -es 17. -er 18. -em, -er 19. -er 20. -em -en, -es, -e 21. -es 22. -er 23. -em 24. -em 25. -er, -er 26. -er, -e, -er 27. -em

Lektion 41

Seite 101

1. 1. investiertes Geld. 2. die gerufene Polizei. 3. ein gekämmter Junge. 4. ein gezogener Zahn 5. ein dressierter Tiger. 6. der gewaschene Vorhang. 7. der verlängerte Pass. 8. eine gestempelte Briefmarke. 9. ein veröffentlichtes Buch. 10. ein gehaltener Vortrag. 11. ein gut gekühltes Bier. 12. das aufgetaute Fleisch. 13. verteilte Kopien. 14. die erhöhten Steuern. 15. die eingereichte Bewerbung.

2. 1. festgestellt hat. 2. geschrieben wurde, geschrieben hat 3. früher gedreht wurde. 4. das bestellt 5. eine Rechnung, die man bezahlt 6. ein Haus, das zerstört 7. ein Tisch, den man gedeckt 8. eine Präsentation, die man gehalten 9. ein Lautsprecher, der repariert 10. die Software, die gestern installiert 11. der Computer, der abgestürzt 12. der Dollarkurs, der gefallen 13. ein Vertrag, den man unterschrieben 14. ein Rasen, der gemäht 15. Suppe, die man versalzen

Lektion 42

Seite 103

1. 1. zuvor gefassten Täter. 2. Sie liest noch einmal den von ihr geschriebenen Brief. 3. bestellten Waren pünktlich bei Ihnen eintreffen werden. 4. Der Großvater trank den von der Mutter zubereiteten Tee. 5. Männern angesprochene Frau war sehr arrogant. 6. Der Schriftsteller öffnete das von ihm im Vorjahr geschriebene Buch und las …

2. 1. Ich kaufe die gestern im Schaufenster ausgestellte Jacke. 2. Neben der von dem Präsidenten begrüßten Kanzlerin sitzt der Außenminister. 3. Vor dem von dem berühmten Architekten entworfenen Haus standen viele Fotografen. 4. Am 9. November 1989 fiel die 1961 errichtete Mauer. 5. Das bei diesem Banküberfall erbeutete Geld ist noch nicht wieder aufgetaucht. 6. Er verliebte sich in das von der Werbeagentur engagierte Mädchen. 7. Die Polizei sucht den von der Mutter vermissten Jungen. 8. Du sollst die gestern gepflückten Früchte noch nicht essen. 9. Der von diesem Mann dressierte Löwe wirkt sehr zahm.

Lektion 43

Seite 105

1. Der verliebte junge Mann strickte einen Pullover für seine neue Freundin. 2. Probe gefahrene Wagen steht wieder … 3. steigen in den um 20 Minuten verspäteten Bus. 4. Unter dem vom Großvater in seinen jungen Jahren gepflanzten Baum befand sich jetzt … 5. Man bejubelte den vom Mittelstürmer erzielten Treffer. 6. Meine eingeschlafenen Füße kribbeln so komisch. 7. Der Großvater legte die (von ihm) gerade gestopfte Pfeife neben sich. 8. Die Studenten lasen die (von ihnen) ausgeliehenen Bücher. 9. Die von der NASA gestartete Rakete stieg mit … 10. Der Polizist fragte den (von ihm) angehaltenen Autofahrer nach seinen Trinkgewohnheiten. 11. Die gerade zuvor geehrte Schauspielerin hielt eine … 12. Danach gibt man den 10 Minuten lang gerührten Teig in die dafür vorgewärmte Kuchenform. 13. Der (vom Chef) vor kurzem angestellte Kassierer verrechnet sich ständig. 14. Das (vom Mechaniker) reparierte Kraftfahrzeug fährt … 15. Wegen der (von mir) vergessenen Schlüssel musste ich … 16. Der Kunde

probierte das vom Kundendienst in seinem Büro installierte Telefon.

Lektion 44

Seite 107

1. Der bellende Hund gehört … 2. Er sah den langsam um die Ecke biegenden Wagen. 3. Niemand kennt den dort auf der Bank sitzenden Mann. 4. Der die Vorlesung haltende Dozent ist ein … 5. Das Kind freut sich auf den bald kommenden Sommer. 6. Der kalte, laut um die Dächer pfeifende Winterwind ist eisig. 7. Die Kinder spielten in dem leise fallenden Schnee. 8. Die im Meer untergehende Sonne ist rot. 9. Die Kinder spielen mit dem laut bellenden Hund. 10. Neben dem langsam fahrenden Wagen liefen eine Fahne schwenkende Demonstranten. 11. Der in seinem Käfig sitzende Papagei sprach viel. 12. Auf der an der Baustelle vorbeiführenden Autobahn gibt es immer Staus. 13. Neben dem am Strand liegenden Touristen verkaufte ein Mann Souvenirs. 14. Die auf dem Tisch stehende Uhr tickt laut. 15. Neben dem am Computer sitzenden Mitarbeiter stand ein leise summender Ventilator. 16. Die durch die Stadt fahrenden Fußballfans hupten / Die hupenden Fußballfans fuhren durch die Stadt. 17. Die in Blüte stehenden Kirschbäume waren schöne Farbtupfer … 18. Den Knopf 5 Sekunden drückend fährt man den Computer runter. 22. Ein fröhliches Lied pfeifend sortiert er die Dokumente.

Wiederholung 41 – 44

Seite 108

1. 1. Der Direktor überflog die von dem jungen Mann geschriebene Bewerbung. 2. Die dem kleinen Jungen zugelaufene Katze saß auf dem vom Vater gepflanzten Baum. 3. Das von dir aufgehängte Bild hängt schief. 4. Die (von dir) gerade abgeholte Mail kommt von unserem Chef. 5. Die vom Präsidenten gehaltene Rede begeisterte die zum Kongress gekommenen Leute. 6. Der Jäger verkaufte die von ihm gejagten und erlegten Tiere. 7. Der vom englischen Schiedsrichter vom Platz geschickte Fußballspieler spuckte wütend auf den Boden. 8. Man verkaufte das von Picasso in Spanien angefertigte Gemälde auf der Auktion … 9. Das von dieser Firma hergestellte Produkt wird gut verkauft. 10. Auf dem von uns schon seit 6 Jahren produzierten Sessel sitzt man äußerst bequem. 11. Die zu spät gekommenen Schüler verstanden die vom Lehrer an die Tafel geschriebenen Wörter nicht. 12. Das (von dir) runtergeladene Spiel funktioniert nicht richtig. 13. Der von der Sekretärin entgegengenommene Brief war ein Einschreiben. 14. Er trug einen in der Reinigung eingegangenen Anzug. 15. Die von diesem Regisseur gedrehten Filme werden vom Publikum begeistert aufgenommen. 16. Er brachte das gefundene Geld auf das Fundbüro. 17. Der Rennfahrer freute sich über den gerade gewonnenen Preis.

Seite 109

2. 1. der repariert wurde. 2. der durch die Wolken segelt. 3. das gestern installiert wurde. 4. der zugeklebt wurde. 5. der um die Ecke bog. 6. der gefaltet wurde. 7. das 1904 gebaut wurde. 8. der im Käfig singt.
3. 1. Der von mir gegessene Fisch war schlecht. 2. Die von dem Polizisten gegebene Strafe war hoch. 3. Er saß gerne in dem unter der großen Lampe stehenden Sessel. 4. Der Dieb bezahlte mit dem gestohlenen Scheck. 5. Wir haben den im Kühlschrank liegenden Käse in Frankreich gekauft. 6. Der in diesem Park spazieren gehende Mann grüßte seine ihm entgegenkommenden Nachbarn. 7. Er saß in seinem vor kurzem gekauften Wagen und rauchte eine ihm geschenkte Zigarre. 8. Der in der Küche sitzende und rauchende Großvater hörte aus dem Radio kommende Musik. 9. In dem gerade errichteten Haus wohnen aus dem Süden kommende Leute. 10. In dem im Zentrum liegenden Hotel wohnten einst Könige. 11. Die laut brechenden Wellen waren zwei Meter hoch. 12. Die Leute sahen aus dem Fenster des über der Stadt kreisenden Flugzeugs.

Lektion 45

Seite 111

1. Der Mann kam in sein Haus, das am Waldesrand stand und vor vielen Jahren von ihm erbaut worden war. Er öffnete die Tür, die laut quietschte. Dann legte er seine Schlüssel auf den Tisch, der in der Garderobe stand, und ging in das Wohnzimmer, das er am frühen Morgen geheizt hatte / das von ihm am frühen Morgen geheizt worden war. Das Feuer, das noch leise vor sich hin glühte, spendete immer noch ein wenig Wärme. Der Mann setzte sich auf seinen Schaukelstuhl, der am Kamin stand, und trank den warmen Tee, den seine Frau zubereitet hatte / der von seiner Frau zubereitet worden war. Sein Hund kam ins Zimmer, wedelte mit dem Schwanz dabei und legte sich neben ihn.
2. 1. Die Kinder, die am Strand spielen, sind glücklich. 2. Der Mann, der auf der anderen Seite gestikuliert, möchte uns etwas mitteilen. 3. Der Täter, der von dem Polizisten verhaftet worden war / den der Polizist verhaftet hatte, legte ein Geständnis ab. 4. In dem Feuer, das laut prasselte, lagen die Kartoffeln. 5. Der Experte sollte die Bombe entschärfen, die laut tickte. 6. Das Kind streichelte den Hund, der auf den Füßen des Großvaters schlief. 7. Die Großmutter fand die Brille, die auf ihrer Nase saß, nicht. 8. Die Konferenz, die in Saal 7 stattfindet, verlän-

gert sich um 2 Stunden. 9. In dem Haus, das am Stadtrand steht, wohnen seltsame Leute. 10. Der Wasserhahn, den unser Handwerker gestern repariert hat / der von unserem Handwerker gestern repariert worden ist, tropft nicht mehr.

3. Es war ein kalter Winterabend. Die gerade nach Hause gekommene Mutter begrüßte den wie gewöhnlich in seinem Lehnstuhl sitzenden und rauchenden Großvater. Sie ging direkt in die neben dem Wohnzimmer liegende Küche und bereitete sich singend einen warmen Tee zu. Bis das Wasser kochte, setzte sie sich an das etwas beschlagene Küchenfenster und schaute auf die mit Schnee bedeckte Straße. Die in der Kälte an ihrem Haus vorbeieilenden Nachbarn hatten es eilig und keine Zeit, die in der warmen Stube sitzende und ihnen zuwinkende Mutter zu grüßen. Der jetzt pfeifende Wasserkessel erinnerte die Mutter an den von ihr aufgesetzten Tee. Sie nahm den Tee und ging damit in die gut geheizte Wohnstube. Dann setzte sie sich neben den in aller Ruhe Zeitung lesenden Großvater.

Lektion 46

Seite 113

1. Falls er einen neuen Job haben will, muss er sich bewerben. 2. Wenn er abnehmen will, muss er Sport treiben. 3. Wollen Sie Zeit sparen, müssen Sie fliegen. 4. Wenn das Kind keine Hausaufgaben machen will, darf es auch nicht ins Kino gehen. 5. Du darfst diesen Film sehen, sofern du volljährig bist. 6. Sollte er der Firma die Rechnung bezahlen, bekommt er keine weitere Mahnung. 7. Wenn du die Suppe lange stehen lässt, wird sie kalt. 8. Wenn die Kinder im Garten spielen, machen sie sich schmutzig. 9. Falls du dem Hund den Knochen wegnimmst, knurrt er. 10. Arbeiten Sie viel, bekommen Sie eine bessere Bezahlung. 11. Finden wir keine Lösung für das Problem, müssen wir von vorne anfangen. 12. Der Direktor grüßt mich immer, wenn er mit meiner Arbeit zufrieden ist. / Immer wenn der Direktor mich grüßt, ist er zufirieden mit meiner Arbeit. 13. Wir ersticken, wenn du die Fenster nicht öffnest. 14. Sollte dir das Auto nicht gefallen, brauchst du es nicht zu nehmen. 15. Ich hole dich ab, wenn du mir sagst, wann du ankommst. 16. Ich bezahle mehr, falls Sie mir meinen Wagen schnell reparieren. 17. Die Mutter ist stolz auf ihren Sohn, wenn er gute Noten bekommt. 18. Will der Junge den Computer auseinandernehmen, muss er vorsichtig sein.

Wiederholung 45 – 46

Seite 114

1. 1. Der Ring, der am letzten Sonntag gestohlen worden war / den man gestohlen hatte, konnte nicht mehr gefunden werden. 2. Das Tor, das vom Mittelstürmer erzielt worden war / das der Mittelstürmer erzielt hatte, wurde nicht anerkannt. 3. Er wollte schon lange das Schmuckstück, das im Schaufenster lag, kaufen. 4. Die Studenten antworteten dem Dozenten, der am Pult stand, auf seine Fragen. 5. Wir besuchten das Theater, das am Vortag eingeweiht worden war / das man am Vortag eingeweiht hatte. 6. Die Stimmzettel, die von den Wählern abgegeben worden waren / die die Wähler abgegeben hatten, waren gefälscht. 7. Die Gäste, die an der großen Hochzeitstafel saßen, mussten bei der Rede, die vom Brautvater gehalten worden war / die der Brautvater gehalten hatte, oft lachen.

2. 1. Der Polizist griff nach der auf dem Boden liegenden Pistole. 2. Ich muss das von dir gestern übersetzte Dokument morgen abgeben. 3. Mir schmeckte die vom Kellner empfohlene Suppe überhaupt nicht. 4. Das von den Römern einst erbaute Amphitheater ist zu einer großen Touristenattraktion geworden. 5. Die von Ihnen eingereichten Bewerbungsunterlagen müssen noch ergänzt werden. 6. Die von ihrem Großvater 1802 gegründete Firma ist noch heute sehr bekannt.

3. 1. Solltest du jetzt nicht das Fenster schließen, werden wir erfrieren. 2. Wir werden erfrieren, wenn du jetzt nicht das Fenster schließt. 3. Falls du das Fenster jetzt nicht schließt, werden wir erfrieren. 4. Schließt du das Fenster nicht, werden wir erfrieren. 5. Angenommen, du schließt das Fenster nicht / dass du das Fenster nicht schließt, werden wir erfrieren.

Seite 115

4. 1. eine Fotografie machen will, braucht man eine Kamera. 2. Fleisch schneiden, braucht man ein Messer. 3. nach China fliegen wollen, brauchen Sie ein Visum. 4. einen Computer kaufen, brauchst du viel Geld. 5. Deutsch lernen will, braucht man viel Geduld. 6. Medizin studieren will, braucht man gute Noten im Abitur. 7. das Datum wissen, braucht man einen Kalender. 8. Schraube lösen willst, brauchst du einen Schraubenzieher. 9. Kuchen backen willst, brauchst du Mehl. 10. eure Schuhe putzen wollt, braucht ihr Schuhcreme. 11. ein Marathonläufer sein will, braucht man eine gute Lunge. 12. in Deutschland leben wollen, brauchen Sie einen Regenschirm. 13. die Unterlagen lochen, brauchst du einen Locher. 14. Geld abheben wollen, brauchen Sie Ihre PIN.

5. 1. d, 2. g, 3. b, 4. c, 5. a, 6. e, 7. f

Lektion 47

Seite 117

1. 1. Ach, wenn ich doch ein erfolgreicher Fußballspieler wäre! 2. Ach, wenn wir doch einen Garten hätten! 3. Ach, wenn ihr doch in Berlin

wäret! 4. Ach, wenn ich dieses Jahr doch noch Urlaub hätte! 5. Ach, wenn meine Frau doch schon fertig wäre! 6. Ach, wenn der Arzt doch noch Zeit hätte! 7. Ach, wenn ich doch nicht gegen Pollen allergisch wäre! 8. Ach, wenn mein Großvater doch gesund wäre!

2. 1. aber lieber hätte sie 5 Wochen Urlaub 2. aber lieber wärest du am Strand 3. aber lieber wäre er Pilot von Beruf 4. aber lieber wären wir selbstständig 5. aber lieber hättet ihr eine Terrasse 6. aber lieber wären sie im Schwimmbad 7. aber lieber hätte er eine eigene Garage 8. aber lieber hätte er mehr Freizeit.

3. 1. Der Sohn würde zu Hause bleiben. 2. Die Tochter würde einen Kuchen backen. 3. Ich würde ein freiwilliges soziales Jahr machen. 4. Die Kinder würden Cola bestellen.

4. 1. Marathon laufen 2. Würden Sie auch so viel arbeiten? 3. Würde deine Mutter auch dorthin gehen? 4. Würdet ihr auch dorthin fliegen? 5. Würde sich ihr Freund auch einen Mercedes kaufen? 6. würden sie uns vom Frisör schneiden lassen / nicht von unserer Mutter schneiden lassen.

Lektion 48

Seite 116

1. 1. Er würde weniger wiegen, wenn er mehr Sport treiben würde. 2. Sie würde das Geschirr abwaschen, wenn es jemand in die Küche bringen würde. 3. Ich würde die Tür offen lassen, wenn ich keinen Schlüssel besitzen würde. 4. Würdest du in den Ferien lieber einen Roman lesen oder lieber fernsehen? 5. Wenn es hier Schnitzel geben würde, würde ich es gern essen.

Seite 119

2. 1. Ich flöge, ich würde fliegen 2. Er käme, er würde kommen 3. Sie äßen, sie würden essen 4. Wir führen, wir würden fahren 5. Ich wüsste, ich würde wissen 6. Könntet ihr, (würdet ihr können) 7. Ihr dächtet, ihr würdet denken 8. Du nähmest, du würdest nehmen 9. Sie brächte, sie würde bringen 10. Ich würde, (ich würde werden) 11. Er schöbe, er würde schieben 12. Wir fänden, wir würden finden

3. 1. führe, hätte 2. käme, trüge 3. wäre, flöge, verbrächte 4. gäbe, wüsste 5. wäre, nähme 6. käme, einlüdest 7. Wärest, wärest 8. ginge, hätte 9. schiene, ginge 10. sänge, bekäme 11. Hätte, führe 12. gewänne, flöge

4. 1. ein König wäre, wäre ich glücklicher. 2. Wenn ich Millionär wäre, wäre ich zufriedener. 3. Wenn das Fliegen billiger wäre, flöge ich häufig nach Amerika. 4. Wenn es keine Grammatik gäbe, käme ich lieber zur Schule. 5. Wenn ich eine Uhr besäße, käme ich pünktlicher.

Lektion 49

Seite 121

1. 1. Zeit hätten, könnten wir zu dir kommen. 2. ihr ein Visum bekämet / bekommen würdet, flöget ihr nach Amerika / würdet ihr ... fliegen. 3. er einen Kugelschreiber hätte, würde er das Formular ausfüllen. 4. die Postbeamten nicht streiken würden, kämen die Briefe pünktlich an / würden die Briefe ... ankommen. 5. eine Batterie darin wäre, ginge die Uhr / würde die Uhr gehen. 6. ihre Uhr funktionieren würde, wüsste sie die Uhrzeit / würde sie ... wissen. 7. ihr die Heizung anmachen würdet, fröret ihr nicht / würdet ihr ... frieren. 8. sie ihre Brille finden könnte, läse sie die Zeitung / würde sie ... lesen. 9. er sie noch lieben würde, schriebe er ihr noch / würde er ... schreiben. 10. sie noch nicht so viel Geld hätte, müsste sie noch arbeiten. 11. es mehr regnen würde, gösse die Hausfrau die Blumen nicht / würde die Hausfrau ... nicht gießen. 12. er keine Mails mehr beantworten müsste, könnte er nach Hause gehen.

2. 1. für die Umsetzung meiner Ideen mehr Zeit brauchen. 2. Wir würden um die Welt fliegen, wenn wir ein eigenes Flugzeug besitzen würden. 3. Wenn es ein Wundermittel gegen das Altern geben würde, würden viele es einnehmen. 4. Ich würde gerne länger im Bett bleiben. 5. Wenn ich seine Adresse wissen würde, würde ich sie dir geben. 6. Wenn er eine Stelle in München finden würde, würde er sofort dorthin ziehen. 7. Wir würden nicht zu spät kommen, wenn mir mal jemand helfen würde.

Lektion 50

Seite 123

1. 1. Aber wenn er günstiger / billiger wäre, würde ich ihn kaufen. 2. Aber wenn er seine Brille trüge / tragen würde, könnte er das lesen. 3. Aber wenn sie den Film noch nicht kennen würde, ginge sie mit ins Kino / würde sie ... gehen. 4. Aber wenn er keine anderen Termine hätte, käme er zur Konferenz / würde er ... kommen. 5. Aber wenn das Flugzeug keine Verspätung hätte, könnte ich pünktlich kommen. 6. Aber wenn sein Vater nichts dagegen hätte, würde er Pilot / würde er ... werden. 7. Aber wenn ich noch Durst hätte, nähme ich noch ein Bier / würde ich ... nehmen. 8. Aber wenn sie noch Appetit hätte, äße sie noch etwas / würde sie ... essen. 9. Aber wenn ich einen Kugelschreiber hätte, gäbe ich ihn dir / würde ich ... geben. 10. Aber wenn das Wasser warm wäre, nähme ich ein Bad / würde ich ... nehmen. 11. Aber wenn die Mutter keinen Kuchen backen wollte, bräuchte sie kein Mehl / würde sie ... brauchen. 12. Aber wenn der Kaffee nicht so stark wäre, tränke ich ihn / würde ich ... trinken.

2. 1. Wenn ich wüsste / wissen würde, wo er ist, würde ich es dir sagen. 2. Sie würde sich freuen, wenn er sie heute noch anriefe / anrufen (würde) und sie einlüde / einladen würde. 3. Wenn ich du wäre, würde ich es ihm nicht sagen. 4. Wenn diese Frau keinen Hund hätte, würde sie sich sehr einsam fühlen. 5. Er müsste nicht dauernd zum Frisör gehen, wenn er nicht immer so elegant aussehen wollte.

Lektion 51

Seite 125

1. 1. früh geklingelt, wäre ich zu spät aufgestanden. 2. später aufgestanden wäre, hätte ich wenig Zeit gehabt. 3. nicht durch den Park gegangen wäre, hätte ich den Gesang der Vögel nicht genießen können. 4. die Zeitung nicht gekauft hätte, hätte ich keinen interessanten Bericht über den Klimawandel gefunden. 5. nicht so sehr in den Bericht vertieft hätte, wäre ich nicht zu spät zur Arbeit gekommen. 6. pünktlich zur Arbeit gekommen wäre, hätte mich der Chef nicht angeschrien. 7. nicht so sauer auf den Chef gewesen wäre, hätte ich schneller gearbeitet.
2. 1. hätte ich es dir gesagt. 2. Aber wenn es geregnet hätte, hätten wir nicht Fußball gespielt. 3. Wenn wir Vaters Auto hätten benutzen dürfen, hätten wir nach Paris fahren können. 4. Aber wenn der Dieb die Grenzen des Landes noch nicht passiert hätte, wäre die Polizei ihm noch gefolgt. 5. Aber wenn der beste Schüler seine Aufgaben schon gemacht hätte, wäre er länger auf der Party geblieben. 6. Der Sohn hätte keinen Ärger mit dem Vater bekommen, wenn er nicht zu spät nach Hause gekommen wäre. 7. Aber wenn du mich angerufen hättest, hätte ich dir die Neuigkeiten schon erzählt. 8. Wenn der Mittelstürmer den Elfer nicht verschossen hätte, wäre seine Mannschaft weitergekommen. 9. Aber wenn Sie Bestnoten erzielt hätten, wären Sie in die nähere Auswahl gekommen.

Lektion 52

Seite 127

1. 1. hätte ich sie dir gegeben. 2. hätte er geantwortet. 3. hättest du dir ein Auto gekauft 4. hätten … gegrillt. 5. hätten wir geantwortet. 6. wären wir gekommen. 7. hätte ich ihn gesehen. 8. hätte sie es nicht falsch gemacht.
2. 1. würden wir zu dir kommen / kämen wir … 2. wäre er schon hier 3. würden sie glauben, dass man keine Zeit für sie hat 4. könnten wir mit Euro bezahlen 5. würden wir noch länger bleiben / blieben wir noch länger 6. würde ich die Präsentation weiterschreiben / schriebe ich … weiter
3. 1. Ich wäre … länger im Süden geblieben. 2. wären wir ins Ausland geflogen. 3. wärest du eine Woche geblieben. 4. hätten sie uns angerufen 5. hätten wir im Zelt schlafen können. 6. hätte ich mir diesen Urlaub leisten können. 7. hätten Sie es bekommen. 8. wäret ihr früher nach Hause gegangen. 9. hätte sich der Großvater nicht verspätet.

Lektion 53

Seite 128

1. 1. b, 2. c, 3. a, 4. e, 5. f, 6. d, 7. h, 8.g

Seite 129

2. 1. noch nicht so alt gewesen wäre, wäre er noch repariert worden. 2. ihre Rolle länger gewesen, wäre die Schauspielerin ausgezeichnet worden. 3. von mir verfasst worden, würde ich ihn gut kennen. 4. richtig gefüttert worden wären, wären sie nicht krank geworden. 5. Aber wenn von den Wissenschaftlern ein Gegenmittel gefunden worden wäre, wären die Leute nicht mehr an dieser Krankheit gestorben. 6. mehr auf die Hygiene geachtet worden, wäre die Seuche nicht ausgebrochen. 7. das Heilmittel nicht rechtzeitig entdeckt worden wäre, wären nicht alle Menschen gerettet worden. 8. die Bewerbung zugeschickt worden wäre, wäre sie bearbeitet worden. 9. die richtigen Lösungen gefunden worden wären, wäre die Partei wiedergewählt worden. 10. die richtige Reihenfolge eingehalten worden wäre, wäre er nicht so durcheinander gewesen.
3. 1. Der erfahrene Fachmann wäre von dem Personalmanager gerne eingestellt worden. 2. Fast wäre von mir die falsche Antwort gegeben worden. 3. Von dem Arzt wäre fast ein Fehler begangen worden. 4. Der Job wäre von uns gerne an einen Studenten vergeben worden. 5. Wäre der Apfel von dir gegessen worden? 6. Hätte die Frage von dir beantwortet werden können?

Lektion 54

Seite 131

1. 1. doch schon an der Reihe wäre! 2. mehr Geduld hätte! 3. Ach, wenn ich den Film doch gesehen hätte. 4. Ach, wenn sie mir doch ihre Telefonnummer gegeben hätte! 5. Ach, wenn wir doch ins Kino gehen dürften! 6. Ach, wenn ich doch endlich einen Parkplatz fände / finden würde! 7. Ach, wenn die Ferien doch schon morgen anfangen würden / anfingen! 8. Ach, wenn mein Großvater doch jemandem vertrauen würde! 9. Ach, wenn sie doch schon etwas gegessen und getrunken hätte! 10. Ach, wenn mich meine Freundin doch noch anriefe / anrufen würde! 11. Ach, wenn er doch nicht dauernd läse / lesen würde! 12. Ach, wenn der Politiker doch mit seiner Rede aufhören würde!
2. 1. schliefe, schlafen würde. 2. er lange nichts gefressen hätte. 3. er in eine Zitrone gebissen hätte. 4. er von der Polizei verfolgt würde.

5. Es gestern nichts Böses getan hätte. 6. sie sehr erfahren wäre. 7. gehören würde. 8. du gerade aufgestanden wärest. 9. gelernt hätte 10. a) ernst meinen würde b) ernst gemeint hätte 11. hätte er im Lotto gewonnen / ob er im Lotto gewonnen hätte. 12. ob ich einen Marathon gelaufen wäre.

Lektion 55

Seite 133

1. 1. je verzichten würde. 2. schon um 20:00 Uhr zu Hause gewesen wäre. 3. sich zuvor für die Einladung bedankt hätten. 4. sich wie in seiner Heimat hätte fühlen können. 5. den Film schon sehen dürfte. 6. es auch nur einmal probiert hätte. 7. heute ohne sie ausginge / ausgehen würde. 8. den Witz verstanden hätte. 9. um eine Lohnerhöhung gebeten hätte.
2. 1. ... bei Unwetter spazieren, ohne dass er eine Jacke getragen hätte. 2. ... Kilometer, ohne dass sie vor Erschöpfung umfallen würde. 3. ... lange, ohne dass er auf seine Unterlagen zurückgreifen müsste. 4. ... anfangen, ohne dass Sie eine Probezeit absolvieren müssten. 5. ... entgegen, ohne dass er sich bedankt hätte. 6. ... spielen, ohne dass er auf die Noten schauen müsste.
3. 1. ich krank wäre. 2. wir uns ein Handy hätten leihen müssen. 3. es geregnet hätte. 4. du zu hohe Gehaltsforderungen gestellt hättest. 5. die Wahrheit sagen würdest. 6. keinen Elfmeter gegeben hätte.

Lektion 56

Seite 135

1. 1. die Butter zu geben? 2. Könnten/Würden Sie mir sagen, wo der Bahnhof ist? 3. Wären Sie so nett, mir ein Glas Bier zu bringen? 4. Würden Sie mir bitte das Geld geben? 5. Dürfte/Könnte ich mit dem Koch sprechen / Ich hätte gern mit dem Koch gesprochen. 6. Würde es dir/Ihnen etwas ausmachen, das Licht auszuschalten? 7. Wir hätten gern 100 Gramm Aufschnitt. 8. Wären Sie so freundlich, mir das einzupacken? 9. Würden Sie ihr bitte einen Löffel bringen! 10. Würde es Ihnen etwas ausmachen, nicht so schnell zu fahren? 11. Wir hätten gern das Jägerschnitzel.
2. 1. würde nur am Wochenende essen gehen / ginge ... essen. 2. Ich (an ihrer Stelle) würde morgens lernen. 3. Hans hätte das (an seiner Stelle) nicht getan. 4. Wir hätten (an ihrer Stelle) mehr Vertrauen. 5. würde mir mehr Freizeit nehmen. 6. ihn auch vergessen 7. wären (an ihrer Stelle) geflogen. 8. wären (an seiner Stelle) zu Hause geblieben. 9. hätte lieber eine Katze gehabt 10. (an seiner Stelle) wäre mit dem Bus gefahren.
3. 1. hätte ich es verraten. 2. hätte sie es ihn gefragt 3. hätte er es getan. 4. wäre das ganze Haus abgebrannt. 5. hätte beinähe vergessen 6. hätte fast das zweite Tor geschossen.

Wiederholung 53 – 56

Seite 136

1. 1. schlecht schlafen würdest / schliefest, würdest du dich müde fühlen. 2. schwarz-weiß gewesen wäre, hätte er mir nicht gefallen. 3. Adresse wüsste, könnte ich dir helfen. 4. kein Geld gehabt hätten, hätten wir die Rechnung nicht bezahlen können. 5. Taxi nehmen würden/ nähmen, würden sie sich verspäten. 6. anderen Leute gäbe / geben würde, dürften wir hier rauchen. 7. nicht gut aufpassen würdet, würdet ihr mich nicht verstehen. 8. der Hund gebellt hätte, wäre der Dieb davongelaufen. 9. nicht zuverlässig arbeiten würde, bekäme er keine Gehaltserhöhung / würde er keine ... bekommen.
2. 1. Wenn er in einer Stunde kommen würde / käme, könnten wir noch ins Kino gehen. 2. Er fände leicht den Weg nach Hause / würde leicht ... finden, wenn er jemanden fragen würde. 3. Deine Freunde wären niemals zufrieden, wenn sie nicht viel Geld hätten. 4. Wenn du mitkommen wolltest, müssten wir einen größeren Wagen haben. 5. Wenn wir fleißiger arbeiten würden, wäre bald alles in Ordnung. 6. Wenn du Deutsch verstehen würdest / verstündest, könntest du mir helfen. 7. Wenn jemand meinen Koffer nehmen würde / nähme, könnten wir schneller laufen. 8. Wenn der Bus jetzt nicht kommen würde / käme, würden wir uns sicher verspäten. 9. Wenn dein Vater die heutige Zeitung lesen würde / läse, sähe er dein Bild darin / würde er dein ... sehen. 10. Wenn die Menschen genug Zeit hätten, wäre das Leben viel ruhiger.

Seite 137

3. 1. Wenn du Geld bekommen würdest / bekämest, würdest du sicher ins Ausland fahren / führest du sicher ... – Wenn du Geld bekommen hättest, wärest du sicher ins Ausland gefahren. 2. Wir könnten das Programm im Fernsehen sehen, wenn wir einen Fernsehapparat hätten. – Wir hätten das Programm im Fernsehen sehen können, wenn wir einen Fernsehapparat gehabt hätten. 3. Ich würde dir die Adresse sagen, wenn ich sie wüsste / wissen würde. – Ich hätte dir die Adresse gesagt, wenn ich sie gewusst hätte. 4. Vater würde mich mitnehmen / nähme mich mit, wenn der Wagen größer wäre. – Vater hätte mich mitgenommen, wenn der Wagen größer gewesen wäre. 5. Du müsstest zu Hause bleiben, wenn ich dir kein Geld geben würde / gäbe. – Du hättest zu Hause bleiben müssen, wenn ich dir kein Geld gegeben hätte.
4. 1. schliefen 2. besitzen würde / besäße 3. lernen würden 4. wünschte, hätte 5. er sie heute noch sehen würde / sähe, würde er ihr jetzt noch

kein Abschiedsgeschenk geben / gäbe er ihr ... **6.** hätte das nie gemacht **7.** Sonst wäre er heute nicht so erfolgreich **8. a)** Wären, zu bringen **8. b)** Hätten **8. c)** Könnten, bringen **8. d)** Würde, ausmachen, zu bringen **8. e)** wären, bringen würden / brächten **8. f)** Dürften **8. g)** hätten

Lektion 57

Seite 139

1. 1. In diesem Geschäft kann man sowohl (nicht nur) Obst als auch (, sondern auch) Fleisch kaufen. **2.** Sie hat sowohl (nicht nur) vor Mäusen als auch (, sondern auch) vor Spinnen Angst. **3.** Wir haben sowohl (nicht nur) eine Tante in Amerika als auch (, sondern auch) eine in Frankreich. **4.** Sie ist sowohl (nicht nur) in Mathe als auch (, sondern auch) in Bio eine gute Schülerin. **5.** Diese Gastfreundschaft habe ich sowohl (nicht nur) in Spanien als auch (, sondern auch) in Portugal erlebt. **6.** Man forscht sowohl (nicht nur) auf dem Gebiet der Medizin als auch (, sondern auch) auf dem Gebiet der Technik. **7.** Die Leute haben in dem Film sowohl (nicht nur) geweint als auch (, sondern auch) gelacht. **8.** Sowohl (Nicht nur) der Sohn als auch (, sondern auch) der Vater haben auf diesem Gebiet einen Preis gewonnen. **9.** Dieses Institut ist sowohl (nicht nur) für seine fachkundigen als auch (, sondern auch) für seine erfahrenen Dozenten bekannt. **10.** Die Konferenzteilnehmer kamen sowohl (nicht nur) aus Europa als auch (, sondern auch) aus Asien.

2. 1. Nicht nur der Professor, sondern auch sein Assistent hatten auf diesem Gebiet keine Erfahrung. **2.** Wir haben heute nicht nur einen Ausflug ins Zentrum von Frankfurt gemacht, sondern auch die Umgebung näher kennengelernt. **3.** Ich muss heute sowohl einen Vortrag halten als auch meine Präsentation vorbereiten. **4.** Er hat an der Universität nicht nur studiert, sondern auch seinen Master dort gemacht.

Lektion 58

Seite 141

1. 1. Gestern bin ich weder ins Kino noch ins Theater gegangen / Gestern war ich weder im Kino noch im Theater. **2.** Ich fahre entweder nach England oder in die Schweiz. **3.** Wir führen sowohl (nicht nur) Erfrischungsgetränke als auch (, sondern auch) Eis. **4.** Der Arzt hat gesagt, dass ich entweder früher schlafen gehen soll oder nicht gesund werde. **5.** Entweder lernt er mehr oder besteht das Examen nicht. **6.** Ich gehe weder zu ihm noch zu ihr. **7.** Dieser Mann hat sowohl (nicht nur) das Drehbuch zu diesem Film geschrieben als auch (, sondern auch) Regie geführt. **8.** Der Junge interessiert sich weder für Latein noch für Mathe. **9.** Dieser angebliche Showstar kann weder singen noch schauspielern. **10.** Ich schenke ihr zum Geburtstag entweder Blumen oder eine Kinokarte.

2. 1. Nicht nur ich, sondern auch meine Mutter fanden die Vorstellung zu lange. **2.** Entweder gehen wir in die Vorlesung oder bereiten uns zu Hause auf die Prüfung vor. **3.** Er hat sie weder ausreden lassen, noch hat er ihr eine Chance gegeben, sich zu verteidigen. **4.** Dem Chef ist sowohl Pünktlichkeit als auch Zuverlässigkeit wichtig. **5.** Dort gibt es weder Aufstiegsmöglichkeiten noch ein gutes Gehalt.

Lektion 59

Seite 143

1. 1. Zwar wollen alle mehr Geld haben, aber niemand will mehr Steuern zahlen. **2.** Zwar wollen alle länger leben, aber niemand will alt sein. **3.** Der Fotoapparat ist zwar billig, er macht aber gute Fotos. **4.** Zwar scheint die Sonne heute, es ist aber ziemlich kalt. **5.** Er hat zwar ein Auto, aber (er) fährt nicht gerne. **6.** Zwar hat sie John geheiratet, liebt aber Peter. **7.** Dieser Mann ist zwar reich, aber (er ist) nicht großzügig. **8.** Zwar hat sie sich intensiv auf das Vorstellungsgespräch vorbereitet, (sie) ist aber sehr nervös. **9.** Wir haben zwar noch eine freie Stelle, können sie aber aufgrund der finanziellen Situation momentan nicht vergeben. **10.** Zwar macht mir Schach Spaß, dauert mir aber zu lange.

2. 1. Mein Nachbar wirkt einerseits sehr überheblich, andererseits ist er immer sehr hilfsbereit. **2.** Einerseits wollte ich nicht im Mittelpunkt stehen, andererseits musste ich diese lustige Geschichte einfach loswerden. **3.** Einerseits mag ich diese Musik, andererseits geht sie mir nach einer Weile auf die Nerven. **4.** Du hast einerseits Recht, andererseits darfst du nicht vergessen, dass es auch andere Kulturen gibt.

3. 1. Zwar ist er sehr mutig, in dieser gefährlichen Situation ist er aber weggelaufen. **2.** Einerseits muss ich dir Recht geben, andererseits denke ich ganz anders darüber.

Lektion 60

Seite 145

1. Ob es regnet oder stürmt, ich komme zu deiner Party. **2.** Mal ist mein Chef gut gelaunt, mal spricht er kein Wort mit mir. **3.** traurig, teils amüsant. **4.** Zwar ist er ein intelligenter Junge, alles versteht er aber nicht. **5.** Einerseits spricht er die Fremdsprache sehr gut, andererseits versteht er von der Grammatik wenig. **6.** Das Wetter soll teils heiter teils wolkig werden. **7.** Er hat zwar einen großen Freundeskreis, ist aber oft allein. **8.** Einerseits bin ich für den Favoriten, andererseits soll der andere auch mal gewinnen. **9.** In den Ferien waren wir nicht nur 1 Woche in Frankreich, sondern auch 1 Woche zu Hause. **10.** Mal sitzt er im Büro, mal ist er auf Geschäftsreise. **11.** Egal, ob er auf Geschäftsreise oder im Fußballstadion ist, er trägt immer diesen Schal. 12. In diesem Aufenthaltsraum wird sowohl gelesen als auch diskutiert. 13. … in der Offensive stark ist, … defensiv viel Erfahrung mitbringt. 14. Ob sie miteinander verheiratet oder nur befreundet sind, in dieser Situation muss man dem anderen immer helfen. 15. … finde ich sie faszinierend, andererseits aber auch sehr unsympathisch.

Lektion 61

Seite 146

1. 1. mehr, besser 2. freundlicher, lieber 3. früher, mehr 4. lauter, stärker 5. schneller, früher

Seite 147

2. 1. Je leiser er spricht, desto schlechter verstehen wir ihn. 2. Je mehr die Geschäftsfrau arbeitet, desto seltener spielt sie mit ihren Kindern. 3. Je länger Sie in Deutschland sind, desto besser sprechen Sie Deutsch. 4. Je mehr der Sänger übt, desto besser ist seine Stimme. 5. Je besser der Lebensstandard ist, desto höher sind die Preise. 6. Je mehr es geregnet hat, desto besser ist die Ernte der Bauern. 7. Je lauter der Zuschauer lacht, desto mehr lachen die anderen Leute. 8. Je schneller er fährt, desto höher ist die Strafe. 9. Je besser er Deutsch kann, desto schneller findet er eine Arbeit. 10. Je leiser er spricht, desto schlechter kann man ihn verstehen. 11. Je schneller der junge Mann fährt, desto mehr verbraucht sein Auto. 12. Je freundlicher du zu ihm bist, desto mehr vertraut er dir an. 13. Je langsamer wir fahren, desto später kommen wir an. 14. Je älter der Hund wird, desto langsamer läuft er. 15. Je mehr der Fußballspieler trainiert, desto besser spielt er. 16. Je früher man aufsteht, desto mehr hat man vom Tag. 17. Je länger das Kind mit dem Handy spielt, desto böser wird der Vater. 18. Je zuverlässiger der Angestellte ist, desto mehr überlässt ihm der Direktor. 19. Je weiter du rausschwimmst, desto kälter fühlt sich das Wasser an.

Lektion 62

Seite 149

1. Je besser der Lebensstandard ist, desto höhere Preise muss man bezahlen. 2. Einen je besseren Ruf die Firma hat, einen desto größeren Auftrag bekommt sie. 3. Je mehr Seiten das Buch hat, desto dicker und teurer ist es. 4. Je weniger er sich konzentriert, desto dümmere Fehler macht er. 5. Je lauter die Musik ist, desto öfter beschweren sich die Nachbarn. 6. Je lautere Musik er hört, desto mehr Beschwerdebriefe findet er im Briefkasten. 7. Je besser die Kamera ist, desto bessere Fotos macht sie. 8. Je besseres Wetter wir haben, desto mehr Leute gehen ins Schwimmbad. 9. Je schlechter die wirtschaftliche Lage ist, desto mehr Arbeitslose gibt es. 10. Je knapper der Wohnraum ist, desto höhere Mieten bezahlen wir. 11. Je besser seine Ausbildung ist, eine desto bessere Stelle bekommt er. 12. Je mehr der Gast bezahlt, ein desto besseres Essen bekommt er. 13. Je schönere Bilder sie malt, desto höhere Preise verlangt sie dafür. 14. Je bessere Witze der dicke Mann erzählt, desto mehr lachen seine Freunde. 15. Je ausgefallenere Ideen der Werbemanager hat, desto mehr Geld verdient er. 16. Je größeren Hunger er hat, desto größere Portionen isst er. 17. Je schönere Räume das Hotel hat, desto teurer ist es. 18. Je bessere Sprachkenntnisse man hat, desto mehr Chancen hat man, einen Job zu finden. 19. Ein je schwereres Paket man schickt, ein desto höheres Porto muss man dafür bezahlen. 20. Je größere Verantwortung du übernimmst, ein desto höheres Gehalt erhältst du.

Lektion 63

Seite 151

1. 1. denn 2. Da 3. weil 4. denn 5. denn 6. weil 7. weil
2. 1. Sie schenkt ihm ein Buch, damit er sich freut. 2. Der Junge baute sich ein Versteck, um nicht gesehen zu werden. 3. Der junge Mann kaufte sich einen Porsche, um seinen Freunden zu imponieren. 4. Der Arzt verschrieb ihr ein Beruhigungsmittel, damit sie wieder besser schlafen konnte. 5. Er stellte sich den Wecker, um pünktlich zu seinem Vorstellungsgespräch zu erscheinen.
3. 1. Die Politik möchte Plastik verbieten, weil wir damit die Umwelt verschmutzen / denn wir verschmutzen damit … 2. Man lässt sich Plastikbeutel geben, um darin die gekauften Waren zu tragen. 3. Plastikbeutel kosten jetzt Geld, damit wir weniger Plastikbeutel benutzen. 4. Da man Plastikmüll in die Meere schüttet, gibt es ein großes Fischsterben. 5. Man kauft Jutebeutel, um die Umwelt zu schonen / damit die Umwelt geschont wird. 6. Damit man Plastikflaschen zurückgibt, gibt es jetzt Pfand darauf. 7. Es gibt eine Steuer auf Plastikmüll, um die Müllberge zu reduzieren.

Lektion 64

S. 153

1. 1. Die Stadt hat uns so gefallen, dass wir sie nicht mehr verlassen wollen. 2. Die Sängerin sang so gut, dass die Zuschauer ganz begeistert waren. 3. Ich war so überrascht, dass ich nichts sagen konnte. 4. Die Druckerpatrone war leer, sodass ich den Brief nicht ausdrucken konnte. 5. Die Tochter zog sich an, sodass sie ihre Schwester zum Kindergarten bringen konnte. 6. Es hat so stark geregnet, dass wir gestern zu Hause bleiben mussten. 7. Er konnte im Res-

taurant nicht bezahlen, sodass er abwaschen musste. 8. Er war so erschrocken, dass er nicht mehr sprechen konnte. 9. Die Leute waren in einer so großen Not, dass sie ihr Hab und Gut verkauften.

2. 1. Peter hatte so starke Kopfschmerzen, dass er die Klasse verließ. 2. Da das Mädchen großes Heimweh hatte, weinte es jeden Abend. 3. Der Kellner brachte uns einen Löffel, damit wir die Suppe essen konnten. 4. Er liebte sie so sehr, dass er ihr die Sterne vom Himmel holen wollte. 5. Er bat sie auf seinen Knien um Hilfe, weil er von ihrer Hilfe abhing. 6. Er dachte lange nach, um die richtige Lösung zu finden. 7. Das Buch war so dick, dass es nicht in seine Tasche passte. 8. Er hatte so großen Hunger, dass er schnell und gierig aß.

Lektion 65

Seite 154

1. 1. Obwohl der Student viel Bafög erhält, will er noch mehr Geld haben. 2. Er erhält viel Bafög; trotzdem will er noch mehr Geld haben. 3. Der Student erhält viel Bafög, dennoch will er noch mehr Geld haben. 4. Zwar erhält der Student viel Bafög, will aber noch mehr Geld haben.

Seite 155

2. 1. obwohl du krank bist / warst. 2. obwohl er viel Geld hat. 3. obwohl ich viel Kaffee getrunken habe. 4. obwohl du viel gegessen hast. 5. obwohl er schon 6 Jahre in der Schule Englisch gelernt hat. 6. obwohl er sich im Winter warm angezogen hat. 7. obwohl er einen spannenden Krimi gesehen hat. 8. obwohl es geregnet hat.

3. 1. hat Susann ihre Wohnung nicht geheizt. 2. viel gelernt hatte, konnte er die Prüfung nicht bestehen. 3. die Grammatik stundenlang erklärt hat, haben die Schüler sie nicht verstanden. 4. Obwohl ich immer sehr früh aufstehe, komme ich oft zu spät zur Arbeit. 5. Obwohl sie jahrelang gespart hatten, konnten sie sich die neue Wohnung nicht leisten. 6. Obschon die Kinder gut erzogen worden waren, benahmen sie sich jetzt sehr schlecht. 7. Obgleich sie auf ihr Gepäck aufgepasst hatte, wurde es ihr gestohlen. 8. Obwohl der Klimawandel ständig voranschreitet, wollen die Leute nicht auf Flugreisen verzichten.

Lektion 66

Seite 157

1. 1. Wenn man eine Suppe isst, benutzt man einen Löffel. (t) 2. Wenn er noch ein Kind ist, darf er diesen Film nicht sehen. (k) 3. Wenn der Großvater zu uns kam, brachte er uns immer Schokolade mit. (t) 4. Wenn du einen Wagen kaufen willst, musst du lange sparen. (k) 5. wenn ich meinen Freund besuchen wollte, musste ich vorher anrufen. (t) 6. Wenn die Sonne aufgeht, kräht der Hahn. (t) 7. Wenn du im Restaurant nicht bezahlen kannst, musst du das Geschirr abwaschen. (k) 8. Wenn die Geschäfte schließen, leeren sich die Straßen. (t) 9. Wenn du das noch einmal sagst, bekommst du kein Taschengeld mehr. (k)

2. 1. Bezahlen Sie die Rechnung zu spät, müssen Sie eine Mahngebühr bezahlen. Wenn Sie … bezahlen, müssen Sie … bezahlen. 2. Beginnt der Satz mit einer Zeitangabe, steht das Verb direkt dahinter. Wenn der Satz … beginnt, steht das Verb … 3. Kommst du später, sag uns möglichst bald Bescheid. Wenn du … kommst, sag uns … 4. Melden Sie sich rechtzeitig zu dem Kurs an, erhalten Sie einen Platz. Wenn Sie sich … anmelden, erhalten Sie … 5. Haben Sie eine Frage, melden Sie sich bitte. Wenn Sie … haben, melden Sie … 6. Kommt die Lieferung zu spät an, bezahle ich keine Versandkosten. Wenn die Lieferung … ankommt, bezahle ich …

Lektion 67

Seite 159

1. 1. Als ich klein war, gingen wir oft mit der ganzen Familie an den Strand. 2. Am Strand packte meine Mutter den Picknickkorb aus, während wir Kinder sofort ins Wasser sprangen. 3. Vater kam immer etwas später, weil er noch in seinem Büro arbeiten musste. 4. Immer wenn Vater an den Strand kam, setzte er sich sofort unter den Sonnenschirm, den Mutter schon für ihn aufgespannt hatte. 5. Mutter brachte ihm sofort eine kalte Limonade und die Zeitung. 6. Vater drehte seinen Schnurrbart und las in aller Ruhe die Zeitung. 7. Jedes Mal wenn er genug gelesen hatte, spielte er mit unserem Hund. 8. Einmal, als unser Vater wieder so genüsslich seine Zeitung las, kam unser Hund aus dem Wasser gelaufen und schüttelte sich direkt vor unserem Vater. 9. Der Vater und die Zeitung wurden durch und durch nass. 10. Zuerst war Vater sehr böse, als er aber sah, dass seine ganze Familie lachte, musste er auch mit uns lachen.

2. 1. Immer wenn es warm war, gingen wir an den Strand. 2. Als es gegen 18 Uhr zu regnen anfing, spannten die Leute die Regenschirme auf. 3. Immer wenn mein Großvater bei uns zu Besuch war, saß er auf demselben Stuhl. 4. Als mein Vater klein war, spielte er auch Fußball. 5. Als er bemerkte, dass er kein Geld hatte, wurde er ganz rot.

Lektion 68

Seite 160

1. 1. Ggs. 2. Glz. 3. Ggs. 4. Glz. 5. Ggs.

Seite 161

2. 1. Während er frühstückte, las er die Zeitung.

2. Die Kinder spielten im Garten, während die Mutter das Mittagessen kochte. 3. Während wir mit dem Zug gefahren sind, haben wir aus dem Fenster geschaut. 4. Während die junge Frau an ihren Freund dachte, malte sie kleine Herzen aufs Papier. 5. Während die Schüler eine Pause machen, korrigiert der Lehrer ihre Hefte. 6. Während er an seiner Doktorarbeit arbeitet, hört er klassische Musik. 7. Während die Großmutter einen Pullover gestrickt hat, hat sie ferngesehen. 8. Während bei euch die Sonne geschienen hat, hat es hier dauernd geregnet. 9. Während er schläft, schnarcht er sehr laut. 10. Während wir hier 30 Grad im Schatten haben und schwitzen, schneit es bei euch. 11. Während Sie etwas Gas geben, müssen Sie die Kupplung langsam kommen lassen. 12. Bitte sprechen Sie nicht mit dem Fahrer, während er fährt. 13. Während die einen vorm Fernseher sitzen, gehen die anderen aus. 14. Während Sie die Steuerungstaste gedrückt halten, ziehen Sie den Cursor nach unten.

3. 1. Solange du hier wohnst, musst du dich an die Vorschriften des Hauses halten. 2. Die Leute sind zufrieden, solange sie ein gutes Einkommen erzielen. 3. Solange du dich gut benimmst, hast du keine Probleme. 4. Ich bleibe hier, solange das Problem nicht gelöst ist. 5. Solange Sie unzuverlässig arbeiten, erhalten Sie keine Gehaltserhöhung. 6. Ich bleibe hier, solange du krank bist.

Lektion 69

Seite 163

1. 1. Während der Ehemann die Zeitung liest, frühstückt er. 2. Nachdem ich mich geduscht hatte, zog ich mich an / Bevor ich mich anzog, hatte ich mich geduscht. 3. Während die alte Frau den Kindern ein Märchen erzählt, hören ihr die Kinder zu. 4. Nachdem die Polizei das Haus umstellt hatte, forderte sie die Gangster auf, das Haus zu verlassen. 5. Bevor der Patient operiert wurde, bekam er eine Beruhigungsspritze. 6. Während der Gast auf das Essen wartet, schaut er aus dem Fenster. 7. Bevor wir einen Kaffee trinken, unterhalten wir uns noch ein wenig. 8. Während ich wach im Bett lag, musste ich immer an das Problem denken. 9. Nachdem es ein großes Finale gegeben hatte, floss der Sekt in Strömen. 10. Bevor er den Baum pflanzte, hatte er ein großes Loch gegraben /Nachdem er … gegraben hatte, pflanzte er … 11. Nachdem Sie das Studium erfolgreich abgeschlossen haben, müssen Sie sich bewerben.

2. 1. Als 2. Bevor 3. Nachdem 4. Während 5. Als 6. Bevor 7. wenn, bevor 8. Als 9. Während

Lektion 70

Seite 165

1. 1. bis 2. Bis 3. Seitdem 4. bis 5. Seit 6. bis 7. bis 8. Seit 9. Seitdem 10. bis 11. Seitdem 12. Seitdem 13. Seitdem 14. bis 15. Seit 16. Seitdem 17. bis 18. bis 19. Bis 20. Seit 21. bis 22. seitdem 23. Seitdem 24. bis

2. 1. Seitdem die Fabrik geschlossen wurde, steht das Gelände leer. 2. Er arbeitete als Kellner, bis er endlich einen Ausbildungsplatz fand. 3. Seitdem es das Smartphone gibt, unterhalten sich die Leute weniger. 4. Man muss in der Schlange warten, bis man dran ist. 5. Seitdem er das Auto verkauft hat, geht er nur noch zu Fuß.

Lektion 71

Seite 166

1. 1. Man kann die Tür öffnen, indem man den Schlüssel nach links dreht. 2. Du verbrauchst weniger Benzin, indem du langsamer fährst. 3. Indem du viel sprichst, wirst du im Deutschen sicherer. 4. Man kann das Essen eher genießen, indem man langsam isst. 5. …, indem er Daumen und Zeigefinger angefeuchtet und den Docht zusammengedrückt hat. 6. … in deinem Haus sicherer fühlen, indem du eine Alarmanlage installieren lässt. 7. …, indem ich sie jeden Tag ein Stück abschneide und ihnen frisches Wasser gebe.

Seite 167

2. 1. Die Bewerbung wurde nicht berücksichtigt, weil das Eingangsdatum zu spät war. 2. Wir sind dieser Auffassung, bis man uns vom Gegenteil überzeugt. 3. Man legt Papier nach, indem man die Klappe für die Papierzufuhr öffnet. 4. Zwar haben Sie uns eine Kopie gegeben, aber wir müssen das Original sehen. 5. Statt auf die Party zu kommen, hat er uns eine Karte geschickt. 6. Es ist dermaßen heiß, dass mir der Schweiß den Rücken runterläuft. 7. Sobald der Regen aufhörte, ging er nach Hause. Erst als der Regen aufhörte, ging er nach Hause. Solange es regnete, ging er nicht nach Hause. 8. Das Gerät funktioniert nicht, obwohl es eingeschaltet ist. 9. Ich kann dir Geld leihen, sobald mir der Chef mein Gehalt überweist.

3. 1. Seitdem 2. Bevor 3. Da 4. Nachdem 5. um 6. Als 7. Wenn

4. 1. Willst du früher kommen, musst du es uns sagen. 2. Steht der Schalter auf „off“, kann man das Gerät nicht benutzen. 3. Haben Sie einen Verdacht, melden Sie es bitte der Polizei. 4. Zeigt das Medikament in den ersten 3 Tagen keine Wirkung, müssen Sie die Tagesdosis verdoppeln.

Lektion 72

Seite 169

1. 1. Mein Freund fuhr Bus, ohne zu bezahlen. 2. Mein Freund fuhr ohne Fahrschein Bus, ohne dass ihn jemand erwischte. 3. Der Bus fuhr 8 Stunden, ohne einmal anzuhalten. 4. Der Bus fuhr 8 Stunden, ohne dass der Fahrer müde wurde. 5. Anstatt ein Bier zu bestellen, bestellte er eine Cola. 6. Anstatt ihm zuzuhören, redete man ihm immer dazwischen. 7. Anstatt seine Freundin zum Essen einzuladen, nahm er sie zum Fußball mit. 8. Man kann seinen Arbeitsplatz verlassen, ohne den Computer auszuschalten. 9. Ohne es zu wissen, beging er einen Mord.
2. 1. nicht um einen Studienplatz, stattdessen arbeitete er in einer Kneipe. 2. den Wagen nicht reparieren, stattdessen kaufte er sich einen neuen. 3. Er tippte das Referat nicht nochmal ab, stattdessen kopierte er es. 4. Er ging nicht mit seiner Frau essen, stattdessen sah er ein Fußballspiel im Fernsehen. 5. Der Präsident erschien nicht, stattdessen schickte er einen Minister als Vertretung.
3. 1. ohne, zu 2. anstatt, zu 3. ohne, zu 4. ohne, zu 5. Anstatt, zu

Wiederholung 63 – 72

Seite 170

1. 1. Nachdem 2. Bevor 3. Während 4. Als 5. Während 6. Da (als) 7. Als 8. Bevor
2. 1. Wenn du mir das Geld gibst, gehe ich für dich einkaufen. 2. Er lernte viel, als er noch Student war. 3. Oft hörte er Radio, während er sich duschte. 4. Nachdem sie sich verabschiedet hatten, gingen sie an Bord. (Bevor sie an Bord gingen, hatten sie sich verabschiedet.) 5. Man muss einen guten Router haben, um eine gute Internet-Verbindung zu haben. 6. Er ist zu spät gekommen, obwohl er sich beeilt hatte. 7. Obwohl er Millionär ist, leistet er sich kein Essen im Restaurant. 8. Da der Wagen groß und luxuriös ist, ist der Anschaffungspreis sehr hoch. 9. Während wir hier im Regen sitzen, könnt ihr euch in aller Ruhe sonnen. 10. Sie verließen die Party, ohne sich zu verabschieden. 11. Als ich jung war, war Fußball für mich das Wichtigste. 12. Man kann seine Waren besser verkaufen, indem man Werbung macht. 13. Er log, ohne rot zu werden.

Seite 171

3. 1. ankamen 2. geduscht hatte 3. telefonierte 4. macht 5. ging 6. beworben hatte 7. kommst 8. eintraf (eingetroffen war) 9. eingibt
4. 1. Als 2. wenn 3. als 4. Als 5. wenn 6. als 7. wenn 8. als 9. als 10. wenn 11. wenn 12. wenn
5. 1. Obwohl 2. Als 3. Seit 4. bevor 5. Als (Weil) 6. wenn

Lektion 73

Seite 173

1. 1. Wegen des hohen Preises kaufe ich das Auto nicht / Ich kaufe das Auto wegen des hohen Preises nicht. 2. Wegen seiner Größe passt das Buch nicht in die Tasche. 3. Wegen seines hohen Gehalts kann er sich einen neuen Wagen leisten. 4. Ich komme wegen der Verspätung meines Busses zu spät. 5. Wegen der Unpünktlichkeit der Sekretärin regte sich der Chef auf. 6. Aufgrund eines Staus kamen wir nicht vorwärts. 7. Wegen eines anderen Termins konnte er nicht kommen. 8. Aufgrund seiner guten Sprachkenntnisse fand der Mann Arbeit. 9. Wegen seiner Verabredung wollte er nicht mit uns ins Kino kommen. 10. Das Fußballspiel fiel wegen des schlechten Wetters aus. 11. Wegen eines Fehlers musste er alles noch einmal schreiben. 12. Das Programm wurde aufgrund eines Stromausfalls gelöscht. 13. Das Geschäft schließt aufgrund der Abwesenheit des Chefs.
2. 1. Infolge des hohen Preises des Projektes entschied man sich dagegen. 2. Infolge hoher Umsatzeinbußen meldete das Unternehmen Insolvenz an. 3. Das Gerät funktioniert infolge des niedrigen Akkustandes nicht richtig. 4. Infolge ihres schönen Gesangs bemühten sich mehrere Opern um sie. 5. Infolge meines Zeitmangels konnte ich die Präsentation nicht vorbereiten. 6. Er gab infolge seiner Beförderung viel Geld aus.

Lektion 74

Seite 175

1. Er beging aus Eifersucht Selbstmord. 2. Sie wurde ganz blass vor Neid. 3. Dank der finanziellen Unterstützung vom Vater konnte der junge Mann studieren. 4. Aus Wut warf er die Vase auf den Boden. 5. Wegen des Lärms versteht man sein eigenes Wort nicht. 6. Aus Angst vor ihrem Chef kehrte sie nicht ins Büro zurück. 7. Dank guter Software wird unser Personal stark entlastet. 8. Vor Aufregung schlug ihm sein Herz bis zum Halse. 9. Dank hoher Investitionen in dieses Land gelang der Wiederaufbau. 10. Der Patient musste vor Schmerzen schreien. 11. Der Präsident hat aus parteipolitischen Gründen so gehandelt. 12. Man konnte dank der Spendenbereitschaft helfen. 13. Aus Dankbarkeit vermachte er der alten Frau sein ganzes Vermögen. 14. Aus Liebe zu ihr lernte er sogar das Stricken. 15. Dank der großen Fortschritte in der Technik wird das Leben immer bequemer. 16. Sie sprang vor Freude in die Luft. 17. Aus Sturheit schwieg das Kind stundenlang. 18. Dank der hohen Geldüberweisung des Vaters

war der Sohn jetzt schuldenfrei. 19. Aus Mitleid musste sie anfangen zu weinen.

Lektion 75

Seite 177

1. Der Trainer lässt die Spieler zum Aufwärmen vier Runden laufen. 2. Zum Aufhängen des Bildes brauche ich einen Hammer, 3. Man braucht eine Kamera zum Fotografieren. 4. Habt ihr ein Glas zum Anstoßen? 5. Hast du die richtigen Unterlagen zur Beantwortung des Briefes da? 6. Zum Backen dieses Kuchens brauchen wir spezielle Zutaten. 7. Zum Abheben des Rechnungsbetrages gehe ich zur nächsten Bank. 8. Zur Fertigstellung der Maschine benötigt man ungefähr einen Monat. 9. Zur Teilnahme an diesem Wettbewerb musste die Mannschaft alle Qualifikationsspiele gewinnen. 10. Zum besseren Verständnis des Sachverhalts legen wir den Studenten ein Bild vor. 11. Zum Überholen des LKWs setzte er den Blinker. 12. Zum kompletten Löschen des Programms muss man es deinstallieren. 13. Zum Ablösen der Tapete benutzte man Wasser. 14. Zur Beantragung eines Visums müssen Sie viele Angaben machen. 15. Zur Wiederherstellung des Programms müssen Sie den Computer neu starten. 16. Für den Zusammenbau des Modellflugzeugs brauche ich eine Anleitung. 17. Für eine Festanstellung müssen bestimmte Voraussetzungen erfüllt sein. 18. Zum Ausfüllen des Formulars brauchen wir einen Stift.

Lektion 76

Seite 179

1. Armut trägt er immer sehr teure Kleidung. 2. Trotz der guten Werbung kauft keiner die Produkte dieser Firma. 3. Trotz seines Eifers hat er keinen Erfolg. 4. Dieser Mann ist trotz seines Reichtums sehr unglücklich. 5. Trotz seiner anstrengenden Arbeit ist der Bauer nicht müde. 6. Trotz seiner Müdigkeit hört der Student nicht auf zu lernen. 7. Trotz unseres guten Sitzplatzes im Fußballstadion konnten wir nichts sehen. 8. Trotz seiner sehr negativen Äußerungen über seinen Kollegen ist ihm niemand böse. 9. Trotz seiner sehr unruhigen Tiger / Trotz der großen Unruhe bei seinen Tigern hatte der Dompteur keine Angst. 10. Trotz der Dicke des Brettes konnte sie es zerschlagen. 11. Trotz meiner rechtzeitigen Einladung kam mein Freund nicht. 12. Trotz einer Absage hoffte er noch auf diese neue Arbeitsstelle. 13. Trotz seiner Hilfe war sie ihm weiterhin böse. 14. Trotz seines (von ihm ans Bett gestellten) Weckers verschlief er das Examen. 15. Trotz seines festen Versprechens besuchte er seine alte Tante nicht. 16. Trotz eines Schlafmittels schlief sie nicht ein. 17. Die Sekretärin wurde trotz ihrer außergewöhnlichen organisatorischen Fähigkeiten vom neuen Chef entlassen. 18. Trotz der ausführlichen Vorbereitungen fielen 35% der Studenten durch das Abschlussexamen.

Lektion 77

Seite 181

1. 1. Bei einer guten Antwort erhältst du einen Pluspunkt. 2. Beim Kauf dieses Computers erhalten Sie die Software kostenlos. 3. Bei persönlichem Erscheinen können wir Ihnen Ihre Unterlagen gleich aushändigen. 4. Bei Vorlage einer schriftlichen Genehmigung gibt es keine weiteren Einwände. 5. Bei Erhalt des Stipendiums bezahle ich eine Runde. 6. Bei einer Gehaltserhöhung kaufe ich mir schon bald ein neues Auto. 7. Bei einer Zusage von der Universität feiere ich mit meinen besten Freunden.
2. 1. Beim Abendessen durften wir nicht sprechen. 2. Es wurde auf den Präsidenten bei seiner Rede geschossen. 3. Bei Tagesanbruch krähte der Hahn. 4. Beim Schreiben brauchte er absolute Ruhe. 5. Bei der Landung der Maschine gab es großen Beifall. 6. Bei seinen Besuchen mussten wir immer viel lachen. 7. Bei unserem Museumsbesuch trafen wir Hans. 8. Bei der Flugzeugexplosion gab es einen großen Knall. 9. Bei einer Geldüberweisung geht es etwas langsamer. 10. Bei Barzahlung erhalten Sie die Ware eher.

Lektion 78

Seite 182

1. 1. Während seiner Pause schrieb er Nachrichten an seine Frau. 2. Während Ihres Aufenthalts in Amerika lernte sie Englisch. 3. Während des Unterrichts stellten wir dem Lehrer viele Fragen. 4. Während des Mittagessens soll man nicht mit dem Stuhl wackeln. 5. Während seiner Gefängnisstrafe schrieb er ein Buch.

Seite 183

6. Während seiner Ferien in der Türkei verdiente er etwas Geld in einem Restaurant. 7. während des Fluges darf man nicht rauchen. 8. Während ihres Karibikurlaubs wurde sie sehr braun. 9. Während der Installation des Programms kann man Anweisungen auf dem Bildschirm sehen. 10. Während der Aufführung des Theaterstücks bitte nicht fotografieren.

2. 1. Gleich nach Ausstellung des Visums flogen wir nach China. 2. Gleich nach der Ernte werden die Kartoffeln verpackt. 3. Gleich nach Feierabend / Beendigung der Arbeit verließ er das Büro. 4. Gleich nach seinem Sieg im Autorennen ging er zu seiner Frau und küsste sie. 5. Machen Sie gleich nach Verlassen der Waschanlage eine Bremsprobe. 6. Gleich nach seiner Entlassung ging der Patient in die Kneipe und trank ein Bier. 7. Gleich nach dem Drücken des Knopfes fährt der Computer runter. 8. Er kün-

digte den Versicherungsvertrag gleich nach Anhebung der Monatsraten. **9.** Gleich nach Betreten des Saales erfasst Sie eine unbeschreibliche Stimmung. **10.** Gleich nach seiner Lüge musste er erröten. **11.** Gleich nach der Rechtskurve gab der Rennfahrer Gas. **12.** Gleich nach der Geburt ihres Sohnes konnte sie das Krankenhaus wieder verlassen.

Lektion 79

Seite 184

1. **1.** Nach -em **2.** Vor dem **3.** ich, Pause hatte/machte **4.** wir, Vor, Hochzeit **5.** das Flugzeug landet, Vor der **6.** er operiert wurde, Nach **7.** Vor Ihrer **8.** Nachdem sie **9.** man den Tunnel baut, Vor dem **10.** das Abitur gemacht/bestanden hast, Nach dem

Seite 185

2. **1.** Vor unserem Theaterbesuch musst du dir noch einen neuen Anzug kaufen. **2.** Nach der Belegung eines Sprachkurses sprach er die Sprache noch besser. **3.** Vor der Prüfung / Vor Ablegen der Prüfung musst du noch viel lernen. **4.** Nach der Prüfung gingen die Studenten in die Kneipe. **5.** Vor Erreichen der Volljährigkeit darf man nicht wählen. **6.** Nach dem Zusammenstoß der 2 Fahrzeuge kam die Polizei. **7.** Nach der Protokollaufnahme stritten sich die Fahrzeugbesitzer weiter. **8.** Vor Betreten dieses schönen Saales musst du dir die Schuhe abputzen. **9.** Vor der Veröffentlichung des Buches hatte es schon einen Skandal gegeben. **10.** Nach dem Beginn des Sommerschlussverkaufs strömten die Leute in die Kaufhäuser. **11.** Vor dem Öffnen des Kartons schneiden Sie die Klebebänder auf! **12.** Die Fischer waren vor Sonnenaufgang auf das offene Meer gefahren. **13.** Nach der Geburt ihres ersten Sohnes lebte die Mutter nur noch für ihn. **14.** Nach dem Spülen des Geschirrs trocknete sie es ab. **15.** Vor Ihrer Anmeldung lesen Sie sich bitte den Vertrag durch. **16.** Nach Einnahme der Tabletten fielen sie in einen tiefen Schlaf. **17.** Nach dem Neustart des Computers konnte man das Programm nicht mehr aufrufen. **18.** Vor unserem Aufbruch nach Berlin hatten wir den Wagen reparieren lassen.

Lektion 80

Seite 187

1. **1.** Seit seinem Universitätsbesuch ist er sehr arrogant. **2.** Seit dem Kauf des neuen Autos fährt Vater oft durch die Waschstraße. **3.** Seit unserer letzten Warenbestellung bei Ihnen haben sich die Preise sehr stark geändert. **4.** Seit seiner Hochzeit kennt er seine besten Freunde nicht mehr. **5.** Seit der Errichtung des Denkmals sieht der Marktplatz viel schöner aus. **6.** Seit der Tsunami-Katastrophe sind viele Vorsichtsmaßnahmen getroffen worden. **7.** Wir verstehen uns seit unserem Spaziergang besser. **8.** Seit der Erhöhung der Tabaksteuer rauche ich viel weniger. **9.** Seit dem Bau der Brücke fließt der Verkehr dort viel besser. **10.** Der Verein spielt seit der Verpflichtung dieses Stürmers besser.

2. **1.** Bis zum Abitur bekommt er 50 Euro Taschengeld. **2.** Er saß bis zu seinem Tod im Gefängnis. **3.** Bis zur Wahl eines neuen Präsidenten wird er an der Macht bleiben. **4.** Bis zur (zu meiner) Rente / Bis zum (zu meinem) Renteneintritt sind es noch viele Jahre. **5.** Sie saßen bis zum Sonnenaufgang am Strand und unterhielten sich. **6.** Bis zum Ausbruch der Krankheit hatte man von diesem Virus nichts gehört. **7.** Bis zur Auflösung des Vertragsverhältnisses müssen bestimmte Regeln befolgt werden.

Lektion 81

Seite 189

1. **1.** Du kannst dem alten Mann mit einem Besuch Freude bereiten. **2.** Durch Spülen in klarem Wasser reinigt man das Geschirr am besten. **3.** Man überführte den Täter durch Vergleich seiner Fingerabdrücke. **4.** Durch Aufhängen eines Fahndungsfotos kam man dem Mörder auf die Spur. **5.** Durch Auflegen des Hörers wird das Gespräch unterbrochen. **6.** Man entfernt die Birne durch eine Linksdrehung aus der Fassung. **7.** Der Kontakt wird durch Knopfdruck ausgelöst. **8.** Durch Bewegen des Cursors auf das Symbol „Beenden“ lässt sich der Computer runterfahren. **9.** Durch Benutzung der Kreditkarte / Mit der Kreditkarte kann man sich Zugang verschaffen. **10.** Er zeigte seinen Respekt mit(tels) einer Verbeugung.

2. **1.** Statt des Medizinstudiums wählte er sich den Beruf des Bäckers. **2.** Statt eines Überholmanövers blieb sie immer hinter dem LKW. **3.** Statt einer Vollbremsung gab er Gas. **4.** Statt der Betragsbegleichung mit seiner Kreditkarte machte er bei seinen Freunden Schulden. **5.** Anstatt einer sofortigen Bezahlung der Strafe legte er zunächst Widerspruch ein. **6.** Statt eines Elfmeters gab der Schiedsrichter einen Freistoß. **7.** Statt einer Ermahnung des Schülers schwieg der Lehrer. **8.** Anstatt einer Virenüberprüfung benutzte er den Computer weiter.

Lektion 82

Seite191

1. **1.** da **2.** indem **3.** um **4.** Trotz **5.** Während **6.** Da **7.** nach **8.** Vor **9.** denn

2. **1.** Beim Lernen brauche ich Ruhe. **2.** Er las trotz der Dunkelheit. **3.** Trotz seines Medizinstudiums rauchte er viel. **4.** Wegen des starken Schneefalls fuhren die Autos sehr langsam. **5.** Bei Zusendung des richtigen Formulars erleichtern Sie uns die Arbeit. **6.** Während des

Theaterstücks / Während der Theateraufführung wurde einem Zuschauer übel. 7. Trotz der pünktlichen Ankunft meines Zuges verpasste ich den Anschlusszug. 8. Trotz des verspäteten Starts landete die Maschine pünktlich. 9. Bei Tagesanbruch begannen die Vögel zu singen. 10. Wegen der Baustelle in der Straße gibt es eine Umleitung. 11. Bei Verlust Ihres Passes müssen Sie es der Polizei melden. 12. Er starb fast vor Hunger. 13. Trotz der Geschwindigkeitsbegrenzung raste er wie ein Verrückter. 14. Infolge / Aufgrund ihrer Einsamkeit musste sie immer wieder weinen. 15. Wegen zu hoher Geschwindigkeit bekam er eine hohe Strafe. 16. Wegen Einbruchsgefahr nicht auf das Eis gehen!

Lektion 83

Seite 193

1. Nachdem die Vorlesung geendet / aufgehört hatte, gingen die Studenten in die Mensa. 2. Bevor der Tag anbrach, sollte der Bandit gehängt werden. 3. Seitdem das Smartphone erfunden worden ist, sprechen die Leute weniger. 4. Als das Theaterstück aufgeführt wurde, brach ein Zuschauer bewusstlos zusammen. 5. Sie kam nicht nach Hause, weil sie Angst vor dem Ehemann hatte. 6. Bis der Tunnel gebaut wurde / Bis man den Tunnel baute, fuhr man mit der Fähre nach England / war man mit der Fähre nach England gefahren. 7. Obwohl er über gute Sprachkenntnisse verfügte / Obwohl er gute Sprachkenntnisse hatte, verstand er kein einziges Wort. 8. Nachdem das Fahrzeug eingehend untersucht worden war, stellte man Sabotage fest. 9. Während er in England war, lernte er Englisch. 10. Bevor dieses Haus gebaut wurde, war dort ein Spielplatz. 11. Bis man den Präsidenten begrüßte, vergingen einige Minuten. 12. Wir bitten die Passagiere sich anzuschnallen, bevor wir starten. 13. Seitdem diese Ampel aufgestellt wurde, sind weniger Verkehrsunfälle registriert worden. 14. Sie sprang in die Luft, weil sie sich so freute. 15. Sie hatte es getan, weil sie ihren Mann so sehr liebte. 16. Nachdem es geregnet hatte, kam die Sonne heraus. 17. Während er im Konzert war/saß, fiel ihm etwas Furchtbares ein. 18. Die Sportler gaben sich die Hand, bevor sie die Halle betraten. 19. Als er in den Bergen wanderte / eine Bergwanderung machte, sah er einen Bären.

Wiederholung 73 – 83

Seite 194

1. 1. Wegen der langen Spieldauer mag er kein Schach. 2. Trotz der Wärme des Feuers froren die Menschen. 3. Nach der Installation des Gerätes funktionierte es nicht. 4. Zum Umrühren des Teigs brauchen Sie einen Holzlöffel. 5. Vor dem Banküberfall hatten die Bankräuber einen detaillierten Plan gemacht. 6. Man verhaftete den Drogenhändler bei der Rauschgiftübergabe. 7. Während der Vorlesung schickten wir uns gegenseitig Nachrichten zu. 8. Er tötete seinen Kontrahenten mittels eines Messerstichs / mit einem Messerstich in die Brust. 9. Er wirkte bei dem Vorstellungsgespräch beim Chef überhaupt nicht nervös. 10. Nur bei rechtzeitiger Überweisung des Betrages können wir Ihren Vertrag verlängern. 11. Vor dem Kauf des teuren Handys hatte er lange im Internet recherchiert. 12. Aufgrund eines Fehlers der Polizei konnte der Dieb entwischen. 13. Er benutzte zur Hervorhebung / zum Hervorheben einen Textmarker. 14. Statt einer tiefen Verbeugung gab er ihr einfach einen Kuss. 15. Er schläft seit dem Mittagessen. 16. Trotz der gelben Karte beschwerte sich der Spieler weiterhin. 17. Zum Einsteigen in den Bus brauchte der Rollstuhlfahrer eine Rampe.

Seite 195

2. 1. Seitdem der Patient operiert wurde, geht es ihm besser. 2. Der Angestellte wurde entlassen, weil er so unzuverlässig war. 3. Er las einen spannenden Roman, während er im Zug saß / mit dem Zug fuhr. 4. Bis das neue Steuergesetz eingeführt wird, gilt der alte Steuersatz. 5. Großmutter braucht eine Brille, um zu lesen. 6. Nachdem er mit ihr getanzt hatte / Nachdem sie getanzt hatten, fragte er sie nach ihrer Adresse. 7. Halten Sie bitte Ihre Fahrkarten bereit, bevor der Bus abfährt. 8. Nachdem Sie sich angemeldet haben, erhalten Sie die entsprechenden Unterlagen von uns. 9. Als sich die Minister versammelten/trafen, kam man zu keinem konkreten Ergebnis. 10. Bitte schütteln, bevor sie es benutzen. 11. Sie sollten sich eincremen, nachdem Sie sich geduscht haben. 12. Sie brauchen einen Schneebesen, um die Masse aufzulockern. 13. Weil er großen Erfolg hatte, ist er jetzt ein reicher Mann. 14. Nachdem wir uns ausgesprochen haben, verstehen wir uns blendend. 15. Nachdem Sie Ihre Aussage gemacht haben, dürfen Sie wieder Platz nehmen. 16. Bevor der König ankam, hatte man einen roten Teppich ausgerollt. 17. Man verlieh ihm einen Orden, weil man ihm so dankbar war. 18. Obwohl die Heimmannschaft verloren hatte, sangen die Fans im Stadion weiter. 19. Sie konnten sich Zugang verschaffen, indem sie einen cleveren Trick anwandten/anwendeten. 20. Ich brauche viel Zeit, um den Wagen zu reparieren.

Lektion 84

Seite 197

1. a) deswegen 1. b) Ihretwegen 2. Seinetwegen 3. meinetwegen 4. euretwegen 5. Ihretwegen 6. Meinetwegen 7. Ihretwegen 8. unseretwegen 9. Deinetwegen 10. Deswegen 11. Wegen 12. Sei-

netwegen 13. seinetwegen 14. Meinetwegen 15. meinetwegen 16. Ihretwegen 17. Unseretwegen

Lektion 85

Seite 199

1. Er soll viel Geld verdienen 2. Die Waschmaschine wird wohl defekt sein. 3. Er wird wohl nicht auf deine Party kommen. 4. Es soll morgen regnen. 5. Er soll im Jahr über 1 Million Euro verdienen. 6. Er wird wohl bald abfahren. 7. Heute soll in Spanien die Sonne scheinen. 8. Ein großes Unwetter soll kommen. 9. Er wird wohl einen Mercedes fahren. 10. In diesem Haus soll es spuken. 11. Sie wird wohl noch nicht verheiratet sein, aber frag sie doch mal selbst. 12. Morgen soll es eine große Demonstration geben. 13. Der Lehrer soll eine neue Freundin haben. 14. Soll er etwa ein Hochstapler sein? 15. Er wird wohl ein eiskalter Hochstapler sein. 16. Der Bürgermeister soll Steuern hinterziehen. 17. Er wird wohl auch heute nicht kommen. 18. Dort soll viel für den Umweltschutz getan werden.

Lektion 86

Seite 200

1. 1. angekommen sein 2. soll seine Frau betrogen haben 3. soll ein Genie gewesen sein 4. wird die Überweisung wohl schon getätigt haben. 5. Roboterauto auf dem Mars geschickt worden sein soll.

Seite 201

2. 1. soll einen Beamten bestochen haben. 2. soll einen Drei-Jahres-Vertrag unterzeichnet haben. 3. Du wirst wohl das falsche Password eingegeben haben. 4. Der Nachbar soll zum zweiten Male geheiratet haben. 5. Die Violinistin soll den Preis gewonnen haben. 6. wirst ihn wohl im Büro vergessen haben. 7. Der Betrüger soll einen Kredit aufgenommen haben und mit dem Geld auf eine karibische Insel geflohen sein. 8. Der Ministerpräsident soll zurückgetreten sein. 9. Sie wird ihn wohl aus Liebe und nicht aus Geldgier geheiratet haben. 10. Er wird die Tatwaffe wohl ins Gebüsch geworfen haben. 11. Er soll schon die dritte Herzoperation überstanden haben. 12. Er wird sich wohl nicht über diesen Brief geärgert haben. 13. Der Täter soll eine Narbe über dem rechten Auge gehabt haben. 14. Fünfzigern soll Berlin die Weltmetropole schlechthin gewesen sein. 15. Der neue Berliner Flughafen wird wohl schon eröffnet haben. 16. Die Geheimdienste sollen den Bundeskanzler abgehört haben.

Lektion 87

Seite 203

1. a) soll im Lotto gewonnen haben. 1. b) will im Lotto gewonnen haben. 1. c) wird wohl im Lotto gewonnen haben. 1. d) kann / mag im Lotto gewonnen haben. 1. e) muss im Lotto gewonnen haben. 2. Der Präsident soll nach Paris gefahren sein. 3. Der Computer soll nicht funktioniert haben. 4. a) wird wohl das Turnier gewonnen haben. 4. b) muss das Turnier gewonnen haben. 4. c) kann / mag / dürfte das Turnier gewonnen haben. 5. soll den Banküberfall geplant haben. 6. wird, gesagt haben. 7. soll seine Frau betrogen haben. 8. soll gestern das Treppenhaus nicht geputzt haben. 9. Die Prinzessin soll barfuß durch das Schloss gelaufen sein. 10. Der Chef wird wohl / dürfte gestern auf dem Betriebsfest viel getrunken haben. 11. Er kann / mag / dürfte schon einmal mit dem Direktor persönlich darüber gesprochen haben. 12. will seinen Chef angeschrien haben.

Lektion 88

Seite 205

1. Napoleon soll ein egozentrischer Mann gewesen sein. 2. Das Flugzeug soll angegriffen worden sein. 3. Er muss den Bus verpasst haben. 4. Er soll bei dieser Tat großen Mut bewiesen haben. 5. Er wird wohl nicht zu Hause gewesen sein. 6. Dieses Haus wird wohl vor 1800 erbaut worden sein. 7. sollen einen neuen Präsidenten gewählt haben. / soll gewählt worden sein. 8. vom Computer gemacht worden sein. 9. muss das Fenster aufgebrochen worden sein. 10. müssen von Höhlenmenschen in den Fels gehauen worden sein. 11. etwa 10 Minuten dort gestanden haben. 12. Diese Partei darf nicht wiedergewählt worden sein. 13. Diese Website soll gesperrt worden sein. 14. a) dürfte die Tür vor der Reise abgeschlossen haben. 14. b) dürfte von Vater abgeschlossen worden sein. 15. Der Angeklagte will die Tat nicht begangen haben. 16. von Deutschland 7 : 1 geschlagen worden sein? 17. Ich könnte doch heute im Lotto gewonnen haben.

Lektion 89

Seite 207

1. 1. alles aufgeräumt haben 2. die Wäsche gewaschen haben 3. den Tisch gedeckt haben 4. meine Hemden gebügelt haben 5. das Essen gekocht haben 6. einkaufen gegangen sein 7. mit dem Hund „Gassi“ gegangen sein 8. die Hausaufgaben gemacht haben 9. die Fenster geputzt haben 10. den Rasen gesprengt haben 11. das Bier kalt gestellt haben 12. den Fernseher eingeschaltet haben 13. meine Pantoffeln vor das Sofa gestellt haben 14. das Aquarium sauber gemacht haben 15. der Mutter beim Abwaschen geholfen haben
2. 1. Sie wird ihr Baby wohl schon bekommen haben. 2. Er wird sich wohl schon irgendwo um eine Stelle beworben haben. 3. Er wird sie ihr noch nicht gezeigt haben. 4. Er wird noch nicht zu seiner Dienstreise aufgebrochen sein. 5. Sie

wird ihn wohl aus gesundheitlichen Gründen abgesagt haben. 6. Er wird wohl in seinen Terminkalender geschaut haben. 7. Er wird wohl schon gekommen sein und den Kopierer repariert haben. 8. Man wird sie wohl verschoben haben. 9. Er wird wohl abgestürzt sein.

Lektion 90

Seite 209

1. 1. werde ich mich schon rasiert haben. 2. wird mein Kind schon mit dem Hund auf die Straße gegangen sein. 3. wird der Vortrag schon gehalten worden sein. 4. wird der Milchmann die frische Milch schon vor die Haustür gestellt haben. 5. werde ich schon gelandet sein. 6. wird dem Angestellten schon das Entlassungsschreiben gegeben worden sein. 7. wird die E-Mail schon beantwortet worden sein. 8. wird das Programm schon heruntergeladen worden sein 9. werden wir schon die Adresse im Internet gefunden haben.
2. 1. schon gesprengt worden sein. 2. es wohl schon gesäubert haben / wohl schon von ihm gesäubert worden sein. 3. wohl vom Chef erteilt worden sein. 4. werden wohl erholsame Ferien gehabt haben. 5. wird wohl repariert worden sein. 6. wird wohl gut gewesen sein. 7. wird wohl gefasst worden sein. 8. wird dort wohl schon aufgegangen sein. 9. Er wird wohl keine Angst haben. 10. Er wird es wohl zurückgegeben haben. 11. Es wird wohl schon abgeflogen sein. 12. Er wird ihn wohl diktiert haben. 13. Sie wird ihn wohl nach dem Grund gefragt haben. / Er wird wohl von ihr nach dem Grund gefragt worden sein. 14. wird wohl erteilt worden sein.

Lektion 91

Seite 211

1. 2. bald gut Deutsch sprechen zu können. 3. den Abwasch nicht machen zu müssen. 4. eine Zusage erhalten zu haben. 5. das Abschlussexamen zu bestehen. 6. bald bis 24 Uhr aufbleiben zu dürfen. 7. nicht zum Zahnarzt gehen zu müssen. 8. die Prüfung bestehen zu können. 9. ein neues Programm zu installieren. 10. immer die reine Wahrheit zu sagen. 11. das Paket für euch abzuholen. 12. gegen den Beschluss zu protestieren. 13. ihn zu kennen. 14. einen großen Fehler zu machen. 15. dem Chef einen großen Gefallen zu tun. 16. Überstunden machen zu müssen. 17. mir Ihre Handynummer zu geben 18. uns rechtzeitig Bescheid zu sagen. 19. mir zu vertrauen
2. 1. zu starten 2. durchzuführen 3. mitarbeiten 4. entdecken 5. bleiben 6. anzusprechen 7. erörtern 8. versuchen 9. zu finden 10. zu führen

Lektion 92

Seite 213

1. 2. meine alten Freunde wieder getroffen zu haben. 3. mich übergeben zu müssen. 4. dem Freund die schlechte Nachricht mitzuteilen. 5. von der Jury mit einem Preis ausgezeichnet worden zu sein. 6. einen Elefanten zu tragen. 7. von der Familie geliebt zu werden. 8. mit Freunden auszugehen und viel zu lachen. 9. drei Liter in zwei Minuten zu trinken. 10. nach Hause zu kommen, sich auf das Sofa zu setzen und fernzusehen. 11. den Schlüssel an der Rezeption abgegeben zu haben. 12. die Fenster zuzumachen und die Jalousien runterzulassen. 13. die Haustür zu schließen. 14. bis Mitternacht aufzubleiben. 15. die Fotos von der Festplatte zu löschen. 16. gelogen zu haben.
2. 1. liegen 2. steppen 3. zu tanzen 4. tanzen, singen

Lektion 93

Seite 215

1. 2. Es ärgert mich, so früh aufstehen zu müssen. 3. Man hat mir empfohlen, einen heißen Tee mit Milch zu trinken. 4. Es freut mich, nach Amerika geflogen zu sein. 5. Er erinnerte sich nicht, seinen Chef auf dem Betriebsfest beleidigt zu haben. 6. Sie war so glücklich, von ihm zum Tanz aufgefordert worden zu sein. 7. Es gelang ihm, den Tisch mitsamt dem Geschirr zu heben. 8. Der Angeklagte erklärte, die Tat nicht begangen zu haben. 9. Das kleine Kind gestand, das Fenster zerbrochen zu haben. 10. Es gefällt ihm, von allen bewundert zu werden.
2. 2. angeschaut zu werden. 3. nicht lösen zu können. 4. widersprochen zu haben. 5. von ihr angesprochen worden zu sein. 6. zu spät gekommen zu sein. 7. die Anfrage nicht ernst genommen zu haben.
3. 1. immer so früh aufstehen zu müssen. 2. wieder in die Schule gehen zu müssen. 3. Hausaufgaben machen zu müssen. 4. im Regen auf den Bus warten zu müssen. 5. nicht jeden Tag an den Strand fahren zu können. 6. jeden Tag Kartoffeln essen zu müssen.

Lektion 94

Seite 217

1. seiner Freundin eingeladen worden zu sein. 2. Er beschwerte sich darüber, dauernd benachteiligt zu werden. 3. Der Direktor war darüber verärgert, viel zu spät gekommen zu sein. 4. Die Angestellten freuten sich darauf, bald in den Urlaub zu fahren. 5. Er ärgert sich darüber, diesen Fehler gemacht zu haben. 6. Der Täter gestand, seine Gattin ermordet zu haben. 7. Der Katholik beichtete, am Vortag gesündigt zu haben. 8. Er freute sich darauf, mit dieser Schönheit zu tanzen. 9. Der Student war

darüber glücklich, von der Universität zugelassen worden zu sein. 10. Sie hoffte darauf, bald befördert zu werden. 11. Der schlechte Schüler rechnete damit, von der Schule verwiesen zu werden. 12. Der Beamte war darüber erfreut, bald versetzt zu werden. 13. Es dauert bestimmt nicht lange, den Vordruck auszufüllen. 14. Es hatte 3 Millionen gekostet, das Rathaus zu renovieren. 15. Die Spieler ärgerten sich darüber, klar verloren zu haben. 16. Der Schüler war darüber froh, in Latein eine gute Note bekommen zu haben. 17. Die Fußballspieler jubelten darüber, das Tor in letzter Minute erzielt zu haben. 18. Er wurde dafür kritisiert, bei der Arbeit nachlässig gewesen zu sein / zu sein.

Wiederholung 88 – 94

Seite 218

1. 1. Es tut mir leid, das gesagt zu haben. 2. Er bezweckt damit, gute Sprachkenntnisse zu erwerben. 3. Sie befürchteten, das Falsche gesagt zu haben. 4. Sie ist sehr böse darüber, ihm nicht vorgestellt worden zu sein. 5. Es freut mich, befördert worden zu sein. 6. Ich bekam einen Schreck, den Mann auf der Straße liegen sehen zu müssen. 7. Es ist unbedingt notwendig, unverzüglich auf den Brief zu reagieren. 8. Er wünschte sich, sie einmal getroffen zu haben. 9. Die Leute gerieten darüber in Panik, a) von der Polizei evakuiert zu werden. b) von der Polizei evakuiert worden zu sein. 10. Der Mann freute sich darüber, a) sonntags nicht abwaschen zu müssen. b) von seinem Chef frei bekommen zu haben. 11. Der Mann befürchtet, schon lange von der Polizei beobachtet worden zu sein. 12. Es ekelt das kleine Mädchen, den Fisch anfassen zu müssen. 13. Ihm war erlaubt, früher zu gehen. 14. Es ist uns unmöglich, Ihrem Auftrag in zwei Wochen nachzukommen. 15. Mich ärgert ungemein, den Brief zu früh abgeschickt zu haben. 16. Der junge Mann behauptet, dich zu kennen. 17. Die meisten Politiker glauben, unersetzlich zu sein.

Seite 219

2. 1. Sie alle freuten sich darauf, in die Ferien zu fahren. 2. Sie planten, einen Tunnel zu bauen. 3. Es tut uns leid, den Fehler gemacht zu haben. 4. Sie beabsichtigten, pünktlich zu liefern. 5. Er wunderte sich darüber, zum Vereinssprecher gewählt worden zu sein. 6. Man beschuldigte ihn, gestohlen zu haben. 7. Es ärgerte ihn mächtig, sich am Vortag so benommen zu haben. 8. Er bemühte sich stets, pünktlich zu sein. 9. Der Lehrer hat mir angedroht, mich zu bestrafen. 10. Er ist sehr darüber verärgert, entlassen worden zu sein. 11. Er bereute es, sich am Vorabend so schlecht verhalten zu haben. 12. Wir beabsichtigen, bald ein Bürohaus zu errichten. 13. Der Politiker plante, die Steuern zu erhöhen. 14. Er ärgerte sich darüber, so unzuverlässig gewesen zu sein / zu sein. 15. Der Pilot freute sich darüber, so gut gelandet zu sein. 16. Die Kinder freuten sich darauf, bald zu starten. 17. Er war darüber sehr verärgert, diesen Fehler gemacht zu haben. 18. Wir hoffen alle darauf, im Lotto zu gewinnen. 19. Man verlangte von ihm, die Schulden sofort zu bezahlen.

Lektion 95

Seite 221

1. 1. des -en, -s 2. der -en, - 3. -es -en 4. des, -es 5. eines, -s 6. des -en, -s 7. seines -en, -s 8. unseres, -s 9. -er 10. -er -en 11. -es -en, -s 12. -es -en -s
2. 1. des Bahnhofs befindet sich ein Einkaufszentrum 2. innerhalb, außerhalb 3. Unsere Freunde wohnen jenseits des Flusses 4. auf der, unterhalb des, -s 5. außerhalb des, -(e)s
3. 1. Obwohl es sehr heiß ist, trägt sie einen Wollpullover. / Trotz der Hitze trägt sie einen Wollpullover. 2. Fritz geht zur Arbeit, obwohl er starke Zahnschmerzen hat. / Ungeachtet seiner starken Zahnschmerzen geht Fritz zur Arbeit. 3. Anstatt sich das Schnitzel zu bestellen, bestellt er sich Tortellini mit Sahnesauce. / Statt des Schnitzels bestellt er sich Tortellini mit Sahnesauce. 4. Da ich einen Fehler gemacht hatte, musste ich den Brief nochmals schreiben. / Infolge eines Fehlers musste ich den Brief nochmals schreiben.

Lektion 96

Seite 223

1. 1. -er -en 2. -er 3. der -en 4. -er 5. -er -en 6. -er -en 7. -es -en 8. der -en 9. der
2. 1. zugunsten 2. anhand 3. Trotz 4. Laut 5. Außerhalb 6. infolge 7. mithilfe 8. unterhalb 9. mittels / mithilfe 10. zugunsten 11. außerhalb 12. trotz 13. Wegen 14. Jenseits – diesseits 15. oberhalb 16. anlässlich 17. aufgrund / anhand 18. mittels 19. Während 20. bezüglich 21. Statt 22. zugunsten

Lektion 97

Seite 225

1. 1. dass er keine Zeit habe. 2. dass er gerne Spaghetti esse. 3. dass er am Morgen oft Tee trinke 4. dass der Lehrer in der Pause die Hefte korrigiere. 5. dass in Spanien jeden Tag die Sonne scheine. 6. dass das Smartphone eine Schutzhülle habe. 7. dass man dort auch surfen, Volleyball spielen und Kajak fahren könne. 8. dass seine Eltern gerne am Strand spazieren gehen würden. 9. dass er an diesem neuen Projekt interessiert sei. 10. dass er morgen ein Bewerbungsgespräch bei der neuen Firma habe
2. 2. nein 3. ja: wir tränken – wir würden … trinken 4. nein 5. nein 6. ja: sie hätten 7. nein

8. nein 9. ja: ich lebte – ich würde … leben 10. ja: ich stände/stünde auf – ich würde … aufstehen 11. ja: wir grüßten – wir würden … grüßen 12. ja: sie druckten aus – sie würden … ausdrucken

Lektion 98

Seite 227

1. 1. ob Elefanten mit dem Rüssel riechen können. 2. was ein Okapi ist. 3. wie groß eine Giraffe wird. 4. wie viel ein neugeborenes Elefantenbaby wiegt. 5. ob sich Kängurus von Fleisch ernähren. 6. wie dick die Haut des Elefanten ist. 7. ob die Nashörner bösartige Tiere sind. 8. ob der Gepard die schnellste Großkatze ist. 9. wie man eine Gruppe von Löwen nennt.
2. 1. hätten, sie hätten kein Geld 2. fahre, er fahre zum Bahnhof 3. hätte / äße (essen würde), sie hätte / äße (würde) gern noch ein Stück Kuchen (essen) 4. gebe, er gebe keinen Kommentar dazu
3. 1. wolle 2. könne 3. dürfe 4. müsse 5. solle

Lektion 99

Seite 229

1. Er hat gesagt, dass der Patient an einer schweren Erkältung leide, weil er sich nach dem Sport nicht gleich angezogen habe, sondern zu leicht bekleidet herumgelaufen sei. Der Patient müsse mindestens 3 Wochen im Bett bleiben. Wenn er 3 Wochen im Bett geblieben sei, dürfe er wieder aufstehen und solle kurze Spaziergänge machen. Am besten sei es, wenn er jeden Tag vitaminreiche Kost zu sich nehme und warmen Tee trinke. Außerdem müsse der Patient die Tabletten schlucken, die er ihm verschrieben habe. Wenn er die Medizin regelmäßig genommen habe, werde es ihm schon bald wieder besser gehen. Wenn der Patient also seinen Rat befolge, werde sich sein Zustand schnell verbessern.
2. 1. reagiert habe 2. hätte positionieren sollen 3. gekommen sei 4. habe 5. gehört 6. wisse 7. könne 8. hoffe 9. lösen lasse 10. werde 11. tun 12. einigen könne 13. habe 14. sei 15. dass sie nicht so ungeduldig sein sollten. 16. Fragen zum Thema und nicht zur Person stellen solle.

Lektion 100

Seite 230

1. 1. a) ob er ihr diesen Ring schenken und sie fragen dürfe, ob sie ihn heiraten wolle. b) ob sie ihm diesen Ring schenken und ihn fragen dürfe, ob er sie heiraten wolle. c) ob er mir diesen Ring schenken und mich fragen dürfe, ob ich ihn heiraten wolle. 2. a) solle ihm die Wahrheit sagen. b) er solle ihr die Wahrheit sagen. 3. a) wir uns setzen dürften. b) sie sich setzen dürften. 4. a) ich ihn jederzeit unter seiner alten Rufnummer erreichen könne. b) sie ihn jederzeit uns seiner alten Rufnummer erreichen könne. c) dass wir sie jederzeit unter ihrer alten Rufnummer erreichen könnten. d) dass er sie jederzeit unter ihrer alten Rufnummer erreichen könne.
2. am folgenden Tage ins Kino zu gehen. Sie seien schon so lange nicht mehr zusammen im Kino gewesen. Er fragte seinen Sohn auch, ob sie sich den neuen Film von Spielberg ansehen wollten. Er wisse zwar, dass sein Sohn den Film schon mit seiner Freundin auf dem Laptop gesehen habe, aber wenn er ihm verspreche, dass er ihm das Ende des Filmes nicht im Voraus verrate, lade er ihn dazu ein. Nach dem Film könnten sie noch ein Bier trinken gehen. Der Sohn solle ihm bis zum Abend sagen, ob er wolle oder nicht.

Lektion 101

Seite 233

1. Der König ritt durch den Wald. Da sah er einen armen Mann am Wegesrand und fragte ihn, warum er so traurig sei. Der Mann antwortete, dass er so traurig sei, weil er seit dem Vortage kein Haus mehr habe und ihm Hab und Gut geraubt worden sei. Der König wollte wissen, wer ihm all dies genommen habe. Der Mann erzählte, dass eines Tages Ritter zu seinem Haus gekommen seien, sie hätten seine Tochter entführen wollen. Er habe ihnen aber nicht gesagt, wo sich seine Tochter zu diesem Zeitpunkt aufgehalten habe. Da hätten sie sein Haus abgebrannt und seine Tochter, die aus dem brennenden Haus gekommen sei, mitgenommen. Der König fragte, in wessen Auftrag die Männer das getan hätten. Der Mann zögerte ein wenig und sagte dann, dass sie es im Auftrag seiner Majestät, des Königs, getan hätten. Der König gab dem Mann einen Sack voller Gold und sagte, er solle diesen nehmen und sich dort nicht mehr sehen lassen. Dann ritt der König eilig davon.
2. Der Präsident hielt letztes Jahr eine Rede. Er sagte, dass alle Bürger dieses Landes bemerken könnten, dass es ihrer Wirtschaft in jener Zeit immer schlechter gehe. Die Arbeitslosenzahl sei im Vorjahr um 3% gestiegen und steige ständig weiter. Die Gehälter seien in jenen Tagen im Durchschnitt niedriger als im Jahr zuvor. Außerdem herrsche Wohnungsnot und die Investitionen der Unternehmer gingen auffällig zurück. Viele Bürger dieses Landes würden in jenen Tagen nur knapp über dem Existenzminimum leben, da die Löhne schon lange nicht mehr angehoben worden seien. Es sei zwar klar, dass sie alle in den folgenden Jahren weiter sparen müssten. Aber wenn er an die Macht komme, werde dieser Phase des Verzichts schon bald eine lange Zeit des allseitigen Wohlstands folgen. Sie alle würden schon bald wieder zufrie-

den sein und optimistisch in die Zukunft blicken können. Alle Bürger sollten ihn bei der nächsten Wahl wählen. Er betonte, dass kein Weg daran vorbeigehe.

Lektion 102

Seite 235

1. Der Arzt hat zu seinem Patienten gesagt, dass er schon bald weniger an seiner Krankheit leiden werde, wenn er weniger arbeite und sich mehr ausruhe. Der Patient müsse länger schlafen und sich mehrere Ruhepausen gönnen. Er solle früher ins Bett gehen und vor dem Einschlafen noch zwei von diesen Tabletten nehmen. Wenn der Patient etwas früher zu ihm gekommen wäre, wäre seine Krankheit nun sicher nicht so schlimm. Der Patient solle aber den Kopf nicht hängen lassen, da alles bald besser werde.
2. Die Nachbarin erzählt, dass ihr Nachbar am Vortag mal wieder sehr spät aus der Kneipe gekommen sei. Es sei schon 2 Uhr nachts gewesen, und er habe nicht mehr gerade gehen können. Sie vermutet, dass er mal wieder einen über den Durst getrunken habe. Ihr Nachbar sei über den Vorleger gestolpert und mit dem Kopf gegen die Wohnungstür gedonnert. Sie könne sich gut vorstellen, dass sein Verhältnis mit der Dame von gegenüber zu Ende sei. Die Nachbarin bedauerte das, weil diese Frau eine richtig elegante Frau und auch noch gebildet sei. Sie wäre bestimmt die richtige für ihren Nachbarn gewesen und hätte ihm Manieren beibringen können. Die beiden hätten (ihrer Meinung nach) sehr gut zueinander gepasst. Aber nun, wo es zwischen den beiden aus sei, werde ihr Nachbar wohl wieder nur grimmig auf seiner Bude hocken, sie nicht grüßen und laute Musik hören. Sie wünschte sich, dass ihr Nachbar endlich eine feste Beziehung haben könnte.

Lektion 103

Seite 237

1. wann, als 2. Ob, wenn, als, ob 3. Als, ob 4. Wenn, wann 5. Als, wenn 6. Ob 7. Als 8. als ob 9. Wenn, als 10. Wenn, wann 11. Als, ob, wenn 12. wenn, Als 13. ob

14. 1. Als 2. wenn 3. als 4. als 5. als 6. wenn 7. als 8. als

Lektion 104

Seite 239

1. 1. wo 2. wohin 3. wo, in der 4. wo 5. wohin 6. wohin, in die 7. woher 8. wohin 9. wo, in dem 10. an dem, wo 11. wo 12. wo
2. 1. Der Ort, wohin ich am liebsten fahre, heißt Sevilla. 2. Die Stadt, woher Mozart stammt, heißt Salzburg. 3. Erinnerst du dich daran, wohin ich meine Schlüssel gelegt habe? 4. Hier, wo sie immer liegen, kann ich sie nicht finden. 5. In dem Dorf, woher ich komme, essen die Leute oft Flammkuchen.
3. 1. Der Platz, wo mein Großvater immer sitzt, ist hier. 2. In Spanien, wohin ich auch heute noch oft fahre, habe ich studiert. 3. Das Land, wo laut der Bibel Milch und Honig fließen, heißt Kanaan. 4. Das ist der Platz, wohin mein Lehrer immer seine Tasche gestellt hat. 5. Bei Aldi, wo man zwar nicht alles kriegt, ist vieles billiger.

Lektion 105

Seite 241

1. dem, was 2. wo 3. was 4. was 5. was 6. wohin 7. was 8. Was 9. den, wo 10. was 11. das, was, der 12. dem, was 13. -es, was 14. wo, dessen 15. was 16. wo, -, -er, wo (an dem) 17. -es, wohin (in das), -e, deren, die 18. -es, was 19. -es, was 20. das, was 21. -em, was 22. -em, was 23. wo 24. was 25. Das, was, -, dessen 26. Was 27. was 28. dem, was 29. das, was

Lektion 106

Seite 243

1. 1. Wer 2. worauf 3. wem, darüber, dieselbe 4. Wer, -e, -e, (der) 5. Wem, (der) 6. worüber 7. Wer, dem 8. Wem 9. Der, von dem, von, -em, aus dem 10. Wer, den 11. -em, was 12. was 13. -em, wovon
2. 1. Wer gutmütig ist, (der) wird normalerweise ausgenutzt. 2. Wer nur Geld verdienen will, dem sollte man von diesem Job abraten. 3. Wem die Aufgabe nicht gefällt, der soll es jetzt sagen. 4. Wen die Blumen auf dem Tisch stören, der kann sie vom Tisch nehmen. 5. Wer an dem Ausflug teilnehmen will, (der) muss sich morgen anmelden. 6. Wer Änderungswünsche hat, (der) soll sie vortragen. 7. Wen man schon lange kennt, dem vertraut man. 8. Wer früher kommen möchte, (der) soll vorher Bescheid sagen. 9. Wem ich nicht vertraue, (dem) biete ich keine Hilfe an. 10. Wen der Lehrer immer lobt, der ist oft in der Klasse nicht beliebt.

Wiederholung 97 – 106

Seite 244

1. 1. Wir fahren im Urlaub in ein Land, in dem (wo) immer die Sonne scheint. 2. Er hat sich plötzlich umgedreht, womit niemand gerechnet hat. 3. Ich schreibe dir einen Brief, wofür ich eigentlich keine Zeit habe. 4. Das Schönste, was ich in Dubai gesehen habe, war ein beleuchteter Tempel. 5. Vieles, wofür ich viel gelernt habe, ist in der Prüfung nicht rangekommen. 6. Ich mag das nicht, was er dauernd sagt. 7. Wir wollen vieles, was er uns erzählt hat, nicht wissen. 8. Da, wo exotische Pflanzen wachsen, gibt es viel Wasser. 9. Dann ist das passiert, worauf

jeder gehofft hatte. 10. Mit dem, was Sie uns geliefert haben, können wir nicht zufrieden sein.
2. 1. wann 2. ob 3. wenn 4. Wann 5. wo 6. ob 7. als 8. ob 9. als 10. ob 11. wann 12. als

Seite 245

3. Der Polizeikommissar berichtete der Presse: „Gestern kam es in einer Gaststätte zu einer Schießerei. Die Gaststätte hatte ganz normal um 18 Uhr geöffnet. Die Angestellten führten ihre Arbeit wie gewohnt aus, und das Restaurant war, wie es um diese Zeit üblich ist, gefüllt. Plötzlich entstand an einem Tisch mit drei Personen eine lautstarke Diskussion, bis einer der Gäste an diesem Tisch aufstand und eine Pistole zog. Die restlichen Gäste standen schreiend auf und rannten aus dem Lokal. Als der Wirt den Streit schlichten wollte, schoss der Täter zweimal auf ihn. Der Wirt wurde aber nur leicht angeschossen. Damit aber nicht genug: Der Täter richtete dann seine Waffe auf die zwei verbleibenden Männer an seinem Tisch und schrie: „Gebt mir das Geld zurück!“ Als daraufhin einer der Männer versuchte, dem Täter die Waffe zu entreißen, schoss der Täter erneut. Dabei wurde ein Mann so schwer verletzt, dass man ihn sofort in ein Krankenhaus einliefern musste. Dem anderen Mann gelang es, durch den nahegelegenen Notausgang zu fliehen. Der Täter selbst wollte dann fliehen, wurde aber von einem vorbeifahrenden Polizeiwagen verfolgt und schließlich gestellt. Nach den bis zum jetzigen Zeitpunkt vorliegenden Untersuchungsergebnissen handelte es sich dabei um einen Familienstreit, bei dem es um nur 200 Euro ging.

Lektion 107

Seite 246

1. 1. demjenigen 2. das gleiche 3. demselben 4. demjenigen, der

Seite 247

5. dieselbe 6. das gleiche 7. demjenigen, der (derjenigen, die) 8. demselben 9. denjenigen, der 10. demselben 11. demjenigen, den (derjenigen, die / denjenigen, die) 12. Die demselben 13. demjenigen, das 14. das gleiche 15. derselben 16. die gleichen, diejenigen, die, -er 17. derjenigen 18. demjenigen 19. die gleiche 20. dieselbe 21. den gleichen 22. demjenigen, der 23. denjenigen, die 24. demselben 25. demselben 26. diejenigen, denen 27. die gleichen
2. 1. der 2. dessen 3. für die 4. auf deren 5. die 6. denen 7. mit dessen 8. deren 9. mit denen 10. von dessen

Lektion 108

Seite 249

1. 1. Man hat den Schlüssel beim Hausmeister abzugeben. 2. Die Jugendlichen haben ihre Zimmer vor 10 Uhr zu verlassen. 3. Das Zimmer ist abzuschließen 4. Die Zimmer sind sauber zu halten. 5. Die Vorschriften des Hauses sind zu beachten. 6. Zigaretten waren nur außerhalb des Klassenraumes zu rauchen.
2. 1. haben an Schalter 7 einzuchecken. 2. ist sehr genau zu kontrollieren. 3. hat in jeder Situation Ruhe zu bewahren. 4. Flugtickets sind zu kontrollieren. 5. hat das Flugzeug zu Flugsteig 3 zu steuern / ist (vom Piloten) zu Flugsteig 3 zu steuern. 6. haben sich anzuschnallen. 7. haben die Gurte anzulegen / sind (von den Passagieren) anzulegen. 8. haben die Fluggäste höflich zu bedienen / sind (von den Stewardessen) höflich zu bedienen. 9. hat den Sitz in eine aufrechte Position zu bringen / ist (vom Fluggast) in eine aufrechte Position zu bringen. 10. ist das Rauchen einzustellen. 11. hat vom Tower grünes Licht zum Start zu bekommen.

Lektion 109

Seite 251

1. 1. Der Schrank lässt sich nicht abschließen. 2. Ein Schuss war nicht zu hören. 3. Dieser Computer kann programmiert werden. 4. Es war nicht zu fassen. 5. Die Aggression zwischen den beiden konnte praktisch gespürt werden. 6. Der Text war nicht zu lesen. 7. Der Oldtimer konnte nicht mehr repariert werden. 8. Dieses Benehmen kann nicht akzeptiert werden. 9. Seine Gedanken waren absolut nicht nachzuvollziehen. 10. Die Studenten hatten sich bis zum April für das Examen anzumelden. 11. Die Prüfungsfächer waren auf das Formular A zu schreiben. 12. Man hatte die Formulare in Großbuchstaben auszufüllen.
2. 1. Die genauen Anfangszeiten müssen unbedingt eingehalten werden. 2. Ein Ende ist nicht absehbar. 3. Die Niederlage konnte ihm angesehen werden. 4. Dieser Apfel war nicht mehr essbar. 5. Der Sportler musste sehr genau auf seine Ernährung achten. 6. Die Höhe des Tisches war nicht verstellbar. 7. Er musste das Öl seines Wagens nachsehen. 8. Die Schraube konnte nicht gelöst werden.

Wiederholung Band 2

Seite 252

1. 1. Der Kopierer, an dem der neue Angestellte oft gestanden hat, ist defekt. 2. Die Kinder, deren Vater nicht oft zu Hause ist, rennen durch den Garten. 3. Der Haken, an den ich meinen Mantel gehängt habe, ist rostig. 4. Der Haken, an dem mein Mantel hängt, ist rostig. 5. Das Handy, für das das Ladekabel geeignet ist, liegt dort auf dem Tisch. 6. Das Produkt, für dessen Entwicklung die Firma Jahre gebraucht hat, kommt endlich auf den Markt. 7. Die Unterlagen, mit denen ich zur Behörde gegangen bin, waren falsch.

2. 1. der Wagen noch kein Benzin braucht. 2. Wagen noch kein Benzin braucht, tanke ich noch nicht 3 Ich tanke noch nicht, denn der Wagen braucht noch kein Benzin. 4. Ich tanke noch nicht, der Wagen braucht nämlich noch kein Benzin. 5. Der Wagen braucht noch kein Benzin. Deshalb tanke ich noch nicht.
3. 1. Man raucht hier nicht. 2. Man wählte sechs Kandidaten für den Wettbewerb aus. 3. Der Geschäftsführer hat gute Vorschläge gemacht. 4. Man musste alle Studenten befragen. 5 Der Kapitän besichtigte das Piratenschiff, das die Kinder gebaut hatten.

Seite 253

4. 1. für, Dafür 2. auf 3. darüber 4. Worüber 5. vor mir 6. an der 7. darauf, dir, bei der 8. mit, vor
5. 1. Der Richter stützte sich auf die Aussage des Zeugen. 2. Der Bettler träumte von einem Lottogewinn. 3. Der Gast beschwerte sich bei dem Kellner über das kalte Essen. 4. Wir verabredeten uns mit den anderen Freunden vor dem Kino. 5. Er kam mit nur einem Liter Milch pro Woche aus. 6. Wir beteiligten uns an dem Geschenk für den guten Freund. 7. Worauf spieltest du an? 8. Der Kunde hatte kein Vertrauen zu dem Verkäufer.
6. 1. Der Terrorist, der gestern festgenommen wurde, ist schon wieder auf freiem Fuß. 2. In der Woche, die kommt, habe ich viel zu tun. 3. Die Demonstranten, die durch die Straßen zogen, waren mit dem Regime unzufrieden.

Seite 254

7. 1. oben, runter 2. Drüben, rüber 3. Unten, runter, rauf 4. ran, dran 5. hin 6. her, Hier 7. draußen 8. rein, draußen
8. 1. -en, - 2. dem, der, nach, -em 3. -, -m, -e 4. -e, -en 5. -er, den -en, -em, -en 6. -en, dem, die, -e, -m 7. -e, -, -es 8. der, -en -en, -er, -en 9. -, -e, -e, der, -en 10. dem, -en, -e 11. deren, die 12. Der, -en, -e, ihn 13 ihn, -er, der 14. der, -e, -, -es, -e 16. den, nach
9. 1. Ein, -em, -en 2. -en, -e -e 3. Die -en 4. -er, dem -en, -es 5. -em

Seite 255

10. 1. Der Lehrer gab dem an der Tafel stehenden Schüler einen guten Ratschlag. 2. Das von dem Dieb eingetretene Fenster führte in den unter dem Wohnzimmer liegenden Kellerraum. 3. Am Strand sitzend genossen sie die am Horizont aufgehende Sonne. 4. Der aus dem Internet runtergeladene Text ist interessant.
11. 1. ich Obst gegessen hätte, hätte ich keine Erkältung bekommen. 2. ob er ein Fuchs wäre. 3. sie sich vorher die Schuhe abgeputzt hätte 4. schon die Wahrheit gesagt, müsste er nicht mehr im Gefängnis bleiben.
12. 1. Ich verfüge sowohl (nicht nur) über ein Motorrad als auch (, sondern auch) über ein Fahrrad. 2. Dieser Mann ist weder fair noch verständnisvoll. 3. Ich kaufe mir entweder eine digitale Kamera oder einen Flachbildschirm. 4. Zwar wollen die Leute umweltbewusst leben, aber auf ihr Auto wollen sie nicht verzichten.
13. 1. Je mehr er lernt, desto zufriedener ist der Lehrer mit ihm. 2. Je spannender der Film ist, desto lieber sehe ich ihn. 3. Eine je bessere Klassenarbeit das Kind schreibt, desto mehr Taschengeld bekommt es.

Seite 256

14. 1. Ich schenke ihr mein Feuerzeug, damit sie mich nicht ständig danach fragt. 2. Der Student lernte sehr viel, um eine ausgezeichnete Prüfung zu schreiben. 3. Sie öffneten die Fenster, um nicht zu ersticken.
15. 1. Obwohl er nicht ins Kino hat gehen wollen, hat er sich den Film angeschaut. 2. Obwohl sie viel verdient hat, war sie mit ihrem Gehalt nicht zufrieden. 3. Obwohl der Mann in den Süden reisen will, wird er seiner Frau zuliebe zu Hause bleiben.
16. Du hast mich zu deiner Party eingeladen. Ich bleibe trotzdem zu Hause.
17. 1. Wenn du mir den Ball nicht gibst, spiele ich nicht mehr mit dir. 2. Falls Sie schreien, erschieße ich Sie. 3. Sollte der Computer abgestürzt sein, können wir den Brief nicht beenden. 4. Erhalten wir den Auftrag nicht, müssen wir uns um andere Kunden kümmern. 5. Zahlen Sie die Monatsgebühren nicht, endet das Vertragsverhältnis umgehend.
18. 1. e) 2. f) 3. h) 4. c) 5. d) 6. a) 7. g) 8. b)

Seite 257

19. 1. denn 2. Da 3. Während 4. Obwohl 5. damit 6. indem 7. wie 8. Seitdem 9. obwohl 10. Anstatt 11. Bevor 12. Da 13. deshalb 14. Als 15. wenn 16. Während / Als 17. indem 18. Obwohl 19. dass 20. Anstatt 21. bis 22. Seitdem
20. 1. Bei Entgegennahme der Ware müssen Sie eine Gebühr bezahlen. 2. Wegen der Überschwemmung der Dörfer mussten die Bewohner evakuiert werden. 3. Gleich nach Eintreffen der Polizei gestand der Mann seine Tat. 4. Vor Angst konnte sie den Stift nicht halten. 5. Wegen der Abwahl des Präsidenten waren viele Wähler enttäuscht. 6. Statt einer Impfung verschrieb der Arzt dem Patienten Tabletten 7. Vor dem Gebet / Beten knien sie sich auf den Boden.

Seite 258

21. **1.** Nachdem der Politiker angekommen war, gab es eine Begrüßungsrede. **2.** Bevor die Ware versandt wird, wird sie eingehend getestet. **3.** Obwohl die Qualität des Produktes kontrolliert worden war, wies das Produkt Mängel auf. **4.** Weil sie so wütend war, zerschmiss sie die Vase. **5.** Nachdem der Patient operiert worden war, ging es ihm erheblich besser. **6.** Seitdem der junge Arzt die Praxis des Vater übernommen hat, hat er mehr zu tun. **7.** Wenn Sie das Paket entgegennehmen, müssen Sie das Formular unterschreiben. **8.** Weil der Vorgang abgebrochen wurde, kann das Programm nicht mehr installiert werden. **9.** Halten Sie die Taste gedrückt, wenn Sie den Computer einschalten! **10.** Obwohl es (das Wetter) sehr stürmisch war, wurde das Fußballspiel angepfiffen.

22. **1.** Unsere Mannschaft müsste gewonnen haben. **2.** Er will zu Hause gewesen sein. **3.** Die Sekretärin muss mit dem Chef durchgebrannt sein. **4.** Das kann nicht wahr sein. **5.** Die Polizei muss mich geblitzt haben. **6.** Jemand könnte mich gesehen haben.

23. **1.** werde ich das Geschirr auch schon abgewaschen haben. **2.** werden die Mülltonnen schon geleert worden sein.

Seite 259

24. **1.** Er war darüber verwundert, sich am Vortag so verhalten zu haben. **2.** Man nahm sich vor, den Auftrag zuverlässig auszuführen. **3.** Sie wünschte sich, ihr Einkommen bald zu erhalten. **4.** Es störte ihn, sich nicht erwartungsgemäß verhalten zu haben. **5.** Der Täter gestand, seine Ehefrau ermordet zu haben. **6.** Der Junge befürchtete, von jemandem beobachtet worden zu sein.

25. **1.** Der Polizist war darauf stolz, die Hausbewohner gerettet zu haben. **2.** Der Angeklagte gestand, die alten Leute betrogen zu haben. **3.** Der Fußballspieler freute sich darüber, in letzter Minute ein Tor erzielt zu haben.

26. **1.** Laut der **2.** anlässlich der, -e **3.** Dank -er, das **4.** Unweit der **5.** Jenseits des -es **6.** Zugunsten -er **7.** Anstatt -es -es **8.** Laut -em **9.** Jenseits des -es **10.** innerhalb -er **11.** zu/anlässlich -er **12.** mittels -er **13.** innerhalb der -en **14.** außerhalb der **15.** während der **16.** während der

Seite 260

27. **1.** ich solle ihm das Buch sofort zurückgeben / dass ich ihm … zurückgeben solle. **2.** sie kämen mit ihren Eltern zu uns / sie würden mit … kommen. **3.** ob er sich schon die Hände gewaschen habe. **4.** wie viel Geld er ihm am Vortag eigentlich gegeben habe / wie viel Geld sie mir am Vortag eigentlich gegeben habe.

28. Der König sagte zu einer Tochter, dass sie auf die Suche nach einem Prinzen gehen solle, wenn sie größer sei und er älter sein werde. Das sei so, da er keinen Sohn habe, der all seine Reichtümer erben könne. Damit aber alles in der Familie bleibe, müsse sie heiraten und einen Sohn haben, der eines Tages an die Macht kommen und das Land regieren solle. Die Tochter solle also stets versuchen, ein gutes Mädchen zu sein, damit sie auch geheiratet werde. Die Tochter stimmte dem Vater zu und sagte, dass sie alles tun werde, um ihn glücklich zu machen.

29. **1.** Der Schaffner sagte zum Fahrgast, dass er ihm die Fahrkarte zeigen solle. **2.** Mein Freund fragte mich, was ich tun würde, wenn ich Millionär wäre. **3.** Sabine wurde von ihrem Freund gefragt, wann sie ihn endlich heiraten wolle. **4.** Peter behauptete, dass sie (wir) alle zusammen gewesen seien, als der Sturm begonnen habe. **5.** Auf die Frage, aus welchem Material die Tasche sei, antwortete er, dass sie aus Leder sei.

Seite 261

30. **1 a)** Die Flasche konnte verschlossen werden. **b)** Die Flasche war zu verschließen. **c)** Die Flasche ließ sich verschließen.

2. a) Seine Reaktion konnte von allen verstanden werden. **b)** Seine Reaktion war von allen zu verstehen.

3. a) Dieser Spieler kann nicht bezahlt werden. **b)** Dieser Spieler ist nicht zu bezahlen.

4. a) Die Rechnung muss sofort beglichen werden. **b)** Die Rechnung ist sofort zu begleichen. **c)** Sie haben die Rechnung sofort zu begleichen.

5. a) Die Hausaufgaben sind zu machen. **b)** Die Hausaufgaben müssen gemacht werden. **c)** Man muss die Hausaufgaben machen.

6. a) Die Fenster können geöffnet werden. **b)** Man kann die Fenster öffnen. **c)** Die Fenster sind zu öffnen.

7. a) Der Text ist leicht zu verstehen. **b)** Der Text kann leicht verstanden werden. **c)** Der Text ist leicht verständlich. **d)** Der Text lässt sich leicht verstehen.

8. a) Der Antrag auf Genehmigung ist an Schalter 8 zu stellen. **b)** Man muss den Antrag auf Genehmigung an Schalter 8 stellen. **c)** An Schalter 8 hat man den Antrag auf Genehmigung zu stellen. **d)** Die Genehmigung kann an Schalter 8 beantragt werden. **e)** Wenn man die Genehmigung beantragen will, muss man zu Schalter 8 gehen. **f)** Um die Genehmigung zu beantragen, hat man zu Schalter 8 zu gehen.

Verben mit Präpositionen

abbuchen von	Der Betrag wurde bereits vom Konto abgebucht.
sich **abfinden** mit	Sie kann sich mit dem Ergebnis nicht abfinden.
j-n **abhalten** von	Er hielt seinen Freund davon ab, zu früh zu heiraten.
abhängen von	Es hängt vom Wetter ab, ob wir schwimmen gehen.
abheben von	Die Rakete hob pünktlich vom Boden ab.
ableiten von	„Freundlichkeit" kann man von „Freund" ableiten.
ablenken von	Bitte lenken Sie nicht vom Thema ab!
abprallen von	Der Ball prallte von der Wand ab.
abraten von	Man riet mir von dem Kauf des Wagens ab.
abstammen von	Stammen wir wirklich vom Affen ab?
abstimmen über *A*	Das Parlament stimmt morgen über den Vorschlag ab.
sich **abwechseln** mit	Beim Abwaschen wechselt er sich mit ihr ab.
abweichen von	Der Politiker wich immer wieder vom Thema ab.
abzielen auf *A*	Worauf zielt Ihre Frage ab?
achten auf *A*	Sie achtet auf ihre Linie.
ändern an *D*	Wir dürfen an dem Plan nichts ändern.
anfangen mit (↗ beginnen)	Wann hast du mit dem Rauchen angefangen?
Angst haben um	Der Vater hatte um seinen neuen Wagen große Angst.
Angst haben vor *D*	Hast du etwa Angst vor Spinnen?
anknüpfen an *A*	Ich möchte an das Vorangesagte anknüpfen.
ankommen auf *A*	Es kommt darauf an, dass man ehrlich ist.
sich **anmelden** für	Hast du dich schon für den neuen Kurs angemeldet?
sich **anpassen** an *A*	Er passt sich ungerne an die Gruppe an.
anspielen auf *A*	Worauf spielst du an?
anstoßen auf *A*	Lasst uns auf das junge Brautpaar anstoßen!
anstoßen mit	Darf ich mit Ihnen auf die bestandene Prüfung anstoßen?
antworten auf *A*	Er wollte auf diese Frage nicht antworten.
arbeiten an *D*	Wir arbeiten an einem kostspieligen Projekt.
sich **ärgern** über *A*	Hast du dich über den Brief geärgert?
aufhören mit (↗ enden)	Hören Sie doch bitte mit dem Lärm auf!
aufpassen auf *A*	Das Kindermädchen passte auf die Kinder auf.
sich **aufregen** über *A*	Er regt sich so leicht über Kleinigkeiten auf.
sich **auseinandersetzen** mit	Er setzt sich oft mit diesem Problem auseinander.
ausgeben für	Sie gab viel Geld für Blumen aus.
sich **ausgeben** für	Der Unbekannte gab sich für einen Kollegen von uns aus.
sich **auskennen** in *D*	Er kennt sich in seinem Fach gut aus.
sich **auskennen** mit	Er kennt sich mit Computern aus.
auskommen mit	Mit einem Liter Wasser pro Tag komme ich nicht aus.

sich **äußern** über *A*	Über seine Kollegen hat er sich nicht geäußert.
sich **äußern** zu	Er wollte sich zu dem Skandal nicht äußern.
sich **auswirken** auf *A*	Das Wetter wirkt sich oft auf die Laune aus.
basieren auf *D*	Die Theorie basiert auf langjährigen Untersuchungen.
sich **bedanken** bei j-m	Sie hat sich bei mir schon bedankt.
sich **bedanken** für	Hast du dich für das Geschenk bedankt?
sich **befassen** mit	Er befasst sich mit dem Problem.
befreien von	Aspirin befreit von Kopfschmerzen.
sich **begeistern** für	Er begeisterte sich für diesen Sport.
beginnen mit (↗ anfangen)	Wann hast du mit dem Rauchen begonnen?
j-n **beglückwünschen** zu	Man beglückwünschte den Politiker zu seiner Wiederwahl.
beharren auf *D*	Er beharrte immer wieder auf seiner Meinung.
sich **beklagen** über *A*	Der Patient beklagt sich über Ohrenschmerzen.
belohnen für	Sie belohnte das Kind für sein Benehmen.
sich **bemühen** um	Er hat sich um gute Noten in der Schule bemüht.
j-n **beneiden** um	Wir beneiden dich um deinen großen Garten.
berichten über *A*	Das Fernsehen hat oft über diesen Vorfall berichtet.
sich **berufen** auf *A*	Der Pfarrer beruft sich häufig auf die Bibel.
sich **beschäftigen** mit	Er beschäftigt sich oft mit Mathematik.
sich **beschweren** bei j-m	Er hat sich beim Oberkellner beschwert.
sich **beschweren** über *A*	Der Gast beschwert sich über das kalte Essen.
sich **besinnen** auf *A*	Er besann sich rechtzeitig auf seine Stärken.
bestehen auf *D*	Ich bestehe darauf, dass du zu meiner Party kommst.
bestehen aus	Das Buch besteht aus 12 Kapiteln.
bestehen in *D*	Sein Leben besteht in unaufhörlicher Aufopferung.
j-n **bestrafen** für	Der Mann wurde für falsches Parken bestraft.
j-n **bestrafen** mit	Er wurde für das Foul mit einer roten Karte bestraft.
sich **beteiligen** an *D*	Beteiligst du dich an seinem Geschenk?
betteln um	Er bettelte um eine warme Unterkunft.
j-n **beurteilen** nach	Du sollst niemanden nach seiner Kleidung beurteilen.
sich **bewerben** um	Sie bewarb sich ständig um einen neuen Posten.
sich **bewerben** bei	Hast du dich schon bei der neuen Firma beworben?
bewerfen mit	Die Kinder bewarfen sich mit Sand.
sich **beziehen** auf *A*	Wir beziehen uns auf Ihren Brief vom 1. April.
j-n **bitten** um	Dürfte ich Sie um eine Gehaltserhöhung bitten?
j-m **danken** für	Ich danke dir für deine Hilfe.
demonstrieren für/gegen	Die meisten demonstrieren für die Idee, andere aber auch dagegen.
denken an *A*	Er denkt oft an seine Familie.
diskutieren über *A*	In der Klasse haben wir über Vorurteile diskutiert.
drängen auf *A*	Der Chef drängte auf die Erfüllung der Pflichten.
sich **drehen** um	In diesem Film drehte es sich um einen Gangsterboss.
sich **eignen** für	Diese Frau eignet sich sehr gut für diese Arbeit.

eingehen auf *A*	Der Lehrer ging auf alle Fragen ein.
sich **einig sein** über *A*	Wir sind uns über die Kosten einig.
sich **einig werden** über *A*	Sie wurden sich sehr schnell über den Auftrag einig.
einigen über *A*	Habt ihr euch über den Preis geeinigt?
sich **einigen** auf *A*	Man hat sich auf ein neues Gesetz geeinigt.
sich **einigen** mit	Der Präsident konnte sich nicht mit dem Kanzler einigen.
j-n **einladen** auf *A*	Kann ich dich auf ein Bier einladen?
j-n **einladen** zu	Darf ich Sie zu meinem Geburtstag einladen?
sich **einlassen** auf *A*	Auf diesen Handel lasse ich mich nicht ein.
sich **einmischen** in *A*	Bitte mischen Sie sich nicht in unsere Angelegenheiten ein.
sich **einrichten** auf *A*	Sie hatte sich auf den Besuch nicht eingerichtet.
sich **einstellen** auf *A*	Sie müssen sich in London auf Regen einstellen.
eintauschen gegen	Er hat den Roller gegen ein Fahrrad eingetauscht.
einzahlen auf *A*	Ich habe das Geld auf mein Konto eingezahlt.
sich **ekeln** vor *D*	Sie ekelt sich vor weißen Mäusen.
sich **empören** über *A*	Die alte Frau hat sich über diesen Film empört.
enden mit (↗ aufhören)	Die Feier endete mit viel Lärm.
sich **entscheiden** für	Er hat sich für eine höhere Laufbahn entschieden.
sich **entschließen** zu	Ich kann mich zu dieser Reise nicht entschließen.
sich **entschuldigen** bei	Er hat sich bei mir schon entschuldigt.
sich **entschuldigen** für	Hast du dich für dein Benehmen entschuldigt?
erfahren aus	Ich habe das aus der Zeitung erfahren.
erfahren von	Wann hast du von seinem Unfall erfahren?
sich **erheben** gegen	Das Volk erhob sich gegen die Regierung.
erhöhen um	Wir erhöhen den Preis um 10 Cent pro Liter.
erhöhen von/auf *A*	Der Preis wurde von einem Euro auf zwei Euro erhöht.
sich **erholen** von	In den Ferien erholte sich die Frau von dem Stress.
sich **erinnern** an *A*	Ich erinnere mich gerne an meine Jugend.
erkennen an *D*	Man erkennt ihn sofort an seiner Stimme.
sich **erkundigen** bei	Ich werde mich bei dem Polizisten danach erkundigen.
sich **erkundigen** nach	Hat sich jemand nach mir erkundigt?
ermäßigen um	Wir können den Preis um 20% ermäßigen.
ermäßigen von/auf *A*	Der Eintrittspreis wurde von zwei Euro auf einen Euro ermäßigt.
erzählen über	Sie erzählt über ihr Leben auf dem Bauernhof.
erzählen von	Er erzählt gerade von seinem Abenteuer.
fahnden nach	Die Polizei fahndet schon lange nach dem Täter.
fehlen an *D*	Für dieses Projekt fehlt es an Fachleuten.
festhalten an *D*	Wir halten an diesen Prinzipien fest.
sich **festhalten** an *D*	Sie können sich an dieser Stange festhalten.
fliehen vor *D* (↗ weglaufen)	Der junge Mann floh vor den Soldaten.
fluchen über *A*	Er flucht oft über das Wetter.

forschen nach	Der Mediziner forscht nach dem Grund der Krankheit.
j-n **fragen** nach	Hat jemand nach mir gefragt?
sich **freuen** an *D*	Die Mutter freut sich immer wieder an dieser Pflanze.
sich **freuen** auf *A*	Freust du dich auch auf das Wochenende?
sich **freuen** über *A*	Das Kind freute sich über das Geschenk.
sich **fürchten** vor *D*	Das Kind fürchtete sich vor dem bösen Mann.
füttern mit	Man darf die Enten nicht mit diesem Brot füttern.
garantieren für	Wir garantieren dafür, dass das Gerät funktioniert.
es **geht** um	Es geht hier um ein wichtiges Problem.
gehören zu	Kalifornien gehört zu den USA.
gelten für	Der Reisepass gilt für 5 Jahre.
geraten in *A*	Er geriet ganz ungewollt in eine Schlägerei.
gewinnen gegen	Gegen Brasilien gewann Deutschland überraschend hoch.
sich **gewöhnen** an *A*	Sie kann sich nicht an das Klima gewöhnen.
glauben an *A*	Glaubst du auch an Gott?
graben nach	Er grub nach einem nicht vorhandenen Schatz.
j-m **gratulieren** zu	Ich möchte dir zu deinem Geburtstag gratulieren.
greifen nach	Der Polizist griff mit letzter Kraft nach der Pistole.
greifen zu	Als das Telefon klingelte, griff der Chef zum Hörer.
etwas **haben** gegen	Hast du etwas gegen meinen Freund?
halten für	Wir halten diesen Mann für einen guten Spieler.
halten von	Was hältst du von der Idee, ins Kino zu gehen?
handeln mit	Er handelte mit Teppichen.
handeln von	Der Film handelte von einer großen Liebe in Afrika.
sich **handeln** um	Es handelt sich hier um viel Geld.
hängen an *D*	Sie hing sehr an dem alten Ring vom Großvater.
j-m **helfen** bei	Hilfst du mir bei den Hausaufgaben?
herrschen über *A*	Der Winter herrschte über das Land.
j-n **hindern** an *D*	Er hat mich daran gehindert, das Haus zu betreten.
j-n **hinweisen** auf *A*	Wir weisen auf die neuen Zahlungsbedingungen hin.
hoffen auf *A*	Wir hoffen auf besseres Wetter.
hören auf *A*	Das Kind hörte nicht auf die Mutter.
hören von	Hast du etwas von Hans gehört?
sich **identifizieren** mit	Sie konnte sich mit dieser Politik nicht identifizieren.
sich **informieren** über	Wo kann man sich näher über diese Technik informieren?
sich **interessieren** für	Ich interessiere mich für Fußball.
sich **irren** in *D*	Oh Verzeihung, ich habe mich in der Tür geirrt.
jubeln über *A*	Die Fußballfans haben lange über das Tor gejubelt.
kämpfen für	Die Rebellen kämpften für mehr Freiheit.
kämpfen gegen	Sie kämpften verbissen gegen die Feinde.
kämpfen mit	Er kämpft mit den Tränen.
kämpfen um	Die Spieler kämpften verbissen um den Pokal.
kandidieren für	Er hat schon öfters für dieses Amt kandidiert.

klagen über	Der Patient klagte über starke Rückenschmerzen.
kommen zu	Es kam in der Diskothek oft zu einer Schlägerei.
sich **konzentrieren** auf *A*	Er konzentrierte sich auf die Lektüre des Buches.
sich **kümmern** um	Das Kindermädchen kümmerte sich um die Kinder.
lachen über *A*	Über diesen Witz kann ich nicht lachen.
leben von	Lebt der Elefant wirklich nur von Pflanzen?
sich **lehnen** an *A*	Sie lehnte sich an ihren Mann und schlief ein.
leiden an *D*	Er leidet an einer Allergie.
leiden unter *D*	Das Volk litt unter dem Diktator sehr.
es **liegt** an *D*	Es lag nicht an mir, dass wir nicht gewonnen haben.
mangeln an *D*	Es mangelt ihm an Disziplin.
nachdenken über *A*	Der Vater denkt oft über seinen Sohn nach.
passen zu	Diese Jacke passt zu deinem neuen Kleid.
protestieren gegen	Die Studenten protestierten gegen die Diktatur.
sich **rächen** an *D*	Die Mafia hat sich an diesem Gangster gerächt.
sich **rächen** für	Er rächte sich dafür, dass man über ihn gelacht hatte.
j-m **raten** zu	Sie riet ihrem Mann dazu, das teure Auto zu kaufen.
rechnen auf *A*	Er rechnet auf deine Hilfe.
rechnen mit	Ich habe nicht damit gerechnet, dass du kommst.
sich **richten** nach	Er richtet sich nach seiner Frau. Er macht, was sie will.
riechen nach	Es riecht hier nach Knoblauch.
Ruhe haben vor *D*	Der Vater möchte vor den Kindern Ruhe haben.
sagen zu	Was sagst du zu meiner neuen Jacke?
sich **schämen** für	Sie schämte sich für ihren Fehler.
sich **schämen** vor *D*	Der Junge schämte sich vor seinen Altersgenossen.
schießen auf *A*	Er schoss auf den Präsidenten.
schließen auf *A*	Der Arzt schloss auf eine Allergie.
schmecken nach	Das Essen schmeckt nach Fisch.
schreiben an *A*	Selten schrieb er an seine Mutter.
schreiben mit	Der Lehrer schreibt mit der Kreide.
schreiben von	Die Zeitung schreibt viel von der Königsfamilie.
schreiben über *A*	Die Zeitung schrieb über den Skandal.
schützen vor *D*	Vitamine schützen vor Erkältungen.
schwanken zwischen *D*	Wir schwanken noch zwischen einer Reise nach Spanien oder nach Italien.
schweigen über *A*	Über diesen Vorfall schweigt er immer.
schweigen zu	Der Vater schwieg zu dem Vorfall.
schwören auf *A*	Wir schwören auf schottischen Whisky.
sich **sehnen** nach	Sie sehnte sich nach ihrer Heimat und ihrer Familie.
sein (ich bin) für	Er war eindeutig für mehr Gerechtigkeit.
sein (ich bin) gegen	Der Vater war dagegen, dass die Tochter rauchte.
siegen über *A* (↗ gewinnen)	England hat über Italien gesiegt.
sorgen für	Der Vater sorgt für seine ganze Familie.
sich **Sorgen machen** um	Die Mutter machte sich um die Tochter Sorgen.
sich **sorgen** um	Er sorgte sich um seinen Freund.
sprechen für	Der Präsident sprach für seinen Kollegen.

sprechen gegen	Dein Verhalten spricht klar gegen dich.
sprechen mit	Hast du schon mit deinem Chef gesprochen?
sprechen über *A*	Spricht er oft über Geld?
sprechen von	Er spricht oft von seiner Jugend.
sprechen zu	Der Präsident sprach zu den Leuten.
staunen über *A*	Wir mussten alle über diese große Leistung staunen.
sterben an *D*	Er starb an einer schweren Krankheit.
sterben vor *D*	Gib mir ein Stück Brot! Ich sterbe vor Hunger.
stimmen für	Die Mehrheit stimmte für die Abschaffung des Gesetzes.
stimmen gegen	Das Parlament stimmte gegen das Gesetzesvorhaben.
stolpern über *A*	Er ist über die Wurzel gestolpert.
stoßen auf *A*	Er stieß immer wieder auf Schwierigkeiten.
sich **stoßen** an *D*	Ich habe mich an der Tischkante gestoßen.
sich **sträuben** gegen	Er sträubte sich dagegen, ins Wasser zu springen.
streben nach	Er strebt nach Höherem.
sich **streiten** mit	Der Junge streitet sich oft mit seinem Vater.
sich **streiten** über *A*	Die Politiker streiten sich oft über Finanzen.
sich **streiten** um	Sie streiten sich oft darum, wer bezahlen soll.
sich **stützen** auf *A*	Wir stützen uns auf Einsteins Theorie.
suchen nach	Er hat lange nach dem richtigen Schlüssel gesucht.
tauschen mit	In dieser Situation möchte ich nicht mit dir tauschen.
sich **täuschen** in *D*	Ich muss mich sehr in dir getäuscht haben.
teilnehmen an *D*	Ich nehme an einem Sprachkurs teil.
trauern um	Wir trauern um unseren guten Freund.
träumen von	Sie träumte von ihrem Märchenprinzen.
sich **treffen** mit	Sie hat sich schon zweimal mit ihm getroffen.
sich **trennen** von	Deshalb trennte er sich von ihr.
j-n **überreden** zu	Sie überredete ihn zum Kauf des Computers.
überweisen auf *A*	Überweisen Sie den Betrag auf unser Konto.
j-n **überzeugen** von	Er konnte mich von seiner Meinung nicht überzeugen.
sich **umdrehen** nach	Der Mann drehte sich nach hübschen Frauen um.
sich **umsehen** nach	Ich sehe mich nach einem originellen Geschenk um.
sich **unterhalten** mit	Ich unterhalte mich gern mit meinem Großvater.
sich **unterhalten** über *A*	Wir haben uns über das Thema nicht unterhalten.
sich **unterscheiden** in *D*	Sie unterscheiden sich sehr in ihrem Temperament.
sich **unterscheiden** von	Er unterscheidet sich sehr von seinem Vater.
sich **verabreden** mit	Sie hat sich mit ihrem neuen Freund verabredet.
sich **verabschieden** von	Hast du dich schon von Tante Paula verabschiedet?
verbinden mit	Könnten Sie mich bitte mit dem Chef verbinden?
verfügen über *A*	Am Wochenende verfüge ich über einen Wagen.
vergleichen mit	Du darfst ihn nicht mit deinem Vater vergleichen.
sich **verlassen** auf *A*	Du kannst dich auf mich verlassen.
sich **verlieben** in *A*	Auf den ersten Blick habe ich mich in sie verliebt.

verschieben auf *A*	Wir müssen den Termin auf übermorgen verschieben.
sich **versöhnen** mit	Nach dem Streit haben sie sich miteinander versöhnt.
sich **verstecken** vor *D*	Das Kind versteckte sich vor dem Vater.
verstehen unter *D*	Was verstehst du eigentlich unter Emanzipation?
verstehen von	Seine Frau verstand nichts von Fußball.
sich **verstehen** mit	Verstehst du dich gut mit deinen Eltern?
verstoßen gegen	Man darf nicht gegen die StVO verstoßen.
sich **verteidigen** gegen	Er verteidigte sich gegen diesen Vorwurf.
sich **vertiefen** in *A*	Der Student vertiefte sich in sein Buch.
sich **vertragen** mit	Ich vertrage mich sehr gut mit ihm. Du nicht?
vertrauen auf *A*	Wir vertrauen auf Ihre Intelligenz.
Vertrauen haben zu	Zu meinen Freunden habe ich großes Vertrauen.
verwandeln in *A*	Der Zauberer verwandelte die Frau in ein Kaninchen.
j-n/etw. **verwechseln** mit	Ich habe dich mit meinem Freund verwechselt.
verzichten auf *A*	Niemand will auf Luxus verzichten.
vorbeifahren/-gehen an *D*	Er ging oft an diesem Supermarkt vorbei.
sich **vorbereiten** auf *A*	Er bereitet sich auf die Prüfung vor.
j-n **wählen** zu	Sie haben ihn zum Präsidenten gewählt.
j-n **warnen** vor *D*	Die Mutter warnte ihre Tochter vor diesem Mann.
warten auf *A*	Die Leute warten auf den Bus.
weglaufen vor *D* (↗ fliehen)	Er ist vor dem Hund weggelaufen.
sich **wehren** gegen	Man wehrte sich lange gegen diese Machenschaften.
weiterleiten an *A*	Bitte leiten Sie die Mail an Ihre Kollegen weiter!
sich **wenden** an *A*	Bitte wenden Sie sich an das Sekretariat.
werden zu	Mit gewissen Zutaten wird die Milch zu Käse.
wetten um	Ich wette um 1.000 €, dass er nicht kommt.
wohnen/sein bei j-m	Ich wohne/bin bei meiner Tante.
wissen von	Ich weiß nichts von einer Gehaltserhöhung.
sich **wundern** über *A*	Manchmal wundere ich mich sehr über dich.
zählen zu	Peking zählt zu den größten Städten der Welt.
sich **zanken** mit	Das kleine Mädchen zankt sich mit dem Brüderchen.
sich **zanken** um	Die Kinder zanken sich um den Ball.
zeigen auf *A*	Ich glaube, er zeigt auf mich.
sich **zubewegen** auf *A*	Der Planet bewegt sich auf die Erde zu.
zulaufen auf *A*	Die Kinder liefen auf den Vater zu.
zurückblicken auf *A*	Dieses Kaufhaus kann auf eine lange Tradition zurückblicken.
zurücktreten von	Er ist von all seinen Ämtern zurückgetreten.
sich **zusammensetzen** aus	Der Film setzt sich aus 2 Teilen zusammen.
j-m **zusehen** bei	Ich sehe ihm gern beim Arbeiten zu.
zusammenstoßen mit	Der Bus ist mit einem LKW zusammengestoßen.
zweifeln an *D*	Wir zweifeln daran, dass er die Wahrheit gesagt hat.
zwingen zu	Man hat die Gefangenen zur Arbeit gezwungen.

Adverbiale Ausdrücke mit Präpositionen

abhängig von	Er ist von ihrem Geld abhängig.
angenehm für	Eine lauwarme Temperatur ist angenehm für die Hände.
angesehen bei	Er war bei seinen Kollegen sehr angesehen.
angewidert von	Das kleine Mädchen war von der Spinne angewidert.
angewiesen auf *A*	Der Kranke war auf fremde Hilfe angewiesen.
ärgerlich auf *A*	Er war sehr ärgerlich auf seinen Chef.
ärgerlich über *A*	Der Direktor war über diese Antwort sehr ärgerlich.
arm an *D*	Das Land war arm an Rohstoffen.
aufmerksam werden auf *A*	Erst nach 10 Minuten wurde er auf sie aufmerksam.
befreundet mit	Ich bin schon lange mit ihm befreundet.
begeistert von	Er ist begeistert von Fußball und schnellen Autos.
bekannt bei	Dieser Filmstar ist bei der Jugend sehr bekannt.
bekannt für	Dieser Sänger ist für seine Liebeslieder bekannt.
bekannt mit	Ich bin mit diesem Mann noch nicht bekannt.
bekümmert über *A*	Er war über ihren Gesundheitszustand bekümmert.
beleidigt über *A*	Über diese Bemerkung war sie gleich beleidigt.
beliebt bei	Der Onkel ist bei seinen Neffen sehr beliebt.
bereit zu	Ich bin nicht dazu bereit, mich zu entschuldigen.
beschäftigt mit	Die Kinder sind mit der Playstation beschäftigt.
besessen von	Sie war von dieser Idee besessen.
beteiligt an *D*	Wer war noch an dem Unfall beteiligt?
betroffen von	Er war vom Tod seines Onkels sehr betroffen.
beunruhigt über *A*	Sie war darüber beunruhigt, dass ihr Kind nicht kam.
blass / **rot** / **blau** vor	Sie war blass vor Angst und die Lippen blau vor Kälte.
böse auf *A*	Ich bin sehr böse auf dich.
böse mit	Du hast mich angelogen. Ich bin sehr böse mit dir.
dankbar für	Wir sind Ihnen sehr dankbar für Ihre spontane Hilfe.
eifersüchtig auf *A*	Sie war eifersüchtig auf die Sekretärin ihres Mannes.
einverstanden mit	Wir sind mit Ihrem Angebot einverstanden.
entfernt von	Frankfurt ist 40 Kilometer von Wiesbaden entfernt.
entscheidend für	Dieses Spiel ist entscheidend für ein Weiterkommen.
entschlossen zu	Er war zu allem entschlossen.
entsetzt über *A*	Die alte Dame war über den modernen Film entsetzt.
enttäuscht von	Sie war von seinem Verhalten sehr enttäuscht.
erfahren in *D*	Er ist sehr erfahren in diesem Bereich.
erfreut über *A*	Bist du nicht darüber erfreut, dass die Sonne scheint?

erkrankt an *D*	Der Großvater ist an einer Grippe erkrankt.
erstaunt über *A*	Wir waren erstaunt über diese Leistungen.
fähig zu	Dieser Mann ist nicht dazu fähig zu lügen.
fertig mit	Ist das Kind jetzt mit den Hausaufgaben fertig?
fertig zu	Bist du jetzt endlich fertig zum Gehen.
frei von	Dein Diktat ist frei von Fehlern.
freundlich zu	Der Chef war sehr freundlich zu seiner Sekretärin.
froh über *A*	Der Schüler war über seine guten Noten sehr froh.
geeignet für	Dieses Kleid ist für eine Hochzeit nicht geeignet.
geeignet zu	Dieser Schraubenzieher ist nicht zum Reparieren des Computers geeignet.
gewöhnt an *A*	Nach zwei Jahren war sie an das englische Essen gewöhnt.
gespannt auf *A*	Wir sind auf das Wahlergebnis gespannt.
glücklich über *A*	Sie war über die gute Nachricht äußerst glücklich.
gut in *D*	Er ist gut im Hochsprung.
gut zu	Sie war sehr gut zu den alten Patienten.
interessiert an *D*	Ich bin an diesem Buch interessiert. Was kostet es?
interessant für	Das Angebot ist nicht so interessant für uns.
müde von	Der Geschäftsmann ist von der Reise sehr müde.
nachlässig in *D*	Sie war in der Art sich zu kleiden sehr nachlässig.
neidisch auf *A*	Er ist auf den Wagen des Nachbarn sehr neidisch.
nett zu	Sie müssen immer nett zu den Kunden sein.
neugierig auf *A*	Ich bin neugierig auf deine neue Freundin.
nützlich für	Dieser Hinweis war für die Polizei sehr nützlich.
offen für	Wir sind für die Anregungen unserer Kunden sehr offen.
reich an *D*	Dieser Roman ist reich an Fantasie.
rot vor *D* (↗ blass)	Ihr Gesicht war ganz rot vor Anstrengung.
schädlich / **schlecht** für	Nikotin ist sehr schädlich für die Gesundheit.
schuld an *D*	Niemand ist schuld daran, dass es hier immer regnet.
stolz auf *A*	Der Nachbar ist sehr stolz auf seinen Wagen.
süchtig nach	Er ist süchtig nach diesem Zeug. Er muss es haben.
traurig über *A*	Sie war traurig über das Ergebnis in der Prüfung.
überzeugt von	Ich bin von dieser politischen Idee nicht überzeugt.
unabhängig von	Sie wollte endlich unabhängig von den Eltern sein.
unangenehm für	Diese Situation war sehr unangenehm für mich.
unbeliebt bei	Mit dieser Lüge hat er sich bei seinen Freunden unbeliebt gemacht.
unerfahren in *D*	Er war noch sehr unerfahren im Kochen.
unglücklich über *A*	Die Spieler waren sehr unglücklich über diese Entscheidung.
unschuldig an *D*	Ich bin an dieser Situation unschuldig, ich kann nichts dafür.
unzufrieden mit	Der Gast war mit seinem Essen sehr unzufrieden.
verantwortlich für	Die Eltern sind für ihre Kinder verantwortlich und

	müssen für sie haften.
verärgert über *A*	Er war über diesen frechen Brief sehr verärgert.
verbittert über *A*	Der alte Mann war über sein häufiges Pech verbittert.
verheiratet mit	Ich bin schon lange mit meiner Frau verheiratet.
verliebt in *A*	Sie war in diesen Mann total verliebt.
verrückt nach	Sie ist verrückt nach heißer Schokolade mit Sahne.
verschieden von	Dieser Junge ist sehr verschieden von seinem Bruder.
verständnisvoll gegenüber	Mir gegenüber ist er immer sehr verständnisvoll.
verwandt mit	Onkel und Neffe sind miteinander verwandt.
verwundert über *A*	Ich bin nicht darüber verwundert, dass sie rot wird.
voll von	Sein Zimmer war voll von Büchern.
voreingenommen gegenüber	Die Dame ist uns gegenüber sehr voreingenommen.
wichtig für	Die schnelle Hilfe war sehr wichtig für den Patienten.
wütend auf *A*	Sie war wütend auf ihren Chef und verließ das Büro.
zufrieden mit	Bist du mit diesem Geschenk etwa nicht zufrieden?
zuständig für	Dieser Beamte ist für die Erteilung des Visums zuständig.

Stichwortverzeichnis

Stichwortverzeichnis